汉译世界学术名著丛书

互动仪式链

〔美〕兰德尔·柯林斯 著

林聚任 王鹏 宋丽君 译

商务印书馆
The Commercial Press

Randall Collins
INTERACTION RITUAL CHAINS
ⓒ2004 by Princeton University Press

All rights reserved. No part of this book may be reproduced or transmitted in any form or by any means, electronic or mechanical, including photocopying, recording or by any information storage and retrieval system, without permission in writing from the Publisher.

根据普林斯顿大学出版社 2004 年版译出

汉译世界学术名著丛书
出 版 说 明

我馆历来重视移译世界各国学术名著。从20世纪50年代起，更致力于翻译出版马克思主义诞生以前的古典学术著作，同时适当介绍当代具有定评的各派代表作品。我们确信只有用人类创造的全部知识财富来丰富自己的头脑，才能够建成现代化的社会主义社会。这些书籍所蕴藏的思想财富和学术价值，为学人所熟知，毋需赘述。这些译本过去以单行本印行，难见系统，汇编为丛书，才能相得益彰，蔚为大观，既便于研读查考，又利于文化积累。为此，我们从1981年着手分辑刊行，至2011年已先后分十二辑印行名著500种。现继续编印第十三辑。到2012年出版至550种。今后在积累单本著作的基础上仍将陆续以名著版印行。希望海内外读书界、著译界给我们批评、建议，帮助我们把这套丛书出得更好。

商务印书馆编辑部
2012年1月

译者前言

《互动仪式链》是当代美国著名社会学家兰德尔·柯林斯(Randall Collins, 1941 –)积多年研究新推出的一部社会学理论力作。在此书中,他结合相关的社会学理论传统,系统阐述了互动仪式链理论的渊源、构成要素、运转机制及其应用。

柯林斯通过提出所谓的"互动仪式链"(interaction ritual chains)理论,试图把微观社会学和宏观社会学统一起来。他认为,社会学应研究从微观到宏观的一切社会现象,但微观现象是基础,宏观过程是由微观过程构成的。而在微观过程中,互动仪式(IR)是人们最基本的活动,是一切社会学研究的基点。他指出,小范围的、即时即地发生的面对面互动,是行动的场景和社会行动者的基点。它也将揭开大规模宏观社会变迁的一些秘密。故认为微观社会学旨在分析微观情境的结构及其向宏观结构的转变。

因此,柯林斯提出,微观社会学的研究对象是情境结构及其动力学。人们的一切互动都发生在一定的情境之中,其中至少包括由两个人组成的际遇(encounter)。故局部情境是社会学分析的起点,而不是终点。但柯林斯指出,微观情境不是指单个的人,而是经由个人所形成的社会关联或网络。因此,其理论的出发点之一是研究情境而不是个体,认为人类社会的全部历史都是由情境所构成的。而且,每一个人都生活于局部环境中;我们关于世界的一切看法,我们所积累的一切素材也都来自于这种情境。故柯林斯强调,"微观社会学解释的核心不是个体而是情境","互动仪式和互动仪式链理论首先是关于情境的理论"。

柯林斯还提出,宏观社会现象可以看做是由一层层微观情境构成的;微观情境的相互关联形成了宏观模式。即宏观过程来自于互动网络关系的发展,来自局部际遇所形成的链条关系——互动仪式链。

具体来说,柯林斯认为社会结构的基础是"互动仪式链"。他提出,这一互动链在时间上经由具体情境中的个人之间的不断接触而延伸,从而形成了互动的结构;当人们越来越多地参与社会际遇过程,并使这些际遇发生的自然空间扩展之后,社会结构就变得更为宏观了。

柯林斯指出:整个社会都可以被看做是一个长的互动仪式链,由此人们从一种际遇流动到另一种际遇。或者说,一切社会生活都是由人们所构成的生态学,人们不断组合与改变着景观。人们不同水平的际遇形成了不同的互动仪式。由此我们可以预测将会发生的事情:在不同情境下所形成的团结性有多大;将会建立起什么类型的象征符号以及它们如何跟特定的人群相关联。当具有一定符号资本和情感能量的互动者离开一种际遇后,将会产生出进一步互动的社会动机流。

从古典社会学家涂尔干开始,社会学就非常重视对仪式的研究。特别是欧文·戈夫曼,他具体从微观互动的角度研究了大量日常生活中的仪式问题。"互动仪式"一词就主要来自戈夫曼,是指一种表达意义性的程序化活动。这类活动对群体生活或团结性来说具有重要意义。如涂尔干早就提出,宗教仪式具有整合作用。在人类社会中存在着各种各样的仪式,仪式的类型反映了社会关系的类型。例如在传统社会,人们的活动是高度仪式性的,但在现代社会,则是低度仪式性的。仪式类型的不同,所反映出的群体成员类型和群体意识也不同。

但无论是涂尔干还是戈夫曼,他们只是强调了仪式的概念及其社会功能,并没有系统阐述仪式作用的机制。所以,系统探讨互动仪式的作用机制,是柯林斯在本书中所要解决的核心问题,也是其最主要的成果。他提出,互动仪式的核心机制是相互关注和情感连带。认为仪式是一种相互专注的情感和关注机制,它形成了一种瞬间共有的实在,因而会形成群体团结和群体成员身份的符号。他说:互动仪式理论的核心机制是,高度的相互关注,即高度的互为主体性,跟高度的情感连带——通过身体的协调一致、相互激起/唤起参加者的神经系统——结合在一起,从而导致形成了与认知符号相关联的成员身份感;同时也为每个参加者带来了情感能量,使他们感到有信心、热情和愿望去做出他们认为道德上容许的事情。

仪式是人们的各种行为姿势相对定型化的结果。人们做出这些姿势,以形成和维持某种特定的社会关系。故柯林斯认为社会中的大部分现象,都是由人们的相互交流,通过各种互动仪式形成和维持的。例如,会话是一种仪式。因为会话跟人们在一起唱歌一样,有共同关注的话题,并共同创造了一种会话的实在,具有共同的情感。对会话者来说,讨论的问题是否是真实的并不重要,重要的是他们之间有共同关心的问题,而且任何一方都不能打破他们共同建立的会话现实。否则,会话将难以持续下去。故成功的会话是一个有节奏的连续过程,会话者之间的话语交替具有最小的时间间隔,且彼此的话语有最低程度的重叠。

柯林斯指出,决定一个会话际遇的主要因素有:(1)每个人的文化/符号资源和情感资源的不平等程度;(2)社会密度大小;(3)人们进行互动的可选对象的数量(即其网络地位)等。

因此,柯林斯得出,互动仪式也就是际遇者由资本和情感的交换而进行的日常程序化活动。他提出互动仪式包括下列四个方面的要素:(1)两个或两个以上的人聚集在同一场所,因此不管他们是否会特别有意识地关注对方,都能通过其身体在场而相互影响。(2)对局外人设定了界限,因此参与者知道谁在参加,而谁被排除在外。(3)人们将其注意力集中在共同的对象或活动上,并通过相互传达该关注焦点,而彼此知道了关注的焦点。(4)人们分享共同的情绪或情感体验。

互动仪式可产生一系列的结果,其中主要包括:(1)群体团结:一种成员身份的感觉。(2)个体的情感能量(EE):一种采取行动时自信、兴高采烈、有力量、满腔热忱与主动进取的感觉。(3)代表群体的符号:标志或其他的代表物(形象化图标、文字、姿势),使成员感到自己与集体相关;这些就是涂尔干说的"神圣物"。充满集体团结感的人格外尊重符号,并会捍卫符号以免其受到局外人的轻视,甚至内部成员的背弃。(4)道德感:维护群体中的正义感,尊重群体符号,防止受到违背者的侵害。与此相伴随的是由于违背了群体团结及其符号标志所带来的道德罪恶或不得体的感觉。

详见本书图2-1对互动仪式要素及其结果之间关系的图示。

在对互动仪式的分析中,柯林斯特别强调了情感能量概念。他把情感看做是互动仪式的核心组成要素和结果,但他所说的情感不是通常意义上的具体情感,而是长期稳定的社会情感,即情感能量。柯林斯指出,情感能量是一个连续统,从高端的自信、热情、自我感觉良好,到中间平淡的常态,再到末端的消沉、缺乏主动性与消极的自我感觉。情感能量类似心理学中"驱力"的概念,但具有特殊的社会取向。高度的情感能量是一种对社会互动充满自信与热情的感受。它是个人所拥有的大量涂尔干所言的对于群体的仪式团结。

柯林斯认为,互动仪式过程中,情感能量是一重要的驱动力。他认为人们发展积极情感是最有价值的,人们可能通过参与这些互动仪式来增进这种积极情感,从而由这种互动仪式再生出一种共同的关注焦点,一种共同的情绪,并形成群体的情感共鸣且根据道德规范将它们符号化。故柯林斯得出,成功的互动仪式是那些建立起了相互关注的焦点、排除了外部干扰且将参与者纳入了非语言姿态手势的有节奏流动的仪式。微观互动的最重要方面就是非语言的、仪式化的行为,这种行为产生出了较高或较低水平的情感能量。

在柯林斯看来,人类在某种意义上是"感情的俘虏"。但是他们对待情感是极为理性的,他们必须持续不断地在与他们相遇的人中寻求平衡,这样的互动意识就会产生出高度积极的情感能量。人们在社会生活中,按照互动仪式,彼此相遇,共同提升情感,从而更能够承受各种生活的压力。情感能量如同符号资本一样,也是一种成本。人们在互动仪式中花费他们的情感能量,只要人们意识到这种情感能量的花费能给他们带来更多的回报,人们就会这样做。人们往往从共同关注的焦点、情绪、激情、共鸣和符号中获得这种回报。然而当互动仪式需要投入更多的情感能量却又不能得到充分的情感回报时,人们就会转向其他的获益更多的互动仪式。

究竟什么样的互动仪式能够为所付出的成本带来最大的积极情感能量呢?在柯林斯看来,那些具有权力与地位的人最能够带来高额的情感回报。权力是一种能够支配别人的行动的力量,地位则表现为受到尊敬和接受荣誉。因此,那些有符号资本从而能要求受到尊敬且要求别人服从的人,能从互动仪式中得到最大的积极性情感能量。例如,那些命令发布者通常获得情感能量,而命令接受者则会丧失情感能量。从这里,我们可以看出"互动仪式"反映出一种不平等性。

柯林斯提出的另一重要概念是"互动仪式市场"。他认为不但有物质市场、婚姻市场等,也存在一个人们际遇的互动市场。即每一个人将与谁、以何种仪式强度进行互动,取决于他或她所具有的际遇机会,以及他们能够互相提供什么,来吸引对方加入互动仪式。这涉及双方的资源、地位、交换等因素,因而人们的互动具有市场性特征。在互动中,人们对时间、能量、符号资本和其他他们能应用的资源进行估计,然后选择那些能够最大程度地增进他们情感利益的方式。

关于互动仪式的市场资源,柯林斯主要强调了情感能量和文化/符号资本这两个方面。组成文化资本的资源包括对以往交谈记忆、语言风格、特殊类型的知识或专长、决策的特权以及接受荣誉的权利。文化资本又可以分为一般化的文化资本和特殊化的文化资本。一般化的文化资本是指那些用以表明一般资源的非个人性符号,如知识、地位、权威和集团。而特殊化的文化资本则指个人对他人身份、名望、关系网或地位的记忆。其中成员身份符号尤为重要。

柯林斯由此提出了人类行动的一个动机模型:人们趋向于那些感觉是当前可得到的强度最高的互动仪式的互动;也就是说,他们趋向于获得相对于其当前资源的最高的情感能量回报。他认为行动受市场式机制的驱动,正是在这一意义上,个体的行为就互动仪式而言,是理性的行为。相应的表达公式为:

$$比率最大化 \quad \frac{收益(EE)}{成本(EE+物质)}$$

柯林斯并不否认社会生活中物质资本的重要性,他说如果实施互动仪式时无法得到物质资源,互动仪式将会失败,而且将不能产生或产生很少的情感能量。但在这两者中,寻求情感能量最大化更为重要。"情感能量是个体据以衡量可供选择的共同标准。"认为人类行为的特征或许是以情感能量为取向的。

例如,当 A 和 B 两个人构成了一种际遇,各自具有不同的市场位置,拥有不同的符号资本和情感能量。他们的互动仪式将会出现各种结果,因此在他们相互选择影响的基础上,可改变他们各自原有的符号资本和情感能量。但个体在际遇中所使用的符号储备在很大程度上来源于其先前的互动仪式链。如果仪式至少取得中等程度的成功,新的符号就会创造出来。柯林斯指出,符号的循环一般是通过人们之间相似符号的匹配而发生的,这些人已经完全具有了相似成员身份的意义。在互动仪式中情感能量也可以循环和再生产,但它是通过互补形式,而不是具有相同情感能量的人们之间的直接匹配。个体总是趋向于这样的情境,即在其中通过激发互动仪式要素的局部组合,使情感能量能够得到最大的回报。所以,柯林斯说,情感能量是符号通货中进行选择的共同标准。

柯林斯通过对情感能量和互动市场的说明,试图拓展理性领域,说明非物质性的、情感的以及符号的行为也可以根据成本收益的最大化原则进行分析。

由此柯林斯认为,其互动仪式链模型扩大了交换理论的应用,而且也弥补了此理论的不足。例如可以把情感能量作为衡量报酬的共同基础,互动仪式链理论可解决困惑霍曼斯和布劳的难题:互惠问题。因在其模型中,互动链的延续依赖于彼此之间情感能量或报酬的加强。互动仪式链理论并不强调一般性的社会规范,而是关注由不同群体所实际形成的情感团结。

另外,柯林斯认为,互动仪式链理论也可弥补理性选择理论的不足。他指出理性选择理论有三个解释难题:第一,某些行为如情感性的、利他性的和道义性的行为如何用成本-收益模型进行分析?第二,衡量不同的行动领域之间成本与收益的共同标准是什么?比如如何比较金钱、爱、地位和权力之间的价值大小?第三,如何从经验上说明每个人的算计行为?大量证据表明个人在自然微观场景中是很少算计的。柯林斯运用其互动仪式链理论对这三个问题做了解答(详见第四章)。

柯林斯指出其理论有广泛的应用,在本书中他用此理论解释了性互动、吸烟仪式等。特别是他对情境社会分层的分析,使我们看到了其理论的独到之处。

柯林斯认为,大多数以往的分层理论在解释当代的社会分层上是失败的,没抓住当代分层的现实,因它们过于抽象和宏观。虽然韦伯的理论对柯林斯是有用的,但是现象学社会学所努力建构的关于日常工作中可观察到的所有概念,对他来说更为重要。所以,他关于社会分层的分析主要关心的是微观具体层面的问题。在他看来,社会分层这个内容如同所有其他社会结构,可以还原到人们在日常生活中的模式。

柯林斯将他的分层冲突方法,更多地与现象学和常人方法论结合,而不同于马克思和韦伯的理论。这种对社会分层研究的微观思路可以归结为三个基本方面:第一,柯林斯相信人们是生活在自我构建的主观世界中。第二,一些人有力量去影响,甚至控制别人的主观经历。第三,一些人总是力图去控制别人,这样就会遇到反抗,结果就会发生人际间的冲突。

具体说,柯林斯主张对社会分层研究应着眼于现实的日常生活。如在权力和地位关系上,人们具有不同的互动仪式或情感能量。如按权力仪式来分,可把人们分为发布命令的阶层和接受命令的阶层。通常,前者具有较高的情感能量,而后者具有较低的情感能量。他提出,从经济方面划分社会阶级,也应基于人们具体的工作和消费生活。由此他划分出了七类阶级:(1)金融精英;(2)投资阶级;(3)企业家阶级;(4)名流;(5)中产阶级或工人阶级;(6)非法获利者;(7)低层或贫困阶级。柯林斯说,这些不同的阶级都有其特殊的生活消费圈,可称之为"泽利泽循环"(Zelizer circuits)。即美国社会学家 V.泽利泽发现,不同阶级的人其金钱的用途是各不相同的;不同形式的金钱被用于不同的社会网络之中。如金融精英的钱主要用于金融投资,而工人阶级的收入主要用于维持生活。

总之,柯林斯的互动仪式链理论综合了符号互动论、拟剧论、常人方法论、社会建构论和情感社会学及有关的社会心理学理论,强调了社会学微观分析的基础性和优先性。他特别把情感能量看做是社会互动和社会现象的根本动力。通过互动仪式链模型,柯林斯把微观分析又扩展到了宏观层次,从而对社会分层、社会运动与思潮、社会冲突、思想发展及知识分子等问题提供了新的理论解释。由于在很大程度上受涂尔干的影响,柯林斯认为社会学理论旨在揭示社会最本质的要素和结构,回答是什么因素使社会结合在一起?思想观念和符号的来源与功能是什么?诸如此类的问题。

那么,其互动仪式理论具体有哪些方面的成果呢?柯林斯本人总结了如下几点:首先,它是一种关于情境本身的理论,说明它们如何有其自己的局部结构和动力学。其次,它把重点放在情境,而不是认知建构,也不是通过灌输其意识使共享的情感和主体间的关注洗刷个体的过程。第三,主张仪式创造文化符号。

柯林斯强调的以微观为基础、微观分析与宏观分析相结合观点代表了学术界的一种新的综合性的理论倾向,为许多社会学问题提供了新的分析视角。他也澄清了社会学传统研究一直忽视情感的问题。因此,本书被认为是西方社会学理论新发展的重要成果。

兰德尔·柯林斯的学业始于哈佛大学,最先学习的是文学,想成为剧作家和小说家;可很快又转为学哲学、精神分析学等,最后才选择了社会学。在哈佛期间,他深受帕森斯的影响。1963 年从哈佛大学毕业后,柯林斯进入斯坦福大学攻读心理学硕士,1964 年获硕士学位,随后去加利福尼亚大学伯克利分校攻读博士,在那里他深受互动论重要人物戈夫曼和布卢默的影响。1969 年获博士学位。

柯林斯现为宾夕法尼亚大学社会学教授,是美国文理科学院院士。他曾先后在加州大学、哈佛大学、芝加哥大学、剑桥大学等校任教。主要研究领域包括社会学理论、社会冲突、社会分层、文化、宗教、情感等。

柯林斯发表了大量有影响成果,其主要著作还包括:《冲突社会学:关于一门解释性的科学》(1975 年)、《文凭社会:教育与分层的历史社会学》(1979 年)、《韦伯的社会学理论》(1986 年)、《理论社会学》(1988 年)、《四个社会学传统》(1994 年)、《哲学社会学:一种全球知识分子变迁理论》(1998 年)、《宏观史:长时段社会学论文集》(1999 年)等。其《哲学社会学》一书 1999 年获美国社会学协会杰出成果奖和学术成就奖,2002 年获科学的社会研究学会(4S 学会)路德维克·弗莱克(Ludwick Fleck)奖。

本书的翻译出版首先感谢柯林斯教授的积极支持。早在 2000 年他应邀来中国讲学时,我就有幸聆听了他关于互动仪式链理论的系列演讲，印象深刻，此后我们一直有书信联系。当《互动仪式链》一书于2004年出版后，他很快赠寄一册。我读过此书后认为很值得翻译出版，供国内同行读者分享。柯林斯教授也非常支持这一想法，并为此中译版撰写了新序言，他对我们翻译中所遇到的问题也给了细致回答，故在此表示由衷的感谢。同时也感谢商务印书馆李霞女士为本书的出版所做的大量工作。

本书是由我们三人共同翻译完成的。具体分工为：林聚任译中译版序言、序言、第一、五章、索引等；王鹏译第二至四章；宋丽君译第六至九章。最后由林聚任对全书做了统校。限于我们的翻译水平，不当之处恳请批评指正。

林聚任

2006年8月

中译版序言

这是我的第二本书被翻译成中文。第一本是《哲学社会学：一种全球知识分子变迁理论》。解释这两本书之间的关联也许是有用的。前一书运用了存在于学术界的互动仪式理论。纵观历史，有创造性的思想家跟其老师和学生建立起了网络关系，而且他们是在小群体中开创了新的学术运动。这些网络的重要性不仅仅在于它们继承了已有思想，更在于它们为拒绝一些观点而创立新观点集中了关注点，并建立起情感能量。有创造性的个体是这样一些人，他们把学术界的仪式内在到了其自己的思想中；他们能够把已有的思想与新思想相结合，因为对他们而言，思想是富有情感的。由于思想是群体成员身份的符号标志，故他们创新性的思维通过其思想的新综合可以实现。

在《互动仪式链》中，我更充分地解释了互动仪式理论。仪式的具体机制包括在那些互动中的人之间形成高度的相互关注，以及他们在共享的情感节奏中的连带性。重要的一点是，互动仪式是变化的；它们会成功也会失败，这依赖于其构成要素在多大程度上呈现出来。因而我们能预测在什么时候将有重要结果，什么时候没有：它们将在何时形成社会成员感，何时将出现对符号的尊重，何时个体将会富有情感能量并将维护道德标准；或者相反，何时所有这些过程将减弱或失败。

　　历史上,最早关于仪式的社会学思考是由中国思想家做出的。孔子和他的追随者强调,礼仪表现对社会秩序至关重要。孔子还提出,人类本性根本的是善和道义,而仪式对于形成道德来说是必不可少的。这非常接近于法国社会学家涂尔干于20世纪初期提出的理论,其理论是我分析互动仪式的基础。但在这两个理论之间存在着重要差别。孔子的仪式是保守的;他试图恢复最早历史时代的礼仪。并且孔子的仪式强调家长和国家掌权者的权威性。互动仪式理论却说明了仪式在如何能够维护原有关系和符号的同时,又可形成新的社会关系和新符号;它说明旧仪式可能失去其力量,因为仪式的力量是易变的。互动仪式理论将有助于解释社会变迁以及社会保守主义。

　　例如,互动仪式理论被应用于2003年在SARS流行期间香港出现的仪式。(彼得·贝尔[Peter Baehr]:"社会绝境、灾难的社区和SARS社会学"[Social extremity, communities of fate, and the sociology of SARS],《欧洲社会学档案》,2005年第40卷,第179-211页。贝尔是香港岭南大学社会学教授。)这些包括戴卫生面罩的仪式,它们已超出了单纯的功用方面,而反映了社会关系。互动仪式理论的另一应用是由张玉萍(音)做的,张是宾夕法尼亚大学的一位社会学者,她研究了"文化大革命"期间的仪式主义。张指出,在集体仪式压力下缺乏个人的后台空间是"文化大革命"失败的原因之一,而通过对这些政治仪式的批判反思导致中国转向了新的社会政策。

　　互动仪式理论给出了一个如何分析社会实践活动的模型,无论我们在哪里看到的这些实践活动，无论是新的或是旧的。它对具体观察这些过程是必要的。人群在多大程度上聚集起来？聚集有多频繁和持续多久？他们在多大程度上相互关注并了解到彼此的意识？他们在多大程度上分享共同的情感，以及个体可多么强烈地维系于群体情感？它是什么样的情感、在何种程度上它会转变成新情感？我们也应该观察下列结果：群体的团结程度和持续时间；代表群体的符号的创造和这些符号受尊重的时间；个体通过参与仪式具有的信心和热情的情感能量，以及这些情感在变成被动性和消沉性之前持续多久。仪式在时间上有历史；它们不会永远持续下去，但是只有当它们被以一种高度的关注和情感不断重复时，才会有力量。当关注消失和情感减弱时，旧仪式衰落了，新仪式兴起了，因为群体创造了一个新的关注点和形成了新的情感。

互动仪式理论的某些方面是有争议的。研究者提出的问题有：身体的聚集对仪式是必要的吗？仪式能通过非身体聚集的互联网和手机进行吗？这是需要去研究的一个重要问题。我的观点是，使一个仪式成功或失败的最核心特征，是相互关注和情感连带的程度；身体的聚集使其更加容易，但由远程的交流形成一定程度的关注和情感连带也许是可能的。但我的假设是远程仪式的效果会是较弱的。

互动仪式理论有诸多方面的应用。我希望，中国社会学家能用它去探索社会的新发展。

兰德尔·柯林斯
于宾夕法尼亚大学

目 录

序言 ·· 1

鸣谢 ·· 14

第一部分 激进的微观社会学

第一章 互动仪式理论纲领 ·················· 19
情境而不是个体作为出发点 ·················· 20
相冲突的术语 ································ 24
仪式分析的传统 ······························ 27
潜认知仪式主义 ······························ 27
功能主义的仪式主义 ·························· 32
戈夫曼的互动仪式 ···························· 36
准则探寻纲领 ································ 49
文化转向 ···································· 55
IR 理论在涂尔干宗教社会学中的经典起源 ······ 58
互动仪式对一般社会学理论的意义 ············ 70

第二章 相互关注/情感连带模型 ············ 78
仪式的组成要素、过程和结果 ················ 79
正式仪式与自然仪式 ·························· 81

失败的仪式、空洞的仪式、强迫的仪式 ……………… 83
亲身在场是必要的吗? ………………………………… 87
自然仪式中集体连带的微观过程……………………… 101
交谈的会话交替充当有节奏的连带 ………………… 104
关于有节奏合作和情感连带的实验性与微观观察证据
………………………………………………………… 116
共同关注成为发展共享符号的关键………………… 121
团结在符号中的持续与储备 ………………………… 124
9·11事件中团结符号的创造 ……………………… 132
分解符号的规则 ……………………………………… 142

第三章 情感能量与短暂情感………………………………… 151
分裂的情感与长期的情感,或激烈的情感与情感能量 … 156
互动仪式作为情感的变压器………………………… 158
分层的互动仪式 ……………………………………… 164
权力仪式 ……………………………………………… 164
地位仪式 ……………………………………………… 169
对长期情感的影响:情感能量 ……………………… 172
情感竞争和冲突情境 ………………………………… 177
短期的或激烈的情感 ………………………………… 182
从短期情感到长期情感能量的转换 ………………… 187
情感能量的分层 ……………………………………… 189
附:测量情感能量及其前提 ………………………… 193

第四章 互动市场与物质市场……………………………… 202
理性的成本-收益模型的问题……………………… 205

参加互动仪式的合理性…………………………… 208
仪式团结市场…………………………………………… 212
情感能量与成员身份符号的再投资……………… 213
符号与情感补充的匹配……………………………… 215
情感能量作为理性选择的共同标准……………… 224
(1) 物质生产是由产生 IRs 的资源需求所激发的…… 226
(2) 情感能量是由工作情境的 IRs 产生的………… 230
(3) 物质市场嵌入在产生社会资本的 IRs 持续流中…… 233
利他主义…………………………………………………… 237
个体何时在物质上最自私自利?…………………… 240
要点:EE 寻求受物质资源的制约…………………… 241
情感社会学作为理性选择反常现象的解决方案…… 245
物质关注的微观社会学……………………………… 248
缺乏有意识算计的情境决策………………………… 255

第五章 内化的符号和思维的社会过程………… 257
深入思想内部或退出的方法………………………… 259
学术网络和创造性思维……………………………… 266
非学术思维……………………………………………… 275
被预期的和回应性的谈话…………………………… 276
思想链和情境链………………………………………… 279
自我各部分间对话的隐喻…………………………… 285
口头咒语………………………………………………… 288
想法的速度……………………………………………… 296
内部仪式和自我团结………………………………… 305

第二部分 应用

第六章 性互动理论 ……………………………………………… 311
  作为个体满足寻求的性 …………………………………………… 319
  作为互动仪式的性 ………………………………………………… 321
  作为符号对象的非性器满足 ……………………………………… 333
  性协商场景而不是固定不变的性本质 …………………………… 348
  声望寻求和公开的情欲化 ………………………………………… 351

第七章 情境分层 ……………………………………………… 359
  宏观情境与微观情境中的阶级、地位和权力 …………………… 366
  作为泽利泽循环的经济阶级 ……………………………………… 366
  地位群体的界限和类群身份 ……………………………………… 373
  类群遵从与情境遵从 ……………………………………………… 386
  D-权力和E-权力 ………………………………………………… 394
  情境分层中的历史变迁 …………………………………………… 400
  当代互动的图像 …………………………………………………… 406

第八章 吸烟仪式与反仪式:作为社会界限史的物质吸食 … 412
  健康和嗜好模型的不足 …………………………………………… 415
  吸烟仪式:放松/隐遁仪式 欢饮仪式 优雅仪式 ……………… 423
  仪式的道具:社会表现和孤独时尚 ……………………………… 438
  反吸烟运动的失败与成功 ………………………………………… 449
  地位表现标准的美学批评与斗争 ………………………………… 451
  反欢饮运动 ………………………………………………………… 452
  领地排斥的结束:有地位的女性加入欢饮时尚 ………………… 454

20 世纪晚期以健康为导向的反吸烟运动 ………………… 456
情境仪式的脆弱性与反欢饮运动的动员 ………………… 464

第九章　作为社会产物的个人主义和内在性 ………… 474
　　个性的社会生产 …………………………………………… 477
　　七类内向性 ………………………………………………… 481
　　沉迷工作的个体 …………………………………………… 482
　　被社会排斥者 ……………………………………………… 485
　　情境内向者 ………………………………………………… 486
　　疏离的内向者 ……………………………………………… 487
　　孤独信徒 …………………………………………………… 489
　　知识分子内向者 …………………………………………… 491
　　神经过敏或亢奋反射的内向者 …………………………… 495
　　内向性的微观历史 ………………………………………… 497
　　现代的个人崇拜 …………………………………………… 508

注释 …………………………………………………………… 514
参考文献 ……………………………………………………… 561
索引 …………………………………………………………… 579

图片目录

图 2-1　互动仪式 ·· 80

图 2-2　用仪式性的身体接触庆祝胜利。美国和苏联军队在德国会师(1945 年 4 月)[获准使用照片] ·············· 90

图 2-3　庆祝第二次世界大战结束(1945 年 8 月 14 日)[费城报社赠] ·· 91

图 2-4　仪式性的胜利摞堆:高中曲棍球锦标赛(2002 年)[《费城探察》(*Philadelphia Inquirer*),彼德·托拜厄] ·· 92

图 2-5　作为神圣物的传道士:比利·格雷厄姆及其崇拜者(1962 年)[获准使用照片] ·· 96

图 2-6　成为英雄符号的纽约市消防队员(2001 年 9 月 14 日)[AP/世界图社,道格·米尔斯] ·············· 135

图 2-7　第一座大厦倒塌时从世贸中心区逃跑到街道上的人群(2001 年 9 月 11 日)[AP/世界图社,保罗·霍索恩] ·· 136

图 2-8　纽约市的消防队员与警察关于是否有权进入世贸中心废墟的问题发生对抗。消防队员为产生符号效应而身着全副装备,虽然在以前的救援工作中他们身穿的是

图 片 目 录　　xv

　　临时的工作服(2001年11月2日)。[理查德·佩里,
　　《纽约时报》] ································· 141
图3-1　胜利者关注目标,失败者关注胜利者。接力赛跑的
　　最后一圈,赛跑者E即将取得胜利。[《费城探察》,戴
　　维·斯旺西] ································· 180
图4-1　互动仪式流程图 ···························· 209
图4-2　维持相互关注的回报 ························ 210
图4-3　互动仪式链 ································ 217
图4-4　互动仪式与物质资源的生产 ·················· 225
图6-1　作为互动仪式的性交 ························ 323
图7-1　正式和非正式仪式的连续统 ·················· 378
图7-2　着上层阶级服饰的伊顿男孩来看板球比赛,工人阶
　　级男孩没礼貌地(而且不自在地)观察伊顿男孩(英格兰,
　　20世纪30年代)。[获准使用照片] ············· 379
图7-3　D-权力的表现:给上层阶级的玩板球者奉上食物
　　和饮料(英格兰,20世纪20年代)[获准使用照片] ····· 396
图7-4　由能量和性形成的情境优势:反文化集会上的即兴
　　跳舞者(20世纪60年代)[获准使用照片] ··········· 408
图8-1　吸雪茄是阶级标志:一个工人阶级崇拜者恭顺地同
　　温斯顿·丘吉尔接触,但当他给丘吉尔点烟时,表示出一
　　种仪式团结的姿态。[获准使用照片] ············· 436
图8-2　中产阶级地位的两个标志:一个烟斗,一杯茶(英
　　国,1924年)[获准使用照片] ·················· 440
图8-3　在有地位的阶级中,这是最早的吸烟女性中的一

位。仿效男性传统,她穿了一件特殊的吸烟服装(英国,1922年)。[获准使用照片] ………………………… 443

图8-4 富兰克林·D.罗斯福标志性的衔持烟嘴(20世纪30年代)[AP/世界图社] …………………………… 445

图8-5 妇女工作者在第二次世界大战中被拉进男性工作中效力,她们共享吸香烟小憩[获准使用照片] ……… 448

图8-6 不受传统约束的少女时期:大胆的年轻女性共享点香烟仪式(1928年)[获准使用照片] ……………… 455

图8-7 被社会合法化的欢饮场景的高峰(第二次世界大战中的伦敦)[获准使用照片] ……………………… 467

图8-8 "嬉皮士"反文化。其仪式是吸大麻,同前一代人的吸香烟和喝酒形成突出对比(20世纪60年代晚期)。[获准使用照片] ……………………………………… 471

图9-1 依据地位维度和权力维度划分出的理想型人格 ………………………………………………………… 479

图9-2 依据地位和权力维度划分出的多重人格类型 ………………………………………………………… 481

序　言

本书提出，从经典社会学到现在一直存在着一条重要的理论道路。涂尔干通过对某些最核心的问题——是什么形成了社会成员身份、道德信仰以及人们进行交流和思考的观念——做出解释，在较高的理论水平上建立了社会学。关键的一点是，这些都是由同样的机制联系在一起的，即思想观念是群体成员的符号，因而文化是由道德型的——也可说是情感型的社会互动产生的。尽管涂尔干的观点通常被视为一种关于整个社会的道德整合的普遍理论，但我将通过欧文·戈夫曼的眼光和微观社会学的观点，也就是说运用符号互动论、常人方法论、社会建构论和情感社会学的精髓，去解释此理论。然而，关于其精髓，不在于字面意义，因为我将把仪式机制放在中心地位，并试图说明它如何通过这些微观社会学观点的洞察提供最有力的解释。我们首先看涂尔干的机制，我们会看到仪式强度的差异，如何导致社会成员类型及其与之相伴随的观念的不同；所有这些并非发生在广义的整体层面的"社会"之上，而是发生在那些处于局部的、有时短暂的、分层的和相冲突的成员之中。

我不会打涂尔干或者戈夫曼的旗号，但是我认为用他们的思想去对复杂多变的社会世界进行理论解释是非常有用的。故第一章勾勒了关于仪式的社会理论学术史,通过说明它的发展就像丛林中的藤蔓离不开古树一样,以避免忽略涂尔干传统中最有用的东西。一旦厘清之后,我就可以把它与重要的微观社会学中的最有用的部分相融合。在这里,戈夫曼是一位拓路者,因此我也尽力去厘清,找出戈夫曼的哪些方面对当前的课题是最有用的。

第二章提出了我的理论模型,我用戈夫曼的术语,把它称之为互动仪式(简称IR)。因为术语的衍生在所难免,故我们不必局限于使用这个术语来指称它。从更一般的意义上,我们把它称为相互关注/情感连带机制。它是关于互动情境沿着两个维度——相互关注在多大程度上发生,以及情感连带在多大程度上在参加者之间确立起来——发生变化的模型。当相互关注和情感连带变得强烈时,自我强化反馈过程导致更强烈的情感体验活动。这些转而成为对文化非常重要的引导创新的磁石和活动,通过这种体验,文化得以创造、诋毁或加强。我通过分析记录在2001年9·11灾难期间新国家符号产生的第一手录像资料,说明了创造符号的过程。仪式在第一层序的面对面的互动中创造符号,此互动又构成了在一系列进一步的第二层序和第三层序循环的起点,由此符号可得到重新传布。一旦符号被注入了情境性情感,它们就可以通过会话网络得以传布,并内化为在每个人的头脑中循环的思维。从根本上说,人类关注符号的程度——从热心和着迷到不耐烦和疏远,取决于IRs的周期性重复;这些循环的符号如何具有意义性,取决于在第一层序的社会际遇中情感强度达到的水平,在这一层序的际遇中人们使用这些符号。由于我们通常是脱离了互动的背景而面对符号的,而此背景决定着它们活跃的程度,因此我通过把它们放回到互动情境中提供某些解释符号的规则,因这些符号在互动情境中才会获得所具有的情感意义,并且在会话网络和单独的体验中循环。

第三至五章分析了 IR 机制的含义。第三章提出了一种情感的互动理论。它强调了所认为的具体情感——愤怒、高兴、恐惧等——与同等重要的社会情感,我称作情感能量或 EE 之间的区别。涂尔干注意到,一项成功的社会仪式能使每个参与者感到坚强、有信心、满怀激情地采取主动行动。部分集体兴奋的高度专注的、情感连带的互动,分摊到了每个人身上,他们所处的情境具有群体激起的情感,在他们的身上都有体现。相反,一项弱的或不成功的社会仪式会降低参与者的信心和主动性——降低其 EE——例如处于局外者或受害者位置的人,他们在情感上会受到那些把他们排除在互动仪式之外的其他人的强烈打击。一项互动仪式就是一个情感变压器,它把一些情感作为输入成分,然后把它们变成输出的其他情感。短期情境性的情感以情感能量的形式会跨越情境,用潜在的群体成员的共鸣,逐步建立起互动仪式链。成员身份及其界限、团结、高与低的情感能量:这些特征要素是共同起作用的。因此互动的分层——与那些权力较高或低的人互动,以及与那些享有某一地位或不享有此地位的人互动——会给每个人带来起伏,或上或下,最后达到他们的 EE 的水平。社会结构可被看做接近于一种互动情境链,它是根据每个人的情感能量加以分层的一种持续进行的过程。

特权和权力不是简单的物质和文化资源不平等分配的结果。情感能量跨情境的流动才使一些个体更令人敬畏、更具有吸引力或统治力;同样情境的流动会使其他人处在他人的阴影下,使他们的 EE 的来源限制在狭窄的选择范围,即或者作为追随者,或者被排贬到边缘。社会优势——不管它采用领导权、享有声望、智力创新的形式,还是身体强势的形式——常常会强加给那些遭遇这类人的他者,因为它是通过情感过程发生的,此过程激励了一些人,而压制了其他人。

第四章说明了 IRs 如何造成动机流(the flow of motivation)在不同情境的变动。我借用理性选择理论概念拓展了 IR 理论,以便于预测当个体从一个情境变动到另一个情境时将会出现什么结果。一些社会理论家也许认为这种混杂结合不能接受,甚至是异端的。从表面上看,算计个人私利的意象似乎与涂尔干派关注的微观集体的道德团结问题南辕北辙。但我的理论理由是,理性选择理论并非真正是一种情境互动模型,而是一种中观层次的理论,说明的是个体在一段时间内在中观情境下将做什么事情。选择指的是做出挑选,而在实际生活中,这些是逐步实现的,并体现在一系列场合中。理性选择分析的反常现象会出现,因为个体在微观情境中并不去很好地算计对他们来说假定可能的选择范围;但算计不是这个模型最有用的方面,有用的是个体有意识或无意识地向往这些情境的习性,即相对于成本来说寻求利益的最大回报。人类不是非常擅长于计算代价和利益,但是他们认为他们追求此目标,因为他们能下意识地根据每件事对一个基本动机——在互动仪式中寻找情感能量的最大化——的贡献做出判断。

情境的集合可以被认为是一个互动仪式的市场。如果我们回想一下熟悉的婚姻市场的社会学概念的话,就不会对此概念感到奇怪。还可以想一下所引申出的性偏爱市场概念（即在一伙可能的潜在伙伴中为求短期的性和浪漫关系的竞争者，细分出的异性恋和同性恋市场，等等），以及友谊形成的市场动力学概念。因此我们可以把所有的 IRs 认为是一种市场。我并不是说这种公式违背了人类的人文敏感性；那些寻求浪漫伙伴或亲密朋友的人，通常真心地专注于这些关系；他们在家中即会感到一种内在的共同的文化体验；而且他们以一种非自私的、非算计的方式共享积极的情感。但这些是互动的微观层面的内容；市场方面的内容体现在中观层面，即个体或明或暗地对互动集合的选择。并非每个人都能成为他人的情人或亲密朋友，一个人可选择的和心仪他人的范围，将对最浪漫情感有不容忽视的影响。

我所称 IR 链是一个动机模型，它把个体从一种情境拉到和推到另一情境，它受市场式机制的驱动，这一机制表明拥有社会资源——他们的 EE 和在以前的 IRs 中积累的成员身份符号（或文化资本）——的每个参与者，如何与他们所遇到的每个人网罗起来。这些要素网罗的程度构成了当这些人相遇时将会发生什么类型的 IR 的基础。每个 IR 达到的情感强度的相对程度，自然地会与那些人的社会视阈之内的其他 IRs 做比较，把每个人吸引到他们感到会有更多的情感性的社会情境之中，而远离只有较低的情感吸力或情感上厌恶的其他互动。因此 IRs 中形成的 EE 市场是一个主导机制，它促使个体在组成他们生活的 IR 链中运动。

这里我所做的是，根据人们在 IR 链集合中任一时刻的活动所处的位置提出了一种个体动机理论，IR 链构成了他们可能的社会关系的市场。我们还可以从另一角度转过来看这张图片，即不是关注于个体,我们可以分析作为 IR 链关联起来的整个社会场域或制度的结构。这里在我头脑里的制度是此术语狭义上的经济:就是劳动力、物品和金融证券市场(简称"物质市场")。根据经济社会学的著名理论,物质市场是嵌于社会信任关系和隐含的游戏规则之中的。我把它转变成了一个情境波动模式。经济社会学家相当抽象地对待的像"信任"这样的东西,既不是确立经济游戏竞技场的一个静态元素,亦不仅仅是背景,而是经济动机在此基础上提供了行动的动力。我们所认为的"社会嵌入",实际上处在经济活动的中心。任何成功的 IRs 都形成了道德团结,这是"信任"的另一词语;但是 IR 链比信任产生了更多的东西,因为个体动机的全方位过程都是由 IR 链产生的。其作用机制是相同的,不管这些互动链集中于物质经济活动,还是集中于纯社交关系方面。寻求 EE 是所有制度场所的主要动机;因而正是 IRs 在经济生活中形成了不同水平的 EE,所导致的工作动机有不同的强烈层次,从充满热情到自由散漫;或积极参与企业活动或退避三舍;或加入投资浪潮或从金融市场中抽回自己的钱,不再去费心劳神。

在物质市场和情感回报的 IRs 市场之间并无截然的分割;它们都以寻求 EE 为动机。当然,物质市场的参与通常是热情少于压抑和敷衍塞责,平等交易而已,并不去积极寻求较高的情感体验。尽管顽固的现实主义者会说,人们工作不是为了仪式,而是为了生存,所以他们需要物质产品。我的不同观点是,社会动机决定着他们想要什么样的物质产品,即使人们为了生存,以及更通常的情况也一样。经济活动强度的变化是受社会动机的变化决定的。物质市场由对物质产品的需求所刺激,因为资源是形成强烈的IR体验所必需的成分。在物质经济和仪式经济之间形成了反馈环路；每一者对另一者来说都是必要的输入。按照马克斯·韦伯的说法，追求特定类型的宗教体验的强烈动机驱动了现代资本主义的扩展。按照我沿这一观点的概括，就是，整个IRs的社会互动市场，是产生物质市场中工作、生产、投资和消费动机的基础。在这一基本理论层面上，把不同动机分割开，不考虑它们的共同基础，是不可能解释人类行为的，因为在具体情境中它们是难以区别开的。理论上可以做到，将高度的IRs市场和物质产品市场认为是一体的，一方会流向另一方。既然我们无法把物质动机从社会动机中剥离出来，那么我们从社会方面而不是物质方面可以把这些领域整合在一起。

第五章分析了与思维理论相关的基本的IR机制的应用。核心观点是，IRs通过赋予不同的程度的EE，使某些观念对不同程度的成员有不同的意义。因而一些观念比其他观念更易接受——尤其对那些处于情境链特定位置的具体个体来说。这些观念涌现在头脑中，或脱口而出，然而其他观念较少体现在互动中，甚至通过心照不宣的社会障碍把它排除出去。思维是一种内化的会话——类似于乔治·赫伯特·米德的理论观点——因此我们能追踪思想观念从外部会话到内在会话及相反过程的内在关联性。这种追踪在分析知识分子的思维经验上是容易做到的，因为我们比较了解他们与其他知识分子的社会网络，也了解其内在思维外化在他们的作品中。从这一入口为起点，本章进一步讨论了思维的形式，不仅是类似口头的形式，还包括口头咒语和内在仪式，它们使内在的自己总是常常不同于外在的自己。受会话分析的启发，我提供了一些例子，说明了如何从经验上研究内化的会话。本章主要反映了符号互动论的传统，从经典作家到当代乔纳森·特纳、诺伯特·威利、托马斯·舍夫和杰克·卡茨及其他人的分析。不过，它得出，米德关于自我的组成部分（主我、客我、一般化他者）的解释，可以用内在化的互动仪式中一个更过程化的关于专注焦点和能量流的模型来替代。

第二部分把这一基本理论应用到了社会生活具体领域和特定历史领域。第六章是关于性互动理论，从微观经验方面做了分析：也就是说，人们在性爱情境下实际上做什么。首要的，这不是一种文化中关于性的文化意义是什么的理论，亦不是停留在统计层面的个体具有多大频率的性活动的汇总；相反，这是关于在人们性活动时，实际会发生什么类型的互动的理论。这似乎是显而易见的现象，但当从社会学方面加以分析时，将会呈现出不同的解释。人们实际上做什么，以及他们发现什么会激起情欲，都无法用寻求满足的个人动机加以解释；实践中所认为的性是什么，以及身体的什么区域成为情欲的目标，都是因历史和情境而变化的。身体的情欲象征意义是由互动仪式的专注点和强度所建构的。性爱活动的基本形式——性交——非常符合IR模型。难怪，性交是原始形式的相互愉悦和集体兴奋的最高点，可形成最原始形式的团结和最直接的道德标准；爱和性占有密不可分的感受，在通常只有两个人的群体中是仪式性的最紧密的成员归属的体现。

根据这一基本模式，我说明了无性器的性目标，当它们在情欲IRs中成为关注的焦点时可以确立起来。性仪式也可以采取那些在参加者之中只有相对较低的团结性形式——性伙伴间的性是自私的、强制的,否则的话就是背叛了对方。但这些性形式都超出不了社会解释:在这些性活动形式中,专注点并不是非常局部的,而是另外的场域;不是关注做爱者个体之间的关系,而是关注更大范围的性爱磋商和表现,他们从中寻找成员身份和声望。微观层面的性互动取决于一个更大的场域,是 IR 链的一个环节。我从历史变迁方面说明了这一点,即 20 世纪曾出现的性磋商和性开放,以及一系列会变为色情化的做法。在其他能以此方式解释的事情中,就是独特的现代式的同性恋的发展。

第七章为 20 世纪后期和 21 世纪早期的社会分层提供一个微观社会学观点。我把分层描述为从底部可看见的、从不平等实际表现的情境视角可见的东西。这一微观经验的观点,最终是与韦伯的经济阶级、地位群体和政治力量分析框架相匹对的;但这里不是把这些当作从总体统计形式上可以把握的宏观结构,而是在于说明它们如何可能根据日常生活机制而加以重塑。在我们的历史时代,直接的社会经验已较少来自宏观分层的类属身份,而更多的是来自于情境分层机制。变化的资源分配对互动仪式的影响,以及那些变化的、曾一度强迫人们服从于阶层化的仪式,但现在又使他们可以躲避开的条件,可以解释这种对遵从仪式的逃离是如何发生的。

第八章给出了在私人和休闲情境中、在非严肃的工作之余所具有的一些小型仪式。这样的仪式在历史上有起有落,这给我们提供了一个机会,去分析那些形成这类小的私人社交仪式的社会成分。欧文·戈夫曼对这类仪式做了先导研究,但作为一个先驱者,他太过于关注说明其基本属性,而没有关注到它们是如何随历史的变化而改变的。有讽刺意义的是,他当时写道,日常生活中的仪式的巨大改变正在发生:正式礼节、显著的有阶层界限的仪式瓦解了。20世纪60年代观察者有时称之为"反文化"的兴起,而我更喜欢称之为"戈夫曼革命"。正是这个用不拘礼规的标准取代正式标准的革命,成为了21世纪到来时的情境分层的特征,阶级差别的显著标志看不见了,循规蹈矩被广泛认为是不愉快的方式。这是日常生活中主要仪式改变的一个最近的事例,是在跨世纪过程中发生的一系列此类改变的一个方面。

第八章通过把吸烟仪式作为一个踪迹元素,追溯了在随意的互动仪式中这些微观结构的改变。自16世纪以来,创造各种各样的吸烟仪式的条件,以及随着时间的变化所形成的关于这样仪式合法性的冲突,从更广面上投射到其他形式的大量吸食。通过关注酗酒和吸毒的社会历史,也可做同样的分析。其他研究者已在这方面做了大量的研究,尽管所用的理论视角总的说是不同的;故对吸烟仪式和反吸烟仪式的分析,完全可以形成更加明确的分析点。

至少作为社会学家,有机会改变我们的认知格式塔,是非常庆幸的,因为我们是生活在所分析的日常生活现象中间:在经历了许多世纪的失败以后,反吸烟运动在20世纪晚期成功了。天真的解释是简单的,即医学证据现在可以表明吸烟的危害性,因此限制和禁止吸烟运动只不过是遵从了正常的国家政策而已。然而如果仅是这样的话,它在理论上是说不通的。我们有关社会运动、政治和生活方式变迁的理论,一般不会同意,主要的社会变迁仅仅是因为科学家出来告诉人们为了自己的物质私利他们必须做什么,于是他们这样做了，不是这么简单。这个天真的解释在社会学以及其他学术领域中未受到普遍挑战，或许是因为多数社会学家都是属于坚决支持反吸烟运动这一地位群体；因而我们并不把反吸烟运动的胜利看做是一种需要解释的社会现象，因为我们是通过此运动传播的观念去看待此问题的。思想的参加者不会成为自己运动的好的分析者。同样的道理，我们也不是此运动目标的非常好的分析者，食烟者有其不同的历史形式，只要我们看一下在媒体广告中通常谈论的上瘾者或易受骗者这些类型就知道了。只有保持更大的距离去审视整个历史过程，才有可能对成瘾的或一般持续不断的大量吸食的形式提供社会学的，而不仅仅是医学的理解。

身体吸食仪式总有生理方面的原因，但当我们解释社会行为时，这不是给非社会科学家交代缘由的好的理论依据。一般来说互动仪式是这样的过程，即当人们身体彼此之间足够紧密，以至于他们的神经系统变得彼此节奏一致和有预感，并且在一个人的身体中产生情感的生理基础在另一人的身体中会形成有刺激的反馈回路时，就会有互动仪式。至少在片刻之内，社会互动控制了生理过程。这是人们互动的正常基线，即便是不酗酒、不吸烟、不吸毒、没有咖啡因或食物；而当吸食这些东西与互动仪式相联系时，其生理作用深刻地受到社会模式的影响和塑造。我所提出的社会建构的一个强模式，不仅是意识精神过程的，也不仅是情感的，而且是无论吸食什么时所体验的模式。吸食的任何物质的化学特性都有一些独立作用，在有些情况下这种作用也许无效：马钱子碱（strychnine）不会像糖一样起作用。但是我们会完全基于错误的立足点而假定，所有被吸食的物质都像马钱子碱一样是特殊种类；

而社会普遍吸食的大多数物质在不同的社会背景中有非常不同的作用,并且正是它们的社会用途决定了人们用它们做什么。例如在20世纪后期烟草的利用,决定其用途的那些最主要的理由因素,本身并不属于生理作用方面,而是属于社会体验方面的。

这些章节的总体作用可以说在于激发问题,所有这些都做社会学化分析难道不是过分了吗?它不就忽略了那些不属于社会学的东西,忽略了那些使我们作为个体的独特的方面,也忽略了构成我们个人内在经验的东西吗?此互动仪式模型难道不是对人类形象有特别的偏见,即认为人是善谈外向的、总寻找人群、从不独处,而没有内在的生活吗?第九章集中回答了这些问题。个人主义本身也是一个社会产物。正如涂尔干及其追随者——著名的马塞尔·莫斯所提出的,横跨人类历史的社会结构造就了不同类型的个体,从而社会结构也是有差别的:社会情况的差异性越大,每个个体的经验的独特性越多,个体的差异性也越大。此外,以某些历史形式造成了或大或小的个体差异,社会不仅仅如此;一些社会——明显的是我们自己的社会——还形成了个人主义的理想或意识形态。社会互动既形成符号,也把它们道德化。这里社会互动的仪式主义,庆贺集体性的成分减少了,得到提升的是情境仪式,包括戈夫曼所指出的作为个体的崇拜偶像。

个性特征以许多不同的形式呈现出来,许多可能是外向性的;故有待说明的是内向性的人格是如何由社会因素造成的。我概括了七种类型的内向性格,它们的产生都与历史条件有关。尽管我们把内向性格看做是一种现代人格类型,但有些类型是相当共同的前现代人格。即使在现代世界,除亢奋反射或神经过敏类型外,还有几种类型的内向性格者,它们在《哈姆雷特》或弗洛伊德的患者形象中,被有些观察者看做是现代生活的特征。实际上,多数类型的内向性格不仅是由社会产生的,而且因情境的要求,还有其外向性社会互动的模式。即使在最极端的个性中,内向性与外向性相互作用,处于无休止的关联之中。

鸣　　谢

我要特别感谢米歇尔·拉蒙特,本书的结构是按她的建议组织的。我还要感谢下列人士所给予的评论、批评、讨论及信息,他们是爱德华·O.劳曼(Edward O. Laumann)、艾拉·赖斯(Ira Reiss)、亚瑟·斯廷奇库姆(Arthur Stinchcombe)、阿里·霍赫希尔德(Arlie Hochschild)、布赖恩·特纳、乔纳森·特纳、汤姆·舍夫、丽贝卡·李(Rebecca Li)、鲍勃·利恩(Bob Lien)、伊薇特·萨姆森(Yvette Samson)、斯蒂芬·富克斯、戴维·吉布森、阿尔伯特·伯格森、马斯塔佛·埃默拜耶(Mustapha Emirbayer)、米奇·登尼尔(Mitch Dunier)、埃里卡·埃弗勒(Erika Effler)、里贾纳·斯马顿(Regina Smardon)、迪尔德丽·博登(Deirdre Boden)、伊曼努尔·谢格洛夫、保罗·埃克曼、西奥多·D.肯帕、巴里·巴恩斯(Barry Barnes)、诺伯特·威利、加里·艾伦·法恩(Gary Alen Fine)、亚瑟·弗兰克(Arthur Frank)、汉斯·乔阿斯(Hans Joas)、詹姆斯·S.科尔曼(James S. Coleman)、维维安娜·泽利泽(Viviana Zelizer)、伊莱贾·安德森(Elijah Anderson)、杰夫·英厄姆(Geoff Ingham)、詹姆斯·贾斯帕(James Jasper)、保罗·迪马乔(Paul DiMaggio)、丹·钱布利斯(Dan Chambliss)、达林·温伯格(Darrin Weinberg)、苏珊·沃特金斯

(Susan Watkins)和艾玛·埃娄(Irma Elo)。

  第三章的部分内容曾发表在由西奥多·D.肯帕所编的《情感社会学研究议程》(*Research Agendas in the Sociology of Emotions*,阿尔巴尼:纽约州立大学出版社,1990 年)中。第四章曾发表在《合理性与社会》(*Rationality and Society*) 1993 年第 5 卷。第七章曾发表在《社会学理论》(*Sociological Theory*) 2000 年第 18 卷。这些章节经纽约州立大学出版社、芝加哥大学出版社和美国社会学协会的许可得以重印。

第一部分

激进的微观社会学

第一章 互动仪式理论纲领

互动仪式理论对微观社会学来说是至关重要的，而微观社会学对宏观社会学来说是至关重要的。小范围的、即时即地发生的面对面互动，是行动的场景和社会行动者的基点。如果我们想找到社会生活的能动根源，那么它就在这里。这里蕴藏着运动和变迁的能量、社会团结的黏合剂和维护现状的保守主义。这里体现着目的性和意识性；这里也是人们互动的情感和无意识方面的基点。无论用哪种基本术语说，这里就是我们的社会心理学、我们的符号互动或策略互动、我们的存在主义现象学或常人方法论、我们的讨价还价、游戏、交换或理性选择方面的经验的/体验的场所。这样的理论立场也许显得过于关注微小的、密切的和小规模的现象。但我们将会看到它们大部分并非是非常微观的，一些仅仅是虚饰发生在微观互动水平上的现象。如果我们提出一种关于微观层次现象的强有力的理论，那么它也将揭开大规模宏观社会变迁的一些秘密。

让我们先提出两个出发点。第一，微观社会学解释的核心不是个体而是情境。第二，"仪式"这一术语被以各种不同的方式使用；我必须阐明我所用的这一术语是什么含义，而且阐明为什么这种分析方法会产生所期望的解释结果。

情境而不是个体作为出发点

选择一个分析起点对理论家来说是策略选择的重要方面。但它不仅仅是一种非理性的个人争强的趣好(de gustibus non disputandum est)。我将试图表明,为什么我们把情境作为出发点来说明个体,而不是以个体为出发点,会有更多收获;而且,我们肯定比通常由个体直接跳跃到外表属于他或她的行动或认知、而完全绕过情境的做法,有更多的收获。

互动仪式(IR)和互动仪式链理论首先是关于情境的理论。它是关于那些具有情感和意识的人类群体中瞬间际遇的理论,情感和意识通过以前的际遇链而传递。我们所说的社会行动者,人类个体,在时空中是几乎持续不断的、瞬间流动的。虽然我们对个体予以肯定并对之英雄化,但我们应该认识到,看待事物的这个方式,我们以此审视世界的这个窗口,是近几个世纪以来特定的宗教、政治和文化发展的产物。它是我们认为如何才能适当地认识我们自己和其他人的意识形态,是民间术语的一部分,但不是微观社会学最有用的分析起点。

这并不是说,个体不存在。但个体不仅仅是躯体,尽管身体是个体得以构成的成分。我的分析策略(也是互动仪式分析的创立者欧文·戈夫曼的策略),是以情境动力学为起点;由此我们可以得出我们想要知道的个体的几乎一切方面,都是在不同情境中变动的结果。

这里我们可以回敬一种相反的观点。即认为我们不能知道个体是独特的，主要是因为我们关心的是他或她在不同情境的变动，还主要是因为他或她都是以一种熟悉的、明显可认识的方式行动，即使情形有所变化。是这样吗？让我们来指出这一观点中错误理解的关键所在。这一观点假定了一个假设的事实，即个体是保持不变的，即使情境发生变化；这在何种程度上是事实还有待于证明。在没有进一步分析情境时，我们跟"人人知道某事"一样，是倾向接受它的，因为它作为一项道德原则已灌输给我们：每个人都是独一无二的、你是你自己、不屈从于社会压力、你自己的自我是真实的——这些口号被每一位吹鼓手，从布道者到广告宣传者，都加以颂扬，并得到了普遍的响应，从大众文化到现代主义者和超现代主义艺术家及知识分子的先锋派的前进号角。作为社会学家，我们的任务不是跟着习以为常的观念随波逐流——（尽管这样去做可以成为一个成功的作家）——而是用社会学眼光去审视它，去分析什么样的社会环境形成了这种道德观念，为什么在这一特定的历史关头有这种社会类型的霸权。用戈夫曼的术语说，问题在于发现个体崇拜的社会根源。

已提到这一点，我会赞同在当代社会状况下，很可能大多数个体是独一无二的。但这不是长久的个体本质的体现。个体的独特性是我们能从 IR 链理论中获得的某种东西。仅就个体通过互动链的路径、他们在不同时间的情境的组合以及与其他人的路径不同而言，他们是独一无二的。如果我们把个体具体化，我们会有意识形态，会有关于永恒灵魂的基督徒信条的一个世俗版本，但是我们失去了解释为什么个体的独特性是在跨时间的际遇链中被塑造的可能性。

从强调的意义上说，个体就是互动仪式链。个体是以往互动情境的积淀，又是每一新情境的组成成分，是一种成分，而不是决定要素，因为情境是一种自然形成的产物。情境不仅仅是个体加入进来的结果，亦不仅仅是个体的组合（虽然也有这一点）。情境有其自己的规律或过程，而这就是 IR 理论所关注的内容。

戈夫曼总结说："不是人（men）及其时机，而是时机及其人。"用性别中立的语言说：不是个体及其互动，而是互动及其个体；不是个人及其激情，而是激情及其个人。"每条狗都有它的一天"，更准确地说是"每天会有它的狗"。事件塑造它们的参与者，尽管可能是瞬间的；际遇制造了其际遇者。这是制造体育明星的比赛，是使政客成为有超凡魅力的领导者的政治，虽然整个历史记载、新闻报道、授奖、演讲和广告炒作都避免人们对这种情况是如何发生的知道其真相。从社会学方面去分析日常生活的基本现实，要求有一种格式塔（gestalt）的转变，有一种视角的逆转。打破这种根深蒂固的常规框架不是容易做到的；但是我们越多地要求自己通过情境社会学去思考一切事物，我们就会更多地理解为什么我们应该那样去做。

让我们先看一下出现混乱的更加微妙的根源。在微观层次上，我主张结构优先于主体能动性吗？互动的结构具有完全的决定性、完全否定行动有能动作用的可能性吗？根本不是。能动/结构的修辞只是概念上的陷阱，混乱在于不同的区分和修辞力的模式。能动/结构混淆了微观/宏观的区分，这是局部的此时此地面对面的局部情境间的相互关联与更大范围的时空之间的区分，是主动方面与非主动方面之间的区分。后一种区分把我们引入了能量与行动问题;但能量和行动总是局部性的,总是真实的人在一定情境中做某件事的过程。某一地点的行动可能扩展到另一地点,而且一种情境可能在别处其他情境中延续,这也是事实。这种延展是我们所谓的宏观模式的一部分。比如,它可以指在激烈竞争的股市上大量投资者的行动,或者因军需供应中断而引发革命危机的行动,但这是对可观测的现实的一种速记(即,一位微观社会学家现场目击的是什么)。这种说法似乎表明,好像能动性只存在于宏观层次,但这是不正确的,因为我们被修辞手段欺骗了。能动,如果我们使用这一术语的话,总是微观的;结构把它联结到了宏观层面。

但尽管"微观"和"能动"这两个术语可以联系在一起,其实它们也是不相同的。在每一层次上都有结构。微观情境是结构,这是指各部分之间的关系。局部际遇,微观情境,都有能动和结构。要避免的错误是把能动等同于个体,即便是在微观层次上。我已提出,如果我们避免把个体具体化,我们将会得到更进一步的认识,而且我们应该把个体看做是应情境的要求而瞬息变动的。关于能动,我更喜欢把它描述为表现在人身和情感中的能量,描述为在局部的面对面情境互动中产生的人的意识的强度和焦点,或者描述为情境链的积淀物。是的,当人类个体单独时,他们有时也有行动,尽管他们一般会这样,因为他们的身心是以往情境际遇的结果,而且他们的孤单行动就其目标来说是社会性的,来自于跟其他人的沟通,因而此行动因处于某一IR链中而具有情境性。

总的来说,我不去过多地关注"能动"和"结构"术语。"微观"和"宏观"可足以使我们描绘从局部到局部之间相互关联的连续统。然而,互动的加能过程与互动关系方面是紧密相关的。或许最好我们可以说,互动的局部结构就是产生和形成情境能量的结构。这种能量可能留下踪迹,带入到进一步的情境中,因为个体用自身情感加以回应,这种情感随时间的流逝会减弱,但可以延续较长时间,足以供给随后的际遇,形成进一步的结果链。"能动"这一术语的另一不足是,它具有包含道德责任的修辞负担;它把我们带回到了对个体的赞美(和谴责),而如果我们要发展解释性的微观社会学,我们就需要抛弃这种道德化的格式塔。我们需要从另外一个角度去分析它。我将要从理论上关注的不是能动性,而是情感和情感能量,分析由互动仪式压力锅加热或冷却后其不断改变的强度。我不去强调结构,或把它看做背景性的东西,仅仅是能动的陪衬,我将着力说明 IRs 是如何运作的。

相冲突的术语

接下来说明我的第二个出发点。也许看起来概括微观社会学的一种综合理论,重要的工作是在于说明"仪式"这一术语。此术语以粗略的方式被使用,我根据某些社会学家——著名的是埃米尔·涂尔干及其在微观社会学方面最有创造性的后继者欧文·戈夫曼——的观点将强调:仪式是一种相互专注的情感和关注机制,它形成了一种瞬间共有的现实,因而会形成群体团结和群体成员性的符号。但这份理论遗产不是太精确,例如因戈夫曼的成果是在不同的学术时代写的,而且具有不同的理论联盟,我将从有利于我们的问题方面不得不维护我自己的特殊用法。更多的麻烦是,

第一章 互动仪式理论纲领

"仪式"是一个普通用语,它比在新涂尔干派的社会学理论家那里的使用有更狭窄的意义(如等同于礼节或典礼)。[1]进一步的混乱还因为,人类学中出现了专门的关于仪式的研究成果,而另外的一些"仪式研究"出现在宗教研究领域;这些用法常常是相互重叠、混乱不清的,有时属于涂尔干传统,有时又属于日常狭义的用法。我首先要做的一件事是必须摆明其在理论内涵上的重叠和区别。

为明确起见,让我们先看一下人类学用法和微观社会学用法之间的主要分歧,但需注意的是,这两者本身也都不是一致的。人类学家倾向于把仪式看做社会结构的一部分,它的正式设置在于维护秩序,或者为了彰显文化和价值。这是与微观社会学的分析思路完全相反的:它不是把仪式当作微观情境行动的主要形式,而是认为仪式仅仅反映宏观结构;仪式是通往更大、更高和更根本稳定的某种东西的门道,这与 IR 链的流动性形成了对比。一个长期流行的人类学观点是,一度举行的仪式表现永恒的主题,局部表现整体。在 20 世纪后期的不断变化着的学术运动术语中,这是结构主义、符号人类学、符号学和文化准则(codes)研究的分析思路。总之,宗教研究中仪式这一术语的用法,更接近于文化人类学的从门道到超验的分析思路,而不同于激进的微观社会学把它看做行动的局部根源。这里,微观社会学的思路是把情境作为解释的分析起点,而结构主义者/文化学的思路是从相反的方向来用的,他们突出规则和意义的宏观结构。对微观社会学的挑战是,要去表明它的起点可以解释那些经常出现在固定的全球文化中的东西,实际上是与规则和意义相关的由情境产生的可变物。[2]

问题比术语更复杂。涂尔干为社会学家提供了情境互动的机制，它至今仍然是我们最有用的机制。他以宗教仪式为例提出了这个模型，由此能使我们认识到，在一定情境下社会构成要素是如何结合在一起的，以及什么因素使仪式成功或者失败。戈夫曼通过说明仪式在日常生活中无处不在，扩展了仪式的应用；在世俗领域跟在宗教和官方正式场合一样，仪式在塑造个体特征和划分群体界限中都具有重要的作用。此模型具有潜在的更广泛的应用。问题是，20世纪的学术史是围绕涂尔干的题材而展开的，但在流行过程中有些受到了冷遇。有些学术运动不是关注被明确提出的可形成不同的团结、情感和信念的情境要素的因果机制，而是把仪式的研究转向了重点强调重建进化史、强调社会制度的功能性或者文化的卓越性。

因此，我将首先对此做一历史回顾，说明仪式理论的发展，顺便提出涂尔干模型的微观因果形式，以便我们能清楚地看到它与其他形式的不同。这是有针对性地得到一个理论纲领的事情，而不是把它与那些相当不幸地使用同样术语的极不同的纲领相混淆。

我的目的不是简单地"回归涂尔干和戈夫曼"。跟所有的学者一样，这俩人都生活在与我们不同的复杂的学术环境中。他们的地位可以用不同的方式来解释，因为它们是由几条事先存在的线条组成的，而且在后来几代人中又与后来的学术运动重新结合。这就是学术生活的本质——为以后的学术留有余地而对神圣化的个人提出相矛盾的解释。这样的历史是有启发性的，因为它可告诉我们，我们来自何处，以及我们所从事的是什么样的学术工作——思想的马尾藻海图呈现了21世纪到来之时的学术景象。

当然，我是借助涂尔干和戈夫曼做我自己的学术建构，努力推出我自己的学术项目，促进更大的学术联盟。这不是声称，只有一种解释涂尔干和戈夫曼的客观方式，好像以往的学术政治玷污了一度清晰的观点。但我将极力主张一个强实用的标准：建立一个涂尔干/戈夫曼的情境因果关系模型这个方式，将更有助于我们说明一件事情为什么发生在这样的社会情境中，而不是其他情境的条件。情境经常有重复，但它们也是千变万化的。互动仪式理论给我们说明了它们是如何变化和为什么变化的。

仪式分析的传统

我不想去评论关于仪式的全部成果史，贝尔的著作中已有一个非常好的概括（Bell 1992）。我将突出说明对确立理论问题最有用的观点。

大致来说，此理论工作集中关注潜认知仪式主义、功能主义仪式主义和准则探寻纲领及其批评者；后者经常跟含糊地所称的"文化转向"联系在一起。从19世纪后期到20世纪后期，这些观点部分地是相连续的，部分是循环性的，有时又是相重叠的。

潜认知仪式主义

仪式分析在19世纪末非常流行。人类学和社会学都围绕这一题目做了大量的讨论。这些新学科产生于不同的旧学科。史学家像纽玛·丹尼斯·福斯太耳·德·库朗热在19世纪60年代，就分析了古希腊和罗马的财产、法律和政治的来源,发现它们是宗教崇拜的衍生物,其作用是标出家庭、氏族和政治联盟的界限。在19世纪80年代,宗教学者像威廉·罗伯逊·史密斯探查了闪米特人(Semites)的古老宗教,发现它在贝都因人(Bedouin)部落中仍延续存在,如共同进餐和祭祀。在19世纪90年代和接下来的数十年中,古典学者像弗雷泽,试图了解被希腊文艺传统高度评价的布满在奥林匹亚神背景中的大量较小的神和圣灵,在古代日常生活的寺庙和神圣的地方他发现了它们的实际意义。尼采沿相同的道路分析了这些相同的素材,他在19世纪70年代早期就找出了阿波罗神的雪花石膏雕像崇拜与淫秽的狄奥尼修斯之间的不同,并指出了相对立的宗教人物与社会道德冲突之间的关联。在20世纪早期,这些研究线索具体体现在以古典学者简·埃伦·哈里森、F. M. 康福德和吉尔伯特·默里为主的剑桥学派中,他们根据对原初的拥护者的崇拜活动,从实用的角度解释了所有神话。此传统的另一学者 R. R. 马里特(Marrett 1914, 100)简练地总结出:"原始宗教不是苦思冥想出来的,而是舞出来的。"

这些古典学者和历史考古学家的研究跟后来的研究相比较,不很抽象或理论的系统化不高。其指导思想是把具体神话转变为对有关崇拜活动的猜想,并把它们与古老崇拜地点考古学遗迹关联起来。一个流行的学术运动(它一直持续到当代,尤其是得到了人民派的女性主义思想家的复兴)就是去证明对"伟大母亲"的崇拜,即以女神为中心的生育仪式被认为先于所有其他宗教,后来才被以男性为中心的崇拜所替代,这或许是由于征战斗士的迁移。另一分析派别试图得出"原始思维"的原理,并说明它们如何跟后来的理性思维形成对照（此观点在后殖民时期被完全否定了）；相关的成果追溯了早期希腊哲学的根源及宗教概念和神话的发展。所有这些分析方法都用仪式和神话证据去进行历史重建；因而他们的理论建构通常是相当具体的，寻找更早的历史阶段，它们有时被称为普遍演变模式。弗洛伊德的《图腾与禁忌》(*Totem and Taboo*)一书使用人类学对遥远时代部族仪式的描述为依据，提出由于儿子起来杀死了他们的父亲，故所设立的纪念性仪式是出于他们的负罪感。弗洛伊德所运用的理论来自胚胎学的发展，即个体发育重演系统发育，也就是说，个体精神的成长是与其集体的历史平行的。田野人类学家，他们经常是些业余爱好者，譬如传教士、医生或其他旅客，重点收集的是一些感到好奇的仪式活动，然后把它们解释为人类历史遥远时期的残存物。

学术运动一般发生在那些碰巧找到了新研究素材的完全前沿的研究者之中。他们分析其新发现的资料的想法彼此相似，因为他们都是结合其前辈的想法来提出他们的学术方法。同样，如我在其他地方所说明的，每一新时代的哲学家在已有的学术派别阵营之内施展才能，这只留下了有限的活动余地，可去对已有的思想重整、否定和汲取有用的东西(Collins 1998)。这是我们作为知识分子崇拜的成员去把几个人尊为正宗作家，并把他们看做是真正的发现者时，自己的体会；只要我们仅仅把它作为一种合适的简化和总结，这样做无妨。随着人类学和社会学作为公认的学科的成熟，对仪式的分析变成了更加关心社会是如何运作的这一理论问题。人类学的田野研究者根据仪式活动，所共同去做的就是为了理解信念，特别是从现代标准来看的似乎是非理性的那些信念。

范·盖内普1909年把许多资料放到人们从一种社会地位到另一地位变换的仪式框架中做了分析。

我将把涂尔干的理论模式作为早期古典学者、古代史和宗教史学家和田野人类学家学术成就的标志。涂尔干,他本人是福斯太耳·德·库朗热的学生,是比较和综合分析学派的领袖(Lukes 1973;Fournier 1994;Alexander 1982)。他的门徒亨利·休伯特、马塞尔·莫斯和其他人运用"涂尔干派"的纲领,根据起支撑作用的社会结构对仪式做了解释,例如对祭祀(Hubert and Mauss 1899/1968)和祷告(Mauss 1909/1968)的比较分析。这一基本观点见于涂尔干的《宗教生活的基本形式》(*Elementary Forms of the Religious Life*,1912),从中我们可以很好地了解到这整个纲领的研究者所取得的成果。

为什么把这一研究称为潜认知仪式主义是适当的?合理性和更普遍的一切信念,是人类意识的表现;它是我们首先遇到的东西,通常以被理想化的形式呈现,像根据希伯来《旧约》的布道所讲的关于奥林匹亚神或神启的美丽神话。此仪式分析深入到了这一表象之后。在进化主义时代,这个做法经常被看做是剥离现代理性,去发现其非理性的基础或历史根源;如果回想一下弗洛伊德的观点,即把自我看做是来自本我(id)的激情,那么就应想到,弗洛伊德跟范·盖内普和涂尔干生活在同一时代,他们所用的一些素材有相同的来源。[3] 在后来的研究内容中进化论观点变得过时了,到21世纪初它仍然常常被知识分子予以抨击,因此强调我所称的潜认知仪式主义研究,跟社会进化论不一回事是重要的。

从分析上说,这一观点是指思想和信念不足以用它们自己的术语去解释,不管把它们看做是柏拉图式的精华,还是个人头脑的产物;潜认知纲领目的在于了解思想观念如何产生于社会实践。涂尔干于1912年鲜明地提出了这一点,开始是作为特例,后来变成了一般化的观点。其特例是宗教观念,涂尔干提出,它们总是可通过一个群体中那些参与仪式的成员身份的标志加以分析。更一般性的例子,包括所有人类认识的基本范畴、宇宙观和我们思维所运用的逻辑。涂尔干指出,这些也来自于维持群体成员身份的仪式。他的证据——这体现着其研究纲领的程序——是比较性模式,它们表明了观念结构如何随群体结构的变化而改变。

涂尔干理论模式的另外一个方面由福斯太耳、尼采和其他先行者做了概括和扩展。如同我概述的,仪式的潜认知解释,是根据社会实践,特别是仪式实践活动,去解释认知。涂尔干1912年的著作明确补充说,道德观念也是由仪式实践形成的。其观点的要旨和证据的逻辑是比较论的:道德随群体组织的变化而变化;群体结构的变革也改变了道德。尼采用一个高度争议的方式表现了这一点,他对所称的基督教的奴隶道德与主导古希腊人的贵族英雄道德做了对比。事实上,一切范围的道德都来自于不同类型的仪式实践,这可从不同的群体和历史阶段中了解到。从他的老师福斯太耳那里,涂尔干知道,仪式参与设立了群体界限,从而也设立了道德责任界限。他的学生莫斯后来的研究,说明了礼仪如何能被用来进行跨群体界限的交换,认为通过这种礼仪性的礼物交换,从而确立了更大的结构。这种礼仪性的礼物经济后来很适当地用于对古希腊荷马社会的研究(Finley 1977)。福斯太耳和莫斯两人都表明了,仪式机制不是静态的,而是有创意性的,而且也是冲突性的。通过把仪式扩大到新参加者,新社会联系可以建立起来;而那些被仪式排除在群体结构之外的人,可能会极力争取获得成员身份,福斯太耳在概括古代城邦的政治联盟参与仪式的历史时说明了这一点。关键的一点是,涂尔干派的分析不仅提供了一种知识社会学的观点,而且提供了一种道德社会学的观点。这将引领我们进入情感社会学,能够解释诚实、回报和反叛的情感,它是有关愤怒和爱的社会学。

涂尔干派的传统得到了众多研究者的继承与发展,一直延续到现在:他们是劳埃德·沃纳(Warner 1959)、卡伊·埃里克森(Erikson 1966)、玛丽·道格拉斯(Douglas 1966,1973)、巴兹尔·伯恩斯坦(Bernstein 1971-1975)、阿尔伯特·伯格森(Bergesen 1984)、托马斯·舍夫(Scheff 1990)及其他一些人。由早期的一代仪式研究学者具体化的原理,是我们的社会学知识宝库中永久的财富,是建构更复杂的理论的基石。

功能主义的仪式主义

20世纪中叶那几十年研究仪式的一代人类学家和社会学家,大部分可以称作是功能主义的仪式论者,以区别于涂尔干学派。潜认知主义模型虽被吸纳进了功能主义纲领中,但它们也是可以区分开的。

功能主义运动的目的在于说明,所有的社会制度实践都吻合在一起,并对维持整体结构有所贡献。这种分析方法后来被认为是静态的而被抛弃了。功能主义一度太时兴,后来才被抛弃,因此值得对曾经激发这种分析方法热情的学术动机进行重建(关于这一点最好的资料是古德在1995年的著作)。当业余人类学家和依靠文献的古典学者让路给专业的田野研究时,一群马林诺夫斯基的追随者开始强调,实地研究工作应该去考察整体社会,分析所有那些相互关联的起作用的制度活动。特别是埃文思-普里查德和迈耶·福特斯做了这方面的研究,他们对几个非洲部落逐一做了分析,着眼于其经济、政治结构、亲属关系系统、宗教和其他制度,作为一个相互支持系统的一部分是如何起作用的。任何制度都不能被孤立地去理解:它们都是互相调适的,而且一个要素的局部变化,若是既不能瓦解整体,也不能产生对抗那些维持系统平衡力量的变迁,那么它是无用的。这一功能主义纲领为田野研究者开辟了一片有希望的天地,同时也与老一代的业余爱好者或蹲在图书馆的人类学家的方法形成了鲜明对比。功能主义者所拒绝的是历史主义者的解释,此解释是把来自某一社会背景的一个特定事项看做在当前是起作用的,并把它解释为某一早期历史的"残存"的证据。功能主义者回避历史,目的在于避免猜想性的历史解释(因为孤立的文化事项必定也有当前功能),而是去说明发挥作用的结构。功能主义是一种系统化的,目的在于说明社会是如何运作的基本理论;有关相互关联结构的系统化理论,优先于结构如何变迁的理论,因为后者只有以前者为基础才能被科学地建立起来。[4]

功能主义纲领最易被用于解释孤立的部族社会,或者至少是那些看起来是与世隔绝的和独立的社会。它的主导概念是一套结构功能一体的单位,由此与其界限之外的其他功能单位相区分。后来的评论家抨击了这一点,认为功能主义者过分地把社会比喻为一个自我再生产的有机体,或者他们根据西方民族国家的意识形态,把部族社会定型为一个自我延续的同一体。后来可能又提出了,部落也有历史,而且它们不仅随时间的延续而改变,而且在相当大的程度上是由它们的商业、文化名声、军事地缘政治学和亲属关系联盟等"外交关系"构成的(Chase-Dunn and Hall 1997)。当功能主义纲领被推广应用到整个社会学学科研究,被用于分析复杂的现代社会时,这类困难更为突出了。塔尔科特·帕森斯和罗伯特·默顿是功能主义的主导人物。[5] 功能主义理论变成系统地列述任何社会所需要具有的基本功能;其变迁模型是体现这些功能的结构的分化;而且认为只有当功能得不到适当满足时才会出现紧张,系统为恢复平衡而做出反应。帕森斯另外又强调了共享的价值系统,认为此系统引领每个具体的社会系统,它通过一套规范为行动者实现这些价值提供行动指南。功能主义纲领作为一种宏大理论,在从20世纪40年代到60年代的辩论中陷入了泥潭,争论的问题是,什么是功能或反功能、什么因素决定哪一替代功能生效,另外功能主义观点是否是保守的,即它只关注分层和不平等,而忽略社会内部相冲突的利益关系。最终这一整体研究纲领失去了拥护者。一些人拒绝它是由于所谓的意识形态的偏见;另一些人认为,对在什么情境下实际会有什么结果做验证性的解释方面,它似乎不可能取得进展。

功能主义现在已经不再那么时髦了,任何曾与它有关联的理论都可能会被无情地抛弃。有一种反对涂尔干的倾向是认为他是保守的进化论者,并把他的集体良心概念看做是与帕森斯的主导性价值系统等同的表现(的确也是后者的来源)。然而,我认为,涂

第一章 互动仪式理论纲领

尔干派传统的力量是其对微观社会学的贡献,而不是在宏观层次的社会整合或社会进化理论方面。特别是《宗教生活的基本形式》中,涂尔干提供了一种说明团结和共有的符号是如何在小群体中通过互动而产生的模型;因而这容易延伸出(尽管涂尔干诚然没有这样去做,而且也许反对这样做)把这些群体看做是局部性的、短暂的或相互冲突的,而不是整合在一起的大社会。"集体良心"可能只存在于小范围中,而不是像巨大的天空一样在一个社会中覆盖到每个人,而且我在其他地方曾提出(Collins 1975),涂尔干的机制为冲突理论提供了关键的要素,它与宏观层次的功能主义是完全对立的。

仪式分析经常受到的一个批评是,它过于普遍化。仪式无所不在;但如果一切事情都是仪式,那么什么不是仪式呢?在这一情况中,在所发生的不同类型的事情中做区别,概念是无用的。此批评突出反对的是这样的一个仪式概念,即认为无论是在维持社会秩序还是恢复社会秩序的情况下,其在功能上有助于社会平衡,对释放抵制因素起减压阀的作用,或者促进共享的价值。当事情做错了时有仪式;当事情做对了时也有仪式。仪式分析似乎只是在微观层次去表明功能主义保守性的偏见:任何事情都被解释为社会自动地形成社会整合倾向的一部分。但这里的问题是功能主义,而不是仪式分析。如果我们把仪式从功能主义的分析脉络中剥离出来,我们仍然有一个清楚的模型,说明什么社会构成要素形成了仪式,其结果是什么;而且这些要素的作用力是可变的,这决定了会形成多大程度的团结。仪式以不同的程度可能失败,也可能成功。我们能够预测和测验在这些不同的情况下会有什么样的结果。这样的仪式分析不是同义反复。

在我自己所用的仪式理论中，我是最大的罪人之一，提议应去看几乎所有各处的仪式。但这不会降低到一个平淡无奇的水平，失去解释的兴趣。相反，它为我们提供了一种非常基本的可用的理论，以此可说明在广泛不同的情境下会有多大程度的团结，有多大的承诺去共享符号和人类行动的其他特征。如果它对降低关于仪式理论偏见有任何帮助的话，那么此理论也就可以用(我后面将做解释)相互关注和情感连带变化的原因和结果加以表达。我将声明，这一理论可以被普遍地应用；它能适用于广泛的情况，但不能用于无意义的地方，例如波义耳定律对容积、温度和压力都有要求。

仪式的功能主义理论比一般的功能主义者纲领有更有限的应用范围，它在说明仪式运作的机制方面取得了许多重要成果。功能主义仪式论以拉德克利夫－布朗(Radcliffe-Brown 1922)为代表，他说明了当一个群体在失去其成员时，葬礼所起的重新整合的作用：越过其外在表现，此仪式是为活人做的，而不是为死者做的，举行的仪式对生者带来的热情越高涨，它对群体的威力越大，它需要重新整合自己的力量也越大。[6]这是潜认知的解释，但在理解群体结构和功能方面也有所促进。拉德克利夫－布朗也是一位微观功能主义者，但他提供给我们所用的经验资料，我们只能重新组合当作能产生不同结果的仪式要素。

戈夫曼的互动仪式

来自功能主义仪式论的最重要贡献是由欧文·戈夫曼做出

的。戈夫曼对社会作为整体的制度整合问题并不感兴趣。他有选择地采用了他自己的分析层面,而他在运用功能主义时,在层次上是非常独特的——情境的功能要求。

当戈夫曼把仪式描述为确立社会道德秩序的人人遵守的行为规则时,他的说法像功能主义者。[7]但戈夫曼一直强调的是微观层次的直接互动;而且所确认的和使自己的需要能被感知到的"社会",不是某种神秘的遥不可及的实体,而是体现在此时此地社会的需求中。[8]情境本身有它的条件要求:只有当行动者所做的工作适合它时,它才会体现出来。社会实在本身是被定义的。人们想参与的什么样的社会制度、背景、所体现出的角色——这些都不是自身就存在的,而是被付诸行动后才成为真实的。戈夫曼是一位社会建构主义者,除了他把个体看做没有更多的选择余地,他们必须去建构外;情境本身也要求它们感到需要服从于一定目的。

最显著的是,每一个体的自我都是在情境中被树立起来或被建构的;而且,这是在社会制约之下的自我的建构。这种制约是最容易察觉到的,因为它表现在一个人关于其他人的姿态上;一旦行动者接受了关于什么是某人的自我(和情境是什么)的界限标准,他或她就在此制约下去维护其标准的一致性。这些建构的接收者或受众也受到制约,在可感知的压力下去跟行动者提供的标准相一致,去依从所表现的精神,而忽略和原谅那些会威胁关于人是谁和他们共同确立的是什么的限定的侵害行为。就关注功能需要并去说明这些需要是如何满足的这一点来说,这是功能主义的分析。但因为戈夫曼是在微观具体层次上运用的,当时是无先例的,他为分析仪式遵从的压力是如何被感知的指明了道路,从而使我们可由他的微观功能主义转到团结和实在的微观生产机制方面。

戈夫曼对仪式是这样定义的:"我使用'仪式'这个术语,因为这类活动,尽管是非正式和世俗的,代表了一种个体必须守卫和设计的其行动的符号意义的方式,同时直接呈现对其有特别价值的对象。"(Goffman 1956/1967,57)这与涂尔干在分析宗教仪式时所下的定义是一致的;在指出宗教的突出特征是把世界分为两个领域——世俗的和神圣的——之后,他提出,"仪式是行为规则,这些规则规定了一个人在那些神圣的对象面前应该如何表现自己。"(Durkheim 1912/1965,56)这有功能主义者的论调:社会及其神圣对象存在着,而且这些制约着个体行动,要求服从规则,赋予这些对象以符号意义。但这些定义只是涂尔干和戈夫曼进行详细分析的起点;而且这些定义不仅使我们看到仪式是被制造出来的,而且是在什么条件下它们被制造出来的和有效的,以及在什么情况下它们不能被制造出来或是失败的。涂尔干和戈夫曼的定义假定,神圣物已经被建构出来。在微观经验上,这意味着,它们的制造过程在前,因此这个事例就是以前发生的事的重复。这不是孤立的仪式,而是互动仪式链。把涂尔干的研究与戈夫曼的研究联系在一起,提醒我们,仪式不仅表现的是对神圣物的尊敬,而且也建构了跟神圣物一样的对象;而且如果仪式不及时举行,那么其神圣性将会消失。

让我们更进一步看一下戈夫曼所发现的在日常生活中的主要仪式类型。有些是问候、道贺和刻板的口头交流,它们构成了礼貌性或友好的惯常的口头互动。有些在表面是无意义的。如"你好吗?"并不要求回答信息,而假如对话者想知道关于某人健康的细节,这样问就违背了回答的精神。"晚上好"、"你好"和"再见"似乎也根本不表达任何明确的内容。但显而易见,通过比较它们在哪里使用和在哪里不使用,我们就会明白这些表达的目的是什么,也明白如果它们没按照所期望的那样来使用,将会发生什么。如果情境是高度非个人性的,譬如在售票窗口简单的交易,它们因没有社会结果可以被省去。但如果它们在友好熟识的私人关系中被省去了,就会有社会怠慢的感觉;不向认识的人打招呼,或者对他们的离开不做礼节性的表示,造成的感觉就是私人关系淡漠了或下降了。(我将在第六章更多地讨论这个主题,谈论各种不同种类的亲吻。)

因而各种类型的较小会话惯例标志和体现了各种各样的私人关系。它们暗示了一个人对待他人的态度,即有不同程度的友谊(即团结)、亲密性或尊敬。每个人都心照不宣地明白,它们在细微之处表现了,在完全的陌生人、暂时功利性联系的人、担当某些组织角色的人之间、彼此知道名字并相互作为个体而不是作为角色认识的人、对彼此的社交圈、伙计、知己、家庭成员、恋人等等非常关心的人,他们之间的差别。"你好,鲍勃",跟"你好",以及"你好,亲爱的",或"你好,奈特先生"或"你好,阁下"都有不同的意义。[9] 不管是由第三方还是自己做介绍,都非常重大,因为他们的整个互动层次从一个制度范围转移到了另一个。从一种问候、聊天或告别仪式转变到另一种,是改变社会关系特征的最易察觉的方式。

运用这些口头仪式还有一个非常细微的时间意义。如果我们认为社会生活发生在情境串之中,即当际遇者本人同时在场(或者要不就是关联到一个直接的关注焦点),那么为了使情境受到关注,通常需要以一项活动为开端,以明确提示这一情境的存在,而且限定了情境是属于何种类型。"你好"和"再见"及其类似的表达被用来开始和结束情境;当某一际遇开始和结束时,它们是转换仪式的标志。口头仪式的这一转换标志是与关系标志方面相协调的。友好地说"你好,鲍勃"(或任何其他的表示),意味着我们具有一种友好的超越制度角色的个人认可的关系,而且我们铭记和修复这种关系,把过去的情境与现在的情境相联系形成链条。(这是"互动仪式链"的一个具体含义。)最后说"再见"和其他类似表示是指:我们在一起分享了某一情境实在;现在该结束了;我们以友好的(或恭敬的,或亲密的,或疏远的,等等)方式表示离开。因而结束仪式为将来做了铺垫,标志着此关系仍然存在和会被修复(Goffman1971,79)。父母亲吻孩子道晚安,此仪式特别是针对小孩子,是在于明确表示,虽然你一个人将要去睡觉了,但其他人仍然在这里,而且当孩子醒来时也还在这里。古老的给孩子睡觉时的祷告是"现在我躺下睡觉,我祈祷主让我的灵魂保持……"在宗教背景下做同样的事情,是唤起更大的共同现实,这跟晚安亲吻是为单纯的私人关系一样。

我已详尽阐述了戈夫曼的分析,目的在于把他关于这个主题的相当浓缩的理论观点做尽可能大的引申。在他早期的重要文章"遵从和举止的性质"(1956/1967)和"论面子工作:对社会互动中仪式要素的分析"(1955/1967)中,戈夫曼提出了仪式要素的分类学。对他人的礼貌,包括刚讨论到的问候,是一种遵从的形式。这属于戈夫曼细分的所谓"表现仪式"(《日常生活中的自我表现》[*The Presentation of Self in Everyday Life*,1959],先由后向前看他的这本书,然后再按顺序看),个体通过这种形式表达对他人价值的关心。而"回避仪式"属于禁忌,行动者遵守它是为了不冒犯另一人。其中后者是尊重隐私,这里一个重要的方面是日常生活的生态学,容许他人有后台,他们在那里可做不能有令人满意的印象的事情——从卫生间和卧室,到私人办公室和厨房,这里是为情境表现做准备的地方,如房屋后面的过道是堆积垃圾的地方一样。这里,戈夫曼所加工的资料后来变成了他第一本书中的前台/后台模型。戈夫曼显然把这两种日常仪式与涂尔干所区分的积极仪式和消极仪式做了关联(Goffman 1956/1967,73)。

遵从是指一个人按别人的要求去做;举止是另一面的互动,是社会自我的建构。在这里戈夫曼援引了符号互动论的"客我"或自我概念;但他宣称此概念过分简单地仅从他人的角色看看待自我。举止是一种行动形式,他称其为"面子工作"。它不仅仅是单方面的行动,而且是相互的。行动者在每一特定情境中争得面子或社会自我,只是在这个意义上,参加者合作完成一项仪式,维持情境现实的定义和谁是它的参加者。遵从和举止之间具有相互性。[10] 这情境化的自我典型地被理想化了,或者至少通过展现而给出一个特殊印象;如果人们想全面地了解他/她的生活的话,它肯定不会表现一个人的自我可能是什么的全景。这种理想化是不可避免的。对戈夫曼来说,没有特殊的现实存在于情境之外,但只有情境链和情境前的准备(和情境后果)除外。

戈夫曼早期的名声很大程度上来自对日常生活阴暗面的探讨。这给许多社会学家以及公众留下的一个印象是,他是一位专业的曝光者;其分析工作的涂尔干理论基础几乎没有了。但戈夫曼分析性地选择他的材料,使他的研究旨在说明日常生活的常规仪式是如何被执行,首要的是通过把它们跟其受制约或被违犯的情境做对比来说明的。因此戈夫曼主要依据的是他匿名在一所精神病院精神分裂病房所做的实地研究工作(Goffman 1961;这项研究也被用作了他后来说明仪式和面子工作的经验依据,见 Goffman 1955 和 1956),所提出的观点是,一个人之所以被贴上患精神病的标签,是因为此人总是违犯仪式礼节的不很重要的标准。他进一步指出了一种有讽刺意味的事,即精神病患者被剥夺了后台的隐私性、情境性自我表现的支持,以及大部分其他的人们在通常情况下被允许显示他们良好的自我和他们能够参与对他人表示仪式性遵从的互惠性的资源。戈夫曼的研究策略像涂尔干对自杀的研究,即不是过多地说明人们为什么自杀,而是去揭示维持社会团结和赋予生活意义的常规情况。

用同样的风格,戈夫曼在其整个研究生涯中主要关注的是有效地开展仪式的问题。冷场和出错、窘态、表现外观的文饰、框架的打破,他研究的所有这些方面在于证明,日常生活中的普通的现实性不是自动形成的,而是由精心锤炼的互动工作建构的。正是由于此原因,戈夫曼关注的是老练的越轨者。他研究了有信心的艺术家,因为他们是与情境的脆弱性相协调的专家,而且他们的技术强调了常态结构的细节,这样他们才有利于去欺骗其受害者。他还分析了间谍和反间谍机构,因为这些是制造密谋和看穿常态印象的专家;当一个人知道秘密机构因较小细节会暴露时,正常表现的细枝末节就简化了(Goffman 1969)。戈夫曼这里的主题似乎异乎寻常地有冒险性,但他的结论是关于保持正常表现的极大压

第一章 互动仪式理论纲领

力和策划它们的困难；间谍和反间谍经常失败,是由于在呈现他们虚假的外表,同时又保证不会暴露时,处理高层的反思警惕性或自我意识层面的困难,所有这些都要求有正常表现。这里我们又看到,极端的事例突出表明了产生常态的机制。生活服从于大部分的常规仪式,因为这最容易做到,而如果你想做其他事情则困难重重。

戈夫曼因关于生活的马基雅弗利主义的看法而闻名:个体表现虚伪的面孔,他们以此想掌握优势权。生活是一场戏,行动者运用他们的后台,目的在于密谋他们如何在前台欺骗和控制其他人。的确,特别是在《日常生活中的自我表现》中,戈夫曼为产业和职业社会学以及下列情况提供了大量素材:那些为了得到更高额的利润而欺骗顾客的商人们;那些在他们的经理面前表现得毕恭毕敬,而监工不在时又磨洋工的工人们;那些假装完全了解工人们在做什么的经理们,他们实际躲在卫生间和餐厅里并锁着门,目的在于不被他人偶然或在想不到的情况下碰见。这些材料使戈夫曼与关于社会生活的冲突理论相一致,因此我通过这种联系去说明戈夫曼如何为达伦多夫的发布命令者与服从命令者之间的阶级冲突提供了微观基础(Collins 1975)。

我们怎样才能使戈夫曼的明显的两面性——马基雅弗利主义和功能主义的涂尔干派——相一致呢?对戈夫曼来说,仪式需求是根本的:任何冲突、任何个体对优势的操纵必定都是建立在它的基础上的。自私自利的行动只有在服从于仪式的要求下才是可能的。操纵是可能的,正是因为普通生活是情境的不断延续,这通过行动而被定义为社会实在,它对参与维持现实性印象的行动者和受众都有制约作用。发生在工厂中的阶级冲突这种日常现实——管理者设法使工人努力工作,而工人只是当他们礼节性地面对经理时才表现得毕恭毕敬——是一种戏剧表现;双方一般都知道此情境中什么是真实的或不真实的;两者都容忍它,只要能保持尊重性的表现。[11] 寻求合作是情境性的表现,由此相冲突的利益会得到心照不宣的处理。

戈夫曼在谈论对面子工作的大胆利用时对此有清晰说明。个体有可能设立主宰性的情境,欺辱他人,取笑贬低他们,甚而把他们排斥在情境和群体之外。但是情境声望是给予那些遵守互动仪式的正常规范的人。成功的侮辱只是发生在预想到的对话行动时,带有双重意义,故在一个层面上它是适当的。[12] 贬低他人而抬高自己是可以做到的,即当把正常互动秩序打乱的责任归咎于对方时,他们因为或者未能维护平稳秩序和做适当的回应,或者以爆发的恼怒完全打破了框架而蒙羞。这是戈夫曼的冲突模型:个人优势来自于对团结、遵从和情境礼节的规范仪式的控制。而且个体即便是自私自利的,然而也会对只有在社会情境下才可能有的东西感兴趣;个人性和自私自利也取向于社会建构性目标。

《日常生活中的自我表现》模型可被当作是一个关于人的社会举止的自我中心性谋划:一个人表现的脸面,就像人的衣裳,目的在于留下某一印象;这是一个印象管理模型。他的整个研究就是围绕着这个解释展开的。但戈夫曼的要点是,举止是参与者互惠互利的一部分,他们都对情境现实有所贡献。一个人重视自己的衣裳和打扮的样式(也许在某些情形下是一时兴的便衣),不仅仅是在其他人眼里留下高雅的印象;它也是对一个人尊敬的标志,向此人展现自己,表明他或她认为自己是值得去显示最佳自我的;这也是对情境尊敬的标志。即使大众文化发生转变之后,这个逻辑事实上仍然存在,因此拒绝传统的行为举止变成了属于社会运动的一个标志,或者是青年人的一个象征,或者是每个人模仿的时尚;对公众聚集的情境表示尊重的程度是由举止仪式来表达的,不管群体要求具体形式是什么。因此在21世纪之交必然的情况是,要求一个男人参加聚会时要像在20世纪30年代那样戴领带,这是一种不恭。

戈夫曼的整体理论模型经常是难以认清的。他发表的每项成果都围绕一个理论问题组织,他由此汇集了他自己的,通常是相当有创新性的微观经验资料。经常是这些资料的实质内容如此引人注目,结果其理论问题离开了人们的视阈。另外,戈夫曼所用的术语从一项成果到另一项成果也有所不同,看不出他做了哪些积累提炼工作。他明确参考涂尔干的仪式理论是在他的早期的那些文章中,以后就没有了。戈夫曼看起来一直是一位关于仪式、生活是剧场、管制机构、日常生活的生态学、博弈与策略、人类性格学(ethology)、现实建构框架以及其他主题的分析者。然而,戈夫曼的涂尔干主义是一个永恒的精神;他做的每件事都是与这个立场相一致的,并做深入阐述,而在其整个生涯中,他拒绝承认他跟符号互动论、常人方法论和马基雅弗利主义的冲突理论有所谓的相似性。[13]下面让我概要总结戈夫曼为我们的一个精致的互动仪式模型提供的资料,用黑体字分为不同的类别,我后面很快会用到这个模型:

1.仪式发生在情境上共同在场的条件下。戈夫曼在具体说明人们聚集在同一个地方产生互相影响的各种不同方式方面,是一位先驱。即使当人们在他所称的非专注互动中(Goffman 1963),也存在着心照不宣的监督,以确保不会出现任何反常或威胁;当出现这类情况时,它会迅速引起注意。相反,即使当一个人是单独露面,每当他或她有突然的或意想不到的举动时,会感觉有责任避免引起其他人的反应。因此当一个人忘记了某件事而必须一步步追忆时,自言自语是一个默示的信号,即看起来古怪的行为有一个正常的意义(参见"回应啼喊声",Goffman 1981)。对他人淡忘了会采取心照不宣的互动工作:如注意调整注视的眼神接触、调整行进的步调,力争一致,包括从"客气的不关心",到友好的相认,到前去搭讪,再到主动控制公共空间。更加复杂的心照不宣的关系发生在处于彼此互动范围的小群体之间:例如,一对夫妇公开地发出的一些关系信号,包括从牵手到形影不离,表明了就他们的关系表现而言,别人是不可亲近的(Goffman 1971)。

2. 身体的共同在场通过变为专注性互动,就转变成了全方位的际遇。现在它成为相互关注的焦点,在强度和责任上还有变化。一个相当高度的全神贯注可由相互关注来说明,会话中的参加者感到有责任维护:"谈话为参加者创造了一个世界和实在,其中还有其他的参加者。共同自发地参与是一种神秘的联合(unio mystico),一种社会化的定势。我们必须认识到,会话有它自己的生命而且也有代表自己的要求。它是一个小的社会系统,具有自己的界限维护倾向"(Goffman 1967,113)。参加者被限定围绕一个话题展开,并从一个话题平稳地转变到另一个。他们在压力下认真对待会话,也就是说使它跟至少是暂时认为的现实状况相一致。

这是真实的,即使话题明显地框定在一些不真实的东西——笑话被放在一个幽默框架中分析;一个人自己的苦难和他人的令人不快的故事,被当作是一种适当的同情心和帮派情绪;成就被当做是一种令人羡慕的意向。存在着关于共同意见的情境压力,使他人表明立场也有压力,然而只要情境上保持一致,是容许有所不同的。

可以肯定地说,其戏剧模型只是一个比喻,如戈夫曼本人在《日常生活中的自我表现》的结束语中所指出的。他进一步说:"这个报告……所关注的是社会际遇的结构——社会生活中的这些实体的结构,当人们彼此有直接的身体在场就形成了际遇。在这个结构中关键因素是持有一个单一的情境定义。"(1959,254)戈夫曼跟符号互动论的用语"情境定义"——如 W. I. 托马斯鲜明地指出的,此定义对其参加者来说使共享的实在结果成为了真实的——有共鸣。戈夫曼通过把它转变为微观互动仪式的术语,所增加的内容是其发生的机制,并强调指出:一次只有一个单一的情境实在定义。而且此定义需要积极努力去维护,保护它免受敌对定义的破坏。首要的是单一的关注焦点,它是针眼,互动仪式的力量和亮点必须通过它来体现。

在戈夫曼后来的著作,特别是《框架分析》(Frame Analysis,1974)和《谈话形式》(Forms of Talk,1981)中,他描述了相当复杂的情境实在:围绕框架的框架、排练、列举、盘问、假装、演说、传播是非、表演者自曝内幕。这些表明了形成正式和非正式关系差异的微妙之处,这些关系发生在前台和各种不同类型的后台。虽然术语是不同的,但戈夫曼实际上为这一基本模型增加了复杂性:情境是寻求合作的仪式,从中保持短暂的关注焦点,从而既给那些适当参与的人以尊重,也给情境现实以尊重,因为某事值得去认真对待。戈夫曼除了继续早期关于情境建构的麻烦和脆弱性研究外,他后来更多地说明复杂的情境,它们有更复杂的要求和脆弱性。

根本地,所有这些框架都是集中关注焦点的方式。这让我们联系到了戏剧模型。在其早期更简单的版本中,只有前台和后台。实际上前台是集中注意力的情境,把关注的人结合成某些公众;后台是休整的地方,以便能有效地开展有吸引力的工作。前台是仪式的表现;而后台,戈夫曼提醒我们,通常是这样,因为仪式——至少是复杂的仪式——不会自己呈现出来,必须去做充分的准备。在他后来的著作,譬如《框架分析》中,戈夫曼指出,在舞台中还会有舞台。[14] 每当戏中有戏时,就有机会转换姿态,这样演员和观众能相当迅速地撤回后台准备下一场,或反之亦然。

3. 保持社会团结有压力。仪式是连带性的;它们对整合施加压力,从而突出一个人是社会的成员。例如,戈夫曼明确区分了各种各样的团结,其中他提出各种不同类型的社会关系是由不同的遵从仪式表现的。这些在时间和持续性方面,从简要的当面约定,到相识多年的朋友,到由不同亲密程度产生的责任。在不同类型的社会团结之间也是有界限的,人们参与仪式既是为了保持一种所期望的关系,也是为了避免出现更进一层的关系(Goffman 1963,151-190)。

4. 仪式尊重那些具有社会价值的东西,即涂尔干所称的神圣物。戈夫曼指出,它们是易变的和情境性的。在现代社会,其中首要的是个体自我,把它当作好像是小神一样供着,并回避日常生活的仪式(Goffman 1956/1967,232)。

5. 当仪式礼节被打破时,在场的人会感到道德上不安,包括从温和幽默的嘲弄,到憎恶,再到最极端的情况,即贴上精神病的标签。仪式平衡可通过道歉得到修复,这属于会话中遵从仪式流程的一部分(Scott and Lyman 1968;Goffman 1971)。这是涂尔干关于罪行惩罚分析的日常解释,这不但被用来有效地阻止或革新罪犯(其效果也可能是幻想),而且可作为恢复社会秩序感的仪式(Durkheim 1895/1982)。戈夫曼指出,我们可以以小见大。

准则探寻纲领

接下来简要地讨论受法国的结构主义理论运动及其派生观点影响的仪式分析的一个分支,它在 20 世纪后半叶跨学科领域中是非常突出的。这里不是全面地回顾这个期间更大的文化理论主题史的地方;我只是把它作为由仪式理论转到位于仪式之后的文化理论解释的途径。在这一时期结束时——这是我们仍然所处的学术时期——出现了回归仪式分析的运动;而且正是在这点上,当前的 IR 理论纲领与当代运动是吻合的,但这里重要的方面还是微观社会学。

涂尔干提出,观念结构随群体结构而变化。在涂尔干早期的著述《社会的劳动分工》(*The Division of Labor in Society*,1893/1964)一书中,他根据对宗教和法律做的广泛的历史比较提出,具有一致状况的小社会形成了具体的、特殊主义的集体意识,而在有复杂的劳动分工的社会,则形成了更抽象的包含不同经验的意识

(275-291)。在《原始分类》(*Primitive Classification*, 1903/1963)中,涂尔干和莫斯引用人种志证据分析了部族社会的分类系统和社会结构。在《宗教生活的基本形式》(1912/1965)中,涂尔干提出,康德意义的理解的范畴,人们思维的概念工具,都是社会建构的:空间是群体的地理扩展;时间是人们定期重聚的模式;因果力量的原型来自于超自然力(*mana*)或宗教力量,它实际上是群体情感的道德压力;把世界分割开的类群划分,起源于图腾标志模型,它们区分出了不同社会群体的成员,划定了它们之间的界限。(关于涂尔干观点的认识论意义的详细分析,参见 Ann Rawls 2003。)

但观念与社会结构之间的这种对应性也许可从任一方向来看。涂尔干观点的这种含糊性导致出现了相反的研究方案:知识社会学接近于原初的纲领,根据群体实践的差异去解释观念的变化;而结构主义纲领把观念看做是准则或超验模式,群体据此形成结构。

根据涂尔干的仪式模型,我们可以把仪式看做是群体结构与群体观念之间缺失的一环。仪式是社会结构的结点,而且正是在仪式中群体创造出它的符号。但把观念与社会类型相关联,或进一步从社会行动的背景出发,把各种观念相互联系,在方法论上是很容易做到的;人们不再需要去做关于仪式行动的微观人类学研究。仪式去掉之后,只剩下符号系统作为分析对象。这是由列维-斯特劳斯开辟的道路。

列维-斯特劳斯的结构主义目标的顶端成果是《结构人类学》(*Structural Anthropology*, 1958/1963),在此书中他提出,相同的结构形成了任一具体社会的各个社会和文化制度的基础:其亲属关系系统、其驻地布局(例如,半偶族氏族把驻地分成两半)、其艺术形式、语言、神话及其他一切。所需要的是去论证使每个构成要素转变为正式准则的过程。列维-斯特劳斯首先对亲属关系系统做了大量的比较分析(《亲属关系的基本结构》[*The Elementary Structures of Kinship*],1949/1969),他指出,各种各样的婚姻规则,譬如不同形式的堂(或表)兄弟姐妹间的婚姻,具有特定的结构后果:亲属关系形式可以被分析为选择对称或不对称交换的结果,这反过来暗示了短循环和长循环、受限的交换和一般的交换。用后来的术语我们可以说,婚姻规则形成了网络结构。列维-斯特劳斯的分析没有囊括所有类型的亲属关系系统,但是它给了可以这样去做的信心,而且它导致了人们尝试用数学语言去表达这些系统。

亲属关系准则被当作是认识形成所有方面的文化和社会组织准则的切入点。然而,麻烦从一开始就在这个大纲领中突现出来了。很快变得明显的是,语言的不同并不跟亲属关系系统的不同相对应,而且许多其他方面的社会制度之间也难以相对应。[15]在这方面,列维-斯特劳斯在其生涯中提出了一个极其雄心勃勃的功能主义的纲领,他试图不仅说明具体社会的各种不同制度是如何整合在一起并相互支持的,而且想证明它们都是相同的基本准则作用的结果。当明显发觉这个研究不可能有结果时,列维-斯特劳斯退而缩小了(虽然仍然非常大)研究领域,即进行准则探寻分析:神话的结构解释。

在这一时期,列维-斯特劳斯得出,大的一体系统是一些对立的两极具体作用的结果。此观念来自于索绪尔的结构语言学。其核心观点是,意义单位、可辨别的声音元素或音素,是通过与其他声音元素对照而形成结构的。每种语言都建立在一套任意的声音区别或差异基础上。这些一起组成了一个系统,而且只是在这样一个系统脉络中,具体词条才是有意义的。[16]列维-斯特劳斯在《亲属关系的基本结构》中,已经开始把结构看做是一种语言,他提出,婚姻伙伴的交换不仅是一种规则形成的结构,而且是一种沟通系统:女子作为妻子被从一个家庭送到另一个家庭,她们是使者,而且他们的孩子,通过此系统循环下去,他们既是连接关系的回报,也是此关系的提示物。

列维-斯特劳斯(1962/1969)接下来想进一步破译跨越整个文化领域的神话。他关注的不再是独特的部族单位,不再坚持去说明各个部落有它自己的准则。相反,列维-斯特劳斯开始探寻所有准则的准则。神话元素中的形式类同,以及在具体描述中它们的组合和对立,可以被解释为根据二分法而组织的准则。神话把世界的构成区分为一类是结合在一起的,另一类是相对立的。神话系统因此设定了思维框架,也设定了什么是许可的和什么是可恶的明显界限,从而也含蓄地确定了谁是一名合乎要求的社会成员,谁不是。这些仍然是涂尔干派的共同观点,但重点已从社会结构转移到了符号结构。如列维-斯特劳斯探寻的人类思维的基本准则,他解密的消息是关于最早期的人类历史的变革。南美洲的神话告诉了我们在未加工和烹饪过的食物之间的不同、人与动物分离的标志以及文化与自然区分的标志;更重要的,它是构成人类社会群体的图腾象征的历史。有讽刺意义的是,列维-斯特劳斯的结构方法现在又回到了功能主义者所批判的历史主义人类学；但在这里，列维-斯特劳斯又使文化事项脱离了它们在当代社会仍起作用的背景，只是把它们解释为历史的遗留物。列维-斯特劳斯无视现存社会系统的完整性，而是把来自无关的文化的零零点点的符号，拼凑成了一个说明原始思维结果的比较系统；他的解释比弗雷泽或列维-布鲁尔的观点更形式化，只是拒绝了他们的进化论和原始思维不如现代思维合理的观点。列维-斯特劳斯摆动在主张无时间的人类思维模型——一类永恒的涂尔干所说的集体意识，和主张对人类社会诞生时的思维是什么样做历史解读之间。列维-斯特劳斯是一个令人敬佩的大胆和冒险的思想家，但是我们需要揭开他研究思路的面纱。他是从人类学家实地记录成果中，翻阅一件又一件的经验文献，而当突然遇到困难时就从一种结构解释转移到另一种，但他从不明确承认假说失败了或者他改变了自己的想法（参见施奈德[Schneider 1993]对列维-斯特劳斯的观点不一致之处的分析）。

当然，列维-斯特劳斯不是结构主义运动的独行者，此运动在20世纪50年代和60年代初期在法国非常盛行。结构主义有广泛的应用范围，它作为精练的分析工具来自于文学评论和比较民俗学中的俄国和布拉格的形式主义者（Jameson 1972）。什克洛夫斯基、巴赫金、雅各布森和其他人提出了重复性或原始型的剧情结构，特别是创作戏剧和叙述故事的情节紧张和对立；按索绪尔的观点，它是创造意义的对立。形式主义方法抓住了一个动态的或生成性的元素，对文学手段的分析着眼于，文化意义的新系统是如何由先前文本和表现系统的比喻和换喻的转变产生的。运用这些工具，法国结构主义运动广泛涉及了所有文化领域，探寻由文化所产生的准则。例如，巴特(Barthes 1967)分析了作为对立和组合系统的高级女式时装的流行，认为这表现了结构关系和含蓄地把人们置入不同的社会等级。鲍德里亚(Baudrillard 1968/1996)把这一方法运用到了现代商业化的文化，提出新产品的更替季节性或年度性地发布，目的在于市场地位的排序。物质消费世界可以被看做跟文本一样；分析语言、神话和文学作品结构的工具，也可扩展用到分析那些构成人们对整个物质世界解释的对立和组合系统。德里达和其他人详尽阐述了结构主义分析的认识论含义；"解构"这一术语是指，分离普遍接受的文化项目，以说明意义得以形成的结构要素。

结构主义者或准则探寻纲领提出的这一点，被其后来的追随者，最著名的是德里达和福柯(Foucault)，颠覆了其核心主张。解构主义或后现代主义运动批评了存在着单一的结构准则的观点。列维-斯特劳斯曾提出，文化是建立在二元对立准则基础上的，但他从未能给出令人信服的证明。相反，也许存在着多轴的分化；符号可以表达许多方面的对照；符号系统是多义的，可表达多重意义。意义回应的含糊性和多重性的重要意义，自20世纪中叶以来得到了那些研究文体效果，特别是对诗歌(例如Empson 1930)的文学批评家的强调。解构主义者扩展了这一点，其高喊的观点是(并非不含有意识形态的意向)，处于不同历史时期和不同社会地位的人，对文化系统的解读可能是极不相同的，同一人采用的观点不同也肯定会有不同的解读。

因此更广泛的结构主义运动也遇到了跟列维-斯特劳斯差不

多一样的难题:学者们都想提出探寻准则的一个方法,但我们从未有把握地获得我们都赞同的对所有其他来说是根本性的准则。实际上,后来的解构主义者,没有意识到,他们回到了一个更情境性的观点:跟微观社会学家一样,他们必须回到原本的进行意义建构的具体地点。但是微观社会学几乎不为法国学术界和采用了这一方向的文学学科的人所知晓;且作为结构主义运动源泉的涂尔干的观点也被完全忘记了。[17]事实上,准则探寻纲领忘掉或忽略了仪式。它强调产生准则、思想的认知结构,或超越情境的思路结构;故其关注点处于任一时空点之外。后现代主义者缺乏微观社会学知识,故他们把意义建构的定位看做是广义的历史性的,处于主体的观念史框架中(如福柯关于性的著作),或处于资本主义或全球经济或电子通讯网络的历史阶段中(对这些人来说,他们持有结构机械主义观点)。这些运动对于回归到一个赋予意义的单一的主导框架具有令人啼笑皆非的结果,没有办法去分析意义实际上是如何被情境建构的。

文 化 转 向

这整个的发展有时被贴上"文化转向"的标签。这一多重用意的术语可能会产生误解,因为它把我称的"准则探寻"纲领与对它的修正和批评都放在了一起。按其原初的结构主义观点,此纲领涉及所有的文化项目——即最广义的所有的人类制度——而且把它们当作是需要解码的文本,寻找它们得以表现的基本的符号结构。到20世纪60年代后期和70年代,这一纲领让位给了内部出现的它的异端者、批判者，他们主张准则的多义性、含糊性的特征。在20世纪后期的讲英语的学术界，许多人成为了这些法国学术运动的追随者或引介者。相对于人类学和文学理论中对结构主义和后结构主义的不加批判的热衷，社会学中的文化转向具有更多的矛盾选择。讲英语的社会学家一般认为法国结构主义运动具有怀疑主义，故保持一定距离，他们在"文化转向"运动中追求自己的解释，自觉地突出文化。这一运动也分裂了，一些人研究的是文化的生产（典型的是专业化的高雅文化）是如何进行的，另一些人则从还原论的解释出发主张文化的自主性。

"文化转向"的一个显著观点出现在社会运动这一兴盛的学术领域。到20世纪70年代，这个领域在提出资源动员理论、论证物质条件对动员和维持运动——包括其组织、财务和网络——如何影响其发展和命运，已取得了重要的解释性进展，尽管也有一些抱怨。任何成功的范式常常会抛开对手，寻找开拓新的研究领域，因此下一阶段的社会运动理论通过文化转向，开始分析运动框架或群体传统和身份，以及这些文化资源从一个社会运动到另一个的流动。动员物质与组织资源，跟运用文化资源，在社会运动中不是不相容的，实际上这两个方面可结合在一起；但学术生活好争论的特性，经常使它看起来好像总存在着对手之间的冲突，要么不会运用文化，要么把文化放在首位。

到20世纪80年代和90年代，文化社会学家试图解开文化范式中固有的作为强调自主性，因而也是根本的解释手段的限制。社会学家已对情境互动流中的文化的反思性给予了更大的强调。在安·斯威德勒（Swidler 1986）的著名理论论述中，文化是一个工具箱,根据不同的社会行动目的和策略,人们可以从中选取不同的片段(参见 Emirbayer and Mische 1998;Lamont 2000)。社会学家因此试图克服文化分析中的隐含的固有偏见,并去说明新文化如何能从旧文化中产生出来。

在这一方面,这些发展远离了仪式理论。准则探寻纲领,以列维-斯特劳斯和巴特为代表,完全丢弃了涂尔干的仪式行动;而即使那些专门研究宗教仪式的人类学家,也把它们看做是由准则决定的表现,如果承认在仪式如何被执行中存在某种局部的反思性的话。在"文化转向"之内的新发展,特别是社会运动理论家,已对微观情境行动给予了更大的重视;有时甚至也涉及了仪式。然而这些仪式的概念具有本原的术语混乱,我对其做了评论。仪式被看做是行动,但行动受以往文化——即介于表现基本文化所具有的规定与形成新文化的机制之间的某种东西——的严重制约。

IR 理论把这一发展推进到了一个清晰的概念突破点。在涂尔干的理论观点中,仪式创造文化,有时再生产已有的文化。在每种情况中,只有当仪式是成功的,即当情境要素的存在使仪式富有情感并引起关注时,文化在社会上才是活跃的。IR 理论为解释新文化符号何时形成,以及旧符号何时仍有社会意义或何时隐去了不再有意义了,提供了一种明确的机制。IR 理论重点强调的,非常明显地,是将仪式互动放在分析的中心位置,并推论从中产生的文化信念的起伏。如果我们喜欢的话,我们可以把 IR 理论看做是文化转向之内及之外的进一步转向;IR 理论沿批评准则探寻纲领的道路有更激进的发展。但这也是回归到更早的涂尔干提出的社会形态结构塑造社会符号的观点。目前的 IR 理论与古典版本的不同主要在于,给予基本的微观情境以偏重,强调社会形态结构的意义体现在,它是局部情境中的微观社会互动的模式。

IR 理论增加了什么呢？首先,它是一种关于情境本身的理论,说明它们如何有其自己的局部结构和动力学。其次,它把重点放在情境,而不是认知建构,也不是通过灌输其意识使共享的情感和主体间的关注洗刷个体的过程。它与其说是有见识的行动主体从全部条目中做选择的事情,还不如说是取向于某些文化符号的一个情境属性。第三,仪式创造文化符号。这是跟许多接受了文化转向的人的想法相对立的,在他们看来,文化依然是社会中的王牌,是无法绕过的最后的解释范畴。IR 理论为解释符号如何和何时被创造出来,以及它们何时消失、为什么它们对那些诉求它们的人来说有时是富有引力的、为什么它们有时不受尊崇或无关紧要,提供了一个经验机制。互动仪式理论为符号建构提供了一个过程模型;它在说明何时及在何种程度上这些意义被分享、被具体化和被强加,什么时候它们是短暂的——及大都介于其间的情况,有更大的优势。

IR 理论在涂尔干宗教社会学中的经典起源

在研究宗教和相关形式的仪式的具体领域,即使在准则探寻纲领的全盛时期,一些学者继续研究仪式。这一分析通常只是被用作准则探寻纲领的工具,突出的是在宗教研究领域,包括现在专门的仪式研究领域中的结构主义人类学家和许多学者。他们的主要取向是,仪式是由准则决定的。[18]但因为准则是未知的,必须被找出来,故研究者主要描述仪式的模式,并用它作为准则如何被构造的证据;故方向颠倒了,现在又把准则当作仪式为什么以这种方式进行的解释。此方法中存在着一种潜在的循环:假定了一种准则,然后它被当作仪式行为的解释,而仪式行为又被看做是此准则的证据。

宗教仪式因而被解释为神灵的展现,是进入超自然的一个门道口(如 Drewal 1992;Martos 1991)。这极为接近仪式参加者自己的仪式观,是采用当事人看法的形式。而就同情于宗教信仰的学者来说,他们已经在某种程度上自然地具有宗教信奉,这也许是为什么关于仪式的结构主义分析方法受到了许多宗教学者喜欢的一个原因。对这个观点的一个修正的说法是,宗教仪式揭示了基本的宗教准则;它是对超自然文本的解读,此文本在仪式中呈现出来。与之相反,互动仪式的分析是关于信念产生的一系列过程,它是一个内在世俗的观点;它认真地对待宗教人员所做的一切,但如同涂尔干做的那样,是用世俗方式解释他们的行动。[19] 正是在这一点上,值得我们返回到涂尔干那里,并从他的社会仪式模型重新开始。

涂尔干在讨论宗教是如何在社会上产生的时,他提出了社会仪式的主要构成要素,所用的例子是澳大利亚土著居民部落。他打算使此分析有更广的应用,而且他的解释中还以来自现代政治生活的例子做点缀,不断地评论这些过程的一般性。这些文本或许是所有的经典社会学中最值得仔细关注的,因此我将在建立一般的互动仪式模型时大量地加以引述。[20] 当然,我们若有一点理论自觉的话,可以看出,崇敬性的关注这个活动就是把涂尔干的文本当作社会学家崇拜的神圣物的一个方式。有道理,这一做法不仅肯定了我们作为社会学专业人员的身份追溯到涂尔干一代,而且它将使我们成为更好和更敏锐的社会学家,使我们的工具意识更敏锐,由此我们能够深入剖析千变万化的社会生活的内在运作机制。

我们按三个阶段提出这方面的资料:参与仪式发生的构成要素;集体兴奋或集体意识的条件确立的过程;以及仪式的结果或产物。

首先,构成要素。这里涂尔干给予群体的人身汇集以强调。出发点是当人们集合到同一地点:

> 澳大利亚社会的生活有选择地经历了两个不同的阶段。人们有时分裂成小的群体,他们分散着互不来往……有时相反,人员集中,长时间聚集在固定的地点,时间从几天到几个月。当一个氏族或部落的一部分被号召聚集在一起时,就会有这种集中,在这样的场合,他们庆祝一个宗教仪式,或者是举行所称的夜间歌舞会(corrobbori)……这两个阶段在最极端方式上形成了对照。首先,经济活动是大多采用前一个形式,而且它一般是非常中等的强度……集中这种情况是作为一种例外的强有力的兴奋剂。(Durkheim 1912/1965,245-247)

仪式社会学因而是关于人群、会员、会众、观众聚集的社会学。通过戈夫曼的眼睛,我们可以看到,这些聚集也可能是相当小规模的:两三熟人停下来谈话,或仅仅点头而过,甚至陌生人在街上彼此瞥一眼;或者中间规模的,一个小群体聚在一张桌子上吃喝。关键的并不是当人们聚在一起时仅仅是有最好的互动这一平庸想法;其更强的含义是,社会高于一切具体活动。[21]当人们聚在同一地点时,具有身体的协调一致性:涌动的感觉、谨慎或利益感、可察觉的气氛的变化。人们之间相互关注,不管一开始是否对其有明显的意识。这种人身的相互注意是接下来要发生的一切的起点。

涂尔干进一步表明,这种人员的汇集在频率和强度上是有变化的。当这发生时,群体和个体双方的行为会有显著的差异:

> 历史上有些时期,在一些巨大的集体冲击的影响之下,社会互动变得更加频繁和活跃。人们互相寻找,比以往更多地聚集在一起。所导致的普遍的生气勃勃是革命性或创造性时代的特征……人们比通常时代看到的东西更多也更不同。变迁不仅仅是范围和程度;人们也变得不同了……这就是例如所解释的十字军东侵,或法国大革命的许多场面,不管是高尚的或是野蛮的。在普遍情绪高昂的影响之下,我们看到最平庸和最老实的自由民成为了英雄或屠夫。(Durkheim 1912/1965,241-242)

一旦人们聚在一起,就会出现共有的体验强化的过程,涂尔干称之为集体兴奋,即集体良心或集体意识的形成。我们可以把它看做是提高互为主体性的一个条件。这是如何出现的呢?涂尔干提出了两个相关连和相互加强的机制:

1. 共有的行动和意识:"如果人们是自由的,个人间的意识是彼此接近的;他们只通过表达他们内部状态的符号就可沟通。如果他们之间建立了沟通,这就成为一个真正的共享,也就是说,所有具体情感的融合形成了一种共同的情操,此类标志表示他们必须以一个单一的和独特的结果融合在一起。其外在表现是,让每个人知道他们是和谐的,并使他们意识到其道德统一体的存在。正是通过发出相同的喊叫、说同样的词语,或对某些对象表现相同的姿态,他们才成为和感觉自己是处于一体中……个人的想法只有超出自己才可能相互有接触和沟通;他们只有通过活动才能这样去做。如此是这些活动的同质性赋予了群体以自我意识……当这种同质性一旦建立,且这些活动采取了一种定型化的形式,它们就会使对应的代表物符号化。但它们之所以使其符号化,只是因为它们旨在构成后者。"(Durkheim 1912/1965,262-263)

2. 共有的情感:"当[土著居民]一旦聚在一起,由他们共同形成的一种热情会迅速传播上升到超常程度的兴奋。所表达的每种情绪都会呈现出来,没有人拒绝,他们非常愿接受外部的影响;每个人都回应其他人,也得到其他人的回应。因而最初的冲动出现后,会不断发展,甚至像雪崩一样向前推进。而当这样的活跃激情无拘无束、禁不住迸发出来时,处处会看到疯狂的动作、喊叫、名副其实的欢闹和各种震耳欲聋的噪声,这些目的在于进一步增强他们所体现的情绪。"(Durkheim 1912/1965,247)

共同举行这些活动是为了引起人们的注意,使参加者意识到彼此在做同样的事,也在想同样的事。集体活动是互为主体性形成的标志。集体关注提高共有情感的表达;而共有情感反过来会进一步增强集体活动和互为主体性的感受。

现在我们来看仪式的结果。集体兴奋是一种短暂的状态,但当它具体体现在群体团结的情操、符号或神圣物,以及个体的情感能量之中后,它就继续产生更长久的影响。

被提升的相互了解和情感高涨的体验提高了群体象征、群体认同的标志:

> 因此正是在这些兴奋的社会环境中间和源于这种兴奋本身,宗教观念似乎诞生了……我们说明了氏族如何用这种方式影响其成员,在他们中间确立起外在力量会控制他们和激励他们的思想;但是我们一定仍然想知道这是如何发生的,这些力量被认为是属于某种图腾形式,也就是说,具有动物或植物的形态。
>
> 这是因为这一动物或植物的名字给予了这一氏族并作为其象征……由某事在我们身上激起情绪,自发地联系到代表它们的符号……因为我们无法去考虑抽象的存在物,我们只能尽力地和模糊地表现它们,它们是我们感受的强烈情绪的来源。我们无法解释它们,除非把它们与我们生动地意识到的现实的某些具体对象联系起来……为了他的旗帜、为了他的国家而战死的士兵;但事实上,在他自己的意识中,正是这个旗帜处于首要地位……是否有一面旗子留在敌人的手上,并不决定国家的命运,然而这个战士自己愿意冒死去收回它。他不明白这个事实,即旗帜仅仅是标志,而且它本身并无价值,但只是脑子里想到它代表的现实;这样做时好像它就是现

实本身。

现在图腾是氏族的旗帜。因此自然的,氏族在每个成员头脑中激起的印象——依从性的和提高活力的印象——应该把自己跟图腾观念而不是氏族连在一起:因为氏族是太复杂的现实,故不能清楚地表现其复杂体的所有方面……[部落成员]不知道,有同样生活的许多人聚在一起,结果会释放新的能量,这会改变他们每个人。人们所知道的,只是他自己得到了提升而且他看到了不同于他通常所过的另外一种生活。然而,他一定会把这些感觉跟一些外在的作为其起因的对象关联起来。现在他如何看待自己?在每一方面,作用于其感受和激起其想象力的事物就是大量的图腾形象……因它处于场景的中心,故变成了代表物。处处表现的情绪固定地跟它结合,因为它是情感可以维系的唯一的具体对象……在仪式过程中,它是一切注视的中心。(Durkheim 1912/1965,250 - 252)

他们所相互关注的东西成为了群体的符号。事实上,群体关注的是其对互为主体性的感受,关注其共有的情感;但是它没有办法表现这种短暂的感受,除非把它具体体现在一个对象上。它把其体验具体化,使其像某种东西,因此成为象征物,具有像名词一样的永久性。实际上,如同涂尔干所强调的,思想情感通过符号才会长久存在:

另外,若没有符号,社会思想情感只能是漂浮不定的存在。尽管只要人们聚在一起并相互积极地影响,思想情感会非常强,但当集会结束之后,它们只存在于人们的回忆中,而且任其发展后,这些会变得越来越弱;因为当群体不再呈现活跃,个人性的东西容易重新占上风……但如果这些思想情感得以表达的活动与某种能持久的东西相关联,思想情感本身也会变得更加持久。这些其他事情不断地把它们灌输给人们并激励他们;这好像是促使人们继续不断地行动的原因。因而如果社会要有自我意识,这些象征系统是必要的,它们对保证这种意识的持续性是必不可少的。(Durkheim 1912/1965,265)

由于涂尔干经常被认为是一位坚定的社会组织理论家,价值系统与功能系统密切相关的结构理论家,因此值得强调支持其概念的机制是什么。社会通过符号而模式化,或通过尊崇符号而变得更加明确;但这些符号只有在它们被参与仪式的成员赋予思想情感后,才会受到尊崇。思想情感只有被定期地更新,才不会削弱。这里所分析的宗教这一具体例子,并不单纯是一套信仰,而是通过仪式实践活动维持的信仰。当实践活动停止了,信仰会失去其情感来源,只留下记忆,变为无实质的形式,最终会死亡和失去意义。同理,新符号会被创造出来;即当群体聚集在一起,并集中关注于一个可体现他们的情感的对象时,一个新的神圣物诞生了:

> 而且,现在跟以往一样,我们看到社会不断地创造出来自平凡事物的神圣之物。如果它碰巧钟爱于一个人,而且如果

它认为在他那里发现了可动员的主要目标,以及实现目标的手段,这个人将被树立在他人之上,并受到尊崇。舆论将赋予他尊严,极为类似于去维护神灵……而且事实是,正是社会本身是这些不同类型的神化物的作者,显然因为它经常有机会神化人,因而人们没有权利从自己的品性方面去神话它。有人号召的具有突出的社会功能的完全遵从,在性质上与宗教遵从没有什么不同。都以同样的活动来表达:人们与重要的人物保持一定的距离;谨慎地跟他靠近;在与他交谈时,要使用不同于凡人使用的其他姿态和语言……

除人之外,社会也神化事物,特别是观念。如果一个信念被人们无异议地共同拥有,因此,如我们前面指出的原因,它就会不容人们接触它、否认它或反对它。这样的禁止批评就是像禁令之类的东西,以保证某种神圣物的存在。即使今天,尽管我们给予了他人很大的自由,但一个人若完全否认现代社会所依托的人类理想的进展或嘲弄之,他就会被认为有亵渎神圣之嫌。(Durkheim 1912/1965,243 - 244)

仪式的一个主要结果是赋予符号对象以意义性,或者重新赋予这类对象以全新的表示尊崇的思想情感。在这一过程中,各个参加者找到了他们自己的相应位置。"这类热情"涂尔干以此比喻性地描述群体所处的高度兴奋的状态,储存在电池中:其中一端是符号,而另一端是个体。参与仪式给予个体一特殊类型的能量,我将其称为情感能量:

服从了其神的人,他会因此而相信神就伴随着他,他用自信和不断增加的能量感受去看待这个世界……因为社会只能存在于个人的意识之中,且只能通过它而存在,这一力量必定也渗透到我们之中,并在我们中自己加以组织;它因而成为我们存在的整体中的一部分,并通过这个事实[我们的存在]得到提升和强化。(Durkheim 1912/1965,242)

在这同一著作的其他地方,涂尔干还提到,

但社会的这种激励行动使自己能感受到,这不仅仅是例外的情况;可以说,我们的生活中无时无刻不是这样,某些能量流源源不断地送给我们……由于人们跟其同伴是道德和谐的,因此他的行动更有信心、勇气和胆量……(178)

有些情况下,社会的这种强化和提高生气的行动是特别明显的。在由共同的激情驱使的聚众中间,我们变得积极主动和富有激情,而仅靠我们自己的力量时,我们缺乏主动,也无激情;而当聚众解散了,我们发现自己又孤立一人时,我们跌回到了平常的层面,我们于是能够衡量我们被提升的高过我们自己水平的高度。历史上有大量的这类例子。完全可以想一下1789年8月4日之夜,当聚众突然采取了牺牲和豁命的行动,而在此日之前每个成员都拒绝这样,此日之后他们也都全感到吃惊[即法国大革命,由贵族和平民组成的聚众废除了封建制]。这就是为什么一切党派,政治的、经济的和宗教

的,都注意定期集会的原因,集会时其成员通过共同强化其共同的信念可以使其恢复生气。(241)

正如涂尔干所说的,这种来自社会的情感能量,是一种有信心、有勇气采取行动、大胆无畏的感觉。它是一种富有道德意义的能量;它使每个人感到不仅是好的,而且是高尚的,觉得自己所做的是最重要和最有价值的事情。涂尔干进而注意到,群体举行定期集会可更新这种感觉,同样根据他的观点,如果思想情感不通过不断的集体熏陶的体验去加以复苏,它们过一段时间后会逐渐削弱。我将补充说,这种情感能量的感觉对个体具有一种强有力的激励作用;无论谁体验到了这种感觉都会想再去体验。

仪式的一系列影响中的最后一项是道德。当个体带着来自群体高度体验的能量去行动时,他或她会有道德感。而且的确,因为涂尔干在建立人类制度的理论时是自下而上的,并没有假定任何事先存在的信念或道德标准,而且他表明,仪式是群体的道德标准的来源。正是群体仪式中的互为主体性和情感力量的强化体验,形成了什么是善的概念;也形成了与之相对的什么是邪恶的概念。道德好的概念通过转变为符号和神圣物,它跟宗教信仰物以及其世俗的等价物也就联系在一起了:

我们不能不感受到,这[自己尽职后感受到力量和社会的认可]取决于外在原因,但是我们不知道此原因在哪里,亦不知道它是什么。因此我们通常认为它属于道德力量的形式,

它尽管内在于我们之中,但它在我们心中代表某物,并不代表我们自己:这就是道德良心……(1912/1965,242)

我们说,一个对象,无论是个体还是集体,受到尊崇,是在我们头脑中表示它的象征物被赋予这样的力量,他自动地引导或禁止行动,无须考虑与其有用或有害的结果相关的因素。当我们服从于某人,是由于我们认可了他的道德权威性,我们执行他的观点,并非因为他们似乎英明,而是因为某一类身体能量内在于我们关于此人的看法之中,它征服了我们的意志,并按指引的方向听从它。尊崇是当我们感受到了作用于我们的这种内在的和完全是精神的压力时,我们所体验的情感……

对于不敬行为,社会通过谴责或物质压制方式,反对任何有异议的企图,它通过强化使热情爆发的共同的信念,而加强了其绝对控制。(237-238;着重号强调是原有的)

对涂尔干来说,道德和神圣物的试金石,就是,什么是价值自身,而不是其功利性价值。对神圣物和其背后的群体思想情感的尊敬,比单纯世俗的、个人所认为的"有用或有害的作用"具有更高的价值。所有单纯世俗的物品都是道德的思想情感的牺牲品。在这里涂尔干与他在《劳动分工论》中提出的前契约性团结遥相呼应:使社会结合在一起的不是利己主义,而只有当功利性交换被体现在仪式团结中,任何实用目的的持续合作才可能出现。[22]

互动仪式对一般社会学理论的意义

　　涂尔干的模型提出了社会理论的主要问题；而且它对拓展所有当代微观社会学的边角领域都有意义。它提出的基本问题是：什么因素使社会结合在一起？它用社会仪式的机制回答了此问题。此外，它回答此问题时还使用了强度变化不同的机制：社会被结合在一起，是由于仪式被有效地执行的结果，而在这期间，这些仪式的作用是刷新人们的头脑和焕发他们的情感。社会在有些时候比其他时候更强烈地结合在一起。而且被结合在一起的这个"社会"，不是抽象的社会系统体，而是这样的人群，他们聚集在某些具体地点，通过仪式参与和仪式赋予的符号的作用，他们彼此会感觉是团结的。法国的，或美国的，或任何其他地方的所有人群，人们都可去分析其形成的不同程度的团结状况。人们偶尔可能会受到民族团结浪潮的冲击，但这些是特殊和相当独特的仪式性事件，跟更局部性的团结形式一样，它们具有同样的仪式动员过程。

　　这意味着，涂尔干的模型整个地与关于分层和群体冲突的观点是一致的。的确，它提供了分层和冲突是如何运作的关键机制。对此问题重新表述就是，什么因素使社会结合成为分层和冲突群体的模式？答案是社会仪式，它们操纵着形成和维持这些群体内的团结。我们可以给出一个更复杂具体的答复，后面的章节将做详述。其中的一些复杂性表现在：某些群体比其他群体拥有更多的举行他们仪式的资源，因此一些群体有更多团结，因而可以支配那些有较少团结的群体；那些在仪式方面有优越性的群体，具有更威严的符号,并给予其成员更多的情感能量。我们可以分析分层的更细微的过程:深入到通过参与一项仪式而形成的群体之中,我们可以看到,一些个体比其他人更为优越,因为他们比其他人更接近仪式的中心。因此仪式具有双重的分层作用:在仪式局内人和局外人之间分层;也在仪式内部,在仪式的领导者和仪式追随者之间分层。仪式因而是关键性的机制,而且我们也可以说,是冲突和支配过程中的关键武器。

涂尔干的著名观点是,生活的功利性、经济性方面不是根本的,它们取决于前契约性团结;仪式为社会信任和共有的符号意义的情境提供了基础,由此才可能进行经济交换。这里我关于社会冲突提出的一个相似的观点是:冲突不是社会生活的原本情况,不是所有人都对立的霍布斯战争,而是社会团结的分析上的衍生物。也就是说,若无社会仪式机制,有效的冲突实际是不可能的,仪式会形成党派联盟和力量,也会在控制他人时提供最有效的武器。而冲突的目标,人们为之战斗的东西,是由这些社会仪式模式形成的。冲突的爆发点,引起斗争的事件,几乎总是来自符号的优先次序问题和它们所体现的社会思想情感。所有这些是说,社会的冲突,我和许多其他理论家都提出这是构成社会生活的主要过程,特别是表现在大规模结构的宏观层次(Collins 1975;Mann 1986-1993),需要这一涂尔干派的互动仪式的微社会学解释。

互动仪式理论的核心机制是,高度的相互关注,即高度的互为主体性,跟高度的情感连带——通过身体的协调一致、相互激起/唤起参加者的神经系统——结合在一起,从而导致形成了与认知符号相关联的成员身份感;同时也为每个参加者带来了情感能量,使他们感到有信心、热情和愿望去从事他们认为道德上容许的活动。这些高度的仪式性环节是体验的高潮。它们是集体体验的高潮,是历史的关键时刻,是重大事情发生的时刻。在这些时刻,人们跟旧的社会结构决裂或抛弃它们,而形成新的社会结构。如涂尔干指出的,像1789年夏天的法国大革命就是这些的时刻。我们还可以列出更多这样的时刻,像20世纪60年代民权运动的关键事件;像1989年和1991年[东欧]共产主义政权的崩溃;另外对其影响程度可能只有将来才可确定的,是2001年9·11事件之后在全美国的大动员。这些例子都来自大规模的仪式动员,而当我们把关注点缩小到社会行动的更小的领域时,我们就可以得到一些更细微的例子。

互动仪式理论不仅仅是一种社会静力学的理论,也是一种社会动力学的理论。在社会理论家中,存在着一种认为仪式分析是保守的倾向,认为崇拜传统是以往做法的遗留,再生产社会结构的机制一直存在着。事实也是,仪式分析经常被以这种思路使用;即使像布迪厄的理论,把马克思的理论与涂尔干的理论做了结合,也把文化或符号秩序与经济力量秩序两者看做是相互支持、相互作用的。对布迪厄来说,仪式再生产出文化,从而也再生产出经济领域。[23]但这将忽视仪式动员的转变性力量。强烈的仪式体验会创造出新的符号对象,并产生有助于重要社会变革的能量。互动仪式是变迁的一个机制。只要有潜在的仪式动员的情况,就有可能性产生突然的和断裂性的变革。仪式可以是重复性的和保守性的,但它也提供了发生变革的机会。

在这一方面,IR理论介于后现代主义及其相似的理论与文化主义观点之间,前者假定意义和认同性具有普遍存在的情境变动,而后者认为人们总是使用固定的脚本或条目。这种对照由拉蒙特表达得很明确(2000,243-244,271),他提供的证据表明,存在着"导致一些人使用某些评价标准而不是其他标准的文化和结构条件"。此观点与我用的 IR 理论是一致的,IR 理论在一个更微观情境的层面上对此观点有所推进:起作用的结构条件是那些构成互动仪式要素的东西;而文化条目是在具体形式的 IRs 中被创造的,在其他形式中会消失。去说明仪式在某一方面或其他方面起作用的条件是本书的一个主题。

互动仪式最富激情的瞬间不仅是群体的高峰,也是个人生活的高峰。对这些事件我们刻骨铭心,它们赋予了我们个人生命的意义,有时使我们执迷地想去重复它们:或参加某次大的集体事件,譬如一次大的政治示威游行;或作为观众参加某一激动人心的流行的娱乐或体育活动;或一次个人际遇,从一个性体验,到关系非常友好的交换,到蒙受凌辱;喝酒狂欢、沉迷吸毒或一次赌博获胜的社会氛围;一场痛苦的争执或一场暴力。在这些时刻,具有高度的专注意识和高度的共享情感时,这些个人体验也可具体化为个人符号,而且在用符号重新展现一个人的或大或小的生活领域的拓展中保持活跃状态。这些是重要的塑造个体的成长性体验;如果此类模式长久存在,我们可以称它们为人格;如果我们不接受它们,我们称其为嗜好。但这一用法太容易具体化为什么是持续变动的情境。在我所称的互动仪式链中,个体从一个情境到另一情境的变动,是互动仪式强度的高低变化;随着情境的转变,人们的行为、感受和想法也发生转变。为了保持个性的稳定,互动仪式的性质要从一个情境平稳地过渡到下一情境。这里,IR理论再次涉及了人生动力学,以及人生方向出现重大转变的可能性。

44　　IR理论提供了一种关于个体动机从一个情境到另一情境变化的理论。情感能量就是个体所寻找的东西;情境对他们有无吸引力,取决于互动仪式是否成功地提供情感能量。这给我们提供了一个动态的微观社会学,从中我们考察情境和它们对处于其中的个体的推拉作用。需要强调的是:此分析的起点是情境,以及它如何塑造个体;情境产生和再产生出那些赋予个体并把他们从一个情境送到另一情境的情感和符号。

互动仪式是全方位的社会心理学,不仅涉及情感和情境行为,还涉及认知问题。仪式产生符号;仪式中的体验就是在人们头脑和记忆中反复灌输这些符号。IR对信念的变化提供解释。信念不一定是永恒不变的,而是如许多理论家所提出以及研究者所证明的(Swider 1986;Lamont 2000),它们是随情境而动摇的。在这一方面,IR理论对当代文化理论的发展是,人们认为他们在某一时刻相信什么,取决于在此情境下发生的互动仪式的类型:在他们表现信念之时,人们可以真正地和恳切地感受到他们所表现的信念,特别是当会话情境出现高度的情感集中时;但这并不意味着,他们根据这些信念行动,或在改天的互动中仪式的焦点不同了,他们仍然对其有真诚的感受。IR理论指出了信念随着情感负载的起落而变得显著的条件。日常生活是穿越互动仪式链的体现,它使某些符号具有了情感意义,而使其他的失去了意义。IR理论可把我们带入关于内在精神生活的瞬息变动的理论之中,对主观性以及互为主体性做出解释。

涂尔干主张，个体意识是集体意识的一部分。这等于说，个体通过外部因素被社会化，把社会体验内化。因为大多数社会科学家会赞同，就童年早期的社会化而言，这是无疑的。IR理论对此观点有更进一步的发展：在我们的一生中我们不断地通过我们的互动体验而被社会化。但这不是用单向的和类同的方式；正是强烈的互动仪式产生了最强有力的情感能量和最生动的符号，而且正是这些东西被内化了。弗洛伊德的理论和其他人强调童年早期体验的意义，认为社会化一旦完成后就不再继续进行了；跟他们相反，情感能量和符号意义若不被更新它们会消退。IR理论不是做好的玩偶模型，不是早期生活的编程，一旦完成后永远按此模式进行。它是关于瞬间变化的动机、情境下的情境的理论。因而它有更高的理论目标：去解释任何个体随时将做什么；他或她将会有什么样的感受、想法和说法。

抽象地看，这也许像是一个不大可能的雄心大志。但考虑一下：对此目标来说，有相当多可利用的理论资源。我们有涂尔干的理论，它提供了一个明确的解释什么因素形成群体成员的思想情感的模型；提供了形成社会价值，并由此人们可思维的符号模型；还提供了激励个体的情感能量模型。此理论可根据变化的条件加以变通使用，以便我们可以说明哪种情境会形成较高或较低水平的团结、对符号的尊崇和情感能量。而且这个模型有广泛的适用性：如涂尔干本人所指出的，它不仅适用于宗教和政治这些大的集体事件，也可用于由戈夫曼发展应用的日常生活情境层面。如我将在后面的章节里试图说明的，通过运用像米德的符号互动理论所认为的思维是内在化的会话这些资源，以及当代关于会话、情感,关于日常生活的人种志研究,如何把涂尔干的仪式理论应用于日常生活情境的越来越多的细节问题都变得明确了。社会生活的全部就是人们在日常生活中所经历的情境的全部;我们具有了可解释在这些情境中将会发生什么的一个强有力和广泛应用的模型。这一情境微观社会学的旁支是关于个体的主观体验中社会生活的内化:思维与感知社会学。

为什么不沿着这个理论研究方案走下去呢?一些具有哲学倾向的知识分子从这一道路上退出了;我们不想一个理论可以解释一切,而我们主张的观点排除了有任何此类理论的可能性。有一些原理论线索,可追溯到马克斯·韦伯及其新康德派的早期人物,他们主张社会科学的领域包括人的意义和人的自由方面,认为精神科学(*Geisteswissenschaft*)与自然科学(*Naturwissenschaft*)是相对的,在这一方面决定论的解释是无用的。但这类观点很难定论:它们试图事先划定和通过概念定义,确定我们在具体的研究中能发现和不能发现什么东西。在真正的学术史中,社会理论和研究应走实用的道路;哲学家和原理论家无法断定我们将来不能够解释什么。

互动仪式理论纲领将采用我们已有的学术工具,去加以应用:应用于所有情境、所有情感、所有符号、所有思维、所有的主观性和互为主体性方面。当我们试图尽我们所能去推进学术时,学术生活就是一项激动人心的冒险。探险比保守地故步自封及设法避免使我们的认识超越学术禁区设定的界限,肯定有更多的情感能量。IR 理论,作为一项学术事业,是乘借情感能量之势的一套符号性表达;它是给予涂尔干及他的研究群体、戈夫曼及他的追随者、还有当今的研究日常生活中的情感和过程的社会学家以活力的学术兴奋的表现。我在本书里试图展现的,是当我们借此学术运动走向未来时的一些开放性远景。

第二章 相互关注/情感连带模型

互动仪式的核心是一个过程,在该过程中参与者发展出共同的关注焦点,并彼此相应感受到对方身体的微观节奏与情感。本章将以一个清晰的随时间发生的过程模型来呈现这一过程中的细节:在片刻的时间内出现,又在稍长的几分钟、几小时和几天内消逝的细小的微观事件流。仪式是通过多种要素的组合建构起来的,它们形成了不同的强度,并产生了团结、符号体系和个体情感能量等仪式结果。该模型可以使我们仔细研究这一过程的各个部分。我们将会看到在每一个片段中所发生的偶然情况与变化,以及这些对仪式结果会产生什么影响。我们还会发现各种不同类型的集体意识或主体间性:各种不同的集体成员身份、符号体系、情感风格与社会经历。我所要提出的理论,正是关于互动仪式的变化是如何形成人类丰富多彩的社会生活的。

从许多方面来看,用当代微观社会学的经验证据,特别是口头会话研究和情感社会学的研究来支持该理论模型是有可能的。作为从人类的自然互动的现场录像资料的理论分析中可以获得的一个例证,我将提供关于 2001 年 9 月 11 日纽约遭遇袭击时消防员与街道人群的纪录片的分析。这些第一手的资料生动地表现了互动仪式的某些条件如何产生了一些仅是短暂的影响,而另一些则导致了长期的结果。

仪式的组成要素、过程和结果

图2-1将互动仪式描绘成一组具有因果关联与反馈循环的过程。该模型中的一切要素均为变量。

互动仪式(IR)有四种主要的组成要素或起始条件：

1. 两个或两个以上的人聚集在同一场所，因此不管他们是否会特别有意识地关注对方，都能通过其身体在场而相互影响。

2. 对局外人设定了界限，因此参与者知道谁在参加，而谁被排除在外。

3. 人们将其注意力集中在共同的对象或活动上，并通过相互传达该关注焦点，而彼此知道了关注的焦点。

4. 人们分享共同的情绪或情感体验。

这些要素彼此形成反馈作用。最重要的是，第三项——相互的关注焦点，与第四项——共享的情感状态，相互强化。当人们开始越来越密切关注其共同的行动、更知道彼此的所做所感，也更了解彼此的意识时，他们就会更强烈地体验到其共享的情感，如同这种情感已经开始主导他们的意识一样。欢呼的人群变得更加狂热，正像宗教仪式的参与者变得更加恭敬与庄重，或者在葬礼上变得更加悲伤一样，都比开始之前的气氛要浓厚。小规模的会话也

仪式的组成要素　　仪式的结果

```
共同的行动        群体聚集（身体共在）      群体团结
或事件（包        排斥局外人的屏障          个体情感能量
括典型的常        相互关注焦点              社会关系符号
规仪式）                                    （神圣物）
                  共享的情感状态            道德标准
短暂的情感                        集体
刺激                              兴奋
                                            对违反行为的
                  通过有节奏连带            正当愤怒
                  的反馈强化
```

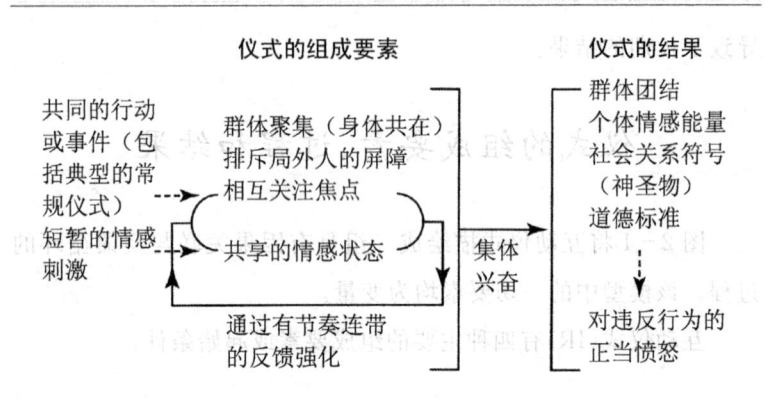

图 2-1　互动仪式。

是如此；随着互动变得越来越引人入胜，参与者就被谈话的节奏与气氛吸引住了。后面我们将分析关于这方面的微观经验证据。关键的过程是参与者情感与关注点的相互连带，它们产生了共享的情感/认知体验。涂尔干所称的集体意识的东西正是这种主体间性瞬间的微观情境的产物。

互动仪式有四种主要的结果。当组成要素有效地综合，并积累到高程度的相互关注与情感共享时，参与者会有以下体验：

1. 群体团结，一种成员身份的感觉。
2. 个体的情感能量[EE]：一种采取行动时自信、兴高采烈、有力量、满腔热忱与主动进取的感觉。
3. 代表群体的符号：标志或其他的代表物（形象化图标、文字、姿势），使成员感到自己与集体相关；这些是涂尔干说的"神圣物"。充满集体团结感的人格外尊重符号，并会捍卫符号以免其受到局外人的轻视，甚至内部成员的背弃。

4. 道德感：维护群体中的正义感，尊重群体符号，防止受到违背者的侵害。与此相伴随的是由于违背了群体团结及其符号标志所带来的道德罪恶或不得体的感觉。

这些是该理论的基本要素。[1]下面我将具体分析其中的每一个要素是如何发挥作用的。

正式仪式与自然仪式

乍一看，我们刚才所列举的要素似乎遗漏了那些构成"仪式"的通常定义的项目。按照习惯用语，仪式是一种正式典礼，通过一套程式化的行动进行：朗诵典礼规则、演唱、做传统姿势、穿传统服装。如同我们从涂尔干对宗教仪式的分析中所了解的那样，正式性与程式化的活动并非是关键的因素；就其对相互关注焦点的贡献程度而言，它们只是有助于主体间性与共享情感的核心过程，即集体意识与集体兴奋的体验。这在图2-1的最左侧可以看出，虚线箭头从"共同的行动或事件（包括程式化的形式）"指向"相互关注焦点"。如果参与者确实体验到共同的情感，而且如果他们清楚地理解对方的意识，从而继续加强其相互参与的感觉时，程式化的形式会产生社会成功的仪式。否则，仪式只不过是"正式"的，流于形式，甚至是死板的仪式主义。

相互的关注焦点是仪式运作的关键要素；但是这种关注焦点是自发地产生的，人们并不去刻意关注它。戈夫曼所举的日常社交的小型互动仪式的例子一般都属于这种情况。你是否用人们的名字称呼他们,通常与有意识的关注无关,虽然这仍是小型的仪式;而且像我们应该看到的一样,高度团结的会话与低度团结的会话之间的差异取决于节奏特征的程度,这些节奏特征并没有与之相关的正式被认可的规则。戈夫曼的例子来自小规模的短暂的社会际遇,但是自发形成的仪式也会在大规模的公众群体中出现,像涂尔干所举的政治、军事情境中类似宗教仪式的例子。法国大革命期间聚集的人群就经常临时准备一些新的仪式。这些仪式甚至在没有程序化活动资源的最初时刻都非常有效,这是因为它们具有高度的相互关注和共享的情感。在这样的情境中,正如涂尔干所乐于提到的,新的符号被创造出来了。

我们可以将这些互动称作"自然仪式",它们在没有正式的定型化程序的情况下建立起了相互关注与情感连带;而我们可以将那些通过普遍认可的典礼程序开展的活动称作"正式仪式"。从它们使互动仪式运作的角度来看,其核心要素、过程与结果都是相同的。自然仪式与正式仪式都能产生符号与成员身份感,也都能达到较高的强度。除了这种共同性之外,不是所有的符号成员身份都是同一种,仪式如何举行的细节将会影响其所产生的成员身份类别。如同我们应看到的,相对于因自然形成的关注焦点与共享情感而自发产生的仪式,按正式程序开展的仪式极大地影响着扩大和确认严格的群体界限感。自发的仪式提供了更为灵活的成员身份感,除非这一身份以符号的形式被定型和长久保持,从而使得后续的 IRs 变得更为正式。(我们将在第七章——"情境分层"中分析有关这一模式的证据。)

失败的仪式、空洞的仪式、强迫的仪式

不是所有的仪式都是成功的。有些是沉闷失败的,甚至是痛苦的;有些是逐渐衰退的。有些仪式被当作空洞的形式受到抵制,在强烈要求下,若可能时它们会被轻松地抛弃。这些不同情况对精练我们的理论和验证仪式运行的条件是有用的。不成功的仪式实质上也是很重要的,因为日常生活中的每个社会际遇,从极微小的到规模宏大的公众聚会,如果根据仪式强度的标准能进行衡量的话,我们并不期望其强度到处都是一样的。因为我将提出,生活是围绕这样一种对立而构建起来的:一方面是成功的、具有社会吸引力的仪式情境,它拥有高度的情感、动机和符号容量;另一方面则是有较少的仪式主义的情境,所以我们有必要擦亮眼睛去发现究竟是什么因素导致了强弱仪式之间的不同。个体被其所能参与的最强烈的仪式所吸引,对程度较弱的仪式漠不关心,也被其他人拒绝。如果我们想知道是什么因素导致了这种漠然和拒绝,最好也看一下是什么因素产生了吸引力。

失败的仪式最容易见于正式仪式的情况,因为人们会通过公告比较广泛地获知仪式的信息。因此我们应该注意一下自然仪式中失败的情况,包括没有成功的一些政治或其他集会、没有实现的游行示威,以及日常生活中没有产生效果的小型戈夫曼式的仪式。

我们关于仪式成功与否的标准是什么呢?在一个正式仪式的情况中,参与者会使用这样的词语,"一个空洞的仪式"、"不过是仪式性的"、"感到乏味"。图2-1给出了一种比较宽泛的仪式失败

的标准,可同时应用于自然仪式与正式仪式:最直接的是,具有低度的集体兴奋、缺乏即时的回应、根本没有或只有很少共同的连带。在输出一端,也有更多表明仪式失败的标志:缺少或没有群体团结感、没有固定或变化的个人认同感、缺乏对群体符号的尊重、没有升腾的情感能量——或者丝毫不受仪式影响的平淡感觉,或更糟糕的是有冗长、乏味与拘谨的感觉,甚至是失望、互动疲乏、有想逃离的愿望。这些都暗示了仪式是如何一步一步从轻微的标记丧失到强烈的仪式憎恶,而走向最终失败的。这些极端负面的情形与高度正面的状态一样重要。我们可以想一想那些历史事件——例如在宗教改革中偶像的粉碎——以及个人生活经历中的某些时刻——比如人们反抗那些永远都不想再遵守的一种礼节。[2]

在这一方面,导致自然仪式失败与造成正式仪式空洞的原因是相同的:政治集会者没有目标地乱转,其成员的注意力被演讲人之外的事情所分散,或者偏离所面对的敌手符号——个体或小的团体逐渐散去,结果剩余的成员也陷入悲观消极的情感中,就像老鼠离开一艘将沉没的船;剩余的成员陷入了敷衍了事的对话中,而永远无法建立起集体兴奋。这里缺失的要素既包括共同关注点的缺乏,又包括共同的主动情感的缺失,这些情感能够建立和转化成集体参与的热情。低强度的、敷衍的或不专心的会话大量存在,与那些兴趣盎然的会话形成了鲜明的对比。尽管我们一般认为会话是一个人在际遇中表现出的个性的指示器,但是这些是可以解释的情境性结果,如我们后面可以在更多的细节中看到的,可根据谈论所涉及的重要符号系统的不同匹配,或根据参与会话的各方情感能量的聚增程度来对其做出解释。

成功与不成功的互动仪式在各种新年庆祝活动中可得到鲜明的对照：有些仪式能够在新年钟声敲响的时候到达真正热情的巅峰（在这方面这些仪式都是传统形式和自然的无拘无束的互动的结合），而另一些仪式则充斥着平淡和敷衍了事的新年问候。是什么导致了两者的不同？我发现一个成功的新年庆祝仪式是这样开展的：在新年钟声敲响前的一至两个小时，聚集在一起的人群开始制造噪音——通常是口哨、大声喧闹，或者是鞭炮——最重要的是，他们通过自己的方式，确切地说，用他们自己的表情，互相制造噪音。这产生了连带作用；人们开始鼓噪，互相投掷彩带，这些常常会消除障碍使一个陌生人融入到仪式里面。应该注意到，这一互动没有认知的成分；它更像一群小孩叽叽喳喳地到处玩耍游逛。在这种新年庆祝仪式里面，私人空间被嘈杂的声音所侵占，有时候即使温和地投掷彩带或纸屑侵犯了身体，也被认为是友好的，没有恶意或不正常。当人们集中精力倒数时间的时候，这种鼓噪的相互连带逐渐升温。当新年钟声终于敲响的时候，人们迸发出团结的姿态——相互拥抱、相互亲吻，陌生人也不例外。相反我们看一下那些比较沉闷的新年聚会：每个人继续着平常的交谈，说一些理性的事情。这使每个人停留在自己的小的精神世界里，无法形成更大的互为主体性，而这一点正是整体凝聚必不可少的。在相互鼓噪的过程中，互动被降低到了最低的基准；也没有形成共享的情感；而钟声响起时的高潮只带来乏味的感觉，很快参与者就会显得疲倦，并且想要回家。成功的仪式是令人兴奋的，相反乏味的仪式则使人无精打采。

另一种仪式可以称为强迫性的仪式。在互动仪式中当个体强迫假装出一种参与性的全神贯注时,这种情况就出现了。当人们被自己的动机,而不是被外在的社会压力所驱使,使自己热情地投入到互动的仪式中,并努力领导这个仪式成功时,强迫性的仪式表现得似乎特别明显。从其他人也被连带地表现出越来越高涨的参与热情来说,这种强迫性的仪式可能也会成功。但是就集体兴奋的程度高于通常获得的共同关注和情感刺激的要素来说,他们感到受到了强迫。其相互连带更具有刻意性和自我意识的成分,而不是自然的流露。聚会的男女主人付出相当大的努力使自己变得充满活力、十分优雅,成为聚会的活力源泉,或者是政治集会的带头人。强迫仪式的费尽心思的效果广泛体现在工作面试的结果中,尤其是在伴有学术讨论的社交访谈中,这些会谈通常被认为是"互动疲劳"的。当个体具有一定的社会地位时,他们会认为自己有必要去引领持续性互动的愉悦气氛,在这个过程中情感耗费的累积作用是相当巨大的。[3]

强迫性的仪式消耗而不是创造情感能量。多次参与强迫性仪式的经历会让个体产生对这些仪式情境的厌烦,甚至形成一种不爱交际的个性。但主要由于其不自然的、过度的自我意识、相互关注和情感连带,强迫性仪式并不同于成功的互动仪式。因此,参与者并非自然地充满了情感连带,而是不得不努力使自己看似充满情感。即使那些厌倦了强迫性的仪式的个体,我还是建议他们体验其他一些成功的以及能产生正面情感能量的仪式互动。强迫性仪式(还有其他一些失败的仪式)和成功的仪式的区别,在于控制个体的互动仪式链的成分远离前者而转向后者。

亲身在场是必要的吗?

仪式本质上是一个身体经历的过程。人们的身体聚集到同一个地点,开始了仪式过程。当人们的身体彼此靠近时,就会出现低声交谈、激动或至少会产生一点警觉。戈夫曼(1981,103)提出即使"没有重大的事情发生,能够彼此察觉到对方存在的人们仍然会相互追随或表现得似乎在追随他人"。从进化论的观点看,同动物一样,人类也进化出了能够留意对方的神经系统:随时可能发生交战,或发出警告;或从积极的方面来看,可能的性接触和更一般化的友善姿态。[4] 从整体上讲,后一种积极互动的进化趋向似乎更为重要,因为它可以帮助我们解释人类的身体相互之间为何如此敏感,为何如此乐意捕捉共享的关注点和情感连带,这一点导致了互动仪式的产生。

然而,没有亲身在场是否可能开展仪式呢? 在当今时代,我们拥有了远距离的交流方式:电话、电视录像以及电脑屏幕。这些沟通媒介是不是不可能产生相互关注与情感连带呢? 原则上,我们可以用实验来进行一些经验研究:我们可以将各种互动媒介所产生的相互关注和情感的多少做比较,也可比较它们在团结水平、对象征符号的尊重以及个体的 EE 这些方面的结果。我建议用以下的方式来代替系统性的证据。

首先,正式仪式,例如婚礼与葬礼能通过电话来举行吗? 这个想法似乎有点不合时宜,而且我们不清楚除了极个别的例子之外,这种情况是否得到过尝试。那么这样的过程会失去什么呢? 没有反馈，看不到别人也无法被别人所看到，这些无疑都减少了向他人表示尊敬的感觉。没有亲身到场，就难以表示对群体的参与，也难以确定一个人的群体成员身份。尤其是缺失感将成为这种体验的微观细节。如果没有从其他参与者那里得到直接的视觉暗示——痛苦的身体姿态、流泪的脸庞，所有这些感染性的情感行为都会使人深深地陷入到某种情绪之中，然后开始以泪洗面——葬礼将变得缺少意义。在某些类型的仪式场合——主要是向个人表示祝贺的具有纪念意义的庆典——通过电话传达的问候可能也会被传达给聚会的人们。但这只是互动中比较少见的一部分，而且这种行动应该只会带来局部的参与感：它在婚礼或葬礼中似乎极为不适宜，因为集会的作用就是站在旁边见证，并参与集体的响应。假设做一个实验，有人组织起电话会议式的仪式，每个参与者都用自己的设备与远程的其他人联系。我可以说每个参与者都会对此感觉相当不舒服，因为经过处理的声音讯号唤起参与感的作用是很有限的。假设这种情形下效果会更好：如果多数的参与者，尽管是通过电话，的确在一起举行仪式，此时远方的参加者通过电话联系到所有其他的人，而且至少能够听到互相熟悉的声音——这也许会有稍好的效果，但即使如此，参与者仍然不能体验到全部的情感投入。

是否可视的方式会更好一些？通过电视观看婚礼或葬礼——通常是关于著名的公众人物的——是有可能的。例如在 2001 年秋天，有许多感人的电视节目纪念 9·11 事件的死难者。这种远距离的仪式可以提供共享的情感、团结以及对象征性符号的尊重。我们可对此更细致地进行分析：是什么细节产生了这些效果？主要效果似乎来自摄像机的近镜头,使我们清楚地看到人群中每个人的面部表情,而不是正式的纪念活动本身。这里电视近似于身体的反馈,通过挑选情感表达最强烈与仪式活动最投入的瞬间,结果使远方的观众感到看见的他人就像自己一样。而反过来说,如果电视镜头关注的是一些没有感情的成员,他们看起来十分无聊或者远离镜头,我们可以想象到,远距离的观众会感到有更大的距离感,见到的是一场失败的典礼。

电视是图像与声音的结合体,而这两者需要分别来看。读者可以轻松地完成这个实验:当观看运动会等仪式性事件时,关闭电视的声音;或不看屏幕,只听声音。很明显,更强烈的现场感受,或想要参与行动的感受来自声音。人群中发出的欢呼声,参加即将到来的庆祝活动的心情,都会把漫不经心的人重新吸引到屏幕前。比较一下只看图像不听声音的情形:如果活动正持续升温——正在进行的比赛、计时钟即将走完、棒球队员正在垒上——这些无法抗拒的诱惑会促使你把声音打开。所缺失的主要不是对所发生事件意义的文字说明,而是播音员的声音,因为观看字幕不能代替声音;一个人首先是要寻找人群中的声音,然后充分地分享激动的感觉。这就是竞赛场面最根本的诱惑所在:自己的情绪被喧闹的人群所点燃而达到瞬间的愉悦感。

两个进一步的发现证实了聚集人群中身体参与的重要性。在通过共同参与,特别体验到激动或振奋之后,人们很想向他人倾诉这些盛况与情感。因此,如果一个人独自观看比赛、政治选举,或其他引人入胜的公众事件时,他会想要寻找另一个人共同分享激动的感觉。如果这种兴奋感十分强烈,单纯的讲述是不够的,甚至

图 2-2 用仪式性的身体接触庆祝胜利。美国和苏联军队在德国会师（1945 年 4 月）。

会以大声、热情而重复的声音告诉他人。在胜利的巅峰时刻，或是悬念出现了戏剧性的成功之后，激动的观众会互相接触、亲吻或者拥抱。IR 理论提供了可证明的细节：当人们以激动的语气向为此同样激动的人诉说时，IR 达到最高潮；反之，如果试图交流的对象缺乏热情、消极被动或保持冷漠，观众对所观看戏剧的热情就会随之衰减。

同样的模式也可见于体育庆典或其他胜利庆典中，如同为庆祝第二次世界大战胜利而在街头亲吻和拥抱的一些著名照片中表现的那样。体育胜利的庆典是一些高度可预期的事件，因为常规

第二章 相互关注/情感连带模型

图 2-3 庆祝第二次世界大战结束(1945 年 8 月 14 日)。

的日程已经为锦标赛做好了准备。在高潮时刻,在此之前的一系列比赛所逐渐聚积的紧张情绪,引发了非正式的庆祝仪式:队员们一边拥抱,一边重复几个简短的词语或者为胜利而哭泣。胜利越大,悬念越多,所导致的身体接触就越多,接触的时间也越长:从拍手到拥抱,甚至是在赛场上垒起人山。[5] 这是一种分层性的庆祝仪式,因为狂热迷们不仅以声音呐喊想参与其中,而且想在身体上距

图 2-4 仪式性的胜利摞堆：高中曲棍球锦标赛（2002 年）。

离运动员越近越好。他们通常被阻止接近运动员，所以近距离的身体接触作为一种团结性仪式只留给仪式中的精英人士。狂热迷们只能观望、呐喊，或者互相做一些身体接触。

另一观察结果也支持亲身参与现场仪式的重要性，即体育活动或其他大众活动的参与人数并没有随着电视的普及而减少。即使事实上对许多运动而言，电视能够提供更好的运动画面和运动员的细节表现。但是，人们仍然更倾向于去现场，特别如果是"大型比赛"——也就是说，比赛结果被认为很重要，人们就更加希望成为激动的观众中的一员。如果人们买不到票，观看电视就成为次优的选择；在这种情况下，更可能会出现这样的场面——这再一次涉及该比赛预期能在观众中产生多少情感强度——一些狂热迷聚集在一起，形成小群体，产生了共鸣，分享激动的心情。即使对那些常规性的比赛——联赛期间没有重大的事件发生，也没有其他重要的意义——参与的大部分快乐是在于这样的时刻，即观众共同建立起预感，并伴随着比赛的进行而分享热情。

比赛是一种仪式，人为地设计产生戏剧性紧张和胜利的情境；得分与排列得分的规则多年来反复修改，目的在于使其成为"更好的比赛"——也就是说，能提供更多的产生集体情感的瞬间。保持这种发展趋势是很好的：体育符号标志作为一种神圣物，受到崇拜与尊敬。体育明星本身也成为神圣对象，就像涂尔干（1912/1965，243-244）所描述的那样：政治领袖变成了以其为关注中心的群体的象征（参见第一章）。比赛公开的意图——依据竞赛规则或展示运动技巧去获得胜利——只是其表面的含义。人们见证比赛的动机，首要的是想去体验一场非常成功的仪式：仪式之所以成功是由于它经过了精心的构想，因此所有的仪式要素都得到充分体现，尤其是强烈情感的释放是处于这样的场景中的，即当观众聚精会神地观看比赛时，情感可以通过身体的互动而放大。现代社会的闲暇时间——自19世纪中期以来，相当一大批观众群体从家庭和工作的束缚中解脱出来——被这些精心发明的仪式所支配，旨在提供产生团结的时刻，而这以前则是由宗教、战争和政治仪式所提供的。

虽然体育事件并没有得到同其他正式仪式一样的公认地位，人们普遍认为这是一种游戏形式，是属于这个世界中非严肃部分的一种形式。尽管如此，它们非常成功地提供了仪式体验的高潮点，即使对那些更想参加宗教仪式的人来说（这一点从竞赛与星期天的宗教礼拜的冲突中明显可见）。竞赛是自然的仪式，因为它们不是有意识地或刻意地形成了成功仪式所需的因素。但是它们仍然被计划、预测与精心构思（运用仪式技巧产生一些可称之为人为的仪式体验），它们把一群人聚集成一个共同体，没有其他相关的事，也没有其他目的，只是体验仪式情感本身的高潮。

这种机制在其他形式的娱乐中也同样发挥着作用。就听音乐本身而言，参加一场音乐会并不比听唱片有多少优势；通常从唱片中能得到最好的听觉效果。音乐会为聚精会神的观众提供的是大众娱乐群体的诱惑力；如果演艺人员已经被视作神圣的对象，更是如此，接近他们——即使在大的演奏厅中距离他们仍有数百英尺——能让狂热者更加兴奋不已。流行音乐会的主要体验就是另一部分狂热者的情绪；这是一个合乎规范的例子，即情感通过各种形式的身体反应而相互增进。这同样可以适用于古典音乐的表演，尽管观众的情绪更庄重，与其社会阶层的情调和氛围不一致。下面也是一种特殊场合的经历——管弦乐队开始前的安静，对音乐家的集体关注——相比在家中独自收听同样的音乐，这会使观众在歌剧院或交响音乐的现场能够产生更加深刻的体验。这不单纯是因为在高层次的文化场合中会受到他人的注意——当代的观众之间通常互不相识，而在以前则大不相同，剧院中的社会上流是彼此熟悉的——而且是来自仪式体验的主观感受。假设有良好文化素养的参与者，相比观众的集体反应冷淡的情况而言，当观众对表演的反应很热烈时，他们会产生更强的认同感；而且仪式强度所发挥的作用也要强于被其他人认识到的效果。

电视和无线电广播中的音乐会只会产生微弱的这类效果。同样的情况存在于政治和宗教集会中。政治家的竞选演讲、就职会议，以及重要的官方演说，通过电视传播，远距离也可了解到。然而，狂热的政党支持者还是希望亲临现场，这也证明了认同感与亲身在场之间的相互关系。假设个人参加政治事件可以增加党派性，在某种程度上演讲就是一个"很好的事件"——换言之，演讲者和观众之间的相互影响能建立起共同的热情；相应地，那些已经认同该政治领袖或政治派别的人们就会产生更为强烈的参与愿望。这些重复关系的持续进行就是自我强化的 IR 链。

宗教活动仪式也可以通过无线电或电视传播，牧师（主要是在美国）通过媒体福音的广播建立他们的威望（Hadden and Swann 1981）。然而，采用广播形式的宗教礼拜并不能代替个人的参与，只会强化和提高它。一个成功的媒体福音广播不仅布道或是传播发生在祭坛上的事件，还应该包括参加宗教仪式的大众：摄像机努力生动地表现圣会，以期远方的观众与听众也能融入其中。广播中的福音传道者成为媒体明星；这使他们看起来更像观众想要接近的神圣物。确切地说，当仪式被播放时，处于宗教活动中心的光环似乎得到了增强，人们就有了亲自参加仪式的冲动。近距离个人接触的吸引力——在观众被允许的范围内越近越好——无论是对旧教还是新教都发挥着作用；教皇的巡视吸引着无数的人群。

宗教礼拜，同其他集体性的仪式体验一样，其强度是变化的。远程的媒体节目可以提供某些共享的关注与情感，使人们产生向往、成员意识和尊重感。然而，只有充分的身体聚集才能产生最强

图2-5 作为神圣物的传道士:比利·格雷厄姆及其崇拜者(1962年)。

烈的效果。皈依的经历——获得重生,或将自己献身于宗教——主要发生在大型的福音传道会上(Johnson 1971)。个人参与到会员之中,逐步建立起集体性的、强烈的共享情感,这刺激了人们重新塑造自我身份。宗教皈依的下降趋势也证实了这一模式。相当比例的人皈依后在一年内不再参与宗教活动;许多人则重生了若干次(Bromley 1988;Richardson 1978)。正是这种大型的、强烈的宗教集会展示了情感和成员情结的改变;当人们返回到日常的、缺乏集体情感的小型教会活动时,会渐渐丧失参与的兴趣,其认同感与情感能量也逐渐消退。

第二章 相互关注/情感连带模型

我对大部分正式仪式集会进行了大规模的比较,得出结论,认为远程的交流可以提供某些仪式参与感——如果在较低强度的情况下——尤其是在听到观众的声音或看到同自己类似的观众的图像之后。这是否也适用于诸如社交聚会等小型的自然仪式呢?原则上,人们可以通过电话会议举行一个聚会,但我从未听说有人这样做过。我认为,至多,一个缺席的客人会向在场庆典的人们致电表示问候;但是这证实了打电话的人正是缺席的人,而且事实上电话信息的内容一般会提及电话联系几乎无法取代亲自参加。远程的图像传递也是如此,比如送一盘录像带。如果电视会议被广泛应用,我们就有机会去检验通过远程传递的图像和声音结合的社会仪式所能达到的效果。我预言集会和拜访不会消失;远程的联系尽管逼真,但总是难以替代亲身实际参与所产生的团结(特纳[Turner 2002]也有相似的结论)。当人们要讨论重要的事情,或想建立与表达一种个人间的联系时,就会聚在一起喝杯酒或咖啡。远程交流与面对面的交流之间的一个区别在于:前者通常不会有喝杯酒或吃点甜品这类事;尽管我们不知道人们为什么不能代理喝酒,在电话中告知对方正在喝什么,甚至互相敬酒。但这几乎从未发生;这似乎违背了喝酒仪式之精神——聚在一起,碰杯,共同举起饮下。[6] 物质吸食——酒、咖啡、茶,不含酒精的饮料、宴会蛋糕、共享的正餐,或者过去时代的一起吸烟——当然都有其某种独特的感觉。但是它们都不是独享性的快乐,如几个人试图通过电话举行一个晚餐聚会,一边各自吃饭,一边通过电话交谈。食品和饮料的吸食是身体共同参与的一部分;当它们在社交的气氛中被人们共同消费掉时,就成为仪式性的物质。[7] 如果,我们应该承认,某种程度的主观间性与共享情感可以通过电话与遥控视频而产生（尽管其效果可能会随相互交流的缺乏而减弱），然而与面对面的、具体际遇相比，仍然会显得逊色。

总体来说，大规模的、相对正式的仪式相比小规模的自然仪式而言，远程的交流效果会更好一些。这似乎是因为大规模的仪式可运用已建立的符号，它们是通过先前 IR 链的不断重复建立起来的。相对非个人化的仪式在大的群体中表达成员身份，其中只有一部分曾经在同一地点聚集过；所以，远距离的交流让人有属于更大群体的感觉。但是这只有在个人至少是间断性地，与拥有共同崇拜符号的其他成员接触时才是有效的。而且远程传播必须传递观众的参与热情，而不只是领导者和表演者的信息。

那么我们如何评价近年来的交流形式，包括电子邮件与互联网呢？对大部分而言，它们缺乏实时的互动交流；即使电子通讯能够在瞬间发生，这也不具有直接语音参与的节奏，后者如我们见到的发生在十分之一秒之内。我们在阅读电子邮件时，很少或几乎没有关注的焦点，也没有相互吸引的辅助语言背景信号。文字信息可以用来描述或引发一种情感；但是电子邮件的目的似乎很少是这样的。可以假设，电子邮件的传递越接近真实的对话交流，引发集体连带感的可能性就会越大，如果电子邮件的快速交换是在几分或几秒内发生的话。但是即使如此，我们仍然怀疑它能否建立起强烈的团结意识，或者能否使一种符号具有集体性意义。

我的主要假设与之相反：电子邮件中减少礼节形式——问候、称呼对方名字以及结束时的敬语——这种趋势表明了团结程度的降低。电子邮件之所以使人们习惯于赤裸裸的功利性的交往、关系的贬值,就是在于其降低了仪式层面的东西。

电子革命发生在计算机大规模应用的20世纪80年代和90年代,这无疑带来了更为便捷的远程通讯方式。然而,IR理论假定,面对面的沟通在将来并不会消失;人们也不会十分渴望以电子交流取代身体的在场。人们仍然会乐于跟几个知己聚在一起,与朋友参加聚会;现场观看娱乐表演与体育活动仍然被认为是最令人满足的;政治集会仍然能比远距离的图像产生更多的热情。能够产生强烈的神圣感的场合应该是那些人们为了表现感情而想亲自参加的情况;婚礼、葬礼和高度的宗教经历仍然需要个人的参与,否则就会降低其价值。

文化的灌输也与之相似。远程电视教学已经被广泛应用于大众教育,其效果仍然不如在同一间教室中的师生传授,即使演讲者与观众能够相互迅速地识别注意力是否集中,并适时地调整情绪。[8]同理,电子购物尽管十分方便,但也不可能让商店和购物中心消失。商场中的体验就像在舞台上表演,并在他人的低声议论中得以增强(Ritzer 1999;Miller 1998)。在配备齐全的商场中购物,是一种集展览、博物和拥挤于一体的体验,是"灯红酒绿夜生活"和城市生活的一部分。购物可以被视作支付了该体验的入场费,它等于或高于所购物的实用价值。对某些人与某些场合而言,购物是一种功利的行为;但社会仪式的构成要素是其诱惑力的主要方面。

这并不是说远程媒介的应用不会有显著增加,或者单纯的经济压力与实践压力不会压缩面对面的接触,因为面对面的接触本身更为烦琐和昂贵。IR理论也提出了一个预测:人类的社会活动越是通过远程媒介、以强度较低的互动仪式来开展,人们就越会觉得缺少团结感;也越会缺乏对共同的符号物的尊重,而且以 EE 形式所表现的热情的个人动机也会越少。

这里有一个特别的限制性条件。这样的情形是有可能的,即将来的电子媒体被设计成可以模拟人们的生理方面,以实现 IRs 的运转。IRs 可建立起高水平的关注焦点和情感连带;可以想象将来的通讯设备能够尝试着通过神经系统之间收发信号,而这些信号能够增强共享的体验。应用这类设备也许会存在一定的危险。因为如果高度的 IR 是人类生活的巅峰体验,发送这种信号的电子设备就会产生巨大的吸引力,尤其是如果它们能够人为地将这类体验提高到所要求的高水平,更是如此。产生 IR 的设备也许会造成一种极端的嗜好。从另一方面而言,如果该设备可以被外在的力量而不是接收者所操纵,那么它将成为拥有巨大权力的社会控制设备。这些可能性,尽管或许很遥远,仍然值得作为一个成熟的 IR 理论的推论提出来。微观社会学的预见性就在于提前让人想到危险;针对这些,理论性的理解为我们提供了最好的预先警告。

进行这些比较的主要目的是为了表明亲身在场对于 IRs 强度的影响。亲身在场使人们更容易察觉他人的信号和身体表现;进入相同的节奏,捕捉他人的姿态和情感;能够发出信号,确认共同的关注焦点,从而达到主体间性状态。其关键在于人类的神经系统可以相互协调;各种远程媒体的比较表明了语态的重要性,而视觉焦点最重要的作用就是监视其他的参与者。如果神经系统能够直接远程产生连带作用,那么其效果与亲身在场将会是一样的。

自然仪式中集体连带的微观过程

IR模型不仅是一个理论建构;它以或多或少的精确度,描述了社会际遇中所发生的可观察的事情。当然,涂尔干确立了最初的概念,戈夫曼从未非常系统地阐述过日常互动仪式的过程是什么,更没有分析其变动的原因与结果。我试图去这样做,部分原因是由于受到涂尔干的分析中所内含的逻辑的引导,他建议根据后续微观互动研究的发现而做出相应的提炼。微观社会学的研究者已经按照社会语言学家、语言人类学家与心理学家所发展的常人方法论的理论纲领,收集了一些非常有用的证据。这些研究学派均有自己的理论议程,因此为了我自己的意图,有必要将其发现从它们所处的理论背景中提取出来,根据它们如何与IR理论的相符,或对该理论的修改(也可能是否定),对其做出重新解释。总的来说,相一致的方面是令人鼓舞的。目前仍然进行的微观社会学研究,是明显带有涂尔干取向的舍夫及其同事所做的工作;情感社会学方面的微观情境研究也是如此。我想用一个精确的相互关注与情感连带模型,来探讨多种研究工作的一致性。

在自然仪式中,形成集体兴奋的微观谈话的一个例子就是共享的笑声。笑声是由身体通过有节奏的重复呼吸爆发而产生的;在最畅快的时刻,这些就自然而然地发生了。大多数笑(及其最高程度的强度与快乐)都是集体性产生的。一旦笑声开始,就能自己延续下去。

在下面的例子中,一个年轻女子在向她的姐姐讲述关于裸泳的事情(Jefferson 1973):

Olive:... there's two places where the hot wahder comes in'ny-ih g'n get right up close to'm en ih yuz fells like yer [takin a *douche*]

Edna: [huh huh huh]ahh hah hah=

Olive:=[HUHH HUHH HUHHH HA HA uhh ha-uhh ha:: ha::]huh

Edna:...[hhh HUH HUH HAHH HA HA HA HA HUH HHHHEH!]

这里的方括号"["表示此时两人同时发出笑声。当奥利夫(Olive)讲到故事有趣的地方时,埃德娜(Edna)开始吃吃地笑;所强调的"冲洗"(*douche*)表示声音重读,但看起来埃德娜似乎已经预想到了要发生的事。等号"="表示精确的话语轮换,说话中间没有停顿;正当埃德娜在笑声中短暂停顿时,奥利夫开始发笑。现在奥利夫已经提高了音量(我们用大写的字母表示),埃德娜经过短暂的中断之后,紧接着又开始哈哈大笑。几分钟以后,奥利夫开始平静下来,逐渐减慢速度(冒号":"表示音节拉长);埃德娜在正常喘息的节奏中依然笑得非常厉害,但奥利夫放慢速度、逐渐停止之后,埃德娜的笑声戛然而止。

笑声可能会源于幽默的评论或突发的事件,但是随后会被更进一步的评论或姿态所延长,尽管它们本身并不好笑,但这种节奏环境会引发集体呼吸的进一步释放。[9]下面的例子说明了这种情况(引自Jefferson 1985):

  Joe: Yih'n heah comes th inspecta.
  Carol: eh-huh-huh-huh-[huh HA HA HA HA] HA
     HA HA HA
  [ha ha ah!
  Mike: [Uh-It's Big Daddy]
  James:[Oh:: let's seh let's seh...

迈克(Mike)的评语"这是个大亨",发生于卡罗尔(Carol)由吃吃地笑转为大笑的节奏中,这使其更加强调了接下来的哈哈声。当詹姆斯(James)介入一个不同的话题时(建议他们现在应该做什么),她才逐渐平静下来,于是卡罗尔也不得不强迫她的笑声终止(感叹号)。

我们用笑声的例子说明了微观互动仪式的集体性与节奏性连带的方面。[10]它也强调了人们为什么愿意参加高度的互动仪式的主要原因:或许人类最强烈的快乐来源于全身心地投入到同步进行的社会互动中(McClelland 1985)。这就是为什么分享笑声——否则只是一个不能控制的呼吸形式的间断——是如此地令人愉悦。它表明了更普遍的集体兴奋模式,并解释了人们为何愿意参加高度的互动仪式,以及人们为何能够产生团结感。对于群体成员而言,代表这些互动的符号拥有令人愉悦的内涵,这有利于使它们成为受维护的神圣物,也可以提醒人们在未来的际遇中再次建立群体互动。

交谈的会话交替充当有节奏的连带

自然仪式中的集体兴奋并不限于如欢笑这样的瞬间爆发。培养起高昂的情绪需要更长的过程,这一点可以通过常人方法论者所开创的分析谈话的微观细节的方法而了解到。正如我们会看到的,情感连带尤其会出现在处于共同的节奏之中——实际上时间上处于不同阶段的共同节奏,从说话者会话交替的水平,到细微共鸣的水平,这些组成了辅助语言的音调高低。[11]

常人方法论以激进的微观还原论的理论纲领为起点,强调局部的——也就是说,情境的——社会结构感的产生。常人方法论鼓励极端微观的经验主义,以迄今空前的细致去分析社会互动,特别是运用新的便携式录音设备,这些设备在20世纪60年代和70年代才开始出现。这一研究的理论取向是找出常人的方法:也就是说,行动者通过该方法维持社会结构感,是常识推理的心照不宣的方法。因此,常人方法论与涂尔干派的IR理论的角度是截然不同的:前者关心的是认知与结构(即使结构在某种意义上被作为一种幻觉,一种纯粹的集体信念),后者更重视情感和团结。[12]然而,我们可以很容易地证明,从常人方法论得到启发的研究者们最重要的研究发现,表明了节奏性连带模型中的核心机制。

最普通的日常互动类型就是平常的会话。自20世纪70年代以来,会话分析家们用磁带录音对此做了非常仔细的研究。我们发现高度的社会协调,实际上发生在0.1秒的时间内。萨克斯、谢格洛夫与杰斐逊(Sacks, Schegloff, and Jefferson 1974)详细说明了一套似乎能够支配会话的会话交替"规则"。一旦我们注意到,这些"规则"并不总是能得以遵循,但是当特定模式受到干扰,从而导致互动以特定的方式被中止时,它们或许会作为涂尔干说的过程而受到重塑。[13]

重要的会话交替规则是:某个人在某一时刻说话;当轮换交替结束时,另一个人开始发言。当我们看到轮换节奏进行得非常协调时,该规则的力量才能充分显示出来。在一次成功的谈话中,从一个人结束到另一个人开始的转换间隔不超过0.1秒;或者说话人之间会有很少的重叠。

我们以下面的对话举例说明(引自 Heritage 1984,236):

```
E: = Oh honey that was a lovely luncheon I shoulda
    ca:lled you
s:soo[:ner but I:]I:[lo:ved it. It w's just deli:ght-
    fu[:l.]
M:[((f))Oh:::][(    )            [Well]=
M = I w's gla[d  you] (came)]
E       ['nd yer f:]friends]'re so da:rli:ng, =
M = Oh:::[:it w'z:]
    E       [e-that P]a:t isn'she a do:[:ll?]
```

M　　　　　　　　　　　[iYe]h *isn't she pretty,*
　　(.)
E　*Oh*: shells a beautiful girl.＝
M＝Yeh *I* think shells a pretty gir[l.
　　　　　　　　　　　　　　　[En'that Reinam'n::
　　(.)
E: *She* SCA:RES me.＝

两个女人刚刚离开午宴聚会,热烈地聊着天。为了了解其节奏,读者也可以大声地读几遍。斜体字(哦,亲爱的,真是个美妙的午餐,我应该早点叫你来)是重音强调。冒号":"代表声音拖长。空的圆括号"()"或包括难以辨清的声音"f"表示说话者的声音太轻,表达不清晰。包含内容的圆括号表明说话者的声音越来越微弱,通常是其他人也在同时说话。

伊夫林(E)在有节奏地说着,而玛吉(M)则像二重唱里的配合旋律,为其伴奏。她们在说什么并不重要,关键是传达了一种强烈的社会含义。她们很恰当地遵循了会话交替的规则。等号"＝"用来表示其中的一位刚刚讲完,另一位就开始了。事实上,每一句刚刚说出的话都恰好符合节拍。圆括号中有一圆点"(.)"表示0.1秒或更少的间隔;这些是会话中仅有的停顿,而且非常短暂,通常都不会被注意到。根据会话分析的惯例,圆括号中的数字表示在说话中沉默的时间。例如,"(1.0)"表示一秒钟的间隔。虽然只是一瞬间,但却富有社会意义。人类最短能在约0.2秒的时间内觉察到发生了什么;对少于0.2秒之内的事情则不会察觉或不是很清楚。这就意味着1秒钟的间隔实际上能打5个清晰的拍子,啪-啪-啪-啪-啪。如果对话有1秒的间断,往往就会感觉到非常沉默了;即使是很短的停顿也会让人觉得似乎打断了流畅的对话。[14]

我们可以用更为社会学的方式来表述这一会话交替的规则:成功的谈话没有中断和重叠;说话者之间或言谈时没有尴尬的停顿,而且任何时候发言,都很少出现抢话说。我们在此所指的成功的交谈意味着社会性的成功,它作为一种谈话仪式,能在交谈者之间产生团结。会话交替的成功,如同IRs中的团结程度一样,通常是变化的。某些谈话是尴尬的,缺少团结性,因为其中停顿太多,还有一些谈话充满了敌意和相互争执,因为参与者总是打断对方,努力使对方无法讲话。成功的谈话仪式关键在于节奏性:当一个人的发言即将结束时,另一个人立刻接上,就像跟上音乐旋律的节拍一样。

我们认为高度团结的对话模式具有如下的特征:朋友之间亲密地聊天或活泼愉快地讨论。然而,团结是一个变量;并非所有的谈话都是如此,事实上,这种可变性正是我们想要解释的。某些互动比另外一些更加团结,从而形成了不同的社会际遇领域,它们构成了真实的生活。会话交替的"规则"可能会在两个方面被打破。其一是两个(或两个以上的)人可能同时讲话。或是一人讲完之后,另一人没有立刻接上。实际上,不太长的间隔就足以破坏团结的气氛;俗语中常说的"尴尬的停顿"通常大约在1.5秒或更少的时间内。通常融洽性的谈话中的转换时间一般不超过0.1秒;0.5秒的时间已经延误了几个节拍,而更长的时间,根据主观的体验就是很大的间隔了。

我们可以举例说明这类失败的团结气氛（Heritage 1984, 248）：

  A：我打扰你了吗？
   （1.0）
  A：有还是没有啊？
   （1.5）
  A：嗯？
  B：没有。

很明显，这是一种紧张的关系。A 和 B 可能是父子或不太和睦的夫妇。在一般情况下，其中的间断其实并不算很长。但在对话过程中，1.5 秒似乎已经很漫长了。即使很短暂的间断都能被谈话者注意到，因为这看起来像"尴尬的停顿"。而尴尬，正如戈夫曼（1967）所提到的，是社会关系未能如期正常运行的标志。

另一种破坏团结的方式是违反"没有间隔，没有重叠"的原则。我们发现，这种情况往往发生在愤怒的争吵中，双方参与者试图同时说话，特别是通过放大声音和加快语速来尽量压倒对方。"拥有发言权"是一种默认的共识，它表明了关注点应该在哪里；会话是一种 IR，它根据达成一致的"规则"，将关注的焦点从一位发言者转移到另一位发言者。当没有人想说话时，仪式的团结就会被打破；关注焦点也就无从谈起了。当参与者想继续成为关注的焦点，但是在关于谁将受到关注，以及谁所说的话语将成为符号对象，从而收到仪式的关注与认可的问题上,他们发生了争执,此时也会破坏仪式的团结。[15]

我们可以看一看下面的例子(Schegloff 1992,1335):

A:... we have a concern for South Vietnam's territorial integrity which is why we're the:re. But our primary concern regarding our personnel, *any* military commander has that primary *loyal*[ty.

B: [No? Are:n'we there because of U. N. uh—doctrine?

A:[*No*:::

B:[Aren't we there under the [the( )-

A: [*Where* didju ever get *that* cockeyed idea.

B:Whaddya *mea:n*

A:*U. N. Doctrine.*

B:We're there, representin' the U. N. No?

A:Wouldu- You go ask the U. N. , and you'll get laughed out. *No. .*

B:We're there because- of our interests.

A:[Yes.

B:[We're not there waving the U. N. flag?

A:We're- There's no U. N. flag *there*. Thet's not a United Nations force.

The United Nations has never taken a single action on this.

((pause))
A: [I-
B: [No. I think (this ti::me)- I think you're *wrong*.
A: *Sorry* sir, I'd suggest yuh check yer facts.
B: I think y- I uh [( )
A: [I will refrain from telling you you don't konw what cher taking abou[t,
B: [I [wish you *would*.
A: [I just suggest you [talk- you check yer facts.
B: [I wish you *would*.
B: Because this's what I read in- in the *news*papers.
   [That we represent-
A: [Well, then you been reading some *pretty ba:d* newspapers.
B: [We represent the U. N. there.
A: [F'give me, but I gotta go.
A: Sir, I would suggest that if that's the case you switch newspapers.
B: Well I hope I c'n call you ba:ck an' *correct* you.
A: L'k *you* check it out. 'n call me.
B: I'll do [so.
A: [Okay?
B: I certainly *will*.

A：Mm gu'night.

一旦发生争论，双方开始互相打断，然后试图继续说服对方。即使他们最终想结束争论，恢复正常的礼貌性，他们也会忍不住外加挖苦与重复。通篇的强调形式也表达了一系列的语音痛击。

这并非一篇完全的社会语言学的专题论文，所以我们不得不略过许多细节。然而，让我们注意几种异议。[16]"没有间隔，没有重叠"也许会因文化的不同而变化。也就是说，这种一般情况是建立在英美等以英语为母语的人们所录制的磁带基础上的，在其他的地方也许并不适用。因此，在有些部落社会（根据讨论会上参与者所提出的该会话模型）通常一两个说话者的发言之间有一段相当长的间隔；而一个人说完之后另一个人很快地接上，事实上被认为是一种冒犯行为。所以，我们认为，将谈话作为有节奏地产生团结的合作模型，需要进行修正，而没有必要抛弃它。[17]关键的过程在于，不管怎样都要保持共同的节奏。当做到这一点时，结果就是团结的；而如果违反了这一点，讲话太快或太犹豫不决，结果都是感觉受到了侵犯或被疏远了。[18]

超越合乎规则的参考框架，优势在于能够认识到会话是如何经历一段时间而建立起来的；因此也能认识到会话（以及随之而来的社会关系）能否实现所经历的重要过程。许多会话进行得不顺利；没有开场白，或对建立有节奏的合作没有充分的响应。一旦会话开始，它就会建立一种自我维持的动能；很明显，从每个人的经历来看，这种动能在不同的谈话者之间差别巨大。实际上，这是导致社会分裂的主要方式；有人会说，如果做一个粗略的估计，就是相同地位群体的成员能够维持高度连带的会话仪式,而不同地位群体的成员则做不到这一点。这成为导致会话 IR 成功与否的部分要素。但是也有例子表明,即使是同一群参与者,他们的谈话也可能以不同的方向进行。

学术上比较容易观察的一个例子是演讲或研讨会最后的问题时段。通常它是以一段长时间的停顿而开始;此时听众的主观体验是他们想不出要说什么。一旦沉默被打破,通常是观众中地位最高的成员先提问,一个很短暂的停顿后就有了第二个问题;而第三个、第四个问题随之而来,紧接着越来越多的手举了起来。这说明听众并不缺乏符号资本或讨论的内容,只是缺乏情感能量,即思考和表达观点的信心;不是他们没什么可说,只是直到群体的注意力转移到包括观众在内的互动时,才能想起要说什么。这并不是因为演讲者缺乏趣味;一个特别成功的演讲者经常会被长时间的掌声所打断。这最好应被理解为控制关注焦点的过程;演讲者被抬高到过于远离观众的地位,被过于尊重(涂尔干说的神圣)的气氛所包围,使之几乎无法接近。[19] 而观众一旦接近了演讲者(观众中地位较高的成员由于其 EE 的积累最容易被推选出来做这件事情),关注的焦点就实现了前后的交换,势头也改变了方向,问题就像受到了磁铁的吸引一样被引出来了。

主动性从一个发言者转换到另一个发言者,也是一个会话交替的过程。萨克斯等人经典的对话分析模型以简化的方式表达了这一过程:前一位发言者,或通过提名,或通过轮换到另一人而影响了下一位发言者。戴维·吉布森(Gibson 1999,2001)提供了一个更精确的模型,这个模型是通过对大公司中大量管理会议的会话交替次序的分析为基础的。吉布森的研究表明,话语从一个说话者转换到另一个,有几种典型的方式,而其他可能的转换次序十分罕见,或者可能会受到管束。最为典型的方式是,一个人讲话,然后另一个人回答(吉布森的表达形式是 AB:BA,其中先是 A 对 B 讲话,然后 B 对 A 讲话)。如果该过程持续的时间很长,这种会话就像进行一场乒乓球比赛,由两个人主导了对话,而其余的人则变成了旁观者。而一旦两个人出现了这种势头,旁观者经常会十分恼火却无法打断他们,如果注意到这一点,我们就可以理解其中的情境力量了。另一种典型的模式是演讲者面向整个群体演讲(或者发表没有目标的评论)。吉布森将此表示为 AO:XA,指最具代表性的顺序是群体中的某一位成员站出来发言,但是直接指明由 A 做出评论。即使这一过程被打断(不是 AB:BA,而是 AB:XA,其中 X 是指尚未发言的人),典型地如打断者介入正在进行的对话,通常是与最后一位发言者(AB:XA)或最后一个被提到的人(AB:XB)对话,而不会涉及其余的人。我认为一次群体对话就像一场传球比赛,球就是关注的焦点。这一关注点使得在场的每一个人都追随着它的进程;当有人打断时,它就会锁定在最直接的或最接近的一个人身上。传球的比喻不是十分确切;它更像是屏幕上球滑过的画面,其后留下一串电子微粒构成的痕迹。我们再次将会话 IR 看做是情感连带在关注焦点中的流动;即便对关注点的确立存有争议,它仍然如此。正如吉布森(2001)所强调的,对发言权——成为暂时有限的关注空间——的结构性制约是如何在情境中,甚至在正式组织中,树立起影响的主要决定因素的。

相似的过程还发生在大型的公众集会中,比如政治集会与辩论会。善于鼓动人心的政治演说家博得了阵阵喝彩;在他/她妙语连珠之前的几秒钟之内,观众开始准备欢呼;从录像来看,似乎是观众让演讲者说出了那些能令他们极为迎合的话语(Atkinson 1984;Clayman 1993)。通过分析该次序的微观细节,我们发现讲演者与观众都陷入了同一节奏中;讲演者时而抑扬顿挫,时而激昂重复(这是一种特殊的公众演讲的修辞风格),这使得观众知道接下来的事是什么,以及在哪一时刻他们加入能达到最大的效果。同样,在观众这边:通过喝彩或嘘声,表明观众以一种特别的节奏形成喧闹;当观众全部加入进来时,最初的小的声音或掌声会释放加速成为喧嚣;而如果没能实现共鸣,最初的喝彩声就在这一短暂次序中的某一时刻夭折了,并向其他人暗示如果此时加入进来将会暴露在孤立的少数人一边,而不能欢欣鼓舞地共享关注的焦点。同理,嘘声更难带来必需的大众参与,而且比喝彩声持续的时间更加短暂。如同在微观互动的普遍情况一样,团结的过程总是比冲突的过程更容易展现。正如我在其他地方所指出的,相比直接的互动情境,远距离的、看不见的群体的冲突会更容易形成。

在下面的例子中(引自 Clayman 1993,113),bbbbbbb 表示持续的嘘声;xxxxxx 表示喝彩;zzzzzz 表示不协调的观众的低声细语。大写字母(XXXXX,BBBBBB)表示大声的喝彩或嘘声;x-x-x-x-x-x 和 b-b-b-b-b-b 表示微弱的噪音,x x x x 和 b b b b 表示个别的掌声或嘘声:

  DQ:... and if qualifications alo:;ne (.). h are going to be;
   the issue in this campaign. (1.0) George Bush has

more qualification than Michael Dukakis and Lloyd Bentsen com*b*ined.

(0.6)

AUD:xxx-xxXXXXXXXXXXXXXXXXXXXXXX
　　　[XXXXXXXXXX=

AUD：　　[b-b-b-b

AUD:XXXXX[XXXXXXXXXXXXXXx[xxxxxxxxxx-x-x-x
　　　h x h x x x x (8.5)

AUD：　　　　[bbbbbbbbBBBBBBBBBB[BBBBBBBBbbb-b-b (2.9)

MOD：　　　　　　　　　　　　　[Senator Bentsen-

在零落的掌声开始之后,喝彩声成功地加速,并且持续了典型的约8秒钟的节奏单位(非常强烈的喝彩声会再持续一个,甚至是多个8秒钟的单位)。在喝彩片段的中途,有一次失败的嘘声;在喝彩片段的尾声,第二次嘘声成功地发展为喧哗,甚至在主持人试图将关注点恢复到辩论者的那一刻,完全压倒了喝彩声。虽然取得了短暂的胜利,嘘声迅速消退了,而喝彩声的消失则慢得多。我们从圆括号中的数字可以看出,嘘声持续的时间比较短(2.9秒相对于8.5秒)。

这些有节奏的合作过程几乎总是无意识的。自然仪式的成功或失败是感受到的,而不是思考出来的,至少最初是如此。当然,具有反思性的个体会就此向他人或自我做出评论,从而做出口头的解释。存在着一套文化符号,它们构成了这些对话的内容;我们稍后将会研究符号的重要意义出自哪里,以及它在一个又一个的

IR 链中是如何被传播的。拥有一套共享的符号是一个 IR 成功增进集体兴奋的因素之一（而缺乏共享的符号则是失败的条件之一）。我们在此以解析分离的方式所研究的,是情境团结赖以发生的微观机制;正是该机制使得那些词语符号充满了社会意义,或者使它们失去意义。

关于有节奏合作和情感连带的实验性与微观观察证据

除会话交替之外,互动的其他方面也会成为有节奏的合作,某些已达到了很完善的水平。会话的电影表明,说者和听者都试图使其身体的动作与谈话的节奏保持一致(Condon Ogston 1971; Kendon 1970,1980;Capella 1981)。身体的动作迅速而微妙:如点头、眨眼以及其他的姿势。通常而言,这些动作太快,正常的眼睛并不能看到,只有通过每秒钟 24 个画面的电影镜头,一个接一个的画面回放才能发现。许多这类研究集中于母亲与婴儿之间的互动,将其作为高度团结情境的典型。几个星期或几个月大的新生儿在他们学会说话之前,与成人在声音和动作上是同步的(Condon and Sander 1974a,1974b;Contole and Over 1981)。这就表示节奏性的同步或许是谈话的基础——是自然发生的 IRs 的副产物。医院育婴室里婴儿的哭声是可以传染的;而且哭声也会与其听到的音量高低相符(Hatfield et al. 1994,83)。脑电图仪(EEG)的记录揭示出同步既可以发生在婴儿与成人之间,也可以存在于正在交谈的成年人有节奏的脑电波中(Condon and Sander 1974a,

1974b)。如果脑电图仪的同步没有发生,通常是由于群体界限的存在;相比白人之间的谈话,白人和黑人的交谈更可能出现不同步的现象。

除了姿势与脑电波的时间一致外,谈话者的其他声音特征也是同步的:音域的范围、声音的高低、速度、重音以及音节的持续时间(清楚的或慢吞吞的声音)(Gregory 1983; Hatfield et al. 1994, 28)。随着会话的进行,同伴试图一个一个地适应对方说话的方式和节奏(Gregory 1983; Jaffe and Feldstein 1970; Warner 1979; Warner et al. 1983)。埃里克森与舒尔茨(Erickson and Shultz 1982,72)总结道:"尽管人们谈话时没有节拍器,但人们的交谈本身就可以作为一个节拍器。"在某些会话中,同步活动在不同的时刻来来去去,建立起来又消退了;然而,比较特殊的是,在情侣之间的长时间交谈中,同步性却能建立起来,并能保持较高的强度(Capella and Planalp 1981; Capella 1981)。

有节奏的同步是与团结性相关的。心理学家用几种微观行为说明了这一点。在声音方面,节奏密切配合的会谈,会让谈话者更喜欢对方(Hatfield et al. 1994,29, 41-44)。身体的动作也是如此;感觉最和谐的年轻情侣,是那些在录像中看起来行动极其一致与同步的人。最惊人的同步发生在男女双方从熟识到伴侣的过渡阶段,双方越来越接近彼此的身体,模仿对方的姿势和动作,凝视对方的眼神。同步的行动最初是瞬间与局部的,然后发展成全身的,刚刚坠入爱河的人往往能数小时地保持这种状态(Perper 1985,77-79)。

心理学实验与仔细的观察表明,细微的模仿和同步广泛存在于人类中。然而，这种研究迄今仍有许多局限性。我们知道，同步和情绪蔓延会经常发生，但是关于这种情况何时较多、何时较少，或者根本不会出现，尚缺乏证据。心理学家通过对个体的比较，试图发现容易或不易受到情绪传染与性格特征有何关系，以此来解决这一问题（Hatfield et al. 1994）；为何某些情境能形成高度的同步，而另一些则不能，其动态机制我们还不知道。实验方法推动了有关个人特质的研究取向，尤其是当以调查问卷的方法要求研究对象描述自己典型的行为与感觉时，这就将情境的流动抽象化了。另一方面，激进的微观社会学家倾向于认为，只要给予充分牢固的情境过程（或类似的情境链），每一个人都可以被任意塑造。根据图 2-1，心理学实验与类似的微观观察分析都在共享的情感状态、共同的行动，以及某种程度上的有节奏连带方面积累了证据。目前主要缺少的证据是有关相互关注焦点方面的。我认为这就是导致两种情境不同的原因，其中一种情境是情绪传染与节奏连带的其他方面达到了很高的程度，而另一种情境则是在这些方面的程度较低或是完全失败了。仪式最重要的特征就是：形成集会，与外界有界限、空间的物质安排，设计行动，以及引导对共同目标的关注，仪式使每个人的注意力都集中到同一件事情上，并使其意识到他们正在做什么。我们需要对该机制进行更为细致的研究。

社会学家斯坦福·格雷戈里提供了一个测量互动仪式中团结程度的便捷工具：该工具可以分析人们会话中的声音的磁带录音。通过应用该工具对会话录音作快速傅式变换（FFT）分析，格雷戈里及其同事（1993，1994）表明，当会话越来越引人入胜时，听觉的音频也会变得越来越协调。这种程度的节奏同步比人们所能有意识地觉察到的0.2秒的片段更为精细。在高度团结的会话中,音调的微观频率集中在声音频谱内的基频上,这种声谱范围要小于有认知意义信息被传达的范围。如果音调较高的频率经过电子消除后(那些带有说话内容的部分),记录的声音就像低音调的咕哝声;这种嗡嗡的声音确实是"团结的声音"。这为我们提供了一种研究情境团结的无须介入、无须语言的方式。

身体动作的同步性可以在开展集体行动的大规模群体中发现。一项关于宏观仪式的、政治示威的研究发现,示威者行动的微观协调远远高于普通行人群体,甚至高于一支行进的曲乐队(Wohlstein and McPhail 1979)。如果示威者能最大程度地唤起情感和这些社会集群的团结性,并反馈到他们共同的行动与相互的关注焦点,这正是我们所期望的。

在极端的微观层面,这种同步必须是无意识的。同步姿势发生的时间片段不超过21毫秒(0.02秒),但人们只能在0.4秒或0.5秒内对刺激做出明显的反应,某些运动员的反应速度能达到0.250毫秒(Kendon 1980;Hatfield et al. 1994,38)。只有电影中回放的慢镜头能够揭示这些模式;实际上,人们会话的同步姿势需要用半格镜头的时间(42毫秒)。其他的同步行为,如脑波或音域(微小的音调变化范围有多宽或多窄)只能通过专用设备才能察觉。那么,人们是如何能做到同步的呢?或许是人们进入了相同的节奏,所以他们能预期下一个节拍的发生。查普尔(Chapple 1981)称之为节奏连带。融入互动流的个体进行一系列的调整,使其节奏协调;因此,他们是通过预期,而不是反应,与同伴保持"节拍一致"。

正是由于这些共同的节奏，才使会话交替能如此协调一致，因此在高度融洽的会话中，其间隔不会超过 0.1 秒，如果不借助仪器，我们根本无法发觉。"我说：'我晚一会儿再同你讲话'，当我特别明确地用重音起伏说'晚一会儿'时，你立刻理解了我要离开的意向，然后紧抓住电话结束之前的一个节拍说'再见'"(Sudnow 1979，114)。常人方法论者戴维·苏德诺在《谈话的身体》(Talk's Body)(Sudnow 1979)一书中，比较了学习弹奏爵士钢琴乐与在打字机键盘上打字的经历。他注意到，两者都是身体活动，当不再是转录符号（无论是音乐的还是文字的），而是让自己融入到创作乐曲或句子的节奏中时，就获得了成功。因此，成年人在鼓励幼童学习说话时，不是通过解释词的意义，而是通过使其加入说话的节奏；最初这会包括大量无意义的声音或一遍遍重复有趣的相同词语。

情绪感染是一个社会生理学事实。社会生理学(Barchas and Mendoza 1984)说明的是个体的生理条件是如何受到当时与最近的社会经历影响的。面对面的社会互动也发生在生理系统中，而不只发生在作为认知系统或身体行动者的个体之间。从进化论的观点来看，这并不奇怪，人类像其他动物一样，在神经上要求相互响应；而且体验产生这些反应的社会情境是十分有益的。

社交会话——只是为了维持友情而进行的谈话——是所有互动仪式中最基本的方面；而且其团结是在仪式中通过有节奏的合作建构与强化的。如果关键的过程是保持会话的顺利进行，那么某人所说内容被选择来谈论就是为了保持预期的参与，而不是由于他一定相信这一点,或认为它是重要的,或有值得说出来的价值。因此,会话具有双重仪式性:在符合互动仪式模型的意义上是正式性的;从所采取的行动是为了此活动而非其表面内容这种意义上说,具有实质的仪式性(也就是说,更接近该术语通常的或贬义的用法)。谈话内容的选择是为了互动的节奏。用威廉·巴特勒·耶茨(William Butler Yeats)的话说,即"歌曲应随曲调而改写"。

共同关注成为发展共享符号的关键

有节奏合作与情感连带是互动仪式的必备构成要素;但相互的关注焦点也是不可缺少的。这就是乔治·赫伯特·米德(Mead 1925,1934)所说的扮演他人的角色,而且他认为这是使人类具有意识性的关键所在。大量关于认知发展的研究证明了相互关注的重要性。托马斯洛(Tomasello 1999)不仅根据对孤独症儿童之间的比较,还根据对幼童、黑猩猩与其他灵长类动物、哺乳动物的实验与观察,列举了相关证据。

婴儿出生不久就开始参与了跟成年的照料者之间类似会话的交替;这些互动同高度团结的谈话一样,也会细致地调节转换的节奏性交替。婴儿也会参与感情协调,以及情感的适应与积累。按照我们的术语,IR模型中的几个要素是重要的:身体的聚集、情感连带与集体兴奋。我们也可以推论出,一个重要的结果是形成团结纽带,至少存在于与成年父母或照料者之间的接触形式中。这似乎是婴儿从互动中获得一定情感能量的证据。我们也可以根据反面的实例得出相同的结论:与照料者缺乏互动的婴儿情绪非常低落(参照关于第二次世界大战时孤儿院的研究,以及关于被遥控虚拟的母亲而非现实的母亲哺育的猴子的研究;Bowlby 1965;Harlow and Mears 1979)。根据米德的"主我"、"宾我"与"一般化他者"的模型,加入与成人的这种节奏连带与情感连带的婴儿,根本没有这些自我要素。米德称之为"主我"的是一种行动要素,但婴儿的行动极大地受到成年人的引导,所以它在很大程度上存在于情感能量中,而这正是社会团结的模式。婴儿还没有在认知上独立的"主我"。

大约在九个月到十二个月之间发生了重要的变化,这就是托马斯洛所指的"九月革命"。该阶段的儿童可以与成年人共同关注某一场景,共同指向某一物体或对该物体采取统一行动。这是一种三要素的互动,包括两个人及其共同关注的目标。儿童现在不仅注意到该对象或他人,而且注意到他人的关注点与自己的相同。这就是 IR 理论所称的相互关注。指向或对该对象所做的姿势通常是有声的——叫出名字或提到该对象;当运用具有共同意义的符号时,语言形成了(Bruner 1983)。这些有声的姿势是真实的符号,而不只是"标志"。通过与特定他人的实践经验,它们将已成为习惯的实际程序具体化了;它们是思想上的关联。随着时间的推移,儿童开始学着用与成年人一样的语言说话。与之相反,患有孤独症的儿童,学习说话非常困难,不仅与其他儿童的玩耍存在很大障碍,也难以参与共同的关注。

托马斯洛将加入共同关注的过程解释为,当儿童将意向的感觉归因于另一个人时,共同的关注就会浮现出来,它是一种先于行动的愿望；这并不是说，儿童有意表现的自我映射到成年人身上——因为在这一阶段的儿童还没有符号机制能形成此类的表现——而只是儿童的一种认知，即他人"与我类似"。

全面的 IR 模型现在已经完整了：就要素而言，目前有相互关注焦点、参加与增强既有的情感连带；就结果而言，共享符号现在也已经被创造出来。儿童的行为在该阶段还有另一个变化。1 岁以后，不仅在他人或镜子面前怕羞，还开始有了羞耻感；儿童正在从他人的观点中发展出自我形象的概念。用米德的术语来说，即儿童的自我现在具有了"宾我"，同时也具有了扮演他人角色的能力。

对 IR 模型而言，经历了共同关注或相互关注的"九月革命"是一个关键的转折点，它使儿童进入了一个拥有共享符号的、成熟的人类世界。人类有很多种不同方式以符号为导向，所以，让我们用托马斯洛的概括来探索儿童发展的下一个阶段。大约从 3 岁到 5 岁，儿童开始将他人不仅视作有意图的行动者，而且是有思想的行动者；也就是说，不仅认识到他人在行动的背后都有意图，而且认为他们都有思想过程，这些过程无须在行动中表现出来。处于"九月革命"阶段的儿童可以与成年人分享关注点，并且意识到口头姿势不仅是成年人张口闭口的身体动作（与用手指表示的身体姿势相似），而且可以作为有意图的指示，一种沟通的行动。儿童正在进入一个分享符号姿势的世界，开始认真地对待成年人所交流的意义。3—5 岁儿童的转变现在能察觉到，他人所说的并不一定是其所实际相信的或实际去做的；儿童的世界扩展到了知道虚假观念与谎言的可能性。从更积极的角度来讲，儿童意识到了他

81 人看待世界的方式并不总是与自己相同,而且关于世界的看法可以是多种多样的。

　　这种变化最容易用米德的术语——"一般化他者"来解释。该变化使得世界的自我呈现更加抽象;除了接受特定他人的观点,并以此调整自己之外,儿童现在还能获得一般化他者的观点,它是所有这些观点的交集或产物。这也改变了儿童内在的自我。目前,无论将规则内化,还是在社会影响下增强自我导向,以及同时具有更加强烈的、作为自主的、自我反思的行动者的自我意识,都是可能的。这个年龄正是儿童变得有意任性的阶段,即"令人讨厌的两岁"与"令人讨厌的三岁",此时儿童会表现出或故意卖弄独立于父母要求的自主意识;这个阶段逐渐摆脱了非常强烈的社会嵌入性,这种嵌入性是直接伴随"九月革命"阶段的共同关注意识而来的。

　　这一阶段,外部的谈话也开始内化;儿童与自己或想象的玩伴大声讲话,然后默默的自我对话与自言自语会逐渐增加。米德的自我理论中另一层次的反思性开始出现,其中"主我"现在可以深思熟虑地控制符号的表现,使其脱离此时此地以及直接的社会要求,可以考虑处理该情境的其他方法。从这个意义上讲,米德的"主我"概念是成年人的"主我";它是在一般化他者的概念明确之后,作为独立的行动者出现的,具有完全的反思意义。

团结在符号中的持续与储备

　　高度的情感连带——集体兴奋——是短暂的。团结与情感状态能持续多久?这取决于短期情感向长期情感的转换,也就是说,取决于情感在能再次唤起它们的符号中的储备状况。反过来说，就符号能唤起何种群体团结而言是不同的，所以符号/情感记忆或意义的作用，是在未来的情境中影响群体的互动，以及个人的认同性。

让我们考虑一下集体情感产生的情境范围。最低的层次是许多人聚集在一起，但缺乏共同的关注焦点。就像在公共等候场所的人，比如机场候机大厅或者是排队买票的人群。这里几乎没有共同的情感，甚至可能是不耐烦与恼怒，因为不同个体和小群体的关注目标各不相同。除了想早些结束与离开的短暂渴望之外，这些情境也无持续性可言。

较高一些的层次是有兴奋的熙熙攘攘的情境：在城市繁忙的街道上、在拥挤的饭店或酒吧中。挤满了人与几乎空无一人的环境有明显的区别。没有关注焦点的聚众所隐含的互动要多于非常稀疏的聚集，从而产生一种社会氛围的感觉。这些场所中即使没有清晰的互动或关注焦点，也存在着一种社会吸引的形式。处于人群中会产生一种"身处行动中"的感觉，即使你本身并非是明确界定的活动的一部分；"城市明亮的灯光"的诱惑力，与其说是视觉吸引，不如说是因身处人群大众所带来的最低限度的兴奋。[20]正如涂尔干所指出的，建立集体兴奋的"触电感"的第一步是从稀疏到密集的身体聚集的发展。但若只是如此，在可辨认的群体中很少会产生团结的感觉，更不要说增加认同感了。这里所缺乏的是符号，人们通过符号可以认定谁在这里，并且即使在其他场合，只要看见它就能重新唤起成员身份感。

当人群作为观众因某项活动而形成关注焦点时，某种较高程度的团结才有可能出现。只有当观众参与集体行动——鼓掌、欢呼或嘘声时,瞬间的团结感才可能会变得非常强烈。这些瞬间共享的事件,正如我们所看到的,包括大量微观短暂的合作,有清晰界限的集体连带情形,当它们受到阻碍时会愈加明显:当某人在不适当的时间鼓掌,或在没有他人参与的情况下发出嘘声时,他会感到十分尴尬。当人群从无动于衷的旁观者成为积极参与的一部分时,这种集体团结与身份的感觉越来越强。这种经历不仅是回应人群中的其他人(包括舞台、运动场,以及讲坛上的人),而且也是影响他们,因此随着个人更加充分地融入其中,会越来越成为相互连带的一部分。[21]所以,喝彩并不只是被动的反应;表演的乐趣很大程度上是在人们有机会喝彩的时候创造出来的,而从观众的角度而言,演出者或政治演讲者的作用即促进其自身的集体活动感。在人群变得非常活跃的集体经历中,特别是破坏性或暴力性的行动中,这种效应十分明显。所以,参加种族暴乱(Horowitz 2001)不仅是实践预先存在的种族身份的方式,而且是强化、重新创造,甚至是制造它的一种方式。连带程度越高,团结与身份感就越强;主动参与所达到的连带程度也要高于被动参与所达到的程度。[22]

有关注焦点的人群获得了可以延长这种体验感的符号:通常这一符号来自观众有意识关注的任何一种东西。对于体育迷来说,这是团队本身,通常被浓缩成一个简洁的徽标;对娱乐迷而言,这是演出者,或可能是音乐、表演或电影本身,它们成为涂尔干说的神圣物。但是,有关注焦点的人群只会有微弱的长期团结;他们的符号,尽管具有瞬间的集体兴奋,但并不能重新唤起人群本身,因为人群在整体上对于大多数参加者而言是陌生的。[23]对群体成员而言,除了通过他们喝彩的对象,无法互相认识或识别对方。那些碰巧在体育场上某个激动人心的瞬间聚到一起的人,以后并没有更多的联系。他们也许会共享一些集体符号,例如佩戴相同的队徽,但其团结带有相当的情境特殊性,只是为在另一个体育事件中偶然遇到,或是为了围绕这些符号的某些会话做了储备。这些是二等群体身份的例子:个体成员互不认识的群体。本尼迪克特·安德森(Anderson 1991)提出了著名的"想象的共同体",但这并不十分精确。他们所想象的——他们所具有的意象——是其关注的符号,而此"共同体"是一种易变的、短暂的经历,它只有在很高的仪式强度时刻才会出现。

当有关注焦点的人群,作为主动的参与者而不是被动的旁观者时,会逐渐发展出集体兴奋。但是,由于他们的团结感是通过大部分来自其外部的符号所延伸的,所以他们很少有机会把那些符号作为建构同样引人入胜的 IRs 的要素,应用于自己的生活中。这些是被动接受的符号,它们只有等到下次在音乐会演出、比赛,或政治集会中才会被重新激起。他们最多能把这些符号再利用到第二层序的会话仪式中,这是相对于那些初级仪式的反思性的后仪式。

在某些情境中,符号是由陌生的人群承载的,与之相反的是另一些情境,其中的符号与特定的群体成员身份有关。在个体化际遇的层面上,个人之间的纽带是通过 IRs 所形成和展现的,互动仪式能产生短暂的主体间性,有充分的吸引力使其不断重复。我已经注意到,个人名字的使用如何成为确认关系的个性化特征的仪式。在际遇过程中,称呼某人的名字不仅是表明他知道这个人的名字；事实上在每一个际遇中，甚至当显然在以前的际遇早已知道他人名字的情况下，这些个人称呼的仪式也经常会重复。它所要传达的是，某人作为个体而被记得，人们在这一情境中将其作为一个个体，根据其生平、过去关系的历史，简言之，即 IR 链而看待他或她。而且个人称呼的仪式是集体性的（至少在社交情境中），应该具有相互性的意义，每一个人都用名字称呼他人；这是个人与个人之间关系的体现。与之形成鲜明对比的是在部落社会中，同一亲属关系群体的成员通常并不知道彼此的个人姓名：他们提到对方或彼此称呼时，是用头衔或关系术语——妻子、姐妹的兄弟，或二儿子。[24] 西方社会中也有相应的情境，提及个人时不是用名字，而是他们的头衔或职位。这些际遇从有仪式标志的个体化 IR 链网络开始，沿着关系连续统延续，但不是自始至终都能导致纯粹情境性匿名的共同参与，就像拥有暂时的关注焦点的人群一样；还有一些中间性的情境，其中能识别出谁适合这个群体，但不知道如何将自己作为个体区别出来。

称呼个人名字的仪式是符号的变化形式，它们可以用来延续从一个情境到另一个情境的成员身份。它们还表明了一点，即符号记忆和成员身份延续的程度越高，与那些符号相关的个人认同的程度越高。对现代西方人来说，没有什么比自己的名字更具有个人性了。但是根据我们跨社会的比较来看，在把自己与他人确认为独一无二的个体时，并没有任何固有的或自然的东西；而正是每天所进行的称呼名字的仪式，维持了自己的以及他人的身份。

有利于类似持久的个人成员身份认同的是个人叙事的日常会话仪式。这类谈话的内容是诸如这一天做了什么，或关于某人过去经历的故事。大部分友好关系的交换是双方都乐意轮流扮演这些故事的忠实听众,依次登上舞台,讲述自己的故事。我们可以将其看做特殊文化资本的流动,而与一般化的文化资本不同,后者可以广泛获得,并为更大的群体所周知,这些群体中的人并不一定相互知道每个人的身份。毫无疑问,这些个人叙述中的大部分会话内容都是"补白点缀",是用于打发时间,便于有话可聊的素材。这些个人叙述不一定是真实的,但是需要有戏剧性,把日常生活中微不足道的倒霉事放大成历险或喜剧,把小的不幸夸张成极大的折磨或部分丑闻,以期变成会话舞台上戏剧性表演的绝佳素材,使会话变得生动、引人入胜。戈夫曼所提到的一般意义上的舞台表演也适用于特定的会话仪式:观众融入表演的精神中,不是通过质疑而是通过建立情境性的情感,无论如何都会建立起最高程度的瞬间的集体兴奋。这种类型的成功会话产生并巩固了社会纽带,它们通过其特殊性质的内容连接起特定的社会关系。

社交谈话往往也会涉及第三者,尤其是双方都熟知的人。这些叙事拓展了戏剧性的素材,以促进会话仪式的成功进行。它们对于延续群体成员的身份还有进一步的结构重要性:这些关于第三者的故事或闲话,使个体的身份在会话者网络中广为传播(Fuchs 1995)。个体的名字以及关于他们的故事都是符号,作为会话的一部分,这些符号随着会话中瞬间兴奋的增加而具有了丰富的意义。

所以,一个人能够成为符号有两种方式,既可以通过直接的观察——这种方式使政治家、宗教领袖或体育明星对于在集体仪式中关注他们的观众而言就是一种象征符号——也可以通过间接的观察,即把与某人名字相联系的故事与特征作为生动的会话主题。这些主题是正面的还是负面的并不重要,只要名字所代表的人物符合会话的戏剧性即可。这些叙述的准确性在成功的会话仪式中并不是主要的因素,且网络离来源越远,人们就越不在意这些。

这一模式不仅适用于那些在互不相识的人群中具有广泛声誉的名人,而且适用于名声仅限于当地、特定网络中的人,他们与被谈论的人有个人联系。在后一种情形中,名声的传播会反馈到面对面的际遇中;当你遇到曾经听过其故事或关于他的描述的人,或者遇到听说过你的人时,你们就会更深切地融入到会话中去。这不仅是直接的符号节目,其中每个人不得不与对方讨论,以决定将要说什么以及体现何种关系,但是每一个人心目中关于对方名誉的光环或阴影会影响到将会有怎样的会话行动,以及如何阐释这些行动。

我已经对社交会话中友好、轻松的关系做了分析。同样的成员身份与认同的创造和延续也发生在较为严肃的互动中,包括商务与职业生活中功利性的际遇。工作世界中的际遇也具有IRs的结构,赋予了文化项目以成员身份性意义。这些项目不仅包括属于工作本身一部分的交流,还包括与工作相关的讨论,即在后台收集情报和密谋,也进行准社交性的行内议论。被赋予意义的文化符号不仅包括更广泛意义上的职业知识——工程师关于其设备的专业行话、股票经纪人和投资银行家的金融速记,以及特定行业中职业经理人的协商方式——而且包括人们在该网络中谈论的具体信息。进入一个特定的职业网络而且获得成功,不仅需要拥有该群体一般的文化资本——在那些可能并不熟识的人之间众所周知的东西——而且需要了解一些具体的信息，比如谁做了什么、谁有一段什么录音、谁与谁互相联系、"身处何地"。后一种知识形式，或特定的文化资本，或符号条目很可能是最重要的一种，尤其是对流动性的情境动力机制而言更为重要，例如时间即生命的商业交易，或者对于科学家，或处在创新前沿的其他知识分子也同等重要。同样，在私人社交活动的世界中，符号性声誉被扩大到关系网中更高的层次，该网络有非常丰富的社会关系，因此符号至少会在某些封闭的圈子里循环，强化着符号的意义，因为它可以从各个方面听到，并在重述中很可能得到放大。[25] 需要强调的不仅是专门化语言或局部知识，还包括成员身份符号，这些符号在其拥有适当程度的情感负荷上起着显著的作用。在工作中功利性交流的概念似乎应该将情感性排除在外，但这是错误的。具有特别的兴奋、张力，或热情的，恰恰是这些商业或职业的际遇，它们将那些交流项目转化成富有意义的符号；从原初的、非贬义的意义上，它们成为"时髦语"的项目，具有前沿性的重要意义。

　　总而言之，符号通过几种不同方式传播与延续群体成员身份，使之不仅仅局限于具有短暂的情感强度的情境中。一种方式是符号作为具有情感连带的关注焦点，而不是陌生人群的关注对象。另一种方式是在标志着会话者与其所谈论的符号对象之间关系的会话仪式中，作为从个人身份与叙述中建立起来的符号。[26] 这些符号一般会在两种截然不同的社会关系循环中发挥作用；通常是，观众、爱好者、党徒和追随者的符号从一个群众集会传播到另一个群众集会，且在过渡期间逐渐衰退；个人身份与声誉的符号是对社会关系（以及商业关系）的一种细小的改变，一般比观众符号还要缺乏瞬间的强度,但被频繁应用于自我强化的网络中,以形成其参与者的真实感。[27]

不管是普通观众的一般化符号,还是个人网络的特殊化符号,都延续了 IRs 中的情感负荷。它们在不同的时间模式中做到了这一点,并且根据不同的偶然性而变化。普遍观众的一般化符号依赖于大型群体的重新聚集,而这些群体中的个体成员对于大规模的集结是否发生或举行几乎没有主动性。既然这些一般化的符号通常并不能通过日常生活的普通互动被重新激起,所以它们呈现出更多不稳定的倾向。这就是政治与宗教运动的特征;而且就普遍共有的经济符号(股票市场指数;特殊热卖产品的声誉)而言,它们在集体意义上,以及在其社会和经济价值上,也是摇摆不定。[28]而另一方面,在相互了解的网络中,个体身份和成员身份的特殊化符号具有更大的稳定性。这并不意味着它们是固定不变的;身份和声望是可以变化的,尤其是如果构成网络的特定个人之间的联系改变,并且如果网络在关联形式更丰富与更稀疏之间转变时,就更是如此。成员身份和声誉的这些变化在职业与商业关系领域中尤其重要;事实上,正是这些转变构成了职业生涯。

9·11事件中团结符号的创造

个人成员身份纽带与陌生人群的非个人符号之间的对比,在一个事件中可以观察得十分清楚:世界贸易中心大厦在 2001 年 9 月 11 日被攻击倒塌。这一实例也表明了符号的动态性与突发性、符号传播的更深远层次,以及一旦被创造出来即被应用的性质。

我的分析以9·11事件的纪录片为基础，片中有事件过程中现场消防队员和街头人群的镜头（Naudet and Naudet 2002）。

运用IR理论，很显然，对于在双子塔中或其附近的陌生人群而言，不是被毁的大厦本身成为了群体团结的符号，而消防队员成为了他们的符号；而对消防队员来说，被毁的大厦则成为他们的符号。让我们看一看这一切是如何发生的。

录像显示了在第一架飞机撞击大厦的瞬间和大厦倒塌时街上行人的表现。原来没有关注焦点的人群变成为一组或几组有关注焦点的人群——不是特别稠密，但是由十人或二十人组成的一群群人同时出现在屏幕上。浓烟吸引了他们的注意，他们盯着同一个方向，发出惊叫，更紧密地靠在一起。他们最初所表现的情绪是诧异、惊奇、逐渐增加的震惊感。除共同的焦点之外，街头人群并没有太多的互动或会话。从戈夫曼式纽带标志的缺失来看，似乎只是因共同的事件将一群相互陌生的人聚集到一起。最初，他们只是被动的旁观者。后来，随着残骸遍布空中和建筑物开始倒塌，他们四处逃跑；他们的行动在人群中进一步蔓延；我们看到各处的人们沿着街道飞奔。离大厦最近的，或从建筑物中出来的许多人，都是目瞪口呆、不知所措的表情。

该录像的大部分内容，并未显示出强烈表现的和社会沟通性的情感。甚至没有更多的恐惧表情。录像中有其中一座大厦的一些工作人员的场景，他们从楼梯上走下来，穿过通向出口的大厅；他们看上去平静而有序，没有恐慌、混乱或拥挤。似乎人群的井然秩序稳定了传染性的情绪，并降低了恐慌的出现。（这是根据威廉·詹姆斯的情感理论得出的：奔跑使人恐慌，而一群人奔跑会使其成员更加恐慌。)

90　　录像影片中唯一的恐惧表情偶尔会浮现在街道行人的脸上。仔细观察这些例子我们发现，这些都是身体彼此分离的个体，并不是那些紧紧靠在一起、相互交谈的人，而是身体分散在人群的边缘或分布在街道上比较稀疏的某一部分人群中。

　　比较一下我们在不同场合所看到的消防队员，如以前在消防站的常规行动中、在去往大厦途中的消防车上、在大厦的大厅中，以及最后返回到消防站的他们。影片中的消防队员并没有表现出明显的恐惧表情。他们也没有表现出作为特殊情感的"勇敢"的表情；这只是在事件之后对其行为所做的解释。消防队员依据正常的程序，从事自己的工作。这是使其摆脱恐惧的原因，因为这让他们有事可做，而无法逃跑；而且他们正集体从事这项工作。在这个例子中，他们也没有意识到，至少最初并没有意识到，所发生的事情会有异乎寻常的危险；也就是说，其中一个特别的困难是，大楼的第70层发生火灾，电梯也停止了工作，所以他们不得不爬楼梯接近火灾现场。但是，接近大火并且扑灭它，只是他们的正常工

91 作。现场指挥部（录像中大多数消防队员所处的地方）没有任何迹象表明，任何人会想到大楼有倒塌的危险，因为大火只是发生在很高的上层。甚至在灯光熄灭、电流关闭、残骸开始坠落，指挥官命令消防队员撤离之后，指挥官仍然平静地看着退出，没有匆忙，也没有惊慌。

　　也许有人会提出，消防队员在从事这类工作方面——面对大楼的火灾——是训练有素、富有经验的；建筑物一定偶尔会有坍塌的危险，但这似乎是遥不可及的事情。也许通常会考虑到灼伤或

图 2-6 成为英雄符号的纽约市消防队员(2001 年 9 月 14 日)。

图 2-7 第一座大厦倒塌时从世贸中心区逃跑到街道上的人群（2001 年 9 月 11 日）。

窒息的危险，但这些都是正常的危险，而且世贸中心建筑庞大的体积并未给他们带来任何不同的主观体验。但是，需要强调的是，"训练有素"本身并不能保证人们在压力情境下的表现；大量的证据表明，警察与军队的训练并不能防止相当多的战士在战场上由于恐惧而畏缩不前，或防止警察疯狂地、不适当地射击（Keegan 1977；Collins 即将出版的著作）。

"训练"并不是简单的学习问题；它首先是建立起群体的身份，在群体中集体性地完成技巧。保持集体身份是一种持续的活动，是一种 IR 链；而且这正是我们从消防队员的录像中所看到的。

第二章　相互关注/情感连带模型

"勇气"是局外人认为消防队员所具有的,它是钱布利斯(Chambliss 1989)所谓的"卓越的平凡性"的一种形式——它是指精英职业成员的一种意识,即其所处的情境,如果不是对于局外人而是对于他们自己而言,是很常规的情形,他们在其中通过全身心地发挥技能,不为其他任何事情分散注意力,而完成其他人所不能完成的工作。在这个例子中,他们没有为恐惧而分心;他们集体的关注焦点与其工作惯例将恐惧排除于他们的主要体验之外。IR理论可更进一步,认为卓越的平凡性是以群体参与、集体的关注焦点与情感为基础的,使彼此保持平静,并专注于常规的任务。在压力之下集体从事工作是其结果,而且它会反馈于群体的身份与团结。

录像中的大量迹象表明,消防队员在袭击事件前后均表现出高度的团结。在去往世贸中心大厦之前,制片人拍摄了该群体为期一个月的日常活动。他们集中对新试用的消防队员加入群体的训导,消防队员经历了一些适度磨炼的仪式,例如在消防站做一些单调枯燥的工作,并且当他们期待着第一次真正参与大楼的救火工作时,受到富有经验的队员的鼓舞。录像也显示了每天工作结束时群体的团结,他们返回消防站,互相拥抱,热烈地庆祝彼此能够活着回来。从后续的镜头中我们看到,消防队员把消防站看做自己的家;救灾之后他们更乐意返回这里聚在一起,而不是回到各自的家中。

与街道的人群相比,消防队员是一个高度专注、高度团结的群体,在共同完成困难任务的过程中引发出情感力量——不是炫耀的热情,而是EE的一种平静形式;而此时缺少关注焦点、缺乏团结的人群则表现出震惊,以及在少量的人群中的恐惧。消防队员已经具有的团结,通过在灾难中共同的工作经历得以再循环和增强,这恰是街道人群所缺乏的,后者没有事先的身份,只有对所看到的着火而后坍塌的大楼的短暂关注。他们缺乏社会的强烈支持,也缺乏动力去做出任何带有集体意义的事情。

然而,人群仍具备许多自然互动仪式的要素:身体聚集、相互关注的焦点、共享的情感。为何人群中的个体无法将共有的震惊与恐惧转化为团结呢?仪式是情感的转化器,能将消极情感转化为积极情感。人群中的成员都关注着正在燃烧与坍塌的大厦;为何大厦没有成为成员身份的符号呢?大厦代表了非常消极的体验,但它本身并非成为群体符号的障碍。基督教的符号十字架,是一个极端消极事件的象征——耶稣被钉死在十字架上;它是在遭受了磨难的献祭仪式之后更加强大、取得胜利的符号。事实上,许多类似的事情在9·11大灾难之后浮现出来,在随后的几天和数月中,国民团结空前高涨。大厦燃烧与坍塌的画面在时间上只是一个短暂的事件,但在随后的几小时与几天中,它在电视与新闻影片中被录制,并重复播放。这一画面可以用来转化为符号,但是它没有——至少对于目击人群,包括那些当时在附近,以及通过大众媒体看到这一画面的人们而言,它并未实现这一转化。

在结构上来说,街道人群没有办法重新集结,共同形成一个群体。除了那些亲眼目击了灾难的人们,他们没有群体身份。然而,它本身也是一个群体,有模糊的界限,它的构成包括大厦里面的人、在附近街道上对所发生的事情有不同了解程度的人,以及进一步包括那些通过大众媒体观看或收听到该事件的人,或者在该事件披露之前通过道听途说而了解情况的人。这一群体从未明确为一种身份。所能确定的是双重身份,其一是"纽约人"——一种包括该城市中每一个人的成员身份,即使其中大多数人并不比该城市之外的人更关注这一灾难;其二是"美国人",作为攻击目标的国家单位。因此,在接下来的几天和几个星期里,人们开始展示兼有这两种身份的符号:帽子、T恤衫、有关纽约的其他标志,以及美国的旗帜。最重要的,将这些符号联系在一起的,是该事件主要的新兴符号:作为团结与勇气象征的消防队员。

不过,录像显示,消防队员无法按照旁观人群,以及后来的敬慕者的方式看待自己。在消防队员的自我认识中,他们失败了:他们并没有接近大火,也没有扑灭它,更没有从大火中抢救出任何人员。当他们返回消防站时,经过互相致意恢复了团结,但并没有胜利的感觉。坍塌的大楼对他们而言,是强烈的关注焦点;一个使其撤退的负面符号。他们表现出强烈的重回废墟的愿望,开始挖掘碎石寻找幸存者,他们有一种完成某项任务的使命感。他们通过在灾难中的工作,以试图控制灾难的符号方式,确定了其群体的身份。

挖掘废墟,在很大程度上是一种仪式性行动。在破坏范围之内,几乎没有发现任何人生还的可能性。尽管这是一种幻想,并且经历这些情绪波动,行动本身使希望延续。录像显示了他们在挖掘废墟喊出"安静"时,集体注意力在瞬间得以增强;从表面看来,这是为了听见可能的幸存者,但它起到了集中群体注意力,赋予其更多集体能量的作用。起初他们迅速地移走破碎物,但在后来的片段中他们渐渐放慢了速度。最初的情感渐渐消失了。尽管如此,七个半星期以后(《纽约时报》,2001年11月3日),当出于更现实与实用的考虑，市长办公室宣布坍塌废墟停止消防队员自发、自愿的活动，以便重型机械清理时，在消防队员与强制执行终止命令的警察之间发生了一场情感的斗争。消防队员将坍塌废墟视作属于自己的圣地，当他们被排除在外时，做出强烈的愤慨反应。

两种仪式性行动发生在9·11事件中，一种经过运转成为另一种的符号素材。消防队员已经具备仪式团结与群体身份；但他们在社会地位上，甚至或许是在职业尊严感上遭受了挫折；所以他们把被毁的大楼当作为确定其集体参与的象征地点。他们的仪式就是返回坍塌废墟，寻找遇难尸体；因为该废墟毫无疑问只属于他们——他们是唯一被允许留在此处的人员——这强烈地肯定了他们居于该事件核心与情感中心的独有身份。

被动的目击人群，或是附近的，或是距离较远的，没有强烈的确立身份的组织基础；但其注意力从最初的关注点——大厦，转移到了消防队员及其符号行为上来。在倒塌后的几小时与前几天中，当消防队员从挖掘现场返回时，受到在街道两旁挥舞着美国国旗的人群列队欢迎。这些画面被媒体剪辑出来广泛传播，成为全国范围的符号。在录像中，消防队员说他们没有觉得自己像英雄——因为他们并没有做什么事情，也没有完成任何事情，事实上他们的工作是失败的。从其内心而言，在其主观体验上，他们对自己来说不是符号；他们视作符号的是自己身外的某种东西，是坍塌的大厦。[29]

另一层次的社会现实是旁观者的体验。在将消防队员理解为英雄的过程中，人群关注的是那些有突出的情感能量、信心和目标的人；他们把这些人作为自己面对灾难时的集体团结的象征；通过

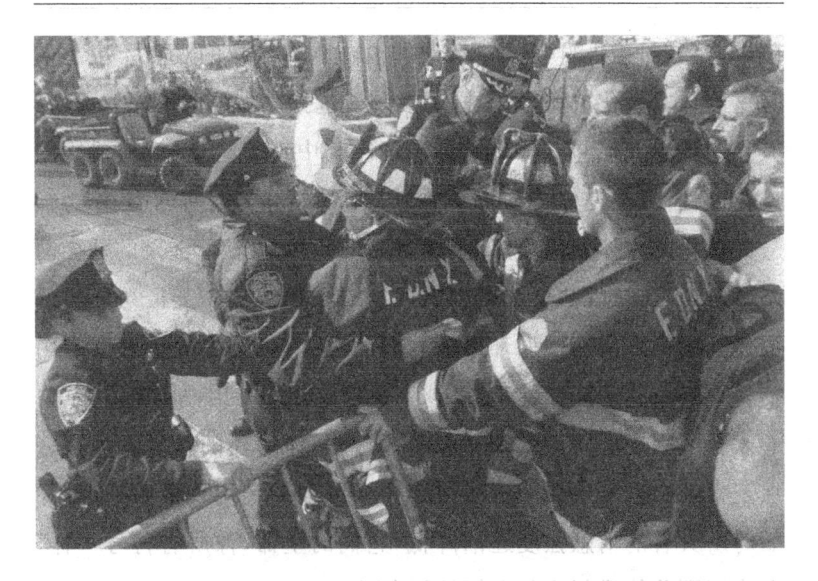

图2-8 纽约市的消防队员与警察关于是否有权进入世贸中心废墟的问题发生对抗。消防队员为产生符号效应而身着全副装备,虽然在以前的救援工作中他们身穿的是临时的工作服(2001年11月2日)。

用欢呼声而参与了他们的行动。他们也将几个符号标志联系在一起:美国国旗、纽约市的标志物,[30] 以及消防队员。这些符号在接下来的几周和几个月里被不断地放在一起,如在规模浩大的集会上展现:不仅在警察的集会上,也在运动会、音乐会上展现。在这一点上,符号在自我强化的 IRs 链中传播循环;充满情感的符号的存在,在记忆中历久弥新,激发并推动着创造新的仪式集会;人群在这些仪式中的关注焦点为符号再次补充了能量,从而恢复了情感,使其为下一回合的使用做了准备。

这些纪录片以及后续的事件报道,共同证明了 IRs 短期与长期效应的连续层次性。我们可以通过两种有利的视角观察到原初的体验,即目击人群和参与行动的消防队员各自的观点。接下来是这些体验转化成符号;不同的参与者选择其见证的不同方面,将其作为情感回忆与群体团结的象征。其中首先是短暂的、情境的主体间性;其次是体验在另一种层序上的延续与重新创造,作为符号具体化的主体间性。然而,时间更久远,而且在所涉及的社会网络中距离更遥远的,是用新创造的符号在那些淡忘了最初体验的人之间的第二层序的循环。随着时间的久远,符号的反思性应用变得更加有人为设计性,越来越被呈现仪式的实用性所掩盖,日益卷入自我展现的政治活动和派系较量中,作为新的符号沉积在一层正常社会惯例中的旧符号之上。在更大的应用背景中,符号开始时所具有的情感强度逐渐降低,它们的生命,像所有符号一样,取决于那些能重新唤起它们的集会强度。

分解符号的规则

世界充满了符号。某些符号是我们自己的,对我们具有不同程度的意义。某些符号是其他群体的标志,在与敌人或不信任的局外人之间划出了清晰界线,或在可感觉到的向上或向下的等级中区分开来。另一些符号只是短暂的或模糊的。我们被大量的符号与群体身份所包围,有些是活生生的,有些则即将消失或已经消失;有些虽仍存在,但其意义对于处在特定场所中的我们而言已没有了,因为我们无法贴近而感觉到它们所要传达的意义。

根据表面价值来衡量符号,正如我们从参与者的解释中理解它们的意义一样,是有误的。就像一个儿童认为"你好吗"就是询问对方的健康信息一样是天真的；或者一个笨拙的少年将"事情进行得怎么样"当作需要有一个肯定的回答，而不是看做试图发现一个聊天的话题。如果我们认为宗教符号完全可以自我解释，就像援引它们的人们所做的那样，那么我们的情况与以上的就没有任何区别。

位于新几内亚高地贝里姆（Baliem）山谷的部落拒绝在夜晚作战，因为他们认为天黑之后死者魂灵会出现，所以必须待在自己的棚屋中（Garner 1962）。但是这仅仅是根据该部落正常的惯例背景所做的勉强解释。该部落总是与其边疆的邻近部落纠缠于掠夺与精心部署的战争所引发的长期争斗中，以许多方式来限制战争的数量。有时一个死者或重伤就能够结束战争，然后他们返回村里开始举行仪式。即使无人受伤，他们也会默许在一天的战斗中有一段休息暂停的时间；下雨时也会取消战斗，以免有损他们的战争装扮；敌人举行葬礼或庆祝仪式时，他们也不会发动攻击。死者魂灵，被他们用于解释为何在夜晚不能作战，只是在特定的时间与地点限制战斗的众多常规性协定与理由中的一部分。部落准备战斗时的集会是群体最强烈与最重要的成员身份仪式，由此产生的和相关的其他符号表现得以形成与维持。被认为夜晚出现的魂灵占有符号世界中的一部分，新近被敌人杀死的人的魂灵也不例外，部落文化认为这个不安宁的魂灵会强迫战士重返战场为其复仇。更简单的说法是：他们的战斗是作为一系列通过仇恨不断确立成员身份的仪式而链接在一起的；他们的宗教符号让人们在每一次战争中会体验到此情感，尤其是有人阵亡时的情感高峰，可以用来唤起仪式链中的下一次仪式。

当代的证据肯定了宗教信仰对社会互动的依赖性（Stack and Bainbridge 1985）。参加宗教仪式的人们在加入之前，对仪式的信仰既不是特别熟悉，也不是非常专注。他们最初被它所吸引是由于朋友、亲戚或熟人的带领。当他们参加宗教仪式活动时，信仰逐渐产生了。另外在主要的教堂，对教义最忠诚的人是那些其最亲密的朋友也是信仰者的人；社会关系带来了仪式的参与，后者又带来了信仰。而且那些在宗教仪式或教堂中缺乏亲密联系的人往往从中退出，他们的信仰也会逐渐衰退。

借助一种文化项目的内容可以让我们了解到关于社会情境链中某些认知方面的描述。文化框架和对行动的自有辩护至多是对它的特定解释。他们为什么会这样做？因为他们说了什么；或者由于这是人们在世界的某一部分处理事情的方式。这也许可以接近于解释，但却不是社会学理论的最终支点。

为了支持文化分析方法，加芬克尔（1967）关于人不是一个"评判的白痴"的观点经常被引用。如果用于表示人不只是由周围共享的文化规则所推动，那么这就十分准确了。但是如果宣称人们认识到了自己的行为，或甚至思想与情感的根源，那么它一定是错误的。我们通过日常生活流中特定的思维与情境的情感引力与斥力而采取行动；我们很少对此反思，而且即使反思，我们的评价也经常很不确切。

社会行动存在大量无意识的要素。之所以是无意识的，正是由于我们把注意力集中在集体的行动目标，或由此产生的符号上，从而使注意力偏离了我们这样做时被连带的社会过程。可以肯定，在特定的情形下，我们可以转为观察者，从我们不曾反思地嵌入其中的社会行动中提取注意的对象。但这使我们置于另一种情境中，我们成为第二层序的观察者，而不再是行动者了。[31] 行动本身总是会降低反思性，而且产生了对此时此刻受到充分关注的符号或符号性对象的看法。

因此我总结出一些分解符号的规则。如果我们能从互动仪式开始，进一步证明互动的强度与焦点如何产生应用于后续互动中的符号，那么社会学研究将会做得更好。但是我们处在符号已经形成的时代。我们如何去解释其社会意义呢？

首先，判断该项目具有多强的符号性。它是否被作为神圣物，远离日常生活领域，而受到尊崇？它是否被赋予一个在空间上隔离的地带，一个只有特别留意才能接近的特殊的地位？有没有关于谁可以接近以及谁被排除在外的资格条件？它是否受到情感的、强烈的和自我正当性的维护？反过来，它是否会吸引激烈的攻击者，其攻击也自以为是正当的？它是否被当作比个人价值更多的项目，声称具有或应该具有广泛共享的价值？是否被认为与纯功利价值不一致？积极或消极的符号也同样拥有这种宣称所具有的深远价值的特征；特别是那些对某些人具有积极意义，而对另一些人则有消极意义的符号，具有丰富含义。

我们的分析通常关注在这些方面具有最丰富意义的那些符号。但是我们也要注意那些看起来是过去的符号、被忽视的圣地、曾经繁华而现在衰落的象征物的遗迹，比如公园里的纪念碑，布满了鸽子粪，或由于涂鸦，即一种标志覆盖了另一种标志，而遭到了破损。

接下来，让我们尽可能最好地重构围绕该象征的是什么样的

IRs。谁以什么频率或计划进行召集,人数是多少？表达了何种情感,关注了何种行动,产生了什么强度的集体兴奋？个体参与者被赋予了多少情感能量,是什么激励他们这样做？参与的障碍是什么,谁与谁通过仪式区分开来？由此看出谁的地位更高一些？

我们试图将围绕符号的仪式性参与的历史结合在一起,这些符号或是今天我们所看到仍然存在的,或是在我们通常很少接近的社会互动的远处矗立着。有时这会成为历史重构的理想物；如果需要,它会成为臆测的历史,因为相比将这些符号视为独立的而且不受社会进程的影响,甚至谁从事了什么仪式活动的假设也可以更好地指导符号意义的概念化。大部分情况下,除了讨论久远的历史,作为研究者,我们所处的境况是比较好的,而且分解符号的规则也成为研究纲领的指导。

更进一步来讲,我们的任务并不止于重构那些在仪式最高潮、最大强度时的重要瞬间。我们也关注符号在第二层序循环的轨迹。谁将符号标志（包括其口头的表达与其他标志的标志）应用在超出了仪式参与者群体的实际聚集之外的其他互动仪式情境中？这些符号循环的情境范围是多大？它们是否成为熟人之间交谈的话题；成为涉及其他公众典礼的话题；或成为与该仪式实践的反对者争论的话题？简而言之,我们具有一个生动的仪式与充满意义的符号的主要领域；而在次一级的领域中,符号在构成相关社会网络的 IRs 中循环,无论是作为积极或消极的象征,还是只被反思性地作为新闻、闲聊或声誉的对象。它们成为身在远处其他地方的群体的代表。

最后,再进一步,是符号循环的第三层序：个体单独时,即其他人不在场的情况下如何利用符号。他们是否身体带有与其相关的符号,或独自接近它们,就像佩戴标志或朝拜圣地的宗教人士一样?最私密层次的循环存在于个人的头脑中,在构成思维的内心会话中,在构成内在自我的想象中。这第三层序的符号循环相比第二层序更难获得;但是在此我们也可列出来,因为我正在设计一个宏大的计划,是以仪式与符号生命的社会学为目标的理想,即使以当前的研究状态可能很难达到。我们也可以说这是梦想的社会学,而且事实上,它的确包含了梦想社会学。因为如果梦以图像出现,那么这些图像就是把第一层序与第二层序社会互动的符号循环内在化了,或者是被内化的片段的合成,也可能是来自头脑清醒时的思维。让我们千方百计完成这一抱负:一种完整的符号循环的社会学将不仅是关于人类外在生活,而且也是关于内在生活的社会学。此研究任务将继续下去,从我们应掌握哪些关于有意义的符号公开存在的证据,到补充越来越多的有关它们如何形成与循环的历史资料。

让我们以一个简短的例证来结尾:在20世纪后期的美国,平民手中的枪支成为公众广泛注意的目标。许多支持者对待枪支的态度,就像我们根据上述的标准,将其视为符号性的对象一样——也就是说,作为一种枪支崇拜。反对者则对此异常地消极,将其看做邪恶的标志。无论哪一方,都对枪支怀有特别的尊敬,赋予其特殊的地位。它们占据着醒目的位置:在卡车中的枪架上、家庭的展示柜中。反对者将其紧锁、按上保险栓、远离儿童的努力,恰恰进一步强调了它们的特殊性质,以及有机会接触它们的人的特殊地位。当然,这些对枪支的限制与身体隔离经常是出于有意识的实用目的,例如安全的目的;但是实用性的理由常常会掩盖枪支的符号应用,并且会增强而不是降低此应用。

有大量的话语致力于对枪支的辩护,以及对那些辩护的批评。支持拥有枪支,是因为拥有枪支是美国宪法赋予的权利;因为它们是美国人自由传统的一部分,代表了反对政府侵蚀权力的立场;因为它们被用于体育射击与狩猎;因为它们是防御罪犯的武器,是正义力量反对武装完备的邪恶力量的支撑。仪式社会学家不应停留于这些争论的表面意义。除了观点与实践本身存在的各种矛盾之外,[32]这并不是对援引上述理由的行为所做的社会学解释,尤其是在对已存在的实践进行公开辩护与讨论的情形下。相反,我们应该问的是,为何某些特殊的人相信这些理由,或者,他们在什么情况下会援引这些理由?他们是否是先有了这些信念,由此判定应该拥有枪支呢?或者是否先拥有了枪支——如果宗教信仰的实践可以作为线索的话,就是通过已拥有枪支的亲朋好友的介绍——然后再有了辩护的理由?

故我们必须要问的是,枪支持有者做了什么?他们的活动是否具有高度的仪式性,由此我们可以称之为枪支崇拜者(或实际上是不同枪支崇拜团体的成员)呢?枪支是不是群体聚集的关注焦点,被共享的情感所包围?我们在此可以调查分析发生于枪支展览、射击场,以及枪支经销商店中的主要仪式。让我们根据狩猎这一男性户外探险的特殊传统与程序,来研究它的仪式方面。在群体排外性与群体认同的连续统中位于中间位置的是枪支主题公园,用假武器进行想象练习(例如彩球射击场)。其中的大多数狂热分子属于准军事群体,并进行着战争训练。

我们还想研究枪支符号的第二层序循环。最老套的问题是：人们什么时候，与谁一起谈论枪支？[33] 拥有枪支（即那些参加主要枪支仪式的人）与不拥有枪支的人之间的谈话是否存在明显的鸿沟？符号循环中的进一步问题，是枪支的象征性表现在新闻、政治家演讲，当然还有大众娱乐媒体中被宣扬的方式。[34] 所有这些都可以再流通回拥有枪支的人们直接的会话圈之中，塑造并加强了他们对武器的情感共鸣。一般而言，我们可以想到激烈的公众讨论，关于枪支正反两面的政治辩论，将会强化双方的界线；外界的反对将促使枪支崇拜团体中更强烈的成员身份意识，或许会使一些老资格的猎人成为更强烈的将枪支作为符号标志的仪式支持者。[35]

最后，是第三层序的符号循环，它们是由个体独自、秘密使用的。其中一些在仪式活动中可以看到，是属于可被操纵的实际对象：人们消耗时间去手持、拆卸、清洁与组装、审视与欣赏的枪械。许多强烈潜心于枪支的个体花费很多闲暇时间重新装填弹药；大部分枪械展览展示的都是以尚未引爆的弹药重装废弃弹壳的装备和原料。其中也有某些功利性的因素，因为重装自己的弹药比买一支新的要便宜；枪支崇拜者在重装弹药上所花费的较长时间表明，这是对其成员身份的仪式确认，正如宗教崇拜者所从事的秘密祈祷，实际亲身接触神圣物，就像触摸念珠一样。

在符号循环最深的层序上，我们想要知道的是，谁会思考枪支，而且是在什么样的内心会话，或想象的情境中？这些思维情形嵌入在什么样的互动链中？这些内心的思考与想象的情节所带来的结果是什么？枪支的思考对于哪些人——哪种 IR 链——是熟悉的与无害的；而对于哪些内在与外在的互动链而言，枪支符号会再现于行动中？一个极端的例子可能是对持枪前往学校为所受的侮辱进行报复的一个青少年的担忧，他把此前在射击场中的训练变成了实际的行动。

这些是难以研究的问题，但从 IR 理论的角度来看，也并不是无法实现的。思想是第一层序与第二层序仪式符号的内在化；它们从发生在仪式链的每一瞬间变动中获得了情感能量，该链条形成了个体的人格。如果这一问题对 IR 链社会学而言十分困难，那么思维的社会学就是另一方面的问题。

许多日常生活中的符号体验并不像我在这里所勾画的一样富有戏剧性。但我们的目标始终是一致的：将互动仪式行动置于研究的核心，不管我们是否能够容易地观察到它，或者是否我们必须根据任何可能得到的线索去重构它。我们将在下面的篇章中看到这是如何完成的，包括第六章性符号与第八章中吸烟符号的形成，我们不仅可以观察到符号实践的创造，而且可以看到它们的兴衰。

第三章　情感能量与短暂情感

情感是 IRs 的核心组成要素与结果。现在到了更进一步地研究情感的时候了。这样做的益处在于强调情感社会学对宏观社会学理论的贡献。而且我们将会看到，通过迂回道路，宏观社会结构以及由此认为个体处于其中的情感负荷的观点，将会为我们提供一些关于人格差异的社会学理论的线索。

情感，毫无疑问在一般的社会学理论中占据至关重要的位置。当我们试图使社会学的概念更加精确而且更具有经验基础时，我们发现许多最重要的概念在很大程度上都依赖于情感过程。涂尔干提出了社会学的核心问题：什么因素使社会结合在一起？他的答案是产生道德团结的机制；而且我已经讨论过，这些机制是通过关注、强化与转换情感而发挥作用的。帕森斯的社会学，吸取了涂尔干理论中最具体化的、无行动者的一面，以同样的术语提出了其观点：社会是通过价值而结合在一起的。但是价值，就其存在而言（它们在多大程度，以及在什么情况下共享的问题仍然悬而未决）具有情感的认知。在社会学理论的冲突论一面，韦伯的核心概念也暗含了情感：作为稳定的权力基础的合法性、地位群体等级——由此导致的分层遍及日常生活，而宗教世界观刺激了某些关键时期的经济行动。当我们试图将这些概念中的任何一个转化为可观察的变量时,显然我们在讨论某些特定种类的情感。马克思与恩格斯或许是距离情感过程的理论化最远的:在他们的分析中,任何事情都是结构性的(甚至异化,对于马克思而言也是本体论的关系,而不是心理学的范畴)。但是很明显,在马克思的阶级动员与阶级冲突的分析中,情感一定具有重要作用——不管是导致分裂的阶级无法动员起来的互不信任,还是统治阶级所具有的以及受压迫阶级只有在革命环境中才能获得的团结。在这些方面,马克思与恩格斯的冲突理论接近于涂尔干主题的动态观。

因此,情感社会学是以回答社会学的核心问题为目标的。什么因素将社会结合在一起——团结的"黏合剂"——以及什么动员了冲突——被动员的群体的能量——是情感;它也正是支持分层的力量——等级感,无论是支配性的、屈从附庸的还是充满愤恨的。如果我们能够解释什么情形使人们感受到这些不同的情感,那将会对核心的社会学理论产生重要的影响。当然,这样的一个理论还包括结构的部分,以及认知的部分;但其情感的部分将为我们提供一个现实理论所必需的——其动态机制。[1]

这些古典社会学理论都曾含蓄地涉及情感,但通常并未直接清晰地提到它们。这是因为我们的理论是宏观至上的,或至少在相当抽象与集体的层次上研究社会生活时是如此。我们被告知,某些称之为"合法性"和"价值"的东西,在日常情境的真实的人们上方的概念天空中飘浮着。如果我们尝试去进行社会学的微观转换——不是微观还原,而是为有关宏观时空维度中的真实互动的宏观概念提供基础——我们将会认识到情感过程的重要性。换言之,宏观概念的微观转换提出了情感的概念。

第三章 情感能量与短暂情感

在很大程度上,大多数微观理论也没有强调情感因素。米德与符号互动论者强调过程、突生性与认知;舒茨与现象学强调惯例与认知;交换理论强调行为与回报;预期状态理论也强调认知。情感当然可以被纳入这些理论中,但对于任何一个理论而言它都不是核心概念。[2] 另一方面,直到情感近来从社会学的一般问题中分离出来,在很大程度上被视为一个专门的领域,情感社会学才开始出现了萌芽。[3] 但是几个重要的微观社会学流派直到最近才开始将核心的情感微观动态机制作为一种社会过程——该过程将有利于揭开本章开始所提到的宏观社会学问题。

其中之一是加芬克尔的常人方法论。最初,它似乎在不同的层次上被关注。由于关心惯常现实的建构,以及它大量应用了现象学的抽象概念,故它看起来在本质上更像认知理论。西库雷尔(Cicourel 1973)甚至称自己的观点为"认知社会学"。尽管如此,我想指出,常人方法论仍然显示了情感在其中的核心地位。加芬克尔最重要的贡献在于说明了人类内在有限的认知能力,并且说明了人们通过一贯性地运用实践来建构惯常的社会秩序,以避免承认社会秩序实际是如何被任意组织在一起的。我们保持惯例,并不是由于我们信任它们,而是因为我们有意避免对它们的质疑。加芬克尔在其破例试验中非常戏剧性地证明了这一点,其中他迫使人们进入情境中,使之识别索引性(即他们依靠默默接受事情在语境中的含义)和反思性(论证某人的解释正当时,不断进行回溯)。有趣的是,试验对象的反应总是高度情绪化的。通常是一种情绪上的爆发:变得紧张不安和神经过敏、颤抖、表现出焦虑而且有时是震惊(Gafinkel 1967,44,221-226)。当他们建构了一个后来发现是错误的实在时,处于这样的情境中,他们有时会消沉、困惑或愤怒。简言之,当人们不得不承认他们是不由自主地建构着他们的社会世界,而且以一种任意的与惯常的方式,而不仅仅是对客观存在的世界做出反应时,他们会表现出强烈的消极情感。

加芬克尔的破例试验揭示了某些与涂尔干的世界非常相似的东西。在其例子中,惯常的社会实在是神圣物。加芬克尔的试验,亵渎了神圣物,导致了类似部落成员违背禁忌、基督教徒亵渎圣经,或爱国者玷污旗帜的结果。在涂尔干的理论中,道德情操是与神圣物联系在一起的。当这些神圣物遭到侵犯时,这一道德团结的积极情感会向消极情感转化,变成针对过失者的正当愤怒。加芬克尔试验中也正是如此:对违反日常认知惯例的人表现出愤怒。加芬克尔的策略与涂尔干的策略是相似的:即通过揭示当打破某一情况会出现相反的结果,而说明了维持社会事实的条件。涂尔干应用自杀和犯罪,来强调社会团结是它们的对立面;加芬克尔将该方法拓展到了整体现实的建构中。

认为常人方法论对情感缺乏明显的关注是一种误解。有人很可能会说日常生活现实的建构是一个情感过程,而且当社会现实遭到破坏时,维护现实的情感会以强烈的形式表现出来。不仅如此,加芬克尔已经表明,人类的认知是有局限性的;社会秩序无法建立在理性的、有意识的一致意见之上。涂尔干(1893/1964)持有相同的观点,不过是在批评功利主义的背景中。如果认知不能使社会聚合在一起,那么,是什么做到了这一点呢?加芬克尔倾向于将该问题放在认知实践的层面上讨论(主要是借鉴了舒茨的观点);但它是一种独特的认知形式——在缺乏更多认识的情况下如何设法成功的认知实践。常人方法论似乎具有某种支撑社会秩序的神秘的 X 因素,恰恰是索引性的概念阻止我们进一步探索。但让我们再开始一次冒险:撇开认知,把这种 X 因素看做是情感。

互动仪式理论提供了一幅情感在互动过程中如何转变的明细图画:仪式的开始伴随着情感要素(也许是全部类型的情感);它们增强了情感,变成了共有的兴奋,涂尔干称之为"集体兴奋";而后它们产生了作为结果的其他类型的情感(特别是道德团结,有时是诸如愤怒这类攻击性的情感)。这使我们可以利用贯穿情境的情感流作为微观之间联系的关键因素,这种微观关联又进一步与宏观模型联结起来。这些 IR 链模型最重要的一点在于,从宏观的视角来看表现为分层。社会秩序产生于微观层面:也就是说,所有的情形,无论在短暂的情境还是局部的群体中,都完全可以按照阶层、种族、性别或其他可以相互划分的东西进行分层。互动仪式产生了道德团结性,但这种结果在人群中是变化的、不连续的。如果我们追随个体行动者从一个际遇到下一个际遇的话,那么我们就会看到其链条史——社会学家习惯上称之为他们在社会结构中的位置——具有情感与充满情感的认知,这些又成为接下来的际遇的组成要素。因此,就像互动仪式所做的一样,它增强、转化或减少了这些情感要素,从而使人们来自充满了情感结果的情境,这又进一步导致了下一情境所要发生的事情。[4] 接下来,我将要说明分层研究为我们提供了关于情感要素与结果如何形成的线索。分层理论有助于变化的情感的分布理论;情感的微观社会学也有助于分层模型。

分裂的情感与长期的情感，或激烈的情感与情感能量

我们所需做的第一步是拓展情感概念。通常的用法是将情感当作体验，它在大部分情况下都是突然的和激烈的。"不要这么情绪化"是根据这一概念而提醒的建议。众所周知的情感是最富戏剧性的：恐惧、惊骇、愤怒、尴尬以及高兴等等。某些人和某些文化被认为太"无情了"（如在20世纪后期对"祖先是盎格鲁－撒克逊人的白人新教徒"文化的毁谤）。但是，戈夫曼与加芬克尔迫使我们认识到，也存在平淡无奇的情感；它们是渗透在社会生活中的持久的、潜在的氛围或情感状态。例如，加芬克尔的惯常现实，是以感受为特征的——我强调这是一种感受而不是明确的认知——"这里没有发生什么不同寻常的事情"。从行动者的角度而言，这是一种无趣味的情感；但是如果加芬克尔是正确的，那么就是有相当多的工作产生了平常性的感觉，而且，使我们自己无法觉察到这类工作本身。惯常现实就是成员的成就。

在戈夫曼和涂尔干看来，日常生活的持久的感觉更加明显。这些理论强调团结，成员身份感，以及在戈夫曼来说的某人的自我感。如果事情进展顺利，就会有平稳持续的感情；尽管在某些重要的情形中，可能会产生"高昂的"感受，或者"低沉的"、压抑的气氛。团结感、道德情操、将自己融入情境的热情，或相伴随的热情，以及另一方面的消沉、疏离、尴尬——这些都被认为是持久的情感类型。加芬克尔的惯常性仅仅是处于加减尺度中间的一般的情感

第三章 情感能量与短暂情感

属性。

我的目的并非要参与术语的争论。按照刚才所讨论的关于激烈的或分裂性情感的方式来定义情感，对我们而言是无用的。无论我们称呼它们什么，我们也必须能够讨论长期的情感状态，甚至包括某些非常宁静、平稳，以至无人觉察的情感状态。在理论术语上，它是最重要的持久的情感（我把它作为情感能量进行讨论，EE）。但是，我也将试图说明，激烈的、短期的情感相对于长期情感的背景而言是很容易解释的。

事实上，研究者都承认，在所有的社会中均可以发现四种情感，而且或许可以认为它们是基本情感（关于这方面的研究概述，参见 Turner 2002，68-79）。这四种情感是愤怒、恐惧、喜悦、悲伤/沮丧。哺乳动物与人类共同拥有恐惧和愤怒的基本情感。对人类而言，这些情感的生理基础在扁桃腺，它是大脑早期进化的一部分。然而，喜悦则并不以特定的大脑区域为基础，而是延伸出来，不仅来自原始的扁桃腺，而且还来自较晚进化的大脑皮层和皮层下的区域；也就是说，喜悦的生理基础很广泛，包括大脑中涉及人类的符号功能的主要区域。悲伤也是如此，它没有对应的明显特定的大脑区域；它在生理上，是通过神经传递素的失败，以及内分泌系统中荷尔蒙的流动而出现的。

喜悦与悲伤可以用多种术语来表达：高兴、兴高采烈、热情、兴奋——与其相对的是沮丧、阴郁和消沉。这些是与基本的心理-生理模型相联系的，我将称之为高的情感能量与低的情感能量。从 IR 理论的观点来看，这两种情感在大脑中缺乏特定的区域并不令人奇怪。它们是特别的情感与认知的人为混合，意味着大脑认知区域的整体运行。高与低的情感能量来自于交流姿态和情感节奏的连带，这些对于人类的主体间性而言是独特的；从个体的角度来讲，它们共同紧密地编织成人类的自我。因此从更狭隘的观点来看，可能会被认为是高兴的表现——作为一个短暂的情感体验——是作为持续时间与强度等级不同的情感能量的长期状态而延续的。EE 提供了能量，并不只是为了身体的活动（例如在极度高兴的时刻情感的公开爆发），而首先是为了在社会互动中采取主动的行动，投入热情，引导建立情感连带的水平。同样地，当悲伤或消沉是长期的情感状态时，它们就成为一种动机力量，降低了活跃的程度，不仅带来身体的倦怠和退缩（其极端是无法清醒），而且使社会互动变得被动、拖沓和敷衍了事。

在 IR 理论中，情感能量是由充满了情感性情境的符号所传递的，它跨越了不同的情境。所以 EE 是人类利用符号进行谈话和思考时符号唤起的核心部分。生理学的研究发现进一步支持了 IR 理论："高兴"作为狭义的短期体验，EE 作为广义的长期状态，都不是来自冲动的大脑的特定部分，而是大脑的认知与情感功能的全面活动。同样，"悲伤"，从广义与长期的角度即为低的 EE，是整个神经内分泌系统功能的总体降低。说符号承载着 EE，这不仅是一种比喻。生理学支持了社会学观点。[5]

互动仪式作为情感的变压器

互动仪式的基本模型在第二章中的相互关注/情感连带模型中已详细说明了。让我们来看一下情感在该模型中所具有的一切情况。

其中一个启动要素是参与者分享共同的情感状态。开始时表现出哪一种情感并不重要。这些感受也许是愤怒、友爱、热情、恐惧、悲哀，或者许多其他的情感。该模型假定在场的人们中间存在一种情绪感染力：因为他们都集中关注于同一件事情，并且相互意识到对方的焦点，所以他们开始被彼此的感情所吸引。结果，情感状态变得越来越强烈，也更有支配性；而相反的感受被主要的群体感受驱散了。在极微观的层次上，它们通过生理上有节奏的连带过程而发生。也就是说，活动与情感具有自己的微观节奏，即发生时的步调。当互动的焦点变得逐渐协调一致，参与者预期到彼此的节奏后，就会赶上"事态的步调"。参与者在葬礼中会感到更悲伤，看喜剧表演时作为有回应的观众的一部分觉得更滑稽，在聚会过程中感到更欢娱，当会话节奏确立时变得更加全神贯注。所有这些都是"集体兴奋"的形式——即使有喜悦兴奋的成分，而更一般的情形是在情感连带过程中高度的专注，无论这种情感可能是什么。

互动仪式中成功建立起情感协调的结果就是产生了团结感。作为 IR 要素的情感是短暂的；然而产出的结果则是长期的情感，一种对此时聚集起来的群体的依恋感。因此在殡葬仪式上，短期的情感是悲伤，但葬礼主要的"仪式工作"是产生（或恢复）群体团结。聚会中的情感要素或许是友谊或幽默；长期的结果却是地位群体成员感。

我将这些长期的结果称为"情感能量"（EE）。它是一个连续统，从高端的自信、热情、自我感觉良好；到中间平淡的常态；再到末端的消沉、缺乏主动性与消极的自我感觉。情感能量类似心理学中"驱力"的概念,但具有特殊的社会取向。高度的情感能量是一种对社会互动充满自信与热情的感受。它是个人所拥有的大量涂尔干所言的对于群体的仪式团结。一个人会从参与群体的互动中得到充分的情感力量。这使其不仅成为群体的热情支持者,而且成为其中的领导者。一个人如果对群体感觉良好,并且能够成为有能量的领导者,当群体聚集在一起时就能激起具有感染力的情感。

相反的情形是在情感能量连续统的低端。较低的情感能量是缺乏涂尔干所言的团结。一个人不为群体所吸引;为其感到疲惫不堪或消沉沮丧;想要躲避。个体在群体中找不到良好的自我。并且不是依恋群体的目标与符号,而是要疏远它们。

这不是"情感"术语的通常用法,常识范畴难以领会 EE 最根本的是情感。民间概念通常只有在出现戏剧性的转变,即正常的社会能量流遭到破坏时,才会指向情感。我们很有可能忽略 EE 的中间层次,在该层次中趋向社会情境的能量流使一切事情能够正常进行,从而被认为是理所应当的。然而没有这种情感能量的流动,社会互动就不会发生。

除了团结和热情具有上下、高低之分外,情感能量还有更多可区分的变化形式。我们将会看到分层的两种主要维度(权力和地位),它们产生了特定属性的情感能量。但是,当我们考虑情感能量主要的、一般的层次时,我仍要再一次提及具有涂尔干意义的特征。情感能量不仅是鼓舞某些个体,压抑另一些个体。从群体的角度而言,它还有控制的属性。情感能量也是涂尔干(1912/1954)

所称的"道德情操":它包括何谓正确与错误感,以及道德和不道德感。充满情感能量的人会感到自己像好人;他们感觉自己所做的是正义的。情感能量低的人感觉很糟;尽管他们不一定将该感觉解释为负疚感或罪恶感(这将取决于宗教的或用以标明其感觉的其他文化认知),[6]但至少他们缺少认为自己道德高尚的感觉,而这些来自对群体仪式的热情参与。

道德团结感产生了利他主义与爱的具体行动;但也具有消极的一面。就像涂尔干所指出的,群体团结使个体渴望捍卫群体,维护群体的荣誉。这种团结感典型地集中于符号,即神圣物上(如部落的图腾标志、圣像、旗帜、结婚戒指)。一个人通过参与崇拜这些符号对象的仪式,表示对群体的尊敬;相反,不尊敬它们就可以迅速判断出非群体成员的身份。仪式群体的成员在特别强的压力下会继续尊敬其神圣符号。如果他们不这样做,忠诚的群体成员会感到震惊与愤慨:他们的正义会自动转化成正当的愤怒。因此,违背仪式会导致对异教徒、替罪羊以及其他被驱逐者的迫害。这类事件也清晰地揭示了情感通过仪式的另一种转换:从特定的主动情感到它们在集体兴奋中的强化;从集体兴奋到包含在个体对符号依恋中的情感能量;再从符号尊敬到正当愤怒。

这些情感转化的微观社会学的详细证据可以在舍夫以及他人(Scheff 1990;Scheff and Retzinger 1991;Samson 1997)的工作中得到。舍夫的理论模型建立在涂尔干理论的基础上,但强调了个体触及他们自我时的情感体验。舍夫认为,完好的社会关系纽带(从互动仪式的角度来看,这是成功地获得了 IR 的结果)赋予参与者自豪感;残缺的社会关系纽带(不成功的 IR)则导致羞耻感。

舍夫及其同事通过应用录像和录音研究了社会互动的细节（不仅包括家庭的互动，大部分来自婚姻咨询会）。自豪感与羞耻感可以用身体调整、眼神、说话的停顿或流畅、声音大小或情感的公开表露等模式来证明。这些数据表示了相互关注与情感连带在瞬间层次上的起伏变动。

舍夫进一步指出，羞耻感——被破坏的社会协调感——或者会立刻表现出来，被带入互动当作话题；或者被有意识的措辞上的考虑所绕过或平息。他认为，绕过的羞耻感，会转化成愤怒。这形成了一种不断失败的互动的循环；例如，已婚的夫妇或父母与孩子之间会通过打破互动仪式的和谐而羞辱对方，但是忽略了羞耻感；这在同样的际遇或以后的际遇中，会变为愤怒。情感的动态变化会在 IR 链中循环，因为每一次破坏协调的插曲都会产生更多的羞耻与愤怒，这些情感会在进一步的互动模式中表现出来。

被破坏的协调的消极影响也可以通过比较而了解，以此来证明协调的重要性。舍夫表明，涂尔干说的团结，在微观层次的情境际遇中，对个体具有高度的吸引力，而且使个体体验到自豪感，即满意的社会自我。团结的失败，到会话中协调性相互参与的微小方面，让人感觉深深的不安或受辱，舍夫将其称为羞耻感。在涂尔干式的模型中，破坏团结会导致正当愤怒反应；这也导致了另一种高度仪式化的互动，即惩罚仪式。涂尔干的犯罪理论（1895/1982）主张惩罚具有强化群体的符号理想遵从的效果，不管它是否能够成功地阻止违规者将来的违反行为。根据涂尔干的观点，实施犯罪惩罚并不是一种功利性行动，以强化对犯罪的控制，而是作为维护群体团结的一种仪式。舍夫表明，一种类似的动态机制通过个体的情感在起作用:破坏团结会导致愤怒;但愤怒的仪式性表达无法恢复疏离的关系中的团结,而是导致了下一轮的羞辱、愤怒与仪式性的报复。涂尔干将其分析停留在惩罚性仪式的发生上,并没有探究它与未来罪犯行为的关系。舍夫将涂尔干的模型扩展为一串链条,一种恶性循环。

不过,情感的转化还有另一种方式。失败的互动——导致羞辱的团结性的消失——会带来不同的结果。失败本身会成为互动的明显的关注焦点,互动中遭到羞辱或被侵犯的人会直接向作恶者表现出愤怒感;如果后者认识到这一点,社会团结会重新建立起来。这就是由犯罪学家布雷思韦特和其他人(Braithwaite 1989; Strange and Braithwaite 2000)所提供的"修复正义"模型。罪犯在群体集会中不仅面对受害者,还要面对双方社会网络的其他成员。这些际遇常常在调解对立的双方和减少重复犯罪方面取得显著成功。根据 IR 理论,这些调解圈之所以发挥作用,因为它们是高度的互动仪式;图 2-1 中的所有要素都表现出很高的强度。相互的关注焦点得到强化,其部分原因在于警官使罪犯注意到受害者的表现。初始的情感要素很高:强烈的羞耻感和愤怒感;这些感受得到共享和转化,因为这个圈子中的所有人都开始表达他们的观点和感受,然后汇集成共同的情感状态。结果就是罪犯遭到羞辱与仪式性的惩罚,但之后通过参与集体团结的群体情感重新整合到群体中。修复正义的群体是一个引人注意的例子,它说明了IR 是如何获得某一主题与初始的情感,然后转化为团结的。

分层的互动仪式

互动仪式的模型说明了互动的一般过程。就仪式可以是成功的或者是失败的而言,也就是说,根据实际出现的关注点与情绪感染力的多少,以及参与者由此变得多大程度上依恋于成员身份符号,IRs 本身是有变化的。由于这些变化,互动是分层的:某些人拥有通过仪式控制他人的权力,其他人则是被动的或抗拒的;某些人处于关注的中心,而另一些则处在边缘或被排除在外。这些属于权力和地位这两个维度。正如我们会看到的,人们在 IRs 中的位置是决定个体人格的主要因素。

权 力 仪 式

个体所拥有的资源是不平等的,所以某些人发号施令而另一些人则唯命是从,或更常见的是主导直接的互动,而权力通过将这些个体聚集在一起的所有因素,在微观互动层面上发挥作用。就其关注于相同的活动,并且意识到彼此的参与而言,这是一个互动仪式;而且它拥有共享的情感焦点,它是在仪式成功进行的时候建立起来的。(仪式不能成功进行,由回避或冲突而导致中止的可能性也总是存在着;不过让我们分别处理这些不同情况。)权力仪式的关注点是发布命令与服从命令本身的过程。正如许多组织研究表明的(尤其是非正式工作群体的经典研究,其中许多被戈夫曼[1959]用作经验研究的基础),命令的接受者并不一定执行管理者的命令；管理者也不总是期望他们会这样做，或者甚至不清楚他们想做什么。但是注意力的关键细节表明了对发布命令过程本身的尊敬。发布命令者负责戈夫曼所说的前台表演，他们在该过程中积极主动，而且如果成功，他们就维持了组织的命令链。正因为如此，发布命令的阶层具有戈夫曼意义上的"前台人格"，他们依恋于自己的前台角色。根据涂尔干的观点，命令的发布者通过在权力仪式中的支配作用而增强或维持了他们的情感能量，而他们的仪式态度使其自己忠于该组织的符号。他们的认识属于"官方"类型（参见柯林斯所总结的证据1975,62-87）。[7]

命令的接受者以另一种不同的方式参与这些仪式。他们被要求参加：或者迫于残酷的军事强制力（如在军队、监狱或封建/贵族社会中），或者出于更广泛的压力，例如薪金、罚款与特权，或由管理者、老师或其他有权威的人所提供的晋升机会。这种被迫接受命令的情境本身就令人疏远。但是服从权威的人们通常不能直接回避它；其反抗所发生的情境一般是在命令发布者直接的监督之外——例如，在戈夫曼说的后台，他们批评或嘲笑他们的上司，或者在其正常的工作程序中，他们漫不经心地应付。在这个意义上，命令接受者的阶层具有"后台人格"。

不过，命令的接受者被要求出现在发布命令的仪式中，而且被要求至少在此时表示出仪式性的赞成。他们与其上司互相承认彼此的地位，以及谁在仪式表演中采取主动。因此，权力仪式是涂尔干式互动仪式的一个不对称的变化形式。在这种情形下，命令发布过程中存在着一个关注焦点。但被唤起的情感受到制约；伴随命令发布者所要求的是一种尊敬的姿态。权力差异越是具有压迫性与极端性,情绪的感染力就越强。中世纪的农夫或被鞭打的孩子,强迫自己表现一种顺从的状态,或服从主人/父母/权威人物的意志。这是一种强迫的关注焦点;命令接受者不得不竭尽全力顺从命令发布者的想法。相反,命令发布者使用强制力,恰恰会感觉到对下属想法的控制,"打掉他们的意志"。[8]发布命令时如果缺少强制性,相应地就会减少其有力的仪式效果。

根据这一理论,一个成功的命令发布仪式会强制性地产生强烈的相互关注,形成情境主导的情感状态。但它是一种极为混杂的情感。在双方都成功地进行角色扮演来说(而这是任何成功仪式的核心),命令发布者会感觉到自己的支配情感,命令接受者则会体验到自己的弱势。另一方面,命令接受者本身的两种情感也混杂在一起,一种是自己消极的情感——软弱/消沉、恐惧,另一种则是支配性的情感,它是强烈的情感能量、统治力量、愤怒。这就解释了为什么受到严重压制的人(集中营中的囚犯、海军陆战队的新兵和被鞭打的儿童)往往在同一程度上认为自己是侵犯者,并且将来一旦有可能就会扮演侵犯者的角色:他们具有恐惧和愤怒的复杂情感,尽管在接受命令的情境中恐惧的一面占据了主导。相反,运用极端强制力的命令发布者获得了虐待狂的人格,因为继续进行这一角色扮演,导致了愤怒/支配性的情感与其从下属中所唤起的恐惧与被动性的情感混合在一起。因此短暂的、情境支配的情感体验,带来了长期的情感风格,这就是术语"人格"含义的大部分内容。

权力仪式产生了复杂的情感。命令发布者与接受者分享着支配/愤怒/恐惧/服从的混合情感,但各种情感在其中所占的比例非常不同。通过分析，我们认为，相对于地位仪式，权力仪式似乎不能有效地为处于优势地位的个体带来大量的 EE；另一方面，对于下属来说，权力仪式则具有严重的情感后果。行使发号施令的权力会增加一个人的 EE，这与该权力同时成为情感连带情境中的注意中心是一致的，这种情感连带达到了明显的集体意识层次，这就是我所称的地位仪式：这种一致性的突出形式，包括战斗中的军官、比赛过程中的运动员教练，以及商业与职业活动中戏剧性不够强烈的场合，其中的参与者具有共同的强度。当权力仪式与地位仪式不相符时，行使权力的人通常不会体验到获得了许多 EE，而且尽力防止权力的持有者丧失 EE。然而，命令的接受者，一般会失去 EE，特别是权力仪式并没有带来团结的时候。

命令发布者与命令接受者也都有接受支配性符号的倾向，但是同样带有不同情感的混合。命令发布者将自己与该群体的神圣物相认同；他们把这些符号作为理想而尊敬，而且最重要的是，要求其他人向自己叩首臣服。这是统治阶层的保守主义，其自我指向的动机可以视为传统的支持者、法律和秩序的恢复者，以及异教徒和越轨者的正当铲除者。

另一方面，命令的接受者，对支配性符号的态度是很矛盾的。他们被这些符号所疏远，而且如果能够做到的话，他们会在私下轻蔑性地议论与思考这些符号。[9] 所以当代的劳工阶层通常都很敌视老板的商业理想，而且成群结队地嘲笑其监管者的言辞风格。可以这样说，这些符号成为了消极的神圣物；当反抗成为可能或者如果可能的话，突然获得解放的命令接受者会向他们以前不得不向其低头的符号进行报复。（在教育体制中没有前程机会的孩子，是学校里被迫的服从命令者,所以往往会直接针对那些屈服其名义的"神圣物",做出故意破坏和其他形式的"越轨行为",参见 Cohen 1955。)命令的接受者也有可能会迷信地崇拜支配性的符号;也就是说,如果他们深受压迫,没有机会逃脱,没有从控制者的监视中退出的后台,他们在所有的时刻都被迫仪式性地表现出对神圣物的崇拜。因此,"忠诚的奴仆"心态,体现在长期的仆人与农夫身上(在另外的背景下,体现在那些被父母管束极严的儿童中,他们不仅受到严格的控制,而且没有反抗的机会)。命令接受者的这两种态度——敌视与服从——的不同首先取决于生态结构:强制性控制是否持续不断,或是否允许侵占私人的后台空间。

我已经简要地概括了权力仪式中两种极端的参与者类型:命令的发布者与命令的接受者。但权力仪式是一个连续统。在两极之间还存在几种中间位置:命令的传达者,他们从其上级接受命令,然后传达给下级;这些人通常混合了命令发布者与命令接受者的特点,形成了一种狭隘、刻板的"科层人格"。

两极之间的另一种中间形式是:他们既不发布命令,也不接受命令,而是在平等的交换中与他人互动。在分析上,这是在权力维度中无权力的一个点;因此命令的发布者与命令的接受者的影响都是中性的。为了解释在这一中性的权力层次上、在相互平等的人之间的"水平"关系中会发生什么事情,我们必须转向地位维度来看。

地 位 仪 式

我所使用的"地位"一词，并不是表示所有形式的等级差别的一般术语，而是严格限定在属于或不属于的意义上。在际遇的微观层次上，地位就是包含或排除的维度。这也是一个连续统；在日常生活中，它是作为广受欢迎或不受欢迎而呈现出来的。

成员身份与非成员身份的相对性是可以分析的，因为根据地位成员身份，以及权力的不平等这两方面，任何个体（与任何互动）都是可以进行分类的。这就意味着每一个互动都会产生地位成员身份的效果和权力的效果，每一个个体都要在一个又一个的情境中受到这两种效果的影响。然而，如果该情境中没有命令的发布者与接受者，权力效果或许就是零；另一方面，在群体已经聚集而且某些成员身份感已经形成的情况下，即使最极端的发布命令的情境，也会有地位维度。

个体以什么方式区分其在地位群体中的参与呢？我们在此需要梳理四个方面。其中两个是微观情境本身以及个人在微观情境中所处位置的特征。另外两个是 IR 链中观层次的特征：当情境随时间的推移重复时，会发生什么。

首先，在微观层次上，我们必须要问，互动仪式如何才是成功的？换言之，它是否建立起了高度的集体兴奋，或是中度的，或根本几乎没有情感连带？仪式的强度越高，当前所产生的情感就越多，其长期的效应也会越大。因此，仪式强度充当了其他三个方面的仪式效果的增强器。

同样在微观层次上：当 IR 发生时，个体处于什么位置？这也存在一个连续统，从位于群体边缘的人，刚刚具有成员身份的人，刚刚参与的人；到靠近核心的人；而位于核心的是社交明星，他们总是最热情地投入仪式互动中。这些人就是涂尔干所说的最高程度的参与者，而且体验着最强的仪式成员身份的效果：情感能量、道德团结、对群体符号的信赖。在另一端，是涂尔干所说的非成员，他们没有获得情感能量，没有道德团结，而且没有对符号的信赖。这就是中心/外围参与的维度。

接下来，在中观层次上，互动仪式链把情境串在一起：人们花费在身体到场的时间比例是多少？这是社会密度的维度。在连续统的一端，个人总是出现在他人面前，处于他们的目光与监视下；这导致了高度的遵从，产生了自我的社会压力感，同时也有使其他人遵从的愿望。在连续统的另一端，个人有大量的隐私（他人不能侵犯的社会与身体空间；戈夫曼式的后台）或孤独感（其他人完全不在周围）。在这里，遵从的压力是很低的。社会密度是一个数量概念，是情境链条随时间的积聚。个体也许会偶尔出现在他人面前，或许甚至出现在高强度的 IRs 中，但其效果跟个体几乎总是出现在这样的情境中相比，是完全不同的。也就是说，具有高度隐私或孤独感（整体的社会密度较低）的人，也许会将这些偶尔较高的仪式强度片断当作通常意识的突然中断，或者视作美妙的或持久的经历，或者视作对其隐私不受欢迎的侵扰与威胁。其中个体有哪种反应取决于其另外的特征（他或她在权力维度中的边缘/中心地位与位置）。

还是在中观层次：一起加入到 IR 链总体的参与者是谁？是

否总是同一群人,还是人员总有变动?这是社会多样性的维度,也可以称作地方主义/世界主义的维度。根据涂尔干《社会的劳动分工》一书的观点,较低的多样性应该会产生局部团结、对具体符号的强烈依恋、直观具体思维,以及局内人与局外人之间的坚固障碍。群体内部有较高的一致性,相伴随的是对局外人与外来符号强烈的不信任。在这一子维度的另一端,是在由多种不同的群体和情境所构成的松散网络中的参与。涂尔干的理论预言了世界主义网络结构的结果是个人主义、对符号的相对主义态度、抽象的而非具体的思维。

用情感术语来表达,这意味着处于世界性网络中的人具有相对较弱的对群体符号的遵从感;情感的基调冷静;对较广范围内的互动持普遍的信任态度。当符号受到侵犯或仪式的进程不顺利时,紧密的、局域的群体成员会做出愤怒与恐惧的反应(特别是如果仪式受到权力维度中的强制行动的支持)。在松散的、缺少强度与遵从的世界性群体中是否会存在仪式的违背?是的,因为合适随意而愉快的互动氛围可能会受到侵扰。[10]戈夫曼(1959,1967)的多数分析集中在世界性互动的情境,描述了这类违背及其奖赏与惩罚的措施。依据戈夫曼的观点,我认为这些情境中的人们会对他人细微的仪式违背做出娱乐式的反应,并伴有尴尬、轻蔑,以及期望排斥更严重地违背了社会秩序的人。那些亵渎了戈夫曼所言的神圣物的人则会感到焦虑与尴尬。

涂尔干(1893/1964)的开拓性分析并没有割裂这些围绕仪式团结机制而建立起来的不同维度。他的术语将所有的四个方面合并成一个更广的层次,称之为"道德密度"。他最独特的论点是区分了"机械团结"与"有机团结",这是在探索多元化原因方向中的一个进步。实际上,"机械团结"是高社会密度和低社会多样性(地方主义)的重叠,并且隐含着它也存在较高的仪式强度,而且多数个体体验到相对的核心参与——这似乎也假设了该群体缺少权力的差异。当然,这一重叠作为情感能量的唯一来源,会形成极高程度的团结、遵从以及对群体的依恋。"有机团结"是一种具有高度社会多样性的情境(世界主义,即与未分化的小部落或乡村共同体相对应的现代劳动分工),但是他并未澄清其他维度中可能会有哪些变量。涂尔干似乎预想到了相对高的仪式强度,所以有机团结会提供充分的团结、道德与遵从,从而使现代社会结合在一起。但是他(及其追随者与批评者)从来不满足于有机团结的理论。一个潜在的问题是,没能指出更多的子维度去认识所有可能存在的不同组合,而这些组合实际上在历史的视野中也可以发现。

因此,这正是我关于互动仪式的不同维度如何影响情感的一系列假设。让我们简明扼要地概括这个模型,首先分析对长期情感(情感能量)的影响,然后分析对短期的、短暂情感的作用。

对长期情感的影响:情感能量

IR链模型提出,个体在权力互动和地位互动中都能获得或丧失EE。命令发布者维持EE,而且有时会获得EE,命令接受者则会丧失EE;处于关注的焦点,从而成功地确立群体成员身份的人会提高EE,而处于边缘或被排斥的人则会降低EE。互动仪式随着时间连接成链条,其结果是最后的互动(通过情感与符号)成为

第三章 情感能量与短暂情感

下一次互动的输入端;所以 EE 往往会随时间而累积(既有积极的也有消极的)。

情感能量是处于"高涨"或"低落"的总体水平,范围从热情到消沉。在互动仪式之间,EE 包含在个体的符号储备中,即大脑的认知部分;它是关于各种不同种类的互动的情感规划,在这些规划中可以使用符号,或通过符号可以进行思考。因此情感能量对某些特定的情境而言是特殊的;它使行动准备就绪,显示了自己在特定社会关系中或与特定个人的主动性。[11]因此 EE 不仅对于权力情境而言是具体的——希望占支配地位,或者被支配——而且对于地位情境而言也是具体的——希望成为核心成员,或边缘的成员,或根本不被接受。此外,这些情感能量往往对特定的网络与群体,或对其特定的类型起着特殊的作用:某些人在与熟识的专业人员的集会中充满了自信与主动性,但在性情境中则不然;某些人在商业谈判中信心十足,但在政治情境中则感到力不从心;某些在学术集会中支配关注中心的人物,也许在酒会中显得羞怯。如我们将会看到的,正是在这种意义上,性驱力也是一种 EE 形式。

人们游走于际遇链中,际遇构成了 EE 上下波动的日常生活。他们对某些情境比另一些情境更感兴趣,有时则会感到兴趣索然或厌恶反感。每一个情境,当展现本身的情感与符号资源时,与其相遇的人能否相互协调配合,决定了在多大程度上 IR 是成功还是不成功。这些结果,又会提升或降低了情感能量。最终结果是产生一种动机,去重复与特定人的际遇,而避免与其他人的际遇。

情感能量在身体和心理上展示着自己,但其根本基础——可以说其"存储的"形式——本身并非生理能量。EE 具有认知的成分,它是一种支配特定类型的情境或展现特定群体的成员身份的期望。这一认知方面是指符号(特殊的记忆以及一般化的观点或标志)具有依附于它们的情感能量,因为在运用这些符号展现社会关系时,符号唤起了较高或较低的主动性。但这并非通常的有意识算计的过程,并非行动者所想的"如果与某某人互动,我将得到良好的权力或地位感"。相反,某些符号进入脑海中,或出现在外部环境中,激发了社会行动倾向(积极的或消极的)。该"期望"可能存在于潜意识的层面。它是一种能够与他人的反应相协调,在持续进行的互动流中顺利地扮演角色的预期,因此期望在成功的 IR 中继续增强情感的力量。互动最微观方面的节奏连带过程,是情绪感染在成功的互动仪式中借以发挥作用的机制。所以,不仅存在着很精细的、发生于互动本身的微观预期(发生于比秒更细微的层次上),还存在着能与特定人群进行微观协作的较长期预期。情感能量作为这些类型的期望的混合物而存在,为具体环境中成功的互动仪式做好了准备。

情感能量的低端是消沉,通过表情冷漠与活动退却而表现出来。消沉似乎是一个比高端的 EE 更为复杂的过程。[12] 处于权力维度低端的体验导致了消沉:较低的能量、缺乏动机力。但这只是在命令的接受者体验到受他人高度的控制时才会发生。当他们的被控制只是中等程度时,他们可能会表现出典型的愤怒反应——通过暂时增加 EE 的输出,就像对控制他们的情境做出强烈的反抗一样(Frijda 1986,290)。消极互动体验的中间层次——从时间上来说,是一种短暂和反常的服从他人的体验——因而具有一种特殊的情感效果。

地位维度的消极体验具有类似的结果：衰减的EE，伴随着愤怒在中间程度的爆发，其中来自IR链的情感期望流会周期性地耗尽。我认为在长时期内，群体仪式中成员身份的缺乏所带来的消沉程度与社会排斥的程度是相当的。然而，肯帕（Kemper 1978）认为较低的地位不仅带来了羞耻，也导致了愤怒。舍夫（Scheff 1990；Scheff and Retzinger 1991）提出证据，认为微观层次上际遇的排斥、协调的破坏，带来了羞耻，这可能会引起愤怒的螺旋式上升。以IR的观点来看，羞耻是一种较低的EE形式，具有指向特定群体中某人的社会形象（即社会成员身份）的特殊认知成分。当期望的社会成员身份感出现了意外的消极改变时，愤怒就产生了。它是由于期望的中断所带来的短期情感；而成员身份的丧失所带来的长期影响仍然是消沉。因此，由于适当地抑制权力维度，也就是说，当存在着动员反抗的结构性机会时，愤怒的反应所带来的该类型的影响不会长期地增加。[13]

舍夫的模型是对IR理论的有价值的补充，因为它明确说明了涂尔干式的高度团结与低度团结所产生的情感。成功的互动协调或完整的社会结合会产生自豪感；打破那种带来羞耻感的结合。根据IR理论，自豪感是自我受到群体激励而生成的情感；羞耻感则是自我被群体排斥所耗费的情感。[14]正如我们将在下面所看到的，对自豪感与羞耻感的非语言或辅助语言的测量可以用于衡量情感能量的高低。自豪感是社会协调的情感，是一种自我自然地融入互动流中的感觉，实际上个人的感受是群体主导情感的缩影。高度的团结是会话互动的微观节奏中顺畅的、有韵律的协调；它赋予了人们行动的信心，一种受到奖赏的体验，即其自由表现的冲动得到在场他人的支持、共鸣和放大的体验。尽管舍夫认为羞辱表明了社会团结的破坏,但在我看来,这意味着节奏受到了损害,个人自发的言论受阻——即使是几分之一秒的时间——关于一个人能否得到理解,以及从根本上是否有可能表述清晰或易懂的言辞,也会有所迟疑。共享的节奏使每一个人能预期他人会做什么,不是在特殊内容方面,而是在于节奏形式:形成一定的谈话节奏,其特征是一定的能量,一定的情感流动。参与者获得相同的节奏,使其言论与之前的几秒钟内所建立的节奏相吻合,并且依据该节奏预期他们接下来依次将会说什么,从这种意义上说,谈话仪式产生了高度的团结。通过观察这些节奏,我们可以认识情感能量在微观情境中呈现的过程。

因此,分层的互动所产生的长期情感能量主要是:高度的热情、信心、主动性以及自豪感,它们来源于控制权力情境或地位情境中的互动协调;同样的低水平的情感能量(如消沉、羞耻感),产生于在权力情境中受到支配,或被排除在地位情境之外。还有另一种长期情感倾向:对他人的信任或不信任的程度。在该连续统的信任一端,这只是表现为高度的EE,愿意主动接近某些的社会情境。在不信任的一端,则是对特定情境的恐惧。不信任/恐惧是与特定的结构形态联系在一起的,即对地方群体之外的人员不信任;这是由于地位群体互动的子结构维度的结果,在该互动中,群体边界有着紧密的地方封闭性。

情感竞争和冲突情境

在权力情境中,一个人情感能量的获得与另一个人 EE 的丧失是相互联系在一起的。这也可以发生在社交情境中。某些人起着消耗能量的作用,当其控制情境时,他人的情感就会低落。考虑一下互动仪式的微观机制:共同的关注焦点、强化情感的节奏和谐。那些控制情境的人可能阻碍这一过程。他们可能通过不响应别人发出的信号(通过改变或重定话题,开始新的活动,忽视与不顾非语言的联系提示)而打断微观节奏。这是命令发布者建立其优势的一种方式,也许当存在着挑战其控制的信号时最有可能发生。这也构成了社交会话中强势的地位竞争的实质(即戈夫曼[1967,24-25]所称的面子工作的竞争)。

这样的竞争活动破坏了仪式微观协调的焦点,并阻碍了双方预期的循环建立。在顺利运行的情境中,个人自己运用符号思考与谈话的能力取决于对他人反应的预期,并感受到每一次成功运用普遍认可的符号所带来的符号性群体成员身份的倍增。争夺优势的竞争使之失效了(不管是由于某一个人蓄意的目的,或仅仅是无意中对他人缺乏兴趣——即占支配地位的人或更具吸引力的人的情感能量被引向了别处)。对那些不能贯彻自己意图或预期的人而言,结果就是自己的思想、言语与行动的顺畅流动受到阻碍;他们不能在该情境中规划微观的未来,而这就意味着丧失了情感能量。

如果互动仪式无法获得协调与情感的增强时,会削弱一个人的力量,那么,这是否不会带来其他人的情感低落呢?根据基本的IR模型,情感流动是一个群体过程;当一方无法得到时,另一方也应该无法得到。但是在某些类型的情境中,此结果可能并不相等。考虑一下特定的微观互动所嵌入的更大的群体结构:某一组织中面对反抗工人的老板,或在一群观众面前的运动员竞赛。主导微观情境的人有可能(也许是公开的或仅仅是主观感觉的)在更大的群体背景中获得认可。而且相反,该个体可能会具有在以前更大的群体结构中生成的成员身份感、具有作为能够调动强大联盟(在正式组织中)的主导人物的情感能量,或成为受欢迎的人(在狂热的观众面前)。

钱布利斯(Chambliss 1989)研究了体育竞赛情形下(竞争性的游泳者)的这种互动,发现在高水平表演者(连续的胜利者)与低水平表演者(失败者)有着明显不同的表现。这些区别体现在行为细节上:胜利者小心谨慎地按照其深思熟虑发展起来的方式展示自己的惯常做法;他们已经建立了自己的节奏,并且在竞争对手面前坚持该节奏。胜利者使自己成为关注的焦点,并围绕他们自己建立起预期。然而,失败者,让胜利者成为焦点,并且适应他们对自己的微观行为。这暗示了胜利者(或者是广义的主导者,不仅是体育运动中的,而且是更广泛的支配性竞赛中的)有一种完全控制情境的意识:胜利者维持与增进其本身的节奏协调、对其将来所作所为的预期、确立微观节奏的步调。失败者(以及在支配性竞赛中处于从属地位的人)允许其他人打破对他们本身活动的预期流。这些受支配者能够应付该情境,可以通过关注作为领导者的其他人,而不是规划其本身设想的前景,而维持某些对将要发生的事情的预期。实际上,这样的人可以通过成为追随者,使自己从属于其他人的领导,来获得一些情感能量的补偿。[15]他们越是抵制这种附属,所拥有的情感能量就越少。

根据 IR 模型,我们也可以说主导者使自己成为互动的焦点。她或他,在某种意义上,成为涂尔干说的神圣物。在微观社会学上,这正是"神圣物"的含义——它是群体关注的对象,是群体情感能量的符号库。当某人感觉自己处于这样的位置时,他会积累一定的情感能量以备自己所用;它使此人具有了"超凡魅力"。对于他人而言,成为"神圣物"的人以不可抗拒的力量控制了他人的注意力。他们沦为他的从众。他们作为观众的态度也可以变化。如果他们全部默认这一切,那么将成为顺从的仰慕者,他们迷恋不已,并使自己得到某些"神圣的"情感能量(就像狂热的爱好者索要照片一样)。

在另一个极端,他们也许会怨恨可能的或失败的竞争者。但是,即使是他们的怨恨,也是建立在认识到他人拥有自己所没有的作为"神圣物"的特殊地位感之上的。钱布利斯(1989)将这种差异称为"卓越的平凡性"。处于胜利的或支配性社会领域中的人们只是按照惯例行事,其中他们依据预期对情境进行平稳的操控——也就是说,他们在竞争的情境中,可以获得大量的"情感能量"储备。但是局外人看到了一种令人迷惑的差异性,一种大到让其无法跨越的鸿沟。当然,这些差异,在如钱布利斯所研究的奥林匹克运动会这种高度公开的竞赛场面中,得到了极度的夸大。在低一些的层次中,主导者至少在某些小的局部情境中仍是小小的"神圣物",而处于从属地位的人们只有选择充当其主导能量的参与性观众,或感到

图 3-1 胜利者关注目标，失败者关注胜利者。接力赛跑的最后一圈，赛跑者 E 即将取得胜利。

第三章 情感能量与短暂情感

失去了对抗他们的能量。

埃里克森和舒尔茨(Erickson and Schultz 1982)在关于专科学校的辅导员与学生的互动录像的研究中,提供了该过程详细的、微观情境的证据。通常,双方通过音调与音高进入相同的音符节奏中,当一个又一个地变换讲话者时,他们都会保持自己的次序与会话交替的节奏;这些节拍往往是与身体动作的微观姿势维度同步的。这一模式可以被解释为 IR 团结的基线。有时,某一个人引领节奏,而其他人在无节奏的模式中踌躇片刻(通常是在四分之一秒内的小规模的次序混乱),然后跟上第一个人所维持的节奏。这些记录展现了在几秒内的极微观层次中的情境优势。录像举例说明了两个人相互干扰的节奏;或双方以不同的节奏各自进行,似乎故意反对对方。在接下来的访谈中,研究对象观看了自己的录像,并要求他们描述所发生的事情时,他们倾向于评论节奏协调被打破时的"令人不安的时刻",而不是节奏同步的和谐时刻。这表明参与者似乎认为团结是理所当然的事情,只关注其缺少问题。大部分研究对象看起来在潜意识中体验了此互动模式;只有在重复观看录像,以及跟研究者重复讨论他们对"令人不安的时刻"的反应之后,这些学生才开始对他们终于认识到的在互动中受支配的地位有意识地感到愤怒。[16]

权力来源于基本的 IR 模型的一种变化。在涂尔干理论中,成功的仪式产生了群体团结。撇开 IR 的机制和细微过程,反过来我们可以说成功的互动仪式产生了高度的关注焦点与身体的情感连带。权力是对该情境的不对称的关注,所以一方汲取了过多由所有参与者互动而相互产生的能量,从而损害了其他人的利益。

在权力仪式中，社会能量被保存起来，但利益的大部分流向了一方。[17]

短期的或激烈的情感

关于情感的大多数研究都集中于短期的、激烈的情感：是"阶段性的"而非"主音调的"，是干扰正在进行的活动流的爆发（Frijda 1986，2，4，90）。我的观点是，短期情感来源于情感能量的基线；在相对于正在进行的情感能量流的背景下，特定的分裂性表达形成了。例如，惊奇，是对突然和严重地干扰当前活动和注意力的某种事物的急促反应。这也是更重要的短期情感的一般模式。

积极情感变得强烈，主要是由于互动仪式中感染性的积累。这是一种伴有热情、高兴与幽默的情形，所有这些都是作为成功仪式的结果在社会情境中建立起来的。心理学试图从个体的角度分析这些情感。例如，高兴被解释为瞬间预期的某些活动成功的结果（Frijda 1986，79）。这在某些时候是正确的；但当在一起的群体集体性地体验到这一预期或成功的实现时，高兴和热情会表现地特别强烈（例如，比赛中的狂热支持者，政治集会中的党徒）。进一步讲，群体本身通过成功的情绪感染能够产生自己的热情（这正是聚会中的会话流所达到的效果）。

这些类型的积极情感爆发产生的效果是相对短暂的。它们发生在先前的情感能量基线上：对于一个要建立这种和谐关系的群体而言，其成员需要预先拥有某些具有积极吸引力的符号，由此这些符号才会成为举行成功仪式的要素。因此先前情感能量的积累成为能在情境中建立积极情感的必要因素之一。这些积极情感（高兴、热情、幽默）常常由群体领导者、成为关注焦点的个体所引发，他能够从自己情感能量的储备中扩散这种情感状态。因此，该个体的作用十分像启动群体情感表达的电池。在IR链中占据这种位置的人，就是我们所认为的具有"超凡魅力的"人。通常，"人格"特征正是经历了特定类型的IR链的结果。（这在消极的另一端也是正确的，即形成了消沉、愤怒的人。）

消极的短期情感与情感能量基线的关联更加清晰。

愤怒是由几种方式产生的。在心理学上，愤怒经常被认为是调动能量，克服一个人正在从事的事情障碍的能力（Frijda 1986，19，77）。这意味着愤怒程度与潜在努力的程度应该是成比例的；而这是一个人对此特定事项所具有的情感能量程度。高的情感能量或许被称作"敢作敢为"，一种强烈的主动性。这也会产生一些支配他人、降低他人的情感能量或使其被动跟随的社会效果。这暗示着在高情感能量的一般属性——特别是产生于权力情境中的EE——跟特定的愤怒情感的表达之间存在着一种关联性。

然而，愤怒的分裂形式更加复杂。这是因为，强烈的愤怒是针对挫折的一种爆发性反应。在这种意义上，真正有权力的人并不会变得愤怒，因为他们不需要这样做；他们可以为所欲为。因此，表现愤怒在某种程度上是弱势的表现。然而，有权力的人也完全可以愤怒；其权力性愤怒是他们能为所欲为地克服障碍的预期的表现。在遇到社会障碍的情形时——某些其他人的故意反对——它是有权力的人自信的表现，他或她能够动员强大的联盟迫使反对者服从，或能击垮对方的反抗。因此，先前EE的储备决定着某人什么时候以及如何表达爆发性的愤怒。[18]

当某人强烈地感觉到在克服顽固的挫折时,就会表现出最激烈的愤怒。如果挫折本身非常强,无法克服,这种感觉就是恐惧而非愤怒。弱势的人不会以同样的方式表现愤怒。只有当他们有充分的资源去发动某些抵抗时(或至少在某些社会隐匿的、个别的社会圈子中,他们能发出符号性的威胁),弱势的人、命令接受者才会愤怒。这符合愤怒的原理,即愤怒的核心是调动能量去克服障碍。只有当EE的产生具有充足的社会支持基础时,人们才会调动愤怒,对挫折做出反应(在这样的情形下,挫折是可以被控制的)。处于极端弱势的人(即在IR链中,他们缺乏资源或空间去调动任何其他有社会基础的EE),不会对控制做出愤怒的反应,只会表现出消沉。

在这两种情境之间,存在着愤怒的选择性爆发。这是个体以特定他人为目标的愤怒。它之所以会发生,是因为个体在社会关系的市场中是结构性的竞争对手,例如,追求同一个男人的两个女人,或面向同一群观众的两个知识分子。在这里,人们并不是对强于自己的人感到愤怒(反叛性愤怒),也不是对弱于自己的人感到愤怒(支配性愤怒),而是对阻挠自己计划的人感到愤怒。这种愤怒实际上并非"个人的";没有角色扮演(就像在愤怒的支配形式与屈服形式中一样),尽管目标是个人,但其潜在的结构是社会的;一个人成为另一个人目标的障碍,只是一个巧合。

一种短期的、特殊的涂尔干式的情感,即正当愤怒。这是群体(也会被一种特定的机构所领导)对那些冒犯神圣物体的人的情感爆发。这是群体(或许由作为其代表的特定个人所领导)对于亵渎其神圣符号的人共同的情感爆发。它是针对异教徒或替罪羊的群体愤怒。当存在一个先前已建立的群体时,这种愤怒才会发生。人们可以预测正当愤怒与围绕特定符号的成员情感负荷程度是成比例的。当群体具有高度的社会密度与地方性(而不是世界性)焦点时,就会产生最大程度的情感负荷。另一方面,当群体网络是分散的,而且是世界性的时,受干扰的人被阻碍时产生的短期情感是尴尬——导致了地位排斥、不乐意结交该干扰者,而不是以严厉的仪式惩罚来恢复符号秩序。[19]

正当愤怒不仅在地方共同体的运行中是重要的,而且在政治情感中也具有极为重要的作用(丑闻、政治迫害、政治癔病)。理论的困难在于理解这种愤怒是如何与群体结构的权力和地位维度联系起来的。在涂尔干的模型中,似乎对亵渎符号而深感愤怒的是整个群体,及其所有的追随者。但是,愤怒以及由此作为惩罚的暴力(将巫师和异教徒处以火刑,将毒贩、赌徒或非法堕胎者投入监狱)是与权力维度联系在一起的,因为暴力的应用是权力最终的制裁形式。为了解释正当愤怒,我们需要将权力维度和地位维度结合起来观察它们——例如当地位群体的结构足够密集,而且距离十分接近时,就会产生强烈的群体成员身份感,并对具体化的符号产生依恋;该仪式共同体具有权力等级,通常能够运用强制性威胁迫使人们服从秩序。在这种情况下,违反仪式(对涉及地位的成员身份符号的冒犯)同样被视作对权力等级的威胁。

正当愤怒是一种特别激烈的情感,因为它的表达伴随着强烈的安全感:个体感到他们有了团体的支持,而不仅仅是一种松散感。正当愤怒是一种情感,它唤起了先前所建立的运用暴力的有组织的网络。充满正当愤怒的人们在强势联盟中唤起了成员身份感。

我将指出这样一个事实作为证据：对仪式越轨的最残暴的惩罚（焚烧巫师、当众拷打，以及中世纪宗教会的处决；部落社会中对亵渎禁忌的暴力惩处）发生在政治机构在其日常事务中采取高压政策，并且积极地强制实施群体文化时（Collins 1974; Douglas 1966）。对异端的审判和对违反仪式的惩罚随着教会与国家之间分离程度的扩大已经降低了；在这些领域（权力等级与地位共同体）融为一体的地方，正当愤怒最为普遍。然而，在某种程度上，政治等级仍然是地位仪式的焦点——通过其要求成为驾驭权力的组织和共同体。这使得人们有可能将动员驱逐越轨者作为侵入政治领域的地位形式，甚至在相对分化的现代社会也不例外。而且，在现代社会驱逐越轨者的过程中，被认为是最主要的"道德卫士"，正是那些提倡重新回到政体与共同体合一的拥护者。这样的拥护者经常来自现代社会的局部，特别是遗留着传统与乡村共同体的地方。另外，社会主义政体保持高度集体团结的尝试可以帮助我们解释他们对遵从仪式的关心。

恐惧是另一种短期的消极情感。恐惧的最激烈与最短暂的形式是那些最急剧的混乱活动；从极端的形式讲，激烈的恐惧体验与震惊反应是最接近的。哭泣是更为复杂意义的恐惧表现：它是在悲痛时寻求帮助的社会呼唤。成年人不经常哭泣，因为他们的眼界放宽了。与相对短期、单纯的身体威胁和不适相反，恐惧的最重要形式变成了对社会结果的恐惧：对受压迫的恐惧或社会排斥的恐惧，是更长期的体验。不仅如此，由于问题本身是社会情境，哭泣(它是无助信息的传递)服从于更复杂的 EE 的调节。当一个人受到强迫或排斥时,通常不会如此轻易地寻求他人的同情。[20] 哭泣,作为情感交流的一种形式,比不上更直接的恐惧与逃避形式的情感反应。

在社会关系中,恐惧一般是对其他人的愤怒所做出的反应。它是一种预期性的情感,对自己受到伤害的预期。因此,它与源于权力维度的从属地位的长期情感能量有最直接相关的关联。消沉也是类似的情形,但它具有更对抗性的结构。尽管消沉是 EE 的退缩(即对特定活动关注的退缩),恐惧是在预期活动结果之前的一种社会畏缩。由于消极社会情境的胁迫效应,消沉是 EE 水平的下降;[21] 恐惧是对将要发生的事情的负向预期,它假定有充分的 EE 去采取主动,或至少保持对具有社会危险的情境的警觉。所以,人们不仅可以体验到权力强迫的恐惧,也可以体验到地位丧失(排除成员身份)的恐惧。在权力维度上,当一个人能够调动愤怒,却缺乏从愤怒的表达中赢得积极结果的信心时,恐惧就会与愤怒一起被调动起来。

从短期情感到长期情感能量的转换

各种短期情感体验的结果往往都会流回到我称之为"情感能量"的长期的情感构成中。尽管情感能量并不必须取决于激烈的情感;但无异议的支配性或附属性的情境增加了人们的信心和对特定情境的关注感;服从和不受欢迎的平淡无奇感具有类似的消极效果。激烈的短期情感也会扩散,尽管这是一个未经考察的问题,即它们这种激烈的属性使其对长期情感更加重要,还是将其归为一种例外?在积极的短期情感(高兴、热情、性激情)的情形中,似乎这些体验应该会增进 EE 的储备,尽管可能是以非常特殊的情境方式(即一个人变得喜欢与特定的伙伴重复这些情境)。

在消极情感的情形中,有一个长久的分析传统,它将导致创伤的情境视作长期的社会和心理结果的主要决定因素。剧烈愤怒、恐惧或羞辱的特定体验,被认为能够控制人们全部的后续活动。这在一定程度上是正确的;但它应该被看做是与情感能量的整体水平背景不符的。一个人如果在日常互动的权力与地位维度中通常具有顺利的,假设是平淡的体验,他就有可能克服极端愤怒、恐惧或羞辱的经历。只有当个体在总的互动"市场位置"中处于消极的一面时,特别激烈的戏剧性体验才会储存起来,并会作为"创伤"而延续,特别是在那些充满了高度情感的记忆中,这是弗洛伊德疗法所公开讨论的类型。马克斯·韦伯的分层概念,即市场中生活机会的不平等,因此不仅可延伸到物质经济机会,而且可延伸到情感健康领域。

舍夫的模型重新将弗洛伊德的理论阐述为情感在互动仪式链中的延续。在羞辱/狂怒的循环中,经历了羞辱情境的个体对冒犯者感到强烈的愤怒,这会导致进一步的冲突;这些通常会产生令人不快的结果,这又导致了进一步的羞辱与狂怒。对自己发怒也会成为自我反思循环的一部分,加剧该过程。舍夫提供了证据,指出先前情感唤起的痕迹,特别是愤怒,会保留在无意识的、潜在的层面上;那些无意识的羞辱行为会在互动中的微观细节中展现出来。其局限性在于,舍夫与瑞辛格(Scheff and Retzinger 1991)选取的案例样本——接受婚姻咨询的夫妇——其中羞辱/狂怒的循环已经建立起来了,但是他们没有考虑到循环并未发生或迅速结束的情形。这就是说:舍夫集中注意的是匹配关系相对平等的个体之间冲突的社会关系,这些个体具有中等水平的支配性和受欢迎度,所以他们能够继续相互羞辱和愤怒的长期循环。在权力上更极端的差别不会允许冲突性的循环继续下去;如果人们不局限在地位互动的相同网络中(即他们的市场可能性更为开放),他们会通过离开该互动,发现另一种资源阵容不同的互动,而中断羞辱循环。

情感能量的分层

IR 链中经常会有一种循环的、自我延续的形式。那些支配仪式的人们获得 EE,他们可以借此继续控制将来的 IRs。处于关注中心的人们也会获得 EE,他们可以借此去聚集和激发更多的集会,以使自己再次成为关注的焦点。用这种方式,有权势的人会从一个又一个的情境中再创造出其权力,而被他们所支配的人们则会再创造出较低的情感水平,使其成为前者的拥护者与附属者。地位群体的领导者会再创造使其广受欢迎的能量;狂热的追随者、处于边缘地位的成员与被剥夺了身份的人们通过重复低层次的EE,被固定在其原有的位置上。

当然,如果当际遇中的人们的组成发生变化时,情感能量的分布也可能会随之变化,毕竟在一个完全封闭的循环里,人们无法摆脱 EE 较低的情境,或者不得不承认别人较高的 EE。因此即使具有高度 EE 的人们(像政治领袖,或社交名流,或具有特有形式的

EE 的人，比如性感明星或学术权威）在进入其他场所时，也会被拥有更高 EE 的其他人所胜过（即山外有山，人外有人）；而 EE 低的人们也会找到不同的场所，使其避免过去的情境匹配，并且发现能与之产生更多团结的其他人（例如，高中毕业）。这些是构成社会大众的 IR 链的整体排列，是如何在时空中布置的问题；所以，我们有必要将视野扩大到相对较为中观的分析层面，而不是限于微观分析层面。

我们可以将社会分层想象成不是谁拥有什么样的物质资源，或是在社会结构中占据了什么抽象的位置，而是情感能量分配不平等的问题。社会结构中的位置是宏观层次的抽象物；我们既可以用更经验现实的方式来分析分层，也可以通过近距离地、准确地观察分层在微观情境中是如何展现的，来关注其过程的动态变化。物质"资源"通常可以从一个又一个的互动情境中重复获得，然而，是什么使之成为与微观互动相关的"资源"枢纽，并允许某些人擅自占用呢？问题在于是谁主动地占有和使用了它们，又是谁被动地接受了这些物质对象被如此使用的事实。物质财产，正如在情境中所体现的，实际上是特定的个人在对待这些对象时所具有的 EE。[22] 当财产的权利得到承认时，情感的分配就是不对称的，因为某些人在占有财产的同时获得了高度的 EE，而与之相对应的是，其他人较低的 EE，则使其允许财产被他人独自占有或旁观他人显示这些财产。同样，如果将布迪厄的"文化资本"单纯作为与经济资本等级相对应的文化等级的概念，那么它就显得过于静态了。[23] 换言之，即分层的关键因素并非物质财产，也非文化差异，而是情感能量的不平等。正是 EE 持续的流动使人们能够有效地运

第三章　情感能量与短暂情感

用物质与文化，或者使某些人对物质与文化的运用超过其他人。

分层的最简单形式就是具有能量的上层阶级，统治着消沉的下层阶级，而中间是具有中等能量的中产阶级。我们可以把该模型当作理想类型；但它的确阐述了重要的一点，即分层之所以普遍存在，是由于处于支配地位的人具有能量去控制他们与他人发生际遇的情境。胜利者通常是最具有能量的人；最富有的金融家也是如此；在知识分子主导的专业化领域中，世界科学、哲学家和文学中的明星通常就是我所称的"能量明星"（有关一般性的证据，参见 Keegan 1987；关于哲学家的证据，参见 Collins 1998）。这样说并非是对这些人中的任何一个进行道德评判：首先，因为他们所做的一切完全可以说是控制性的、非建设性的或自私的；其次，因为他们的能量并非自己的，而是来源于 IRs 链中的相互作用，以及使其进入 EE 正向积累与增进的一系列际遇的网络位置。我并不主张上层阶级是唯一具有能量的个体；他们是影响我们所有人的过程的产物，在这一过程中所有的人（非常可能）大多是可替换的。任何一位占支配地位的能量明星，可以说，若不是上帝的恩典（换言之，IR 链轨道的运气），也可能是你或我。他们原本并非英雄，但是经常作为英雄出现，这一点则具有重要的社会意义。拥有较低 EE 的人受到 EE 积累较多的人的强烈影响；后者拥有 EE 的光环，使其容易受人羡慕。他们可以解决事情；成功的氛围环绕在他们周围。而且由于高的 EE 可以使人集中注意力，人们可以通过追随他们而获得其本身 EE 的上升，成为其周围环境的一部分，服从他们的命令，或甚至从远处观望他们。所以高度的 EE 为居支配地位的人赋予了一种微观情境的合法性。这并不一定等同于韦伯所分类的合法性理念(尽管它可能支持这一正式的合法性);我将指出的是,这种微观情境的合法性是更值得拥有的一种合法性。

因此,EE 的分层使分层的其他方面变得更加坚固和难以动摇。当上层阶级拥有真正较高的 EE 时,没有人考虑去推翻他们,甚至根本不去想。当然,这是一个理想类型。随之而来的重要一点是:我们在传统上称之为"上层阶级"的部分(或许是一大部分),可能包含着继承了上层阶级财富的人、依赖他们前期行动荣誉的人,或者在其他方面没有展示很高的 EE 的人。在这些情况下,EE 的真实分布并不同于关于分层的正式的、意识形态的概念。作为社会学家,我们想要寻找的是 EE 的真实分布,以及它是如何与外在表现相对应的。

EE 的完善的自我再生产性分层是一种理想类型。类似的模式在一定程度上已经存在于不同的历史时期。但它们可以通过各种方式被打破:其中一些可以转变地非常迅速,因为产生 EE 的机制是非常易变的,而且冲突产生了本身直接的 EE 模式。集体性 EE 在社会运动中的调动是最主要的例子。稳定的 EE 等级也可以在另一种不同的意义上被打破:这种情形与其说发生在大规模集体斗争的政治行动中,还不如说是当充满活力的情境开始瓦解时。取代活跃的上层阶级、消沉的下层阶级和沉重的中产阶级的等级划分,我们可以得到一个纯粹局部的、短暂变换的 EE 的情境分层,几乎任何一个际遇都可以在其中找到。这些主题将在后面的章节中提出。

附：测量情感能量及其前提

反对互动仪式理论的批评者有时会提出，情感能量只是一种假设性的建构，或甚至只是同义反复。作为答复，我将强调的一点是，EE 是一个经验变量。

我们必须注意将 EE 与所展现的其他情感区分开来。首先，EE 不仅仅是表现大量的兴奋、激动、喧闹或身体的运动。这些是激烈的或分裂性情感的特征：愤怒的大叫或谴责、高兴的叫喊或打手势、恐惧的尖叫或奔跑。相反，EE 是一种非常稳定的情感，它在一段时间内持续，而不是情境的短期中断。EE 的一般特征在于，它赋予了积极行动和解决问题、确立社会情境方向的能力，而不是在互动的微观细节中被他人所支配。而且它是一种允许个体独处时能够自我指引的情感，使思想平稳流动，而不是唐突的或恼怒的内心会话。（后者的更多细节，参见第五章。）

其次，EE 是情感连带达到高度集中的 IRs 的长期结果，我们也可以称之为协调、集体兴奋或团结；但 EE 并不是协调本身。在图 2—1 中，图的左侧与中间的要素和过程的发生早于右侧的结果；EE 是个体离开情境后所产生的结果。因此我们必须能够把它与集体唤起分离开来进行测量。但是，能够测量某一情境中集体兴奋或团结连带的程度对于我们也是非常重要的，因为这是产生 EE 的因果条件。

因此，我们希望测量(a)集体协调达到互动高潮的水平，并且看其是否能预测(b)个体参与者所带走的 EE 水平。根据对(b)的令人满意的测量,我们也可以分析 EE 持续多久,并检验涂尔干的命题,即 EE 经过一段时间之后慢慢减弱,除非足够强烈的仪式协调重新确立。

下面简单地概括不同种类的言语或非言语现象,我们可以将它们作为对 EE 的测量,并且作为主要的因果变量、情境协调或团结的测量。一条线索是,协调是集体模式,而情感能量是个体模式。

自我报告。我已经将 EE 定义为是从高端的热情、信心与主动性,到低端的被动性与消沉的连续统。EE 在经验上存在于人们的意识流与身体的感受中:它是人们日常体验中最重要的部分。观察人们的 EE 在不同情境中的起伏并不困难;通过仔细的自我观察,人们可以注意到它在任何特定情境中瞬间的起伏。EE 的模式可以通过个体报告其在各种不同情境中的主观体验而被系统地研究。

EE 也可以由外部的观察者客观地衡量。对于大部分情况而言,最好的测量是隐蔽性的,尽管它们的确需要对微观细节的近距离观察。

身体姿势与动作。高的 EE 一般表现为直立的姿势、坚定平稳地前进,以及在与他人的交往中采取主动。而低的 EE 在姿势与动作上显示为畏缩、被动、犹豫或不连贯。因为高的 EE 是一种社会自信,它在面向别人的活动中,尤其是采取主动与引导建立有节奏协作模式的活动中展现出来。相反,低的 EE,存在于退缩和缺乏主动性的动作和姿态中;在社会情境中具有低 EE 的人们所表现的模式是，听从于他人的非言语引导，或者行动僵化。中等程度的EE的冲突可能表现为在趋向与远离他人之间的迅速或动摇不定的转换。舍夫与瑞辛格（1991）描述了该模式，他们根据自我取向的自豪感（趋向于他人）和羞耻感（远离他人）做了解释。

我们需要仔细地区分EE的身体测量与社会情境中代表集体连带过程的身体活动，尽管其中的某一个可以直接导向另一个。当个体独处时，高或低的EE可以在身体姿势与动作中表露出来。当个体进入互动时，EE可以在导致连带高潮（不管什么程度）的瞬间变得明显。也就是说，具有高度EE的人积极主动地设定互动基调，而EE较低的人只能落后或被动地跟随。除了观察最终有多少情感连带之外，我们还必须在个体如何在互动中领导或落伍的动态过程中观察EE。连带的巅峰水平是对集体兴奋的一种测量。

在巅峰时刻，该模式往往由所有的参与者共同分享：在高度团结的时刻，身体的接触、目光都调整在同一方向，身体也有节奏地同步运动（见图2-2、图2-3、图2-4、图2-5、图8-6和图8-7）。而在互动失败时，人们彼此离开、垂头丧气或只顾自身、无精打采。（有关例子，参见Scheff and Rettzinger 1991, 54-56。）

身体的测量也表现为激烈的短期情感，它需要与更一般的高或低的EE相区分。关于特定的情感，可以参见埃克曼（Ekman 1984）与奥沙利文等人（O'Sullivan et al. 1985）的研究，他们也指出了身体在什么程度上可以控制以掩饰情感，以及身体动作在什么程度上往往是不自觉的，从而表现出真实的、不设防的情感。

目光。团结直接表现在目光的接触中。正如舍夫与瑞辛格

(1991)所说明的,处于高度协调情境中的人们注视着对方。这发生在有节奏的模式中,看着他人的面部表情,以微妙表情回应,然后不断地离开眼神(以避免凝视)。在高度团结时刻(例如群体胜利或爱意浓浓时),互相的凝视会更长久和更坚定。在缺乏协调的情境中,人们长时间地目光垂下或眺望别处。这些是衡量协调性或集体兴奋高低的尺度,而且它们往往在参与者中是对称的。就像身体姿势和动作情形一样,眼神中的 EE,可被看做每一个体对待情境时的短暂模式。是否具有主动性可以在目光的接触中看出;高或低的 EE 也可在拥有或避免相互的凝视中表现出来(Mazur et al. 1980;Mazur 1986)。

声音。热情、信心和主动性(高 EE)与冷漠、退缩和消沉(低 EE)的程度都可以通过辅助语言进行测量,也就是说,根据谈话的风格而不是谈话内容来测量。(参见 Scherer 1982,1985,对录音讲话的情感维度的研究。)因为互动中的言语流也是协调性或集体团结程度的测量尺度,我们必须仔细观察个体对待言语互动的微观细节,同时与集体达到的协调程度区分开来。

埃里克森与舒尔茨(Erickson and Shultz 1982,特别见:85-96,103-117)的细致研究区分了这几个方面。该研究展示了以每秒 24 幅画面所绘制的声音节奏量度,但是通常在四分之一秒的间隔中才能看见。这些分成五种模式:(1)共享节奏,约每二分之一秒一个节拍;这可以解释为正常的团结;(2)"个体节奏的不稳定",即某一个体跟随先前形成的共同节奏,而另一个人则在瞬间受到扰乱:这是相对于他人来说的某一讲话者的主导性或处于互动中心性的体现;(3)相互节奏的不稳定,即言谈双方在恢复基本节奏之前,短暂地放慢或加快节奏:是互动仪式暂时的失败,缺乏团结的表现;(4)相互的节奏干扰和(5)相互的节奏对立,这是微观互动冲突的两种类型:在第四种模式中冲突正在进行,而在第五种模式中压倒了先前讲话者的节奏,并获得了对新节奏默认的一方,在主导权的斗争中取得了胜利。

(4)和(5)的特征值得直接从作者那里引证来看:

> 相互的节奏干扰[4] 这是一种个体行为与他人行为的不协调,它持续片刻,包括每一个聚会在节奏模式上的维持,这对于每一个体是有规律的,但在不同的个体之间则无规律可言,例如个体 A 的行为模式是每秒一个节奏性的间隔,而同时个体 B 在同样的时期内的行为模式则是每 0.75 秒一个节奏性的间隔。
>
> 相互的节奏对立[5] ……这是个体与他人行为之间瞬间的节奏破裂,包括在 24 毫秒内 4-5 次偏离先前建立的周期性间隔。在次序的交替上,太快或太晚地达到这一点都会对潜在的节奏产生"牵引"效应。这种牵引看起来是竞争性的;至少它表明了言谈者相互的行为缺乏合作或整合,因为一个讲话者并未参与前一位讲话者用的节奏。然而,经过短暂的牵引之后,先前的讲话者适应了新的节奏间隔,所以他们之间缺乏的暂时整合伴随的是短暂的对立,而不是持续的干扰(Erickson and Schultz 1982,114-115)。

有障碍的时刻(2,3,5)通常也与身体姿势和空间距离的变换,或讲话者之间身体方向的变化相一致。

　因此,这些声音节奏不仅具体表明谁确立了节奏,谁跟从节奏,而且表明了团结的变化。从我们的目的来说,(2)和(5)表明了采取主动与设定模式,这些是 EE 的指标——具有高度 EE 的个体设定节奏的模式,具有较低 EE 的个体的节奏被他人决定。模式(1)是高度团结的指标;(3)和(4)则是低度团结的指标。

　运用格雷戈里(Gregory 1994;Gregory et al. 1993)的快速傅式变换(FFT)分析,互动团结也可以通过对潜意识层次上声波频率的极端微观分析进行衡量。FFT 分析发现低于 0.5 千赫(千赫,每秒 1000 次周期)的声音协调的节奏,该声谱区域的声音听起来只是像低调的嗡嗡声。尽管参与者并未意识到他们在该层次上制造的声音,他们的声音节奏在会话中达到一致,这是他们主观认为具有更高和谐的更令人满意的互动。

　将格雷戈里在千赫层次上的测量与埃里克森和舒尔茨在四分之一秒层次上的测量进行比较,很明显,几种节奏协调的层次在不同的时间频率顺序中相互重叠。这些不同时间顺序之间的关系,及其它们与 IR 要素和结果之间的关联仍有待于研究。

　会话协调或团结的其他指标已经在第二章中给出了:具有最小的间隔和重叠的会话交替的封闭模式;共同的笑声、鼓掌与其他同步发声中的节奏连带。相反,争夺发言权的讲话者之间交替有间隔和较长的重叠,则显示了团结的缺乏。

　会话团结的指标比 EE 的指标更易于梳理,因为后者涉及说明谁在建立互动模式中采取主动。个体声音的某些方面也许不是很好的测量尺度；音调的大小与谈话的速度很容易与诸如愤怒等具体的分裂性情感相混淆。较好的EE的指标是每一个具体个体言语的流畅性、犹豫性停顿和虚假的开端。获得发言权的能力，以及相对的对抗说话交替的频率是另一种指标；吉布森（Gibson 1999）论证了这些方法。

荷尔蒙水平。梅热和拉姆（Mazur and Lamb 1980；Kemper 1991）已经证明支配互动的体验会对荷尔蒙水平持续发生影响（特别是睾丸激素）。这些荷尔蒙或许为EE在情境中的中速流动提供了生理基质。我们应该注意到，尽管数量少，但睾丸激素不仅在男性身上，也会在女性身上出现（Kemper 1991）；所以，该模型是适用于两性的。重要的对比是同一个人在不同情境中的荷尔蒙水平的变化，而无须不同个体之间荷尔蒙水平的比较。研究荷尔蒙水平需要侵入性测量，当通过抽取血样去做时，这些测量更是侵犯性的，所以这些研究大部分是由经过医学训练的志愿者完成的；唾液测量也已经被应用。荷尔蒙的变化与EE的其他测量方法变换的关系是值得研究的。EE的变化与睾丸激素和其他生理活跃物质的绝对水平或相对水平之间是否存在关系，尚不清楚。在任何情况下，所涉及的无论哪一种生理基质都一定与认知要素相互作用，通过该过程，EE作为回应特定的互动情境的一种积极或消极的倾向而被传播；同时伴有一定水平的相互关注与情感连带，这些构成了社会行动的直接过程。

面部表情。我并未强调面部表情是EE的指示器。埃克曼与弗里森（Ekman and Friesen 1975/1984）的手册说明了特定的情感，例如高兴、愤怒、恐惧、悲伤和厌恶，是如何在面部的几个区域中表现的。但这些只是短期的、分裂性情感的指示器。表明EE高低的特定的面部指标尚不清楚。EE的面部测量有可能得到发展。高的EE应该可以在自信与热情的面部表情中发现；低的EE则表现为冷漠和消沉的表情。这些应该与瞬间的幸福和悲伤的面部指示相区别，因为高与低的EE应该是在情境之间延续的。

即使面部的量度不是测量EE的最好方法，我也会敦促微观社会学家去研究埃克曼关于情感的面部指标，并将其运用于情境的观察中；它们提供了有用的辅助信息，而且可能表明了短期情感表情的模式，这是与EE在情境中流动的各种方式相关的。埃克曼的研究（1984）之所以有价值，还因为它指出了哪一些面部区域最容易被蓄意掩饰情感的努力所控制，而哪一些则往往表现出自发的情感。

同时研究所有的测量方法或其中的几个是有用的。特别值得做的是把每一种客观的测量方法——身体姿势与动作、目光、声音等——与具有较高或较低的自信与主动性的自我报告做比较。就其具有较少的干预性意义而言，能做到客观测量是最好的，而且也容易用于观察性研究。多种测量研究的结果应该会表明哪些测量是多余的，以及哪些与长期模式（即EE在情境之间的流动）最为高度相关。

测量EE的两种途径——主观的自我观察与他人的客观观察——也可以一起来使用。如果从事主观测量，人们经过客观测量的训练后，能够更好地自我观察，使他们不仅会注意到周围的人们，还会留意自己身体的感受、动作与姿势的细节。

在运用主观或客观的测量方法时，我想要强调的是，这些过程总是发生在微观的互动情境中；对 EE 水平的研究应该总是与此时所发生的某种情境联系起来，并放入刚发生的过去的情境链之中。用主观的测量方法（例如调查问卷、访谈或日记）了解总体的评价是不太有用的："在你的人生中体验到多少热情、自信与能量（或消沉、冷漠）？"这类信息只表明情境结果的总体变化，但是能够说明这些观察结果所发生的情境条件则更有价值。[24]

为了研究真实生活情境中 EE 的变化，去了解人们在互动链中的体验是值得做的。中期的设计也是必要的。或许这能够在持续几天的实验室情境中建构出来。自然状况下的观察也是值得推荐的，特别是去评估互动的情感效应可能会持续多久时。然而，我猜想情感能量的持续期，如果没有后续互动的再投入与巩固，可能不会超过几天。

第四章 互动市场与物质市场

个体在日常生活中会与他人不期而遇,与其完成一定程度的互动仪式,包括从最直接的功利性际遇和失败的仪式,到全身心参与的仪式团结。每一个人将与谁、以何种仪式强度进行互动,取决于他或她所具有的际遇机会,以及他们能够互相提供什么,来吸引对方加入一互动仪式。并非每一个人都会被其他人所吸引,所以这些模式体现了互动仪式的市场特征。社会学家很久以来一直在运用特定形式的人际市场:结婚市场;约会市场;在近期历史中,后者进化为各种更短期或更长期的性私通市场——或一系列市场,例如可以细分成异性恋、同性恋、双性恋等等(Waller 1937; Laumann et al. 1994;Ellingson and Schroeder 2000)。我们可以进一步延伸,想到友情市场,通过它可以解释人们在相同的社会阶层与文化群体中寻找朋友的倾向(Allan 1979; McPherson and Smith-Lovin 1987)。经过进一步的归纳,我们认为可以将跨时空的社会际遇的整体宏观分配,视作不同强度的互动仪式的市场。

互动仪式市场为从概念上形成微观与宏观之间的连接提供了一种方式。正如激进微观社会学的批评者所指出的,情境不是独立存在的:任何特定情境都被参与者所处其中的其他情境包围着;他们可能会期望未来的其他情境,有些可对此时他或她碰巧见到的人的互动做出选择,正如在鸡尾酒会上人们的目光略过乏味的谈话对象而去留意可以与之交谈的其他人。这就使得互动像市场一样。它也解释了情境所具有的属性:突生性的程度,即以往从未发生过的,以及个体从他或她自身的经验中所不能预料的事情会发生;以及约束甚至强制的程度,比如由于只有某些人可以与之交谈(或交朋友、有性关系、结婚等),而且只能使用某些形式进行谈话(发生性关系等等)而产生陷入困境的感觉。

由于这种突生性,有时可以说情境是完全不可预知的。曾经参加过专业会议的宴会,或在旅行中建立相识关系,或参加聚会或工作面试的任何一个人,都会知道这远非真实,更不要说人们将要提到的细节了。但是,在这些情境中,所涉及的个体拥有相对有限的相似的社会符号储备,因此他们所谈论的内容也是如此,从其口中说出的几乎都是——你好吗,你来自哪里,东海岸和西海岸有什么差别,以及你知道某某吗。如果情境更开放一些,你作为一个参与者预先不知道关于什么人将要参加等许多事情——也就是说,你不知道他们先前的 IR 链,将要发生什么的可能性似乎是一个辽阔空茫的旷野。这只能说,情境从单个参与者的观点来看有时是不可预知的。情境行动对一位知道个体的 IR 链的社会学观察者而言则是可预测的,因而知道每一个人将会带着什么样的情感能量与成员符号的储备进入互动。大致地说,这正如一个老派的宴会女主人在决定谁与谁的座位邻近时所做的一样。分析得更精确一些,社会学家可以研究个体所积累的构成仪式的要素,从而预测这些要素的组合将会带来的结果。

互动仪式市场可以给我们几点启示。它为我们提供了一种关于个体不仅仅是在单一的情境中,而且是在其人生的长期轨迹中如何被激励的理论模型;它还表明了文化符号如何在链条中传递,有时能获得更多的情感共鸣,有时则会失去它。互动仪式市场可能表现在人们私密的、闲暇的生活,以及社交时的某些事物中,而不是在严肃的工作领域;社会学的市场模型,根本上起始于婚姻、约会与性。但是,做出更大的扩展也是可能的。除了我们已考虑到的意义上的互动市场之外,还有物质市场,我所说的物质市场只是指经济学家传统所研究的产品与服务市场。这两种市场是可以联系在一起的:我们在概念上认为物质市场提供了某些条件和物质支持,这些成为激发互动仪式的要素。当然,物质条件对互动仪式而言是必要条件,而并非是充分条件,因为 IRs 的主导要素主要是从其他 IRs 中循环产生的情感和符号。但是没有物质条件,即使是最成功的 IRs 也会走到尽头。所以我们可以把关于互动本身以及物质产品与服务的这两种市场联系起来,因为两者是互相影响的;不仅物质市场要素会变为 IR 市场的要素,而且 IR 市场要素也会为物质市场提供重要的社会要素。如我们将要更具体地看到的,有下列一些构成要素:工作和投资的动机,以及物质市场嵌入其中的、所谓的关系与信任的"人力资本"。

我的分析将从动机市场,即情感能量市场开始。提出论点的这一策略是有用的,因为它直接指向了关于市场模型能否应用于社会学这一论争的一个关键方面,并且反过来又指向了经济社会学所提供的主流经济学分析的根基问题。我先从理性选择理论领域开始,它是将经济模型应用于社会现象的最明显的尝试。熟悉20世纪中期社会学历史的人们都会记得,在被称作"理性选择"的这一运动之前，社会学本身存在的是"交换理论"，许多社会学家发展了该理论，如分析结婚市场的维拉德·沃勒，研究小群体中团结的乔治·霍曼斯，研究鸡尾酒会上科层制雇员交换建议和会话策略的彼得·布劳。[1]我的观点是，社会互动的市场模型结果会遭遇一些基本的悖论，而要解决它们，有必要借助于IRs市场。

理性的成本-收益模型的问题

理性行动者的视角，对致力于从微观互动中建立普遍解释性的社会学理论而言，具备几点有吸引力的特性。它从有动机的行动者开始，避免将诸如文化或结构等宏观实体具体化；单就能从个体行动中得出结论的意义上说，这些才是有效的概念。而且它有一个普遍的解释策略：所有的社会行动，借助个体试图将其相对于行动成本的预期收益最大化，都是可以解释的。

该理论也存在许多难点。首先，有几种行为似乎不能根据成本/收益而进行分析。这些包括情感行为、利他主义，以及通常的由道德或价值激发的行为。当这些非物质性目的变得显著时，人们将会轻视物质利益。让我们回到涂尔干的"前契约团结"相关的论述，除非事先已经存在一套价值框架，它确立了这类交换发生的规则，基于理性的自我利益的交换才可能实现。因此理性行动似乎只是人类社会活动的一部分，而且实际上是一次要部分。

其次，并没有共同的衡量标准使行动者能够去比较不同行动领域的成本与收益。在物质产品与服务领域，货币可以用作价值标准。如果延伸一下，我们也可以尝试用货币去衡量个人健康、安全与生命本身的价值。尽管这些等价关系是在保险补偿与法律诉讼之后出现的,但个体本身是否会通过比较生命和肢体的危险与金钱等价与否,从而计划自己的行动,目前尚不清楚。更广义地讲,个体如何在金钱、生命与荣誉之间做出选择?是否存在比较权力和其他物品的共同尺度?多高的地位与多少的努力对等,或者多少仇恨与多少身体的冒险或安逸对等,我们能否假设这些等价关系在所有时期与所有人中都是一成不变的?将所有这些东西都定义为个体试图最大化的产品与服务的抽象效用函数要素,是要回避这样一个问题,即个体实际上是如何做出追求这一种而不是另一种利益的决定的。要假定一个偏好选项只不过是出于特定的目的,除非我们能解释它将采取什么形式。而如果人们没有共同的标准,他们或许在各自的领域是理性的,但从一个行动领域跳到另一个行动领域中则是不可预测的。

第三,大量证据表明个体在自然情境中很少算计。"理性选择"的概念更像一种比喻,而不是事实。戈夫曼(1967)关于自然互动的研究说明了那些主要从事仪式化行为的个人。加芬克尔(1967)及其微观研究学派发现,最重要的"常人方法"是要避免质疑行为的基本原因,以防停留在无穷的背景解释中。在加芬克尔的描述中,通常的社会互动程序是保守的,互动者表现了出席的常态,并在仪式中当互动中断时修补上一些小插曲。常人方法论的发现大致与组织分析中的"有限理性"学派类似,它将面对复杂局面时的有限认知能力归因于行动者。马奇与西蒙(March and Simon 1958)所说的"满足最低要求"和"解决问题"行为,在组织层次上与假设常态背景的偏好是相似的,这就是加芬克尔在日常互动中所发现的——我们可以称之为"西蒙与加芬克尔原理"。最后,心理学实验的证据(Kahneman et al. 1982;Frey and Eichenberger 1989)也表明,当面对算计问题时,行动者往往偏向于非最优化的启发性方面。

个人在微观情境中不太会算计或算计得很糟糕,此证据并没有更根本地动摇理性行动者理论的基础。该理论的主要命题是,行为是趋向于在成本既定的情形下能获得最大收益的行动方向;个体的行为在这种意义上以及在中期内应该是"理性"的,但并不必须假定他们如何实现这类行为。也许是经过试错之后而实现的,也许是由于单纯的成本压力,所以一定的行为边界是不可能维持的。行动完全可以无意识地完成,不经过有意识的算计,而且仍然受到回报与成本的限制。无意识的行为可能会与有意识的算计行为最终达到同样的结果。这并不是说行为必定总是无意识的;但如果无意识机制的存在导致中期的最优结果,那么达到有意识算计水平的个体往往会与表现出无意识行为的人们得出相同的结论。

接下来,我将提出这三个问题都可以用同样的方法来解决。首先,情感的、符号的与价值导向的行为取决于互动仪式(IRs)的动态过程。由群体团结的体验所产生的情感能量是社会互动中的首要益处,并且所有价值导向的行为都受到理性的激发,趋向于将该益处最大化。由于 IRs 在其所提供的团结程度,以及参与成本方面是变化的,因此形成了一个仪式参与的市场,塑造着个体行为的分布。

其次,随着时间的推移,IRs 使每个人产生了不同程度的情感能量（EE），而且 EE 作为共同的标准，决定着在可选择的行动方向与完全不同的行为场所中如何做出抉择。货币的与工作的评价之所以出现，是由于它们适应了 IRs 的市场方式。个体将其时间分配于各种活动中，试图获得总体 EE 流的最大化。参与互动仪式的经济是产品与服务经济不可或缺的组成部分。

第三，我借助了微观情境的认知模型，比如个体的思维是由互动仪式所产生的情感能量与认知符号决定的。这与非算计行为的微观情境证据是一致的；而微观情境（互动仪式链）的聚合则服从于互动市场，它导致了中期行为的理性趋向。

参加互动仪式的合理性

图 2-1 以仪式要素和仪式结果流程图的形式呈现了互动仪式模型。在此我将应用该模型，说明情感能量的结果是如何成为个体长期动机的关键的。让我们再一次考察 IR 模型，图 4-1 提供了反馈过程的更多细节。

图中有两种反馈——短期反馈与长期反馈。我们已经分析过前者，它作为初始要素（身体密度与对局外人参与的屏障），反馈到相互关注与情感连带中，后两者又进一步反过来增进了情境的专注，即涂尔干所称的集体兴奋。

当一次 IR 的结果反馈到能够影响随后的 IR 的运行条件时，长期反馈就出现了。经历过 IR 的人获得了群体团结的感觉，希望再一次参加仪式，特别是当他们感觉到团结性即将消失的时候。由此产生了从群体团结到重新集合群体的长期反馈循环（图 4-1

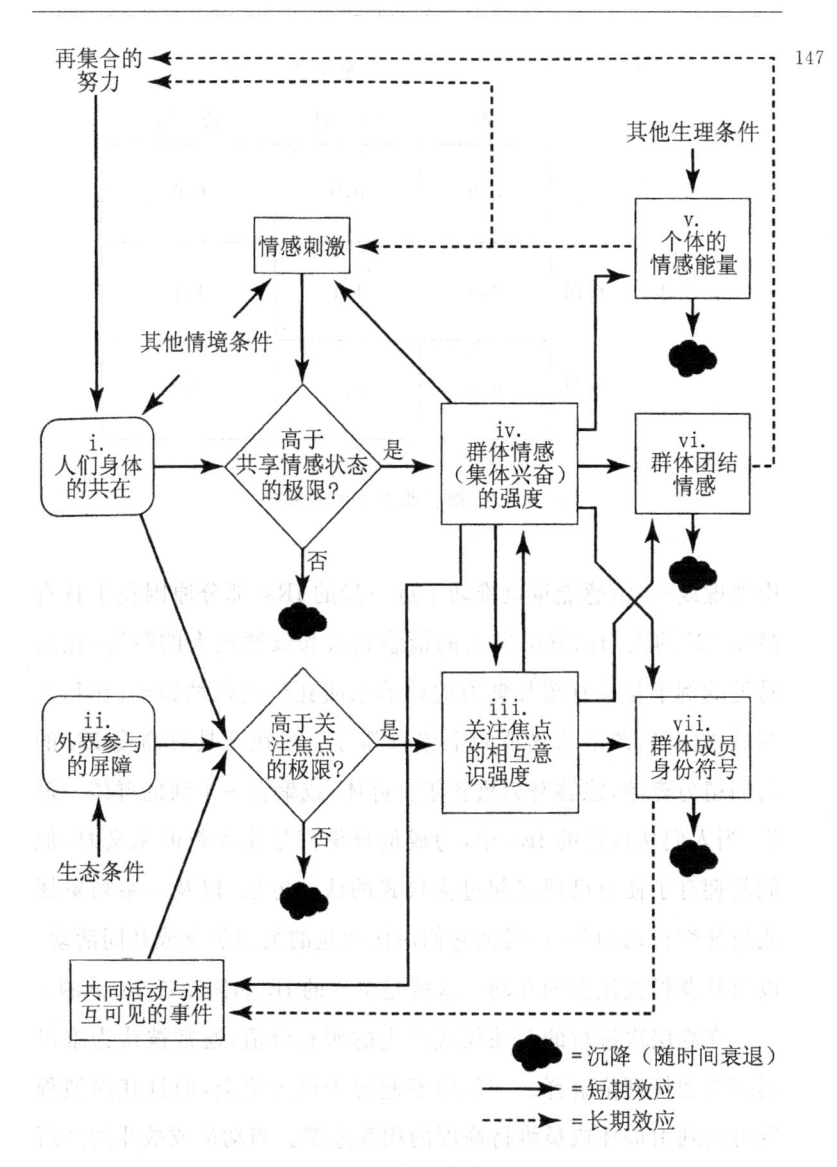

图 4-1 互动仪式流程图。

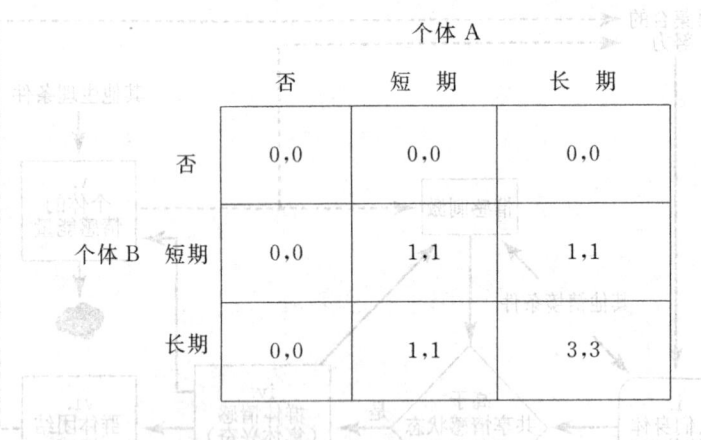

		个体 A	
	否	短 期	长 期
个体 B 否	0,0	0,0	0,0
短期	0,0	1,1	1,1
长期	0,0	1,1	3,3

图 4-2 维持相互关注的回报。

中的虚线)。情感能量也推动了进一步的 IRs,部分原因在于具有高度 EE 的人们拥有引发新的情感刺激和鼓舞他人的热情(显而易见的例子是具有超凡魅力的政治家或狂热的宗教领袖;在私人领域,是开启谈话的热情的个体);部分原因在于具有高度 EE 的人们精力充沛,能够努力重新集合群体,或聚合一个新的群体。最后,当人们从以往的 IRs 中,为成员身份符号注入新的意义时,他们就拥有了使自己回忆起过去仪式的认知方法,以及一系列象征或象征性行动的条目,可把它们用作明显的关注焦点或共同活动,以重新获得关注性的互动。这就是单一的 IR 如何变成 IR 链的。[2]

在高层次进行的互动仪式产生的所有价值,通常被认为难以用理性选择理论解释。宗教信奉起源于仪式集会,而且其强烈程度可达到由群体成员维持高度的相互连带。当动员或战斗的经历是高度的互动仪式,并伴有极为显著的恐惧与愤怒的原始情感时,这些情感会被群体集体体验到，并转化为团结，此时冲突情境会产生献身与牺牲自己的意愿。为政治理想而献身是与大规模的群体集会仪式紧密联系在一起的。同样，小规模、更个人化的互动也会产生利他行为：人数相对稀少的、亲密交谈中的成功的互动仪式形成的友谊，会产生高度团结性；产生于高度的情欲IRs的性爱；源自父母与婴儿、幼童之间的，而且双方认为愉悦的、有节奏的拥抱和玩耍的父子情或母子情。所有这些体验都被参与的个体看做极大的奖赏。成功的IRs，无论在大型群体或私密群体中，都被绝大多数人视为其生活中最有意义的事情。

如何将理性模型应用于以互动仪式为基础的情感团结呢？团结是一种利益；个体会被激发着使其得到的团结最大化，并使产生团结所需的成本最小化。然而，团结是一种集体利益；它只能在合作中产生。但它是一种相当简单的集体结构。互动仪式并不会出现搭便车问题。团结的博弈结构如图4—2所示。

A和B只有在共同致力于维持相互关注，并使其自己融入共同情感的累积中时，才会得到团结的回报；更高层次的回报依赖于双方以相同的持续时间维持该关注焦点。倘若会感受到团结（或与其相关的情感能量），那么当个体能够参加到互动仪式时，对他们来说就是高度理性的。

我们可以进一步增加复杂性。稍大的群体会减少对特定个体的依赖。当个体没有参与他人开展的仪式，只是被动地观察时，只能从中获得层次很低的团结，所以这种刺激的整体结构与两人群体是类似的。图4—2没有包括参加仪式的成本。实际上，至少存在一些努力的成本；但是由于成功的IRs产生了情感能量，个人感觉受到了鼓舞,而且感到其所得大于所需补偿的成本。只有当一个或少数参与者付出了巨大努力却未成功时,互动仪式才是代价高昂的。这种情形是否发生,取决于单一仪式情境之外的条件,尤其是情感动机以及所有个体带入情境中的充满情感的全部符号,而它们反过来又依赖于其在作为整体的仪式市场中的机会。随着我们的分析从单一情境扩展到一系列替代性的情境,我将介绍这些成本条件。

仪式团结市场

如果在直接的情境中参与互动仪式总是理性的,那么是什么限制着个体的参与?为什么高强度的仪式可能会终结,而人们为何会花费时间从事其他的事情?从短期看,互动仪式由于情感的饱和终会结束。在情感唤起趋向于稳定点的过程中,边际效用是递减的;超过了这一点,团结会在一定时期内保持较高的状态,但相互的情感唤起是逐渐消退的。这是情感的生理特征。[3]然而,这一短期的饱和,并未减弱这些有所回报的情境的中期重复趋势。我们将会更具体地分析这一点。成功的 IRs 给予个体情感能量与成员身份符号,后两者又可以作为资源应用于再投资,从而形成进一步的 IRs。我们可以预知,其结果是,将会造成同一种间断性的IRs 链,一旦短期饱和的时期结束,仪式就会重复。[4]

这种间断性仪式集合的模式从一定程度上说,在经验上是现实的;人们的确发展了参与教会服务、与朋友参加聚会或政治集会的趣好。但我们是否能解释这些盛衰的倾向呢?是什么决定了个体将要参与这个而不是其他的互动仪式,以及为何某些个体比其他人形成更多的仪式团结的趣好? 为了回答这些问题,我们将分析个体在互动仪式的主导市场中的位置。

情感能量与成员身份符号的再投资

互动仪式不仅在短期,而且在中期也是可以累积的。也就是说,那些参与了成功的 IRs 的个体形成了更多寻求同类团结的趣好,并且被激发去重复 IR。这一情形的发生是通过个体情感能量的生产,以及代表群体成员身份的符号的创造而实现的。

个体情感能量的上升或下降取决于他们所参加的 IRs 的强度。情感能量是短暂的。在互动仪式本身的巅峰时,情感能量达到最高值,然后能量的余韵会随时间慢慢消逝。情感能量随时间的衰退从未被测量过;合理的近似值可能是它在几个小时与几天之间有一个"半衰期",尽管它在同期极有可能受到进一步互动仪式体验的调整。情感能量并不是由 IRs 单独决定的;我们不应该排除低情感能量(消沉)受生理条件影响的可能性;同样地,酒精、毒品或其他人体摄入物至少会暂时激发起高度的情感能量。这正是图 4-1 中,从其他生理条件到个体情感能量的箭头所标示的。尽管如此,我仍要坚持的是,任何这类生理输入都会在整套互动仪式过程中流动,从而会被放大或减小(反之亦然)。[5]某些 IRs 应用这种生理激发泵(例如,聚会中的酒精饮料)作为仪式生产技术的一部分。

一个人的 EE 储备是决定其能否产生进一步的互动仪式的关

键资源之一。储备有高度 EE 的个体能创造出围绕自己的关注焦点,并激起他人共有的情感。这些具有高度 EE 的人是社交明星;这类极端的例子,就是具有超凡魅力的领袖。如果缺少这种不寻常的高度的 EE,先前 IRs 产生的情感能量会推动后续的中等程度的 IRs。在另一极端,先前 IRs 的经历几乎没能产生情感能量的个体,就会缺乏成为随后的高度互动仪式创始者的关键资源之一。他们压抑的情绪甚至会使他人消沉,所以人们在市场上会避免与其成为互动伙伴。

情感能量是 IRs 市场中的一种关键资源。某些个体相比其他人,有更多的情感能量资源投资于 IRs;由此我们可以设想到,某些个体将会比其他人要求得到更多的情感能量的投资回报。而且某些个体成功投资情感能量的机会范围会更广,而其他个体能够被成功接纳为参与者的情境则几乎没有。由此我们可想到,情感能量丰富的个体会较少地专注于市场中的某一特定领域,而其他人则会与愿意接纳他们的群体联系在一起。

互动市场的另一种关键资源是成员身份符号,它是群体在互动仪式中集中关注的项目。所有的文化项目都位于符号唤起的连续统中;根据特定的群体,它们承载着从高到低、不同程度的成员身份意义。拥有非常丰富的成员身份符号有利于促进后续的互动仪式。当几个个体重视同样的集体符号时,他们很容易在互动仪式中借助该符号,并予以高度的关注。该符号提供了谈论的内容或行动的关注点。集体符号往往在条件完备的群体 IRs 中被重复使用,从而会重新被赋予团结感;符号与互动随着时间的推移被联系在一起。

符号与情感补充的匹配

在任一时刻,一组个体会拥有不同程度的情感能量和不同存量的情感符号,被先前的互动仪式中的体验赋予了成员性义务。他们的行为可以通过市场过程得以预测。人们趋向于那些感觉是当前可得到的强度最高的互动仪式的互动;也就是说,他们趋向于获得相对于其当前资源的最高的情感能量回报。由于成员身份符号对特定的群体来说是特殊的,故某些形式的文化资本与一些互动并不十分匹配:此互动仪式没有达到高强度,而且情感能量的回报也较低。个体会被激发远离这些互动。而当参与者的成员身份符号非常匹配时,互动仪式是成功的,而且情感能量的回报吸引着他们参与到这种情境之中。

在日常生活的微观情境中,符号匹配过程主要是作为一种会话市场而出现的:谁与谁交谈,以多长的时间以及多高的热情交谈。谈话取决于参与者共同关注的他们所必须谈论的东西。他们相互交谈的意愿程度,也依赖于每一个人或明或暗地,与其网络中拥有不同符号储备的其他人的会话所做的对比。每个谈话者都会根据自己感觉的它们多么有趣、重要、愉快,或文化声望,在所提供的匹配中比较可能的话题。每一个会话都发生在可能的会话的市场背景中;不同的选择随着时间展开,但有时情境呈现出一种明显的类似市场的特征,就像在鸡尾酒会中有许多可能的会话匹配者,任何一个会话都可以被打断,开始另一会话。

拥有较多资源的人们能够在与其互动对象的交换中有更多的

要求；符号与情感能量丰富的人，更容易对会话感到厌倦和不满足。存在着这样一种倾向，即符号占有的不平等导致双方几乎无可交换，人们从而会趋向于寻找更平等的匹配者。这在特定的情境中是否会发生取决于另外的条件：是否有转向其他人的机会，而且谁是可能的——在鸡尾酒会上你感兴趣的会话对象可能已经很忙碌了，就像舞会中的佳人，请求与其共舞的名片可能已经填满了（在早些年代，确实存在诸如跳舞卡片这样一些东西）。维持或摆脱当前会话限制的程度不仅取决于局部的匹配者，而且取决于稀有的匹配者在会话市场中的盛行程度。不平等的对话也受到参与者相对的情感能量水平的影响，这有时会驱使其中一人遵从另一个人，另一个人会接受此遵从，而不是中止会话。

图4-3用图解的形式表示了随时间变化的互动关系链。个人A与个人B彼此相遇，每一个人在时间1都拥有一定水平的情感能量和符号储备。无论何种互动仪式，其成功或失败的程度目前都各自转换了情感能量和符号储备；情感能量得到增加、减少，或者在其开始的水平上重新储蓄。符号被赋予更加显著的意义，或由于其在互动仪式中的失败而导致意义的消失，除此之外，还可能获得新的符号储备。A和B离开际遇之后，具备了一定程度的情感能量与符号储备，可用于他们下一次的际遇，在图示中，即可能发生与C、D的际遇，或者两人再次相遇。

个体在际遇中所使用的符号储备在很大程度上来源于其先前的互动仪式链。如果仪式至少取得中等程度的成功，新的符号也可以创造出来，而且有两种方式。当一个人将新符号传递给另一个人时，这种情形的发生可能是单方的；在际遇中，这可以被视为

第四章 互动市场与物质市场

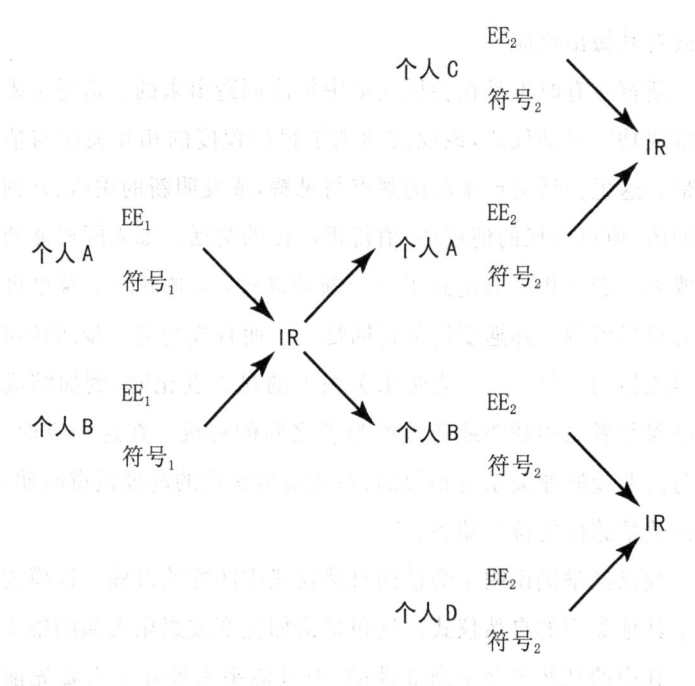

```
                    EE₂
           个人 C
                    符号₂
                              ↘
                               IR
                              ↗
        EE₁                   EE₂
个人 A              →  个人 A
        符号₁                  符号₂
            ↘
             IR
            ↗             ↘
        EE₁                   EE₂
个人 B              →  个人 B
        符号₁                  符号₂
                              ↘
                               IR
                              ↗
                    EE₂
           个人 D
                    符号₂
```

图 4-3　互动仪式链。

符号的习得,符号资本在网络中的转移,但有一个附带条件:这不仅是简单的、填充一个人记忆库的认知学习,而且获得了具有成员身份意义与情感能量负荷的符号。个体从具有社会意义的际遇中所"习得"的,是符号对特定群体中的成员意味着什么;这或许发生在体验到某些符号的社会应用之后,个体已经对这些符号有了一定的了解,但迄今尚未体会到它的意义。从他人那里获得符号是一种随时间积累的过程,因为人们会逐渐深刻地感觉到成员身份的共鸣。幼稚并不只是从未听说过有意义的事情,而或许更令人尴尬的是,已经听说过但不理解它意味着什么,从而会不适当地提及或对其做出反应。

新符号有时也是在会话互动中集体创造出来的。这通常来自非常成功的互动仪式,该仪式达到了很高程度的相互关注与情感连带。这里会话会产生新的观点与见解,或发明新的用语、开创时髦词语、值得回忆的俏皮话、值得再流传的笑话。如果际遇能使人们或参与者互相了解达到了一个新的高度,际遇事件本身也可以成为符号资源。际遇变得值得回忆——而且成为进一步回顾与符号再流传的对象——当它带来关系上的显著变化时,例如结成或打破参与者之间联盟或造成参与者之间的对抗。在这一方面,爱情与商业或职业关系是相似的:在调情与磋商的高度兴奋时期,便于创造情感性的符号储备。

我已经举例说明了会话的自然仪式中匹配的过程。该模式类似于其他类型的自然仪式。这包括诸如比赛或娱乐表演的集体参与。其中的某些集会是商业性的,而且似乎入场并不需要先前的文化资本,只需要一张有价的门票。但是如果没有一定程度的符号储备,你不可能成为一个全身心的参与者,几乎无法获得娱乐仪式的情感共鸣,而正是它给予人们集体成员身份符号的感觉。通常你需要在先前际遇网络的体验中获得某些符号,或者由一位可以解释所发生的事情,并引导你进入合适的体验框架中的人所陪伴。这种符号储备的转换在一些私下举行的娱乐活动中显得更加必要:传统社会中诸如弹奏乐器、唱歌、跳舞,或打牌等社会娱乐;当代社会中的听音乐或体育活动。休闲仪式的形式发生了历史性的变化,但其作为成员身份符号的意义并没有改变(尽管在20世纪后期,社会聚会普遍省去了大多数参与性仪式,除了会话与看电视之外)。

这些活动在擅长与不擅长于此的人之间形成了可察觉的界限或等级。所有涉及技巧等级性的这些活动,通常被当前的人所谈论,并在以后的会话中重复提到,从而成为个体社会声誉的一部分;某些人善于跳舞,或善于唱歌,或是竞赛高手,无论是桥牌,19世纪英国的板球,还是20世纪美国加速发展的篮球比赛。这些活动中的技巧是成员身份符号储备的一部分,提醒我们符号并不是任何东西或甚至只是认知,而是交流成员身份的方式。谈话是使用口头符号的过程,它或多或少会对关注焦点与情感连带产生影响,从而包括谈话的风格与节奏,它们等同于人们所记得的纯粹抽象的符号储备。舞蹈是身体的符号,一种成员身份的展现,不管它的完成(在以前的历史时代)是恰当地表演一个庄重的小步舞,或是除了农夫的舞蹈什么也不会表演,还是表现得根本没有任何舞蹈技巧(一位19世纪的女主人一定会说"没有上流社会的优雅")。变换到一种不同的时间与场所,在是否知道舞池的礼仪上,仍然存在着类似的接纳或排斥。这些是身体展现的符号,直接对与之跳舞或游戏的人表现了成员身份;集体聆听音乐,以及通过如喝彩等仪式,在恰当的时刻表现出或未能表现出乐趣的行为,也是如此。那么,所有这些自然仪式,甚至没有传递会话符号,由参与者带入互动中的符号储备要素也未增强,但在其结束时,会使参与者的成员身份符号储备得以更新或改变。

再投资与重新利用符号储备的过程不仅通过参与非正式仪式,也通过参与正式仪式而发生。个体需要先前的符号循环,或需要机会被介绍给大家,成功地参加贵族宫廷、教会庆典,或政治机构正式的仪式。个体符号性成员身份储备的总和,由会话互动仪式、其他自然仪式以及正式仪式中的符号组成;当正式与非正式仪式的相对价值发生历史性变化时,某些这样的总体符号储备对于处理构成每一个人生活的情境链仍然是关键性的。

IR市场最简单的版本形式是静态的与自我再生产性的;这是布迪厄假定的普遍存在的模型。那些最了解正式仪式的人继续完成仪式,在公众关注的精英圈子中,维持着成员身份的巡查;那些缺乏符号知识的人则被排除在外,而且永远没有机会获得最具声望的成员身份符号。同样地,在非正式的会话仪式中,受欢迎的社交明星继续再生产自己的会话资本,而符号贫乏的或不受欢迎的被排斥,并且只得满足于其本身的低强度、低声望的会话。

然而,IR市场中市场优势的再生产的简单模型,尚未考虑到EE在协商性际遇过程中所发挥的作用。对一个成功举行的互动仪式而言,并非简单的A与B成员身份符号的匹配问题,同样也不只是其情感能量的匹配问题。两个具有高度EE的人并不一定相处得很融洽。每一个人都习惯于成为关注的中心,采取主动,支配会话,控制仪式。在政治领域,那些具有魅力的领袖不是相互的亲密伙伴,而通常是相当分立;他们甚至也许是竞争对手,分别被其各自的社会圈子包围着。[6]受欢迎的女主人、街头帮派的头目,以及聚会中最活跃的、热情奔放的逗乐者都是如此。在任何集会中,关注空间的数量都是有限的,一个人成为中心意味着其他人会比较被动或处于边缘位置。

IR链理论表明,已经具有高度EE、从而善于作为集会的情感领袖而鼓动集会的人,将会选择他们最可能成为关注中心的集会,而避免参加那些不得不与具有同等情感优势的他人共享风头的集会。在该分布的另一端,IR市场可能会使EE很低的人们彼此相互陪伴,但这并不意味着他们互相离不开。人们通常会注意到在鸡尾酒会中地位较低的、处于边缘的人,不能用其本身的活跃形成相对抗的圈子,与聚会的核心人物相匹敌,只会保持相对的分散状态。

一个典型的模型是具有高度EE的人与那些具有中度EE的人互动。[7]中等程度的EE提供了进入有潜在成功性的IR的通行证。这些人的集合所具有的能量可以开启一个令人关注的际遇,而且如果他们也能共享符号从而产生强烈的相互关注,那么其相互的情感连带与集体兴奋的增强将会提高每一个人的EE水平。另一个途径是已经成为能量明星的人,受先前IR链的高度鼓舞,扮演着独特的催化剂的角色,使际遇的焦点围绕着他或她自己,从而进一步加强了其自身的EE。因此,特定的EE组合可以导致符号资本的分配变化,而且通过文化资本的再利用,可以导致比简单的分层再生产更为动态性的模型。

由于具有高度EE的个体一般不想与在EE方面跟自己相近的人匹配——即使在符号方面有匹配的倾向——这就产生了交换的需要。EE高的个体一般拥有更多的机会积累许多符号资本;但是如果他们与一群追随者,不仅包括符号贫乏的人,也包括EE贫乏的人互动,一些追随者可以得到他们此前没有的符号。这是通过自愿成为从属者、顺从、成为支持者的一部分,以及不作为竞争关注的中心而实现的。乐意如此是情感互补的结果。具有高度情感能量的人被界定为充满了自信,而且在主观上充满自豪感;他们期望支配际遇,并期望其符号资本受到赏识。在该情境中,与其相对的符号资源相比,EE很高的个体(即,习惯于支配互动的个体,由于不熟悉当前正在应用的、局部的成员身份符号,而不抵对手)不可能十分谦恭地向能传授知识的人表示遵从,去学习新的符号。因此EE高的个体倾向于坚持在其本身文化交换的势力范围内;如果IR市场离开了他们,他们可能会很难适应,对其核心地位的丧失表现出痛苦与愤怒。EE非常低的个体,则是另一个极端,他们不善于根据情境获得新的文化储备;他们过于消沉,因此不易进入群体,非常可能以其消沉来抵制他人,或者太容易成为群体中大多数人内部消遣场合中的笑柄。

在这两种极端之间,那些具有中等范围的EE的人们会经常发现自己在互动匹配中不如对方,但其实并非如此软弱。中等程度的EE使他们至少局部性地,根据情境在情感上自愿顺从他人,而作为回报,可以从在先前的IR链中有较好符号储备的其他人那里得以注入新的符号资本。以此方式,符号资源的分配就可能发生变化;其结果是符号的流动,而当丰富的符号储备成功地再投资时,EE也会流动。丰富的EE和丰富的符号可能会减少,而中度的EE(如果不是贫乏的EE)和被剥夺的符号可能会增加。因此,IR市场中存在着流动性。

总而言之,符号的循环一般是通过人们之间相似符号的匹配而发生的,这些人已经完全具有了相似成员身份的意义。EE也可以循环与再生产,但是它通过互补的模式,而不是具有相同EE的人们之间的直接匹配。因此,IR市场可以有局部的分层:圈层中EE领袖居于关注的中心,由EE的追随者所包围,边缘是EE

的贫乏者或 EE 的弃儿。但是符号可以由许多不同的东西组成，而且对这些不同符号的集体关注可存在于许多不同的群体与不同类型的集会或氛围：那些关注特定的职业领域或商业事务的人、欢饮的休闲专家、各种娱乐场所的追随者、宗教实践的献身者、政治狂热者，以及知识分子圈。

这提出了一个理论问题：如果个体是 EE 的寻求者，但又存在许多不同的互动领域，从而有多种不同的获得 EE 的方式，他们将如何从中选择呢？这些全然不同的符号循环领域，通常相互之间是"水平"的关系；它们不是标志单一的高低维度的同质的文化资本通货。

答案是，个体"选择"的产生，不是根据符号的客观价值尺度对其进行比较，而纯粹是来自这些符号应用的一系列情境变动中个体行动者的观点。个体感到他们趋向于这些情境，即，在其中通过激发 IR 要素的局部组合，EE 能够得到最大回报。EE 成为在符号通货中进行选择的共同标准。世界有不同种类的符号，充满了不同的含义；个体思量着自己在其世界中的道路，根据 EE 的流动，或简单或混乱。也就是说，根据他们在一个又一个的情境中，IR 为其参与者产生的 EE 的相对成功或失败。

对特定情境的向往或排斥经常会不由自主地发生，没有太多的自我意识，因为个体只是感觉到自己的能量从其他互动中脱离出来，被拉进了某一个互动之中。在一定的情况下，个体或许会事先计划，仔细考虑可能的互动。这种"想象的排演"（符号互动者的术语）的关键要素在于他们进行思维时所使用的概念中的 EE 负荷；因此，IR 链间接地影响了对行动进展的有意识反思。

从经济学的观点来看，IR 市场存在许多缺陷。由于生态的或社会的屏障，许多或大多数个体无法尝试其他可以选择的、范围很广的互动。这里并没有暗示 IR 市场会产生社会最优的或市场均衡的价格。社会互动市场最好被描述为，由社会的经济条件所塑造的、一系列局部的易货市场。它保持了这样的情形，即个体，面对互动情境，趋向于那些能给予情感能量最高回报的情境。个体的行为就互动仪式而言，是理性的行为。

情感能量作为理性选择的共同标准

情感能量是个体用以在可选择的互动仪式中做出决策的共同标准。一个人最向往教会服务、政治集会，还是亲密的会话，这取决于个体对从该情境中得到的 EE 数量的预期。因为 EE 在感受强烈的互动仪式进程中能达到最高点，但是在 IR 结束后会随着时间逐渐衰退，故在一定的时间内，新近性是 IR 具有最强烈的情感吸引力的重要特征。

但是个体如何在从 IRs 中所获得的情感回报与其他类型的利益之间选择呢？该模型是否暗示了个体是社会团结的瘾君子，总是喜欢选择教会仪式或社交际遇（具有最高 EE 的任何一种），而不愿去工作或存钱呢？让我们扩展一下 IRs 市场的分析。正如图 4-4 所标示的，除了 EE 和成员身份符号的再投资之外，IRs 还有成本，关于 EE 和成员身份符号的再投资我们刚分析过。所以，在 IR 模型的左侧是物质产品与服务市场（简称为"物质市场"），它流

第四章　互动市场与物质市场

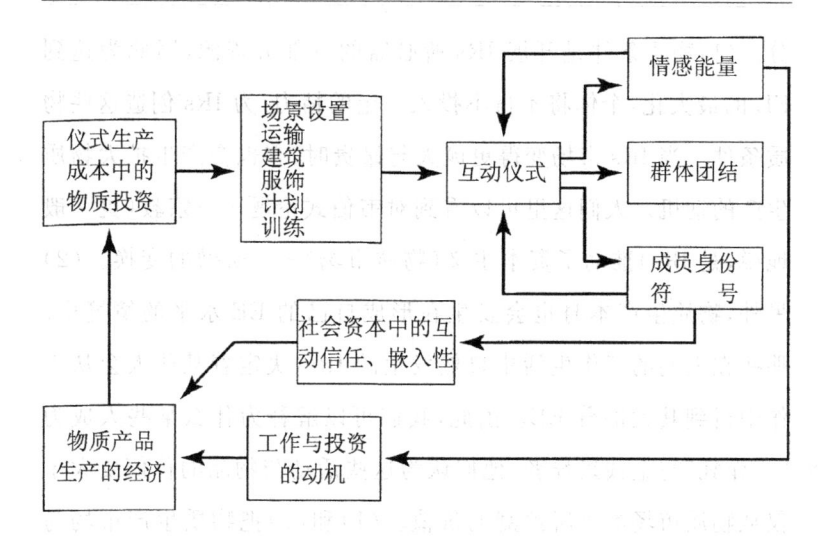

图 4-4　互动仪式与物质资源的生产。

入 IR 市场。如果我们愿意从 IR 市场一侧开始,将其作为双方产品价值的最终决定因素,那么这两个市场可以被视作一个单一的、整体的市场来进行分析。也就是说,产生情感能量的 IR 市场可以被个体用来评估物质产品与服务的价值,但是反过来则行不通:我们无法从物质产品市场中货币或任何其他产品的偏好列表中得到 EE 的偏好列表。

我并不主张个体对社会团结的估值总是远远高于物质产品。然而,我将试图说明的是,我们可以预测个体在何种情况下在每一特定领域所付出的相对努力程度。我试图表明,EE 作为共同的标准,促进了人们的选择。

物质生产有三种途径成为整体性的动机选择过程中的一部

分。(1)物质条件是开展 IRs 所必需的一部分资源,因此为达到 EE 的最大化,个体将不得不投入一定的精力,为 IRs 创造这些物质条件。当 IRs 市场变得更庞大与昂贵时,它也会产生扩大物质生产的动机。人们这里可以看到对韦伯式论题——宗教(更一般地说,是 IRs)推动了资本主义(物质市场)——所做的变换。(2)另外,物质生产本身也会发生在形成自己的 EE 水平的情境中。那些在人们的工作生活中自然发生的 IRs,决定着某些人会从工作中得到其大部分 EE。由此,我们可以解释为什么某些人成为"工作狂"与金钱崇拜者,他们认为这些活动与物品的价值要大于仅从物质市场本身所预测的价值。(1)和(2)把物质生产市场与 IRs 市场整合在一起。我们还要讨论将两种市场整合在一起的第三种途径:(3)在市场参与者中,IRs 流如何提供了使物质市场成为可能的社会嵌入性。

(1)物质生产是由产生 IRs 的资源需求所激发的

如果我们承认个体追求参与互动仪式中的 EE 回报的话,个体一定也需要物质产品,并且在设法实现的过程中会消耗一定的时间与精力。那么他们在是工作还是追求 EE 的最佳可能的回报之间如何算计呢?我的观点是,人们很少会认为进行这样的选择是必要的。成功的 IR 的条件是聚集群体,集中关注力,排除外界的活动与非参与者。由于生态或组织的原因,这些条件不会自然

第四章 互动市场与物质市场

产生，就必须努力创造机会使其出现。群体成员不得不尽可能地集合起来。家庭、教堂或会议厅对于开展 IR 是非常重要的，因为它们设置了界限，有利于关注点的集中；高度制度化的仪式还会借助特定的装束或道具。仪式的生产需要交通、不动产，以及其他物质手段的成本。进入拥有一段发展史的仪式，其成本是对参与者用作关注媒介的符号储备的熟悉程度。在一个科学会议中获得仪式团结需要多年的教育与经验的投入；作为党派中广为追随的领袖，要取得团结的回报需要在交际的行头、技巧与暂时狂热等方面的另一种投入。任何一种 IR 通常都会有一定程度的物质成本，这些成本进入到生产参与者当前水平的文化资本的过程中。

如图 4-4 所示，仪式参与的市场受到可能的参与者物质资源的限制。如果该情形成立，那么个体工作的动机会受到仪式参与市场的影响。假设某人更喜欢把所有的时间花费在宗教、政治或社交仪式上，从来不做任何有物质回报的工作。除非该人此前已经储备了充足的财富，否则她或他最终将会因缺乏参与所需的物质资源而缺席互动仪式。另一个极端是，该个体将缺乏最基本的食宿保障，从而无力参加任何活动。非物质生产性的 IRs 市场在这一方面是自我调整的。如果个体在 IRs 中耗费太多的时间，导致其物质资源的枯竭，仪式就会中止，而且参与者不得不返回物质生产性的工作，直到他们积累了充分的资源去开展另一个仪式。

这是一个经验性的实例。重要的仪式（教堂礼拜、政治集会、聚会）的安排，只能是间歇性的，以便留出工作的时间。当 IR 动员具备非常好的条件时——例如革命巨变的时期，围绕反抗政治控制的斗争产生了非常强烈的情感与集体的关注焦点——工作会慢慢停下来。然而，这些高度的动员经过大约几天或几周的时间就会逐渐消失，因为在物质上，不间断地维持大众的参与是不可能的。

假设个体除了将 EE 最大化之外什么都不关心，我们可以得出这样的结论，即正是在考虑到参与 IRs 的物质费用的意义上，物质生产性工作才仍然会有。这种 EE 优先的假定似乎很极端，但它仍与主要的社会学议题是保持一致的：人类只有融入社会群体中时才会发现生活的意义（涂尔干关于自杀的分析）；社会定义决定了目标与活动的价值；群体中的地位等级是一种强大的激发力量。IRs 市场模型所做的是为预测人群中 EE 追求的变化提供一种机制；而且它将该机制与产生 IRs 的物质成本联系起来。

IR 市场和物质产品市场之间的动机联系发生在两个方面：投资于生产的动机，以及参与消费品市场的动机。追求物质产品的动机可以通过劳动力或资本的投入展现出来；在这里，IR 市场理论与传统经济学是相吻合的，因为这些资源对于个体的可用性与获得回报的相对机会影响了投资的特定组合。IR 市场理论保留了许多完整的经济学关于价格移动、生产与资金的分析。IR 理论所增加的是，从社会互动领域到经济数量领域，关于工作与投资动机流的经验性决定机制。EE 的寻求不仅影响生产，而且影响到消费。IR 市场理论暗示，消费品市场受到这类产品在 IRs 中的直接或间接输入程度的驱动，EE 在 IRs 中得到分配。IR 市场理论建议开展这一方面的经验研究。不仅是宗教或政治庆典市场、作为聚集和展览地点的房屋和建筑市场，还包括汽车或其他交通工具的市场、服装市场、娱乐市场：有关它们所维持的 IR 市场的类型,以及它们对经济生产的拉动作用,所有这一切,都可以历史地描绘出来。

我已经提出个体工作、投资与消费的动机,可以通过其在 IRs 领域中的市场机会和限制预测出来。我刚才所做的 EE 市场的分析是一种微观经济学的分析,目的是要说明个体在这种市场中行为的理性问题。对该市场的宏观经济学分析还有待于研究。一个假设是,我们不应该预期较高的互动仪式参与程度和较高的物质生产工作的投入程度之间存在必然的负相关关系。相反,当越来越多的人参与互动仪式,并从中得到了很高的回报时,仪式所需要的成本也在上升,许多个体会强烈地激发出工作动机,以能提供参与互动仪式所必需的投入。这种情况已经被提到过了,例如,在部落社会经济中:莫斯(Mauss 1925/1967)认为,部落会定期为竞争性的冬节庆典举行聚会,为此,他们在一年中的其他季节是高产的,以生产出必需的产品,准备令人难忘的冬节。萨林斯(Sahlins 1972)发现,部落要人组织的炫耀庆典具有收集物质产品的作用。

我们对前资本主义社会有一种相反的印象,认为在这种社会中,工作动机是最低的,只是要维持生计,因为大部分注意力是倾注于生活的庆典方面。这部分来源于韦伯遗留给我们的关于中世纪天主教社会的景象,该社会的能量渐渐流入宗教庆典中,出现枯竭;因此,新教改革在废除过量的修道士与牧师的过程中,将这一能量转化为世俗的经济。韦伯的分析在经验上是错误的,尽管其中包含了有用的分析点的萌芽。宗教的能量事实上是可以转化为经济活动的:韦伯所忽视的是天主教中世纪的经济起步,它是以资本积累与修道院自己的投资为中心的(Gimpel 1976;Southern

1970;Collins 1986,45-76)。宗教庆典不是唯一的互动仪式,尽管在一定时期内,它是组织大多数能量并吸引大多数物质投资的主要部分。始于文艺复兴与宗教改革的欧洲世俗化时期,在很大程度上超出了IRs市场,进入了世俗渠道,首先是通过贵族宫廷,后来进入了广大的中产阶级娱乐与地位展现的市场。分析的要点在于,互动仪式,无论是宗教的还是世俗的,都能成为经济生产扩大的引路先锋。我建议做出更明确的表达:正是互动仪式市场的扩大,而不是互动仪式的静态规模,决定了EE的流动,并导致了物质生产动机的变化。

(2)情感能量是由工作情境的IRs产生的

前面已经分析了工作与休闲的仪式在什么条件下相互排斥,也试图说明对休闲IRs的较高需求,会为筹备该仪式所需的物质投入产生更高的需求。然而,在许多情况下,物质性生产工作与IRs中情感能量的生产并不是相互排斥的。每一个社会情境在某种程度上都依赖于一系列连续统一的条件,这些条件使其成为强度较低的、中等的或强度较高的IR。工作领域中的条件产生了其本身的情感能量与团结的水平,从零至很高的强度。在该范围的高端,某些工作情境为其参与者创造了高度的EE:处于决策网络核心的商业主管、忙碌的专业人士、被问讯者与学徒所包围的熟练工匠,以及在有利可图市场中的销售人员。工作领域中存在的一种感召力,是由作用于非实践性IRs中同样的变量所产生的。当个体的工作生活由高度的互动仪式所组成时,他会有高度的EE,

并发现工作生活具有强烈的吸引力,甚至高于交际的或其他非工作的互动。[8]这样的人在俚语中被称作"工作狂"。

对于在该情境的人们而言,物质回报与 EE 动机之间并不存在冲突。比较典型的是,同一种结构同时给予其高度的 EE 与物质回报。他们位于有利的市场或权力网络的核心,这同时产生了高仪式密度与高收入。在这样的情形下,个体就无须算计时间与精力的金钱回报。如果他们只是追随情感能量的流动,它将引领他们进入那些工作情境,同时为其带来最高的(至少是令人满意的)物质回报。

IR 模式也能够预测个体在何时会最有意识地关注金钱的算计。高度的 IR 会将互动情境中成为关注焦点的任何一种物体当作神圣物,即成员身份符号。[9]某些工作情境明显关注金钱:销售协议与金融交易是最重要的。在这种情境中经历了高度 IR 的个体,将会非常强烈地趋向于把金钱,或金钱算计本身的过程视为最高的利益。具有反讽意味的是,这并不是由于金钱算计在本质上,像他们所做的那样具有最高的价值;而恰是由于个体所卷入的 IRs 使其集中关注金钱的算计,这逐渐成为他们的态度。他们成为赚钱迷。对于这些个体而言,金钱并不存在递减的边际效用,它甚至会维持在很高的水平上。IR 模型预测亿万富翁会继续寻求更高的利益,这正是因为他们的生活是围绕着金融交易 IRs 而组织起来的,而且这些 IR 所带来的 EE 的回报要高于其他可选择的仪式场合。[10]

类似的过程存在于劳动力的各个层次中。许多个体在工作中经历了中等的或低强度的 IR。IR 模型预测他们很少会对工作全力以赴,工作所带来的物质回报就更少了。

单独工作的个体构成了一种特例。如果没有附加条件,IR模型预测,他们具有很弱的EE促使其尽力投入工作。他们会继续工作,因为他们需要物质资源去生活与参加非工作性的IRs,从中得到更多的EE。但是,我们如何解释那些独自工作却表现出高度工作动机的个体呢?

这类个体最明显的例子是那些从事知识型职业的个体,比如作家与科学家。IR理论的专门应用可解释他们的行为:他们的工作在于组织符号系统,这些符号系统转而会成为知识界特定群体的成员身份标志。知识的创造包括形成思想观点联盟,这代表了在相应的知识群体中所能建立起来的真正联盟。支持该模型的证据表现在几个方面。创造型科学家与其他的知识分子具有高度的EE;这可以从其个性特征,以及最杰出的知识分子也往往是作品最丰富的制造者的事实中得以说明(Simonton 1984,1988;Price 1986)。而且这些创造型个体往往与其他高度活跃的知识分子有着最密切的网络联系;创造性在知识领域的社会群体中是聚集生长的(Collins 1998)。因此创造型的知识分子被EE鼓舞着,去接近正在继续的知识活动中心,努力成为知识分子IR链的最核心部分。[11]

毫无疑问,工作中除了EE之外,还有其他来自周围社会关系的精神源泉。例如,运用技巧中的愉悦,以及或许是工作环境中的美感。然而,IR市场理论提出,EE的最大化是迄今这些动机中最为强烈的,而且所开展的IRs的分布非常有助于工作情境的激励作用。

如果对所有互动情境中的 IR 强度做一个调查,我们将能计算出 EE 回报,包括工作与网络体验中的,在所有人中的分布。从这一点来看,将整体市场的动态机制描述为个体试图将 EE 最大化是可能的。将(1)由休闲 IRs 的分布所驱动的物质性工作、投资与消费动机,跟(2)由社会工作关系中的 IR 条件内在产生的 EE 分布结合起来,我们可以获得 EE 流入经济活动的整体画面。

(3)物质市场嵌入在产生社会资本的 IRs 持续流中

人们经常指出,市场——即物质市场——是嵌入在社会结构或文化中的,否则市场将不能发挥作用,或者首先就不会存在(Granovetter 1985;DiMaggio 2002)。这种所谓的"社会资本"已经有很多讨论,我只想做以下几点说明。嵌入性有两个主要的方面:经济活动中合作的参与者之间的共有信任,以及一套更广泛的基本规则、惯例,或程序,它们界定着行动者在做什么,以及他们如何能预期对方去做什么。

共有信任,经常被解释为狭义的"社会资本",通常被归属于网络纽带。的确如此,我们所指的网络纽带,当被微观社会学视为日常生活流中的事件时,是指某种重复性的社会互动。偶然的际遇通常并不算作"纽带";纽带是指重复发生的,以及由参与者自己作为意义重大而挑选出来的互动(例如,网络研究者通常是用一张问卷,要求列出"三位最好的朋友"、"你与之谈论商业问题的人"等)。网络纽带是一种特殊类型的互动仪式链,其中那些相似的符号与情感是循环利用的，有时会增强——而且增强到超出与其他人互动的程度。因此，个体所拥有的"社会资本"的数量是由成功的IRs所需的、不断流动的微观情境要素所决定的——而且IRs相比其他可能的互动具有如此大的吸引力，因而能够不断重复而不会中断。

另一点要说的是，网络中的位置是在微观层次上由IRs的成功程度所创造与维持的。网络不是固定不变的，尽管我们作为网络分析者将其作为固定的与预先存在的，从而可以分析处于不同网络位置的结果，这会更为便利些。网络纽带就是由我刚才所讨论的成员身份符号与情感能量的那种匹配而创造的。而且网络纽带的强度是变化的，这正是因为参与其中的情境要素是变动的。[12]

"社会资本"或信任关系是由互动仪式市场决定的。社会资本有利于物质市场的运作，这不只是通常作为一种在信任的安乐窝（或温暖的沐浴）中的结构嵌入，而是在参与经济的人群中通过变化的、分散的方式实现的。正如许多研究者所指出的，某些人的社会资本比另一些人更富有或更贫乏。高度的社会信任与低度的信任领域形成鲜明的对照，甚至更尖锐地指向强烈缺乏社会信任的领域——是以具有消极内容的仪式为基础的。社会资本是一种个体性的利益或资源；它同时是一种集体利益、一种使市场运行得更顺利、更有效的嵌入性特征，这一事实意味着社会资本必然是分层的。而且社会资本在物质经济中的整体水平，随时间发展凭借共享情感的扩大，会因成员身份程度的变化发生改变；这正是商业繁荣的原因：不断增强的信任扩大，从而容纳了更多的人。相反，商业的萧条在某种意义上是对其他人在买卖与投资时的信任的下

第四章 互动市场与物质市场

降;恐慌是一种共有的消极情感,其中集体认识增强了商业即将下滑的确定感。

共有的信任是涂尔干意义上的社会成员身份。嵌入性的另一种形式是共同的文化理解;这些也是 IRs 的产物,是涂尔干式的集体符号。我们在此要再一次说的是,市场是嵌入文化中的,而且在相当大的程度上,这些文化是在物质市场中行动者之间发生的社会互动的流行形式所产生的。这里需要再次指出,那些共有符号的具体形态与范围是变化的,而且是区域性与分层性的。在特定领域中建立起了共有的商业文化:在生产市场、投资者的网络与环境、金融市场,以及职业环境中。物质市场不仅是由一种达成共识的实践与信仰的主导文化所维持的,例如制定可接受的交换货币。正如泽利泽(Zelizer 1994)所指出的,实践中许多特殊种类的货币受到特定的交换类型或交换循环的限制。这些货币直接相当于涂尔干说的神圣物,就像在著名的南太平洋库拉圈(Mauss 1925)中流通的贝壳一样;它们依然存在于当今资本主义市场的不同层次中,从只存在于最高金融圈的金融证券,到指定用途的穷人福利金的货币。

共享符号的模式不仅构成了一般意义上的市场资本主义,而且赋予了它作为特定生产市场的结构。正如哈里森·怀特(White 1981, 2002)所提出的,市场之所以成为市场,是因为一种被认可的产品是由几个相互竞争的生产者所制造的。[13]从事每一笔交易时你都需要知道自己在做什么。也就是说,你在追寻与效仿哪些竞争者,以及试图在生产的质量与数量的不同空间中找到一个适当位置,从而避免与其发生直接对抗性的竞争。生产者需要竞争者,因为正是通过彼此监控,他们才能了解消费者看上去愿意购买什么,从而计划消费者未来会愿意购买其他什么东西。消费者的需求不仅是一种外在的数量,而且是某种由生产者所提供的东西建构的。因此,生产者没有可靠的方式直接监督交换;他们需要在"生产者能看到彼此"(怀特的著名语句)的市场之镜中留心察看。因此生产者市场的动态机制受到正在进行的、生产者之间相互监督的驱动,而且特定市场的特征可能表现为相互监督的生产者的派系或网络。那些远离网络中心而且因此不擅长监督它的人,通常不会很好地在该市场中发现有利的适当位置。相反,成功的革新者则一般是那些由于已经处于市场从而了解市场的人;新的成功组织往往是机制健全的组织派生出来的。

我在此所要强调的一点是,每一产品市场都是由这些相互监督的生产者的IR链构成的。20世纪80年代的个人计算机市场、20世纪90年代的便携无线电话市场,以及20世纪初的汽车市场都是社会的建构物,因为这些产品不得不被解释为彼此争夺特定的消费者群体,而且它们的其他用途也是在该过程中建构的。品牌名称通过它们之间的竞争与对比获得了文化的力量与地位;可口可乐与百事相互阐释了对方,从而确立了它们共处的市场的社会地位。凯迪拉克与奔驰轿车(在商业历史的特定时期)通过与其他那些被认为具有同等品质以及较低品质轿车的对比,保持了其与众不同的形象。

在社会互动仪式以及由此而来的符号循环这两个领域之间存在着不断的流通:相互监督的生产者网络,通过面对面的对比促进了他们的产品;而购买的大众被围绕某些产品的热情的促销所吸引,这些产品被看做具有特别的声望或很时尚,而且消费者将其展示为日常生活中自我表现的一部分与某些会话的内容。生产者与消费者都属于网络领域,从而也属于 IR 链领域;生产者的网络较小且较为集中,而消费者以或多或少的关注构成了不同网络之间的关联。消费者的或狂热或清醒的运动可以将物质产品的情感共鸣转变为集体符号,实际上转变了与那些品牌名称相联系的 EE 的数量。当生产者试图修改已有的产品生产线,以找到有利的定位时,这种转变又进而反馈到生产者的考虑因素中。因此,由一个网络——生产者的或消费者的——赋予意义的符号会在其他网络中产生共鸣。然而,首创性一般来自生产者一方;正是这些较小的与较集中的网络做出了最早与最富决策性的举动,它着手促使物质对象成为涂尔干的神圣物,这会进一步创造最大的利润。这是在互动市场的符号与情感中,物质市场动态性的与持续进行的嵌入性。不仅资本主义通常由这种嵌入性所维持,而且在资本家进行革新和追求利润的斗争过程中也是如此。

● ● ●

为了说明根据 EE 的最大化,所谓的反常行为是理性的,我们现在转向分析该行为的另外一些情形。

利 他 主 义

利他主义是个体在某一情境中为了有益于他人而让渡某种有价值的东西。利他主义者通常被描述为让渡物质利益,而且有时甚至牺牲自己的生命。我认为，所有利他主义的情形都是社会团结利益与物质产品利益（包括一个人的身体，这里也视作一种物质利益）之间发生的明显的冲突。如果 IRs 市场是 EE 的首要决定因素，利他主义就不是非理性的，它甚至是可预测的。

利他主义最简单的形式是这种情况，个体为其被仪式性动员的群体牺牲物质利益。IR 理论可预测，集体活动的仪式强度越高，个体会为群体牺牲得越多。这一实践例子为基金募集者所周知，他们将募捐的时间恰好安排在集会与会议的情感高峰时，并且试图在群体中建立起礼物赠与或捐款的节奏性高潮。冒个人生命风险，从个体自我利益的角度来看是最大的牺牲，这往往发生在整合程度很高的群体被动员起来对抗集体危险的时候，或面对群体内部斗争的时候。大量的证据表明，作战军队中的仪式团结程度直接决定着每个战士牺牲其生命的意愿性（Keegan 1977; Shils and Janowitz 1948）。

利他主义更复杂一些的形式是群体成员向非成员赠与礼物。在慈善施舍群体中存在这样的情境结构，慈善施舍群体比救济的接受者拥有更多的资源与权力。这样的接受者永远不会成为权力的威胁；赠与礼物，不仅关注捐赠者优越于他人的物质占有，而且关注他们作为群体的权力的优越性。慈善施舍仪式的关注中心明显是自我庆祝性的，在让渡物质资本的过程中产生了符号资本。值得注意的是，作为特权利益群体（如商业协会）或上层阶级社交庆典（"上流社会"炫耀性的集会）聚集在一起的团体，通过将其集会宣扬为致力于慈善活动，而平衡了他们所主导的仪式表演。慈善捐助体现在物质产品，或时间与努力上，其中无论哪一种的供应都非常丰富。做出大量慈善捐助的人在高度宣扬仪式参与的情境中很典型地会这样做,以达到一举两得的功效。

利他主义问题几乎从未涉及牺牲权力。在慈善组织中起到领导作用,或者在使慈善活动成为关注焦点的仪式集会中处于最前方,通常被视为做出了高度的慈善贡献。这不仅没有权力的牺牲,而且由于这种类型的慈善参与而得到了权力的回报。在前现代的宗教背景中,僧侣与苦行者对身体强烈的自我克制使其成为仪式关注的中心,自我牺牲的极端表现使某人获得了圣徒的声誉,而且经常使其成为宗教组织的领袖。因此,个人身体的牺牲是可以预测的,只要高度的仪式动员发生在这类自我牺牲的个体周围。[14]

是否存在权力的利他主义者,或换言之,是否存在将权力让渡给他人的人?对于那些其权力来自处于强烈的 IRs 核心地位的人而言,这并不明显。如果有的话,这种利他主义者也是非常以自我为本位的。一种可能的例外也许是授权的组织执行者。但这是一种典型地来自基于低度互动的资源链的权力;而且所表现的授权动机,通常更多地不是出于利他主义的缘由或为了表明本身的利他主义,而是作为一种使权力更加有效的工具性技巧。即使如此,看起来有权力的人们很少让渡将会挑战自己的权力。

利他主义的领导者是很容易解释的:他们不仅从作为令人赞赏的关注中心,而且从对其追随者施加权力的过程中获得了大量的 EE。利他主义的追随者,尤其是等级低卑的追随者,似乎比较难以解释,特别是由于(如在第三章中说明的)服从他人的权力而降低了自己的 EE 时。这通常是能够获得何种情境定位的问题。只有非常有限的关注空间使个体扮演群体领导者的角色。让渡相当大的权力给他人的个体，比如具有感召力的运动的参与者，可能是那些自己在本身的 IR 市场中几乎没有希望获得权力的人。他们几乎没有可以牺牲的、形成权力的 EE，而且通过全力奉献于仪式参与能得到更高的 EE 回报。[15]

利他主义行为并非理性行动的反常现象。它可以从个体得到其 EE 的互动情境的分布中做出预测。

个体何时在物质上最自私自利？

IR 模型并不认为个体从不关心他们自己的物质利益。它指出，个体在正常情况下会留意 EE 的仪式来源，而且这也将决定着他们赢得与耗费物质产品的大多数行为。但同时要注意的是，高度的仪式只是所有情境中相对较小的一部分。由于情境的变化跨越仪式强度的整个连续统，因此 IR 模型可以直接预测出个体在哪一种情境中最能表现出对自我物质利益的关心。这些是个体最能免受群体存在影响的情境。

因此，自己购物的个体可能不会体验到仪式对其情感能量的直接影响。[16]如果他们所购买的物品（例如，日常食品与家庭必需品）一直没有成为仪式情境的焦点，那么他们几乎没有评价某些产品的符号动机。同样地，政治选择也可以在一定程度的隔离状态下做出。秘密投票的做法很明显是为了使公民免受群体压力的干扰，例如，如果投票是集体举手形式，甚至更糟糕的是集体表决，那么就会有群体压力。

这种隔离或许只是相对的，因为个体或许最近已经参加了比如政治集会等集体仪式,这已经在其记忆中蓄入了成员身份符号,而且目前在指导着他们的私人行为。IR 理论提出,自我物质利益的明显算计,是在个体已经与集中关注这些选择的集体仪式隔离的情况下才会出现。这并不是说,当集体参与发生时,必须总是关注非物质问题。政治集会可能会明显地关心税赋或财产价值。在这样的情形下,我们可以说物质的自我利益与集体参与的 EE 是相互加强的。但是,将此描述为这样一种情境可能更准确些,即其中物质利益本身成为群体团结的集体符号。因此,充满群体热情的参与者,在保险金较低的情况下对保险金降低运动的贡献可能要多于他们从中预期的获得。金融与财产利益在产生 EE 的仪式动态的驱动下,也能够成为符号利益。在此,我们可能脱离了纯粹的物质理性,而过分关注于特定的物质利益了。

要点:EE 寻求受物质资源的制约

既然所有的社会物品都是在互动情境(或互动情境的分支,经过符号的记忆或预期)中被体验的,我们可以说各种似乎能摆脱自我利益最大化的所有社会回报都是获得 EE 的方式。利他主义、权力等等,只是产生 EE 的社会仪式的不同形式,而且关于寻求这些目标是否是理性的问题,可以归纳为为何特定的个体会寻求EE 回报的特定途径。我的回答是,存在一个互动仪式的市场,因此个体在特定类型的情境中,根据可能获得 EE 的机会,投资他们此时所具有的社会的、物质的和情感的资源。IRs 市场使得某些个体利他性的行动或对权力的寻求、去做情人或聚会小丑成为理性的。一旦我们将 EE 作为人们所寻求的核心回报,那么寻求情感及非物质利益的行为就是理性的行为。从社会学方面将这种行为看做理性行为的优势在于:它赋予了我们一种工具,使我们能在互动仪式市场的框架下,预测哪一个个体在什么情况下会追求这些不同的社会目标。

本章开始所提出的找出共同标准的困难可以用同样的方式来解决。情感能量是所有社会比较与选择的共同标准。每一种选择都可根据它所承载的 EE 的数量,无论是所得还是所失,进行评估。权力、利他主义、爱情,以及每一种其他的社会目标都可用同样的尺度,即根据一个人参与互动过程所产生的 EE 的增量或消耗进行测量。某人获得(或损失)金钱或物质产品的情境可以用同样的方式进行评价;也就是说,为增加物质利益而工作是一种首要的情境,在此情境中 EE 在社会互动本身也可以获得或失去。有高度赚钱动机的人,他们在互动仪式市场中的工作互动就是其生活中主要的 EE 来源;"工作狂"之所以沉浸在工作之中,是因为这是他们唯一能够获得高度 EE 的互动。这同样可以用来说明花钱,或经营货币(与其他金融证券)作为投资、企业家、组织的政治活动、赌博,或类似的活动,所有这些首先是社会互动的情境,它们具有自身的 EE 载量。对于某些人而言,作为消费者是产生 EE 回报的日常社会互动的主要形式;对另一些人而言,其 EE 的最高点出现在他们作为投资者,或融资买入的实践者而参与互动的时候。某些人独自工作,而且集中于金融的活动有时也会单独进行,这是一种复杂的情况,但并非是不可解决的难题。我认为,在这些情形下,货币已经变成了涂尔干意义上的神圣物,一种带有 EE

第四章 互动市场与物质市场

的、最初产生于互动情境中的象征。金融符号的内在化与学术符号的内在化是一样的,后者可解释知识思维高度内化的对话。沉迷于商业的、忙碌于证券交易所的投资者,以及奔忙于连续不断的策划与电话中的工商企业家,都是被社会网络中高能量的定位所吸引。

通过这些分析,我们可以将所有物质与金钱的目标,看做是日常互动情境的构成部分,而后者正是 EE 的来源。因此,在与朋友的交际、在办公室工作至深夜、参与证券市场,或消耗金钱与时间参与政治运动,在所有这些活动中都存在着共同的标准。如果我们首先以金钱作为共同的标准,我们就不能将非金钱的社会利益加入到共同的度量标准中;如果首先以 EE 作为衡量标准,那么物质－金钱的目标,根据其直接社会的与非直接的社会－符号的 EE 回报就变得可测量了。

前面概要说明了收益/成本比率中的分子是如何成为共同标准的。那么,这一可分解的分子如何与分母相比较呢?因为任何选择或社会路径的成本不只体现于 EE 中,而且体现在仪式生产的物质方式中。参加教堂礼拜或政治集会可能会在瞬间产生一阵 EE,但是运输、教堂建筑、话筒、祈祷书、牧师的薪水等也耗费了真实的物质。如果个体在比较成本与收益,他们如何根据共同的标准将这些真实成本与情感收益进行比较(以及与作为投资成本的情感资源进行比较)呢?我认为,个体通常并不是必须要直接地、有意识地考虑成本;不过,物质成本会对所做出的选择产生影响。这是因为,如果实施互动仪式时无法得到物质资源,互动仪式将会失败,而且将不能产生或产生很少的 EE。群体将无法聚集,关注力将无法集中,情感也无法得到扩大。不能生产充分的物质资源以维持互动仪式的路径,也将无法产生EE。因此,个体的行为会随时而且直接受到追求EE的激发;个体间接地、不知不觉地受到驱动,去生产物质产品,因为这些资源正是他们所喜欢的仪式所要求的。物质经济中的生产受到IRs市场的启动与塑造。

公式:

$$比率最大化 \frac{收益(EE)}{成本(EE+物质)}$$

可变为:在一组IR机会中寻求最大的EE收益。这一组机会是受限制的,因为当成功的、产生EE的IR无法获得运行所需的物质资源时,某些IR的情境是封闭的。[17]

物质成本的合理性是间接的。人们直接根据情感的共同标准寻求利益,而且只有在长期内才会受到物质成本的支配,这经常与他们的预期相反,并且超出了其关注的领域。我所主张的是,做生意、举行聚会,或参加战斗都是以同样的方式被激发的;在每一种情形中,人们根据那些有直接吸引力的东西,以及过去EE回报的标志性东西来寻求EE。事实上,如果根据可获得的物质资源水平,事业出现了起伏,那么只有等参与者可以自如地跟上事情的节奏时,他们通常才会体会到。昂贵的、物质消费性的事情比如战争的中止,并不必然是由于情感的耗尽,而是因为忽视的成本上升到了事业难以维继的顶点。

情感社会学作为理性选择反常现象的解决方案

现在让我们处理在本章开始时所提到的经验性反常现象,它们已经列入理性选择理论的难题中(Kahneman et al. 1982;Frey and Eichenherger 1989)。这些反常现象可以分成四种主要类型:

1. 过高估计单一的行动路径,而未能分析其他的选择。有一种严重的忽视机会成本的倾向,即忽视通过未采取的途径所产生的可预料的利益。总的来说,个体不愿意全面地搜寻信息。[18]

2. 一旦做出选择,人们往往固守于此。人们一般不愿意重新考虑改变已做出的选择。他们甚至在证明经验不成立之后,仍避免改变对可能性的估计;他们特别抵制改变其框定问题的范畴。如在第1点中指出的,人们相当反对纯粹的与简单的算计。同理,一旦做出选择,他们甚至更加明显地反对重新算计、重新调整基本的认知选择。在此,证据与常人方法论以及会话分析的自然主义观察结果是一致的,它们说明了人们常拒绝改变他们想当然的惯常做法。

3. 当人们框定情境时(例如估计某一事件发生的可能性),他们更喜欢关注于文化的刻板印象,而不是统计性质的信息。如果没有容易获得的文化的刻板印象,人们就会固着于最初进行观察的原有基础上。如果没有预先存在的刻板印象，人们会任意创造一种典型的情形，并且判断在该情形中会继续发生什么。人们从开始就想构造自己的经验世界，他们很快就建立了一个所发生事情的模型，然后将它作为透镜来观察下一步将会出现什么。

4. 另一系列的行为更直接是情感性的。人们对所做选择的未来回报过于乐观。一旦他们以特定的路径投入，就往往固守不变，继续投资于此而不是分散风险；失去成本或付出造成了一种想保护与加强已进入的路径的情感偏见。一旦做出这种投入，当风险与成本变得突出时，人们往往会保护先前的投资，寻求避免损失而不是获得收益。在评估新的可能性时，人们更倾向于根据潜在的收益而不是根据潜在的损失确定选择。而且如果风险性的选择更多地被认为用于个体自己或与其有社会关联的人们，而不只是非个人的或假设的可能性，他将会避免这些选择。

后一种情形是理性选择的少数几个反常现象之一，它允许在社会与非社会背景中的选择之间进行比较。多数的反常现象研究涉及的是一个超然的行动者，这是假设性或试验性建构的，既是通过身体的孤立建构，也是通过严格控制那些进入沟通渠道的信息建构，因此该行动者被禁止使用正常的决策制定模式，也就是说，禁止利用周围社会情境的情感能量和符号。当真实生活中的行动者得到明确的关注时，她或他就成为主导者，由此与决策相关的情感会表现出来。[19]

事实上，所有这类的研究都严格地集中于物质的得与失，而没有考虑这种目标实际得到解决的互动情境；因此我们没有办法了解有多少EE的负荷实际存在于真实生活的选择中。实际上,反常现象的研究建构了一种情境,其中唯一可能的情感目标即物质本身的得或失。如果我们将实验情境本身当作互动仪式的形式,该情境集中关注的对象是物质利益(象征或假设的货币,这是实验者给予实验对象的,并告诉他们可以积累)。实验者们认为自己超脱于实验,但事实上他们正在建构其声称研究的社会事实。最初的选择,或最初的认定物成为该互动的神圣物;保护或强化神圣物成为人们据以建构所有后续行动的价值。实验性的研究情境是一种情感真空;它只是用不带任何情感容量的对象、物质目标或投入的成本来填充。这并不是说,这种实验结果完全是人为的;倘若真实经济生活中的人们也是在社会真空中做出商业决策的话,他们也可能以这种方式行动。

在这一点上,我们也可以看出理性选择传统中的多数研究与理论,就本书中所使用的微观术语的意义而言,并非真正是微观的。它似乎是微观的,因为它是关于个体的;但是个体是比情境更大的分析单位;个体是真正的情境长链中的抽象物。理性选择研究(也是在交换理论的标签下实施的)给我们一种欺骗性的微观外表,还有另一个原因:它的实验是典型地在几小时甚至更少的时间内完成的。但是这些并非是自然发生的情境,而是被建构的,因此压缩在几分钟或几小时内的交换是加速进行的。在现实生活中,许多合作伙伴之间的如此多的磋商交换可能需要几周甚至几年的时间才能完成。理性选择不是微观的理论,而是压缩的中观理论。在字面意义上,"理性选择"是关于情境思维实际如何发生的错误的微观机制。正如在本章开始所指出的,假若我们理解了我们实际做事的微观与中观机制,这并不会动摇该理论作为中期人类行为模型的效用性。

物质关注的微观社会学

如果个体要去思考未来的情境,那么什么符号最容易进入脑海中呢？可能是那些具有最高 EE 负荷的符号。因此,如果他们打算做计划,或比较不同的选择,他们的思想探索将从最富 EE 的观点开始,而且这些将在其决策中变得最为显著。如果一套想法与特定的情境选择相联系,而且同其他与情境有关的观点相比,具有非常突出的 EE 负荷,那么这个人将会做出迅速的决策。当一种选择看起来是绝对正确时,再考虑其他的选择让人感觉是没有必要的。

现在让我们来分析几个相对具体的观点,它们关注的是涉及理性选择反常现象的实验。金钱、投资、物质成本与收益,这些在某种程度上是来自日常互动中人们熟悉的概念,尽管某些人比另一些人要更多地关注在其会话互动中的这些概念。关于货币与物质财富占有的思维和谈话的日常模式,来自人们对与社会地位有关的会话仪式的关注。或许最常见的说话形式,其中金钱在社交会话中是重要方面,体现在对自己财富或财产的夸耀(经常间接地或私下抱怨所购买产品的高成本)。这是关于金钱的正面谈论;在亲密的家庭范围内,钱是家庭争吵的主要话题。[20]这种会话仪式的结果,是赋予金钱一种相当简单的情感负荷;它是一个人作为其地位身份的一部分而拥有的东西。

关于金钱与财产的日常谈话通常并不关注算计几种选择,考虑机会成本,或诸如此类的事情;当在一定阶层的能维持金钱事务谈话的一群人中,谈论能显示自己的社会成员身份时,金钱概念就能获得情感的共鸣。金钱可能是真实的资本,但是关于金钱的谈话是一种符号资本,它直接决定着社会成员身份。如果金钱作为大多数人的情感象征,当我们将其置于实验情境中,并要求他们计算潜在的成本与收益时,他们往往会将该背景中的金钱符号作为应受到保护的东西,这一点并不令人吃惊;对金钱标志的情感关注使其注意力的范围,无法超出做出决策的可能性与假设的框架。

为了拓展这一讨论,我们可以沿着两个方向进行:分析不涉及金钱的选择;或分析在他们日常的社会际遇中更熟悉金融交易的人们。我们先来看后者。那些货币专业人士,也有产生理性选择的反常现象的倾向,尽管这种原因与那些只偶然谈到货币的人们之间导致反常现象的原因相反。对普通人而言,货币是一种符号范畴,相对来说几乎不涉及算计的情境;它是社会等级性成员身份或家庭中权力的相对静态的符号标志。另一方面,对货币专业人士而言,他们处理货币的情境可能具有高度的情感;它们发生在社会关注力高度集中,而且共享情感极其丰富的际遇中。因此一个赌徒或股票经纪人的典型的日常生活情境,构成了货币处于关注中心的高度的IR:对于这些职业来说,货币成为最卓越的神圣物(Abolafia 1996)。这些职业的成员往往容易受到理性选择的反常现象的影响(Slovic,Fischoff,Lichtenstein 1977),这恰恰是因为他们是根据富有情感的符号来思考问题的。他们对货币(或砸入的成本、选择的特定策略、采取的金融行动框架)的非常强烈的关注将其注意力限定在那些符号上,这导致他们忽略了更大范围的算计。

对该讨论的另一个拓展是选择不涉及金钱的情形,但涉及对各种事件的可能性与各种行动过程回报的一般估计。在此,大多数实验对象的问题一般是,没有一种可能的选择是根据具有丰富情感的符号所制定的。因此,人们求助于基准假设或其他原初的框架工具;它们不得已而求其次,创造暂时的认知性的神圣物。如果获得了认知性的刻板认识,他们将用它来进行思维。若从另一种框架的观点来看,使用刻板认识可以认为是"非理性的",这种框架拥有情感的价值符号,而这一符号又是与"理性"相联系的。然而,在日常思维过程中,人们只是想使 EE 最大化。在会话互动的范围内,某些口头符号可能会有相对更为丰富的 EE;当引起思维的情形出现时,人们会使用任意一种可能获得的这类符号。如果社团中的每一个人都在通过描述他们的消费而夸耀自己多么有钱,那么直接的情感回报就来自参与对自己的夸耀。这里存在一种基于情感流动的思维经济学。一个人在思维过程中花费尽可能少的 EE,并努力从中收回尽可能多的 EE,从而实现了经济有效的思维;不仅如此,由于大多数情境中都有直接的情感意味,并非长期的 EE 回报在起决定作用,而是短期的,实际上是即时反馈的 EE 起了最重要的作用。

在几乎一无所知的可能选择(也就是说,EE 很低的符号概念)中进行大量搜寻,这样的思维是无回报的,只会耗尽 EE;无论何时,都应该尽可能地避免。[21] 首选的思维是使用那些已经具有高度 EE 的符号范畴,它们会很容易地出现在脑海中;在这里,思维是轻松而又自发地产生的。根据 EE 尺度，在可用的文化的刻板认识中的思维是高效的思维。

那么，任何其他的"理性"概念究竟是如何产生的？谁做出了某种思维是"反常现象"的判断？显然，它是另外一个社会共同体，是具有一套不同的范畴并将其作为神圣物的共同体。比如统计学家与数学取向的经济学家构成的共同体。对他们而言，数字已经成为群体成员身份的符号标志以及团结和 EE 的来源；普通人（特别是那些对数学有着共同反感的人）会将其视作而且觉得这是一种陌生的世界观与外来群体的符号象征，认为这是统计学家/经济学家本身群体成员身份的一种想当然的标志。[22] 正如所有具有封闭互动与群体团结的坚固模型的社会群体一样，统计学家和那些相似的专业人员，把其本身的符号看做是理所当然的；对于这些专业人士而言，统计观念比其他符号充满了更多的 EE；这些观念很轻易地跳入脑海中，顺利地成为一系列的思想表现，并由此得出，它们似乎明显优越于其他所有的关于这些主题的概念模式。"理性"的确切概念，正如在数理统计计算中所认定的，本身是一种价值的象征，固着在情感能量与诸如这种专业的群体团结之中。

在日常生活中，人们用极富 EE 的口头概念进行思维，这些EE 由其个人群体的互动所产生。我已经指出，这种行为在广义上是理性的，它不是属于统计学家、数学家与经济学家共同体的有限意义上的认知性神圣物，而是在以 EE 为共同标准，具体意义上的相对于成本的收益最大化。这并不意味着日常思维中的每一件事情都以相同的方式出现。然而，其变化是可以用 IR－EE 模型预测的。

让我们来分析两种特殊的情形。首先一种情况是，个体对其环境中的每一种情境和每一个符号所具有的EE都很低。没有一种选择在情感上具有强烈的吸引力；没有一种思想会完全自发地跳入脑海中。如果这个人的IR生活很贫乏，这种情形可能会出现。人们可能会认为这是一个从事理性算计的理想人选，他能理性地考虑所有可能的选择，并且不带偏见地做出决策。但是IR理论则指出，这个人将会陷入冷漠无情，无法做出决断。情感能量不仅对于提供可能的选择和关注焦点是必需的，而且对思维过程顺利进行也是必需的。

还有一种情形是，个人面对许多情感负荷水平大致相同的可能选择。这个人的IR市场情境非常复杂；或者存在许多偶然性，使得相比其他的选择，预期哪一种选择将会带来更高的EE变得很困难。在这样的情境中，IR理论预测这个人的决定确实会出现迟疑。他或她的行为是优柔寡断且犹豫不决的。如果这一迟疑发生在具有相对较高的情感负荷的几种选择之间，犹豫不决就变得极为痛苦。这种情境的存在并不意味着认知的互动仪式模型有缺陷。相反，它是可以解释的一种经验性的另类选择。

情感能量是个体据以衡量可供选择的共同标准。如果说得更直接一些，符号的EE负荷决定着哪些观点最容易跳入脑海，以及在这个人的思维中哪些最具有吸引力。这一EE尺度的形式是什么？它肯定是定序性的；以此方式测量时它是否具有定距尺度的属性呢？人类行动者能否退回一步，直接观察各种情境与符号的EE水平，判断它们的价值，是令人怀疑的。但一个人会对EE价值最高的任何东西都能做出直接的反应。不确定的领域完全可能存在,这使我们不可能辨别哪一种 EE 的水平高,哪一种 EE 的水平低。这可能会导致迟疑的情境;由于 EE 是短暂的,不同的情境选择可能会以不同的速率衰退(取决于它们的新近性与重复性);在当时迟迟不能做出的比较可能在一段时间之后会得以解决。

在这一分析中,我没有区分在确定情形(充分了解所有的结果)、在风险情形(知道结果的可能性)以及在不确定情形(前两种情形都不知道)下的行为。在任何即时的情境中,个体对在群体中出现的 EE 流都会做出直接的反应。这相当于确定情形下的行为。当我们退回一步,在较长的时间框架中分析同一个体,接近互动仪式市场中某一部分而远离另一部分时,我们是处于不确定的领域中。[23]同样地,使用来自互动经历的具有 EE 的符号进行思维,可能也是在不确定情形下的思维。

确定性与不确定性的区别可能几乎不会对以 EE 为基础的行为模型产生影响。如果 EE 的水平较高,个体的行动就像结果已经确定一样。EE 给予他们很强的信心;这或许是目标置换(这种对未来成功的过高估计经常可以发现),但没有必要将我们关于人类认知主体的模型复杂化。然而,当 EE 的水平中等时,不确定性或许变得更为显著。合理的假设是,当个体的 IR 经历只产生中等程度的 EE 时,他可能会感到无把握;而且不确定本身使其更加难以明确地关注某一既定的选择。一个人头脑中的符号性 IRs 变得更加难以建构;如果他们试图关注不确定性的具体来源,那么与他人之间的真实 IRs 就不会很成功。因此,不确定性领域的 EE 是很低的,不管是自己思维的个体,还是互动中的群体,他们的注意焦点都是分离的。对不确定领域的这种回避符合可观察到的大多数人的行为。

关于决策或情境思维的研究集中在这样一个主题上,即人类的信息处理能力是有限的,她或他只能在有限理性的情境中发挥作用。那么决策是如何做出的?假设有一定的任意程度;而且假定认知能力是有限的,减少可能的选择且避免复杂的算计是可理解的。[24]但是,什么使得行动者倾向于将某种特征而不是另一种特征看做是任意的,或倾向于使用启发方式使某一特定项目尤为显著?

答案是各种可供选择或其符号的 EE 负荷。具有较低 EE 负荷的情境特征(或做出决策的可能的情境范围)被忽略了。决策集中在那些能够唤起最高 EE 的任何一种特征上。当几种特征所唤起的 EE 水平相当时,在不同选择中做出决断是最痛苦的。

这与各种关于认知启发和反常现象的模型是一致的。马奇与西蒙(1958)的"满足最低要求"暗示了未参与的日常领域几乎不会在其社会互动中产生情感力量,而所关注的问题领域,应该是那些具有最高的集体情感唤起的领域。[25]加芬克尔(1967)的常人方法同样暗示了,当违背了正常预期时,仪式解释将会受到威胁,从而产生情感唤起,并动员参与者去关注出现的问题。卡尼曼(kahneman)与特维斯基(Tversky)划分的大多数反常现象,问题是过高估计了单一的可能选择,而且忽略了应考虑的一切情况(把机会成本搁置一边,对一个人所选择方案的未来回报过于乐观,关注点局限于刻板认识,不愿意进行充分的信息搜寻或改变自己的看法)。所有这些情形中,某一概念相对其他概念而言被夸张了。如果思维是由一核心机制决定的,而且如果所关注的是那些出现在近期社会互动中的、EE最丰富的特定符号,这是可预知的。

缺乏有意识算计的情境决策

多数关于微观情境中个体的经验研究发现,他们几乎不进行有意识的算计,倘若这一事实可以表明个体如何趋向于使中期的成本收益平衡最优化,那么就不必反对行为的理性行动模型。我的观点的两个方面有助于该目标的实现,它们表明,受非物质利益激发的行为是理性行为;而且存在共同的标准,使得个体能够衡量截然不同类型的利益的回报;他们通过趋向于可获得的最高程度的情感能量可做到这一点。

如果人类是EE的寻求者,他们就不必进行有意识的算计。我在前文中所使用的术语"选择"或"决策",在多数情形下可以被视作比喻性的。人类行为的特征或许是以情感能量为取向的。EE的社会来源直接激励着行为;活力最强的情境施展出最强的吸引力。个体在主观上,并未感觉到这种情境在控制着自己;因为他们正充满了能量,感觉自己在发挥着控制作用。如果他们反思自己的行为,完全有理由将其描述为坚定的、具有坚强意志的决策。但是他们不需要对各种可供选择的成本收益进行任何有意识的算计。当EE很强时,他们会立即知道自己想要做什么。

认知与情感极其紧密地交织在一起,这种观点是超越了对认知启发性认识的下一步。在模拟人类行动者的人工智能(AI)方面取得的进展,旨在将认知结构与情感进行结合(Carley and Newell 1990)。成功的模型将会把包含符号的IRs的社会网络,与情感能量以及由这些情感负荷所驱动的认知过程结合起来。最终,如果社会科学能够在人工智能中模仿人类的思维,它将不得不结合情感的互动基础,它激发了在不断的情境流中认知符号的选择。正如我在其他地方所指出的(Collins 1992),一个真实人类的人工智能,将不得不以一种拟人的设计去建构,该设计可调整人类言语的节奏以及产生真实的人类对话效果;它将是具有情感能力的机器人,以婴儿学习说话的相同方式,通过与人们的互动,学习人类对符号的使用。

我试图拓展理性领域,来说明非物质性的、情感的以及符号的行为也可以根据成本收益的最优化原则进行分析。这一理论策略的学术成本似乎很高,因为它包括用情感能量作为核心的动态机制,使其他所有的一切,包括物质利益都围绕它而运行。但是这一策略的优势在于,使行动者模型与对微观情境层次非算计行为的发现保持了一致。我相信,这些优势超过了改变理性选择传统中某些概念偏差的成本。

我们所抛弃的,主要是把货币作为可以用理性解释的所有利益的标志。做出抽象的效用概念的假定也变得没有必要。情感能量是以经验为基础的概念,对其直接测量以及说明其变动的社会条件是可能的。我所提出的理论变革使我们有必要摒弃把"算计"或"选择"概念作为对短期情境的描述,相反应该从概念上重新说明个体在可供选择中决定自己行为时所发生的一切。物质约束下的最大化理论,当应用于社会生活的情感通货以及产生情感通货的互动结构中时,会变得更加有效。

第五章　内化的符号和思维的社会过程

在 IR 理论中,思维是符号的第三层序循环。它是在紧密的 IRs 中第一层序的符号形成之后,又以符号在会话网络中第二层序的再循环为基础的。不过思维是另外一环,现在纳入虚构的内部会话,这种会话是在大脑中发生的 IRs。现在进行一种格式塔转换:起点不是进行思维的个体,而是符号在人群中间的整个分布。如果你能凭想象看得到,就是把可能呈现的模式形象化了,通过抹去时间的摄影,符号也标上了颜色,这样我们就可以追踪它们的流向,并且获得作为亮点强度的它们的 EE 水平。我们将会看到符号作为光束的循环,先从人到人,然后——如果我们的照相机把镜头拉近的话——在一个具体人的头脑内的链上流动。

这里的目的跟在前几章的一样,即在于激活涂尔干的模型,并将其模型加以应用。涂尔干提出了一个抽象的、静态的知识社会学:人们思维的范畴是由社会形态学决定的集体性表达。我的目标是扩展此理论,并加以具体化,将去解释在特定时间谁思考什么东西。同样也将涉及关于思维的其他主要社会学理论:米德提出的由社会互动而内化的、自我的各部分之间内部会话的理论;认为思维是通过扮演他人角色而想象性的排练。这里我们又提出了一个抽象模型,它是关于自我的内在结构的模型;但不是关于在具体情境下会出现什么样的思维的模型。

把这两个理论结合在一起这里提出了一种激进的思维的微观社会学理论。会话是互动仪式,它使符号拥有了成员身份意义;思想是内化的会话,它根据符号在具体时刻的变动所具有的 EE 负荷而变化。在会话市场中,个体趋向于这些会话,在其中他们的符号库和 EE 水平产生最高的 IR 兴奋,同时又避免那些降低 EE 的会话。同样发生在头脑的内部会话是:在展现出的精神情境中,思维流入那些产生最大的 EE 的内部会话。

我们将不得不面对另外一种复杂情况:尽管外部会话受那些跟其符号库和 EE 水平相匹配的人的直接情境的制约,但内部会话可能没有任何方向性地进行;毕竟,进行思维的这个人是在想象会话的对方以及自己一方,因而能够补充任何可能的相匹配的东西。然而,正如我将试图说明的,内部会话不是无边无际的或任意的,而是有类似于 IR 链的形态。思维总是发生在一定时间的某一情境中,因而处于 IR 链的包围之中,IR 链既确立了内部思维的起点,同时又为其提供符号性和情感因素。有些类型的思维与外在情境密切相关;对社会学来说这些情况最容易处理。有些类型的思维极大地受内在化的沟通的结构性社会网络的限定;这是学术思维的一种情况,根据它我将为思维的社会学理论提供目前为止我们最好的证据。还有一种形式的思维,离开了其起点,进入了关系链之中;此类型在社会学上最难处理,但在这里,如我们将会看到的,也可发现一些模式。

深入思想内部或退出的方法

社会学家可以用什么方法去研究思维呢？我在这里提出此问题，不是出于实证主义者的想法，即认为存在着一个唯一正确总是必须应用的方法，而是出于实用的想法，即理论的进步最好与经验观察并驾齐驱。这种例子体现在涂尔干、米德、戈夫曼、韦伯以及实际上任何一位人们可以想到的其他重要社会学（或心理学）理论家身上。同样地，显然人们无法事先确立所谓经验的研究方法一定是什么。尤其是对杰出的微观社会学家，如戈夫曼、加芬克尔、萨克斯、谢格洛夫、舍夫、卡茨，以及那些在其研究中创立了新方法的创新者来说，就是这样，而且如果他们按照如1950年出版的方法课本去做的话，那么他们几乎不会取得他们的发现。

方法涉及所面对的一些困难，我们有意识地来看一下从中所提出的问题。如我们怎样可以进入到他人的头脑里面？我们只限于描述我们自己头脑中的东西吗？偏见会产生，因为我们每个人跟他人是不同的。并且偏见也许会加深：即使分析我们自己的想法——或者让其他人报告关于他们的想法——还有一个是思想如何根据自我意识的反映，以及为了报告它而中断，思想发生变化的问题。还有非语言想法的问题，即包含在形象、身体活动和情感中的想法；而类似语言的想法，没有列入我们将其外化的表达清晰的讲话之中。然而，这些困难不一定是障碍，而可能有利于促进创新，也可能开拓理论的新方向和发展新的研究手段。如果思维社会学的问题仅仅是深入内部获得了解的话，这些问题也许更严重。

但我们有更好的理论依据相信,那些内在的思想始于某些要素,并由这样的过程所塑造,这些过程由社会互动而内化了。我们不是站在哲学家的位置讨论唯我论问题,并从一种来自封闭的个人头脑的观点设法推论一个外在世界的存在。[1]在内在的或精神的与外在的或社会的之间并没有严格的藩篱;这些是通过既有向内又有向外的过程而相关联的领域。通过研究这些过程,我们可以对思维社会学有更多的了解。

1.研究思想的直接方法是内省法(introspection):观察一个人自己的想法并记录下来。这些想法可以是研究者自己的;或者其他人的想法,这些想法因各种理由而被报告出来,或是自发地或是应研究者的请求而回顾他们的想法。另外一种方式是由小说家使用意识流的手法描述想法。现在需考虑的方法论问题是:这些思想报告像个人喜好和片面看法一样是有偏见的吗?这样一种判断性的意见无法事先断定;我们只有做了比较之后,才会知道它们是有代表性的或是片面性的。而这种比较总是在一定的理论框架之下进行。我们作为社会学家感兴趣的是,思维所采用的形式。在每一情况下,经常有一些独特的细节内容;尽管我们在分析实际存在的刻板性的精神表达的程度之前,不应该过高地估计这一点。但是我们想要知道的是,一个理论模型是否可以解释这些模式及其变异。在头脑里没有一些理论问题就去分析经验观察结果是无用的。如果我们只是无意义地观察那些想法,没有任何关于这些想法变动模式的概念,那么也很容易下结论说不存在任何模式。在这种情况下,我想要说明的是,思维与外部的社会情境链有关联,思维发生在这样的情境中,而且如果我们不去考察它们,我们几乎难以评价是否存在这样的模式。我进一步想要分析的是思想作为一类 IR 链的内部链;并提议分析跟这一模型不一致的所有情况的内省模式。

我们自己的内省有致命的偏见性,或别人的想法报告有偏见性吗?由明确的研究框架形成的内省是更好还是更坏,或者它们最好是被附带性地提出与研究者没有关联?在收集和分析大量的内省资料以明确回答这些问题方面,我们几乎不会有任何进展。[2] 但若期望我在后面将提出什么的话,我建议不要把代表性和偏见性问题摆在突出位置。一旦我们看到存在着几种类型的思维,而且它们都来自于特定的外部 IR 链情境,并服从特定的内在变动形式,那么看起来——作为粗略的初步概括——没有理由把任何特定类型的内省资料当作是无效的而排除。类似的是所谓在研究过程中出现的由自我意识和自我中断所导致的歪曲问题:首先,自我中断是一种思想形式,自然情况下也会发生。另外,内省报告根据自我意识干预的场合而变化:通常观察者(这也许是自己)在自我意识打破应报告的这些想法之前,都记得大量的思想链;而且在自我意识打破前,这些思想链模式类似于用其他方式收集的内省资料。

2.另外一种方法是在内化的过程中,捕捉到人们的思想。这是库利和米德在提出关于自我的符号互动理论时所用的经典方法;类似的工作是在俄国由维果斯基学派(Vygotsky 1934/1962)

对儿童语言的发展所做的研究。下面举一事例来看:

> 朱莉娅(Julia),30个月大的孩子,当她的母亲外出时她独自留在厨房里。桌子上有一碗鸡蛋。当母亲再进入厨房时,朱莉娅正把鸡蛋往地板上扔,一个接着一个,同时自言自语地说:"不不不。不应这样做。不不不。不应这样做!"(引自Wiley1994,63)

朱莉娅说话时用的是她母亲的声音,想象着正在扮演他人的角色。最终此声音变成完全是内在的和沉默的,并成为了一种自我控制的形式。在符号互动理论中,"一般化他者"被定义为结合了所有外部对话者和他们的观点的一个阶段。在两岁至两岁半时,儿童仍然处于半外部性的思维过程,大声讲对话的部分内容;后来到三至五岁时期,对话就变得沉默和内化了,用构成成人意识的形式组织想法了。

这一儿童素材是思维的社会学模型关于外部会话内化的证据。它并没有为我们提供具体的细节,以说明这个过程是如何在成人中继续下去的;很大程度上,看起来,成人缺少一个中间环节阶段,在此阶段他们在内化会话之前大声对自己讲他人的部分话。但这有时会发生,特别是当你学习一个新词或某人的名字时,人们努力设法去记住;或者是在会话或公开表演中,当说到一件特别震惊的事时,听者会惊讶地或惊喜地大声重复它。后者是浓缩在符号表达中的一种高度关注、情感连带性互动的例子;被提升的情感连带在公开的符号重复中表现出来了。一个可验证的假设是,以

第五章 内化的符号和思维的社会过程

这种方式大声说话能使它们特别容易被记住,并成为人们内部会话的一个主要部分。

3. 相反地,在此过程中也有内部思维的外在化,如在想法成熟之前,或在所认为的常规会话仪式应有形式表现之前脱口说出。戈夫曼(1981)在"回应啼喊声"标题下提出了这个主题。这些包括明显的不由自主的惊叫、咕哝声、挣扎或痛苦声,以及言语形式的喃喃自语。戈夫曼的分析思路是,社会情境总是某种需要应对的东西,即使当互动是非专注性的。人类彼此身处一起时,像动物机警地注视周边环境一样,至少也有一种关注彼此在做什么的反馈意识。很大程度上他们只关注常态的符号,而与这一情况不同的是,他们开始警惕那些可能涉及自己的他人行动中反常性变化的符号。因此个体做事时要使自己觉得有理,进行的是一种戏剧化形式的活动,表白自己在做什么,包括当行动必须表明只关心自己的情况时。咕哝声和喃喃自语不是为了沟通,即不是为了把人们吸引到专注性互动之中。但是它们也是社会性表达,是因其他人的存在而产生的;如戈夫曼所说,"它们不是表明情感的外泄,而是表明了相关情感的注入"(Goffman 1981,121)。

戈夫曼追寻的是涂尔干的纲领,把一切事情都看做是社会互动的形式。那么我们如何去分析相似的表达,即当没有其他人在场时人们私下做出的事情呢?这些必须有一度外部的情境的内化;一个人自己会喊叫,因为他曾对其他人喊叫过;一个人在做一件事时会有明显的咕哝声,因为他以前曾以此方式向他人表示过自己的做法。这条分析思路须从经验上加以考察,因它是否包括了当人们是一个人时默默出声的所有情况，可能是有疑问的。更为重要是，我们可以从社会学角度去关注某一类表达，它们是当人们单独和有他人在场时，大声表达出的一类思维形式。在这里我们可捕捉到转变、运动中的思维，而不必诉诸内省报告；因此我们也能够分析它的形式及其与社会环境的关联性。

最明显的是，这类外化思想的明确表现的形式是演练，在这里个体准备他或她打算对他人的讲话。这里更有趣的情况不是为正式聚集的人讲话，这种讲话最好是写成后再大声说出来，而是对更加非正式的、社交互动中的人的讲话（但也是为促进互动，譬如请求老板提升或告诉雇员他或她被解雇了）。人们注意到，在讲话人默默地试图说另外的事时，中上层阶级的人比工人阶级者在其言语中有更多的犹豫停顿（Labov 1972）。这是典型的社会阶层互动的差别产生思维上不同的证据，不仅形式不同，而且内心对话的总体状况也不同。工人阶级的讲话者倾向于使用更公式化的表达形式，他们滔滔不绝地讲，没有顾虑，因而思维不中断。这存在着思想演练上的社会差别。

把想法大声说出来，有时被称为自言自语，它是思维的最易有社会性的形式。其中一些可以通过自己报告，即一个人独处时的自言自语加以研究。一种重要的两可形式是诅咒。这实际上有时是跟另外一个人交流，但因这是危险的，如在卡茨（Katz 1999）对司机在其车中对其他司机的诅咒研究中，诅咒最常见的形式看来是在单独或接近单独的情况下。诅咒是特别值得思考的，因为它可以使我们分析最高度仪式性的思想形式，在这里内容的重要倒不如行动本身，这是作为一种有魔力的咒语，也是作为情感能量的变压器。

4. 知识分子的思维是特别容易接触到的，因为知识分子为公开发表而表达他们的思想。由于会读到或听到知识分子发布的成果的受众是高度结构化的，故最容易说明在这种情况下，内在的和外在的结构是如何相呼应的。并且因为作者要经过一系列的阶段，从阅读他人的成果并做笔记，到讨论、形成他们自己的要点、大纲、草稿和最后发表，所以我们有良好的条件去分析观点是如何沿这一连续统从内部对外部（反之亦然）因不同的人而有所不同的。我们不需要假定那内部想法只是反映外部的沟通，但可以研究分析使它变化的条件。

5. 存在着不同种类和类型的思想：人们之间在个性风格上不同；同一人在不同时刻表现也不同。这种变化对拒绝社会学方法不会提供依据；我们通过用它们做比较，并说明一种类型或其他类型的思想出现的条件，可以把这些差别转变为我们的分析优势。的确，如果思想在形式上是不变的，也许就更难以对其做出理论解释，因为我们不能使用比较的方法去发现什么样的理论模型是最适合的。思想用词语表现，但用不同程度的常规表达形式；它也用图片和其他类型的感知图像来表现，有时也用身体运动的运动格式（motor schemes）来表现。我们可以把这些思想模式的不同跟在外部链和内部链的情境状况相联系吗？

在得出好的理论结果时，其一个方面的差异是思想形成的速度。某些形式的想法来得快，瞬间消失，难以捕捉住；某些形式的想法来得缓慢，甚至有意如此；某些处于这两种情况之间。我们通过研究写作、研究各种程度的外化，可以很好地考察这些变化的速度。思想变化的速度与不同的情境脉络有密切的关联，也与协调活动和情感能量的 IR 模型密不可分。[3]

在接下来的部分中，我将会用到这些不同的方法。限于我们在此领域的研究阶段，在有些部分观点必然是尝试性的。自从米德提出了他的参与内心对话的自我理论以来，沿着这一思路所做的一项重要的理论研究是诺伯特·威利的《符号自我》(*The Semiotic Self*, 1994)。我将进一步推进此观点，但更多的是沿戈夫曼的激进微观社会学的方向发展，而不是沿米德所强调的自我的内在结构方向。透过这些各种不同的研究思维的方法，可以使我们关注这样的目标：可告诉我们在什么样的社会情况下，思维表现为这样一个形式而不是其他形式的理论是什么。[4] 在什么样的情境中，某一具体个体会提出特别的想法，此想法将呈现什么样的形式？这些情境处于 IR 链中，此刻符号被赋予一定的社会和情感历史，而且它们随时可用于即将突现出来的一个所预期的情境。下面我将开始考察我们所了解的学术思维，对此我们最为熟悉。

学术网络和创造性思维

接下来，我将说明我对全世界历史中的哲学家的研究(Collins 1998)。所提供的证据表明，符号，因而也是知识分子思考的主题，是通过个人在网络中的互动而被内化的。情感能量也是如此，此

第五章 内化的符号和思维的社会过程

能量驱使着处于特定网络位置上的个体,使他们在其思想链中比他人更有热情、信心和着迷。它也向我们表明了新观念是如何根据所期望的受众加以再造,而产生于一定时刻可利用的符号的分布。

成功的知识分子比那些较不成功的知识分子,跟其他成功的知识分子建立了更多的网络联系。我这样说是想表明,这是根据这些思想家工作的重要性做出的历史判断:用通俗的术语说就是,伟大的哲学家跟其他伟大的哲学家有更密切的联系,而跟另外层次的哲学家联系较少;二流的哲学家跟学术共同体核心的联系就有些减少了;不入流的哲学家跟所有重要人物的联系最少。[5]

这样联系纽带有几种类型,但都是以相同的方式分层次的。一个哲学家越重要,他或她越有可能会成为更顶尖的一个或更多老师的学生。这些链从老师到学生可关联横跨几代人;处于最高地位的哲学家,是被众人环绕的最亮的星,他们通常来自于那些有许多(实际也平等地互动中的)杰出的思想家构成的紧密网络。因此一个哲学家越杰出,一般来说他或她越直接或间接地与其杰出的前辈有联系。二流的思想家跟重要思想家的直接或间接联系就减少了,不入流的思想家的联系就更少了。[6]

这些纽带联系既可向上延伸也可向下发展,在时间上前后可横跨几代人。伟大的哲学家有比那些不重要的哲学家有更多的相对来说成功的学生和学生的学生;学术成功向前拓展,但也向后延续——拥有做重要工作的学生,是一个人因有非常重要的思想而获得长久的历史声誉的一部分。这最后一点似乎与直觉不一致;看起来未来无法影响过去;一个人死后所发生的一切不能决定一个思想家当他或她活着时会做什么。这里我们再次需要做格式塔转变。个体不决定网络做什么，但反过来是成立的；正是横跨几代的整个网络的行动，决定了在多大程度上关注在网络中某一特定点形成的思想观念。而且由于思想观念总是涉及多方面的符号，这些符号既通过语法解释链又通过内涵的细微差异跟其他符号相关联，故思想观念在不同的背景下会得到重新解释。因此某一具体思想家的理论思想的"重要性"，只有等后来的几代知识分子在其工作的基础上有所成果时，才会确立起来。这不是说，公认的名誉仅仅是被建构的，而不管那些思想实际具有什么样的重要价值；而是说，那些思想的价值不是包含在自身中，不是离开历史处于某一虚空中，而是通过整个网络产生的，因为网络对思想观念做了处理，使它们不断地以不同的组合方式被分解和重组。只有少数几人具有超凡的头脑，像高耸的山峰一样矗立在众人之上，这是完全可理解的，如涂尔干派所表明的，学术共同体造就了那些成为其集体关注焦点的人物。作为社会学家，我们不应通过神话的角度去看问题，而是应关注产生这些神话的更大的结构，即关注思想观念在网络中的形成和长期流动。

除了这种跨世代的垂直联系纽带外，跟同代重要人物的水平联系纽带，在那些成功的思想家中比不成功的思想家中也更为常见。这些纽带联系既有朋友也有对手。杰出的哲学家尤其有可能跟其他重要哲学家有直接的和相互的争执，并保持较大的距离。在友善的方面，我们发现重要思想家倾向于属于个人熟悉的其他思想家群体。这些群体在其生涯早期就开始形成；它们不仅把那些已成名的人聚在一起，而且也把那些尚未完成将给他们带来声

第五章 内化的符号和思维的社会过程

望工作的未来的思想家纳入其中。我们再次看到了可能试探我们陷入目的论的模式,即未来决定过去。打破个人主义的格式塔之后,我们可以说,群体使其生涯结合在了一起,他们的互动促进了整个的学术创造性。

这些网络模式在整个历史长河中都可见到。当我们转到微观领域后,我们想知道的是网络如何影响处于这些情境中的个体的思维。一个人从其杰出的老师那里获得了什么东西能使他或她具有创造性?这不是简单地传承老师自己的想法,即文化资本的传递;接受和重复某人老师的思想只会使其成为一个追随者,最多是一个小思想家——一般来说这是缺乏重大原创性的,这是他们区别于更重要的思想家的重要方面。要成为一个重要的思想家,从个人方面来说意味着提出创造性的新思想。通常这意味着突破其老师的观点。这种突破被解释为对父辈人物的恋母情结(Oedipal)的反叛,但弗洛伊德的模型没有提供任何解释。它们远非是普遍性的,因为小人物不会突破其老师的思想,但只有当能为新观点的形成留有空间的结构条件存在后才会出现此情况。

如果不是思想,那么未来的伟大的学者从大师那里得到了什么呢?被传送的一个方面,甚至也存在于观念的突破中,是高度的EE。杰出的思想家是能量之星。他们是高产的,有大量的成果发表(通常也有未发表的成果),但其中只有一小部分人成为著名人物。他们工作时间极长,似乎整个心思都是他们的工作;他们的思维本身在激励着他们,好像他们被其思想链磁力般地吸住了。在这些思维活动(通常采用写作的形式)处于巅峰时,思想涌现在他们的头脑中——有些情况下,他们报告出来,好像他们在做口述。

这个情况,见于那些被其工作完全吸引的人之中,"灵感"观念提供了某些可信之处,好像有创造性的思想家就是一个天才,以非同寻常的方式从更高的领域取得了创造性的结果。此比喻法被误置了,转变为社会学的真相是:在学术网络中有一些特定的位置,只有少数几个居于此位置的人成为了高度关注、高度激励的对象,用新的方式把各种符号结合在了一起;而且这些符号的确来自外部,并非来自神秘莫测的创造性精神领域,而是来自在人们头脑中内化的学术共同体的作用,现在它们又被外化出来了。

不是所有有创造性的个体都有同样的辉煌——以及同等的知名度得到人们对其个体行为的关注——但他们都有相对较高程度的集中于其工作的情感能量。杰出的老师是令人难忘的,因为他或她把人们的看法和注意力集中到了其重要意义超过任何其他的学术符号上面,而且还因为对那些进入他们轨道的人来说,是像磁力一般令其着迷和振奋的。从我的证据来看,这些网络纽带是个人的接触:其模式如前面描述的,当其他人也在场,并且(有时)与他或她相呼应时,此模式就形成了。我们把此网络模式概括为卓越者孕育卓越者;学术创造性是有感染力的,在一个群落中有影响的东西,会通过言传身教和个人接触从一者传递到另一者。网络纽带的这一模式存在于所有历史阶段,从公元前500年的印度、中国和希腊,直到20世纪40年代的欧洲;[7]这也就是说,它横跨的时代具有极为不同的交流形式,既包括主要学术生活以直接辩论的形式存在,也包括出版大量的课本使它们得到广泛普及。除了这些变化外,个人接触的重要性并未改变。20世纪20年代和30年代的"维也纳学派"(The Vienna Circle),以及20世纪30年代和

第五章 内化的符号和思维的社会过程

40年代巴黎存在主义者都有相同形式的网络模式，它们也可在苏格拉底或孟子一代的人那里找到。虽然现代知识分子作为著作者赢得他们的声誉，但以此方式使这些个体具有创造性的社会过程，也是围绕面对面互动而组织的。

跟有影响力的老师交往是一种高强度的 IR。演讲或其他际遇通过集中关注词语、概念和思维的技巧，使他们成为了神圣的对象，指明了处于学术共同体中心的成员。这些符号在听者的头脑中被内化了，后面我将提到的一种形式是回应性的谈话。创造性作为对这些思想和技术的重组或发展发生在一个人头脑内部。我们进一步分析几种情况之后，将对这是如何发生的有更加充分的认识。

现在分析在一个平等的成员群体中将会发生什么情况。这里我们可发现另外一种类型的网络结构。垂直的师生链关联的是直系成员和间接的联系，而同辈群体是一个高度一律的网络，它形成了强烈的集体认同感和参与共同项目的一致要求。这样的群体聚集在咖啡馆、学生小酒馆，有时是跟室友的自由讨论，有时在沙龙、在出版社、书店或编辑部。有些形成了重叠的 IRs，对学术问题高度关注，使其精神世界比外部的普通事务世界更有生气。非正式讨论的热烈程度，跟正式演讲一样，也从主要思想、主题、观点方法上提出了神圣的对象。此群体可能加强老师作为神圣对象的地位，使他们在知识层中比在一般公众之中有更大的声誉。这在课堂上增加了对老师的关注和尊敬，而且使这些场合作为仪式更容易成功——的确有时凭借名人效应可把一位平庸的教师提升为一个有影响的人物。此群体还会对前代的杰出人物提出批评，为表明在新方向上跟他们决裂提供相互支持。例如,这是卡尔·马克思走向其学术道路的方式:在柏林的咖啡馆里有一叫"自由人(Die Freien)"的群体,其成员竞相对不但是黑格尔而且还包括那些与其关系密切的人做出他们激烈的批判。

此类群体集体动员起 EE,并集体开展他们的事业,去拓展更大的关注空间。但到某一点后,典型地,此群体开始衰落了,因为它早先的成员想突出他们的差别,这就造成了分裂性的结果。在早期阶段,当群体仍然是一体的时,成员可能参与大量的他们之间的争论,提供更多的使群体具有活动中心的情感兴奋。现在友好的亲密战友间的争论变得不友好了,有时变成了激烈的敌对。马克思再次提供了一个好的例子,他通过攻击"自由者"的其他成员而写成了他最初的名著,他只跟青年时期的一位学术伙伴恩格斯保持同盟关系。

我们现在设法推断处于学术网络中心位置的个体的微观情境。变焦镜头再拉回去捕捉另外一种见于跨世代的长期网络模式:新观点似乎是相互对立的。在一代人中,活跃的学术工作生命大约是 35 年,在像哲学这一学术领域,一般有三到六位鼎鼎有名的人形成对立的立场。这也是从老师到学生同时存在的代际链或思想学派的数量。我称这一模式为"小数目定律"。重要思想家或学派的数目有时低于两个,或六个以上,但这些更高和低的数目对创造性是不利的。当只有一种观点主导时,是没有创造性的:唯一的杰出老师或直系弟子主导着;没有突出的学生开拓有创造性的新方向,只有忠诚的弟子不敢越雷池一步。创造性出现在有竞争对手的情况中。对立的学术链心照不宣地彼此依存,并构建彼此的思想方向。

两种立场是有创造性的发展的最小值,而三种立场是更为常见的。两种立场可能容易产生出第三种立场,成为两家的克星。形成新思想的一个主要机制,是将以往的观点以不同的选择和做不同的强调重新组合。根据存在的已有的学术网络,会找到大量的重新结合成新思想的要素,而不是这类要素的不足限制了新想法的形成。创造性的实现还要视观众的接受力。思想的这种重新组合可能成功实现的最多观点大致是六个。超过这个上限之外,网络史表明,一些直系弟子会切断跟下一代的联系,不能再吸纳具有推动力的新学生。超越上限的情况可能有,但只是短时期的,而且分裂成更多门派会处于不利的地位,除非减少到六派或较少些。结构性限制通常不会被受到攻击的那代知识分子所明确地认识到,但会感受到在观点的起伏中一个人取得成功的危机感,有一种因缺少为其工作的重要性的认可而被排挤在外的感觉。

小数目定律从两个方面说明了此难题。它说明了思想是如何被塑造的,不仅是通过对来自以前网络的思想和方法的重新组合和进一步发展。最"有创造性的",就是说有广泛影响的思想是由对立面塑造的,即在备受关注的争论中形成自己的立场。相对立的思想学派关注空间分割成各自相应的位置,使各自都有其同一性和界限。创造性思维是在头脑中既正面地又负面地形成联合的过程。思想是成员的符号,同时也是非成员的符号,对那些处于思想集体内部和其界限之外的人做出标记。知识分子既依靠盟友,更依靠他们的对手;距离网络中心越近,他们越明确地了解把关注空间分割为适当位置的切点在哪里。

处于网络中心的知识分子具有一种直觉,知道针对什么问题跟谁联合以及反对谁。他们的思维快速地转变;不同于处于边缘的知识分子,对他们来说不需要详细解释事情;他们只知道什么观点服从于什么样的概念;他们跟着向前走,知道什么观点可以做进一步建构、什么方向可能是开放的、做了哪些应用。组成他们思维内容的符号具有 EE;它们代表的不仅是所涉及的对象,而且还有在学术群体中开展的思维活动和谈论。因而对处于创造性思维中心的重要知识分子来说,符号会迅速地一起流入到新的组合和对立中,好像是受到了磁力般的吸引和排斥。思想家的作用是把它们集中于其意识上所关注的一个中心上,并使它们处于变动中。

小数目定律还有另一个理由说明为什么网络位置在促进明星知识分子的生涯中是至关重要的。一个人从一位杰出老师那里获得的,除了其 EE 和符号资本之外,再就是如何在相对立的学术领域开展工作的示范性。[8]明星知识分子是角色榜样——用这一被用滥了的术语说,但这种榜样无法在有距离的情况下学到,只能在行动中见到。

从小数目定律可以得出,每个人的学术生涯都要经历结构处理。明星老师有许多学生,超过三到六个;并且有许多年轻人的讨论小组,而不仅是变得有创造性和有名。每个人的生涯轨迹包括积极争取他们在学术领域中的机会得到认可。每个人用他们自己的方式体验在其周围发生的非个人性的分化过程。一些人决定成为已有观点的追随者:把某些其他理论家的思想传播给处于外围的学生或课本的读者,或者是做远离思想观点形成的热点中心的外地的学术代言人,像在美国文学领域中的巴黎派观点的追随者。

使一个人作为追随者的另外一个方式是成为专家,把理论和技术应用于特定问题,特别是在经验研究方面。这些研究制造的关注空间较小,具有它们自己的领导取胜的方法,受其自己的局部小数目定律的控制。

其他人在保持他们初期的志向上,直接受其明星老师和前辈榜样的影响。在这些人之中,其生涯要经过一个极点。积累优势趋于那些在关注空间中找到一个空的适当位置的人,在小数目定律之内是可以找到这样一个空当的。他们的思想受到其领域的注意,给予了他们更多的EE、更大的激励和专心工作的力量,更加快了在争论的前沿领域进一步扩展他们的观点的可能性。极点的另一面是,这些知识分子处于被挤出的过程中。他们的工作尽管最初是充满希望的,但只得到少量的认可,降低了他们的EE。他们感到失去了信心、减少了进一步从事艰苦工作的能量;他们变得更加孤立,对当前的活动没有兴趣。他们变得倾向于关心无关紧要的问题,其生涯轨迹容易出现中断,他们成了"不幸的简斯",总是倒霉,是要求原谅、苦涩的麻烦制造者。学术网络与一个人的思维之间形成的微观的正反向反馈过程是积累性的,既有积极的方面也有消极方面。一个人具有什么样的思维取决于其在网络中的位置,既包括在生涯的开始时,也包括在生涯的发展过程中。除了有历史肯定的创造性思维的社会学外,也存在着不成功思维的社会学。

非学术思维

学术思维只是思维中的一小部分。现在来分析非知识分子的思维，以及当知识分子"离职"后，形成更普通类型的想法时他们的思维。

这里基本的理论目标是，分析思维从一个人所处的 IR 链内的情境来看如何是可预测的。

被预期的和回应性的谈话

思维的最简单和最可预测的形式，是那些在时间上跟行动情境关系最密切的方面。这类想法包括用于口头表达的词语，或者口头讲出的话有这种情感连带性时，它们因有回应而几乎字字留在了人们的头脑中。这些思维形式，如所提到的，在内部的和外部的自言自语之间也许经过一个中间阶段。

下面的例子是一个职员在自言自语：

"我最好得到 DPOs 新的供应。噢，不！我们不再使用更多的这些东西了。"(Wiley 1994,61)

这里，自言自语与乔治·赫伯特·米德的实用主义模型是密切一致的。此职员对她自己下一步该做什么给出了提示。口头想法形成了下一步思维的一个精神情境；在这个情境中她发现第一步的行动计划不可行(DPOs，即部门购买订单，不再被使用了)，因此她告诉了自己，并开始拟订一个不同的行动计划。[9]

大量的日常想法都是这个形式。当一个人从事实际活动时，经常会对将去完成什么事做出一种同步的评论或想法指示；这在

第五章 内化的符号和思维的社会过程

社交情境而不是功利情境中也会发生——如进行一次会话时——人们会做简要的停顿以考虑接下来将说哪个词。这是实用主义模型显而易见的另外一个方面。根据米德及其前辈(特别是杜威和詹姆斯)的观点,行动是按习惯进行的,只要事情进展顺利,并没有意识上的反应;只有当行动遇到障碍时,有意识的思维才干预。这种形式多少有些夸张,因关于即将发生的行动的思维,在遇到障碍之前可以基本完成(另外,有一种形式的思维,我们后面将做分析,它是自由流动的,不限于在头脑之内社交性的谈话形式)。跟实用主义模型相一致,当一项行动处于高潮时,一个人在身体节奏上完全融入其中,这时就没有必要做口头自我评论了。可预知即将来临的情境的思维通常与一种感觉相关联,此感觉就是对行动需要做特别的关注。

在行动之前得到直接的身体上的回应:如击球员练习挥击动作,俱乐部的高尔夫球员击球前来回摆动时,预期性思维引导实际行动是显而易见的。当计划的行动实际发生时,这些是所预想的将发生什么事的删节表现;因而也是提前思维的形式:就是我打算做什么。但它们也是仪式性信心的确立者。这些仪式中有些明显地具有刻板性的成分,譬如自我欺骗,这夸大了仪式的团结性(一名职业篮球球员在 2002 年赛季每当轮到他罚球时,会看到他总是去吻一下篮球)。其他有准备的仪式,虽然更加有特殊风格,但也是由人设定的协调一致的方式,而不是由对方造成的变得跟节奏一致。口头的自我指示以同样的方式可以是仪式性的。

一些想法指示在后来的进展中表现出来得不多,在行动过程中不是作为监控的作用,而是作为拉拉队的形式:好,很好……好极了！就这样！快……这里我们看到了自言自语的另一面，即使在看起来是纯实用情境中。谈话不仅仅是实用性的，而且也是动机性的。运动员在激烈的竞赛时会有这样自言自语。一位高尔夫球运动员：

"离开第16洞，许多事情在我脑海中闪过，"他说。"比如，你是打算再丢一局吗？你想由于搞砸了公开赛冠军而被人们记得吗？"(《圣迭戈联合报》，2002年7月22日)

一名网球运动员：

"我的腿今天有点儿累了，"塞雷纳(Serena)说，"我必须不断提醒自己，'好，塞雷纳，五比一？或四比二？你想要哪个结果？'这给了我坚持下去和继续战斗的动力。"(《洛杉矶时报》，2002年6月9日)

当处于紧张焦虑的情境，或者当冲动感尚未稳定时，这种类型的自言自语看起来最常见到。它也经常见于当行动过程初次开始，特别是当讲话人从不活跃的状态一下到了一个活跃状态的情况。

"好吧，让我们开始。我想要什么？我今天需要做什么？"

这是当早晨醒来后的自言自语；它有作家思路中断的意思，同样，作为思想家(我自己)竭力使自己进入到完成写作这一耗时费力的任务中。这样的自言自语通常是反复性的,一遍又一遍地使用同样的表达形式;重复本身作为一种咒语,一种节奏性引出自己的话,其作用是把一个人的注意力集中到"使自己振作起来"。

思想链和情境链

从社会学上做解释更困难的情况是这样的思维,它脱离了直接的情境而融入取向于那些可能相当遥远环境的关系链。这里我们有两条线索:思想链开始于特定情境,而且它构成了思想序列自身的情境链。当情境是"内在社交性"的一方面时,这样的链可延伸得更远,因思维是为了使自己高兴,就像社交会话者为了交际而去谈话一样。但当出发点是功利性的时,也可发现此链。

在下面的例子中,一位年轻女服务员匆匆忙忙要去上班:

"只有八分钟了,换衣服需要五分钟。我已预留出来了[手忙脚乱]。"图像:一个令人作呕的污浊的更衣室。我的视线从桌子转到厨房的餐桌上。声音:叉子和刀子碰着盘子叮当响,顾客轮流的叫喊声。"我必须挣钱。至少不像去年夏天那样坏。"记忆图像:一个低矮脏兮兮的食客。视线转向我,汗流浃背。感觉热乎乎的。视线转向30位正在吃喝的海军陆战队员。声音:自动电唱机大声播放着乡村音乐。"小姐,小姐。""我知道了,请稍等。"感到比萨饼烤箱烘烤着我的胳膊。视线转向掉在地上的玻璃杯。声音:玻璃打碎声、经理喊叫声、海军陆战队员的欢呼声。"噢,上帝,我得快离开这里。"感觉:自卑、耻辱。"我恨做招待。不等毕业我就去找一份体面的工作。"视线转向装饰一新的、铺有新地毯的办公室,四周有风景图片和有益健康的植物。视线转向我,瘦了15磅,穿着洛德和泰勒送给我的新套裙。一个帅气的同事给我们倒咖啡。时钟敲响了五点钟。"无疑,我喜欢周五晚上出去。"(Wiley 1994,64)

思想链开始于实际情境:女服务员在注意她还有多长的时间并告诉自己要抓紧时间。她的想法又扩展到了记忆链和想象的情境,有些是真实的,有些是幻想的。此链在不同模块间转换:部分是视觉图像;部分是想象的声音(喊声、音乐、玻璃碎声);部分是身体感受(热、满身是汗、烘烤自己);部分是情感和身体感觉(自卑、耻辱——两方面的同样体验,因为耻辱是指面对他人的注视和嘲笑而感到无地自容)。这不仅是像一个人对另一人的内心对话。讲话本身也有各种不同的姿态:内心对话有她自己的陈述("我已预留出来了……我必须挣钱……我恨做招待");想象的过去的对话中她自己的话音("我知道了,请稍等。");所记的过去的对话中他人的话音("小姐,小姐。");所记的过去的内心会话中她自己的话音("噢,上帝,我得快离开这里。");在想象的未来对话中她自己的话音("无疑,我喜欢周五晚上出去。")。

这一内在"会话"不只是用话音来反映自我的某些部分。相反,女服务员自己的话音,这里所讲的,是自我的核心方面,她把思想过程联系在了一起,并且根据其过程做联系;此话音由不同形式的图像有针对性地做了"回答"。她告诉自己她必须赶紧；她收到了视觉的答复，首先是她将换衣服的更衣室，那里非常令人不快。而接下来的令人不快的这一主题，被下面的一系列她的工作中所有不愉快方面的图像放大了。她通过告诉自己回答了未说出口的信息："我必须挣钱。至少不像去年夏天那样坏。"这里有两点；显然她的心思不在第一点，而是关注第二点，把当时情况与去年夏天做比较。这时又用图像做答复，对感到耻辱的情境做了全方位的回答。这实际上是一个紧密的 IR，一群海军陆战队员总是盯着她，一起不时地呼喊她（关于他们，无疑滑稽可笑）；此场景像符号一样刻在她的脑海里，在她情绪高度紧张时便对她自己说了这样的话："噢，上帝，我得快离开这里。"此话在她的脑子里回荡；这种情境以一定程度的相似性——去做她厌恨的工作有令人不快的感觉——回到了原情境的标志，好像磁力般联系着。

然而，在表白所发生的内在想法时，她用自己的话音使自己振作起来了。首先通过反思性地使她自己与情境保持距离，把情境客观化并做了评论："我恨做招待。"这是布卢默所称颂的方法，通过此方法一个人去对重新界定的情境加以控制。她进一步相关的情境增加了想象性的成分："不等毕业我就去找一份体面的工作。"这个声明又通过可看见的图像得到了回应：她所在的办公室很可能的场景。现在彩车在正向前进。她从有希望的方面描绘了此情境：体重降 15 磅、有一套昂贵的新衣服；以及——为什么不？——一个新的社交圈和爱情生活。

想法随时间而变化，脱离了直接的即将来临的情境；然而它由一种共同的主题或精神联系在一起。它开始作为自言自语是为了实际目的,为工作做准备;但工作的问题不仅是功利性的,即保证掌握好时间,而且还是动机性的,即调动起力量完成她不喜欢的工作。她自己的话音是她自己迈向这一目标的台词。会话"搭档"是想象的,记忆性的声音、感觉、已往的话音、已往的想法,这些都是对她的回答。这些图像不是那么容易服从于她的目标性的乐观主题,而实际上,通常会跟她"争辩"。但她——她自己目前的话音——坚持不懈,而且最终所想象的会话搭档也处于这种积极的情绪中,甚至对之加以粉饰。目前的话音保持很平静;而想象的情况更为极端,既有消极的也有积极的。整体想法情节,用普通的术语,我们可称之为提高一个人的意志力。威里(Wiley 1994,67,108-109,121-124)把这描述为在自我的各部分中形成团结的过程,是形成情感能量的一种内在互动仪式。

在下面的例子中,思想链不是开始于一个实际情境,而是处于随意的片刻想法内,处在任务或社会际遇之间的"休息时间"。一个教授(我自己)正在去上课的路上:

音乐在我头脑中回荡,《唐·乔温尼》(*Don Giovanni*)中的唱音,上周末我跟妻子看了此歌剧。"那是来自什么样的场景?"歌剧中的不同场景一些模糊的图像。我注意到一位妇女,教授一样的年龄和服饰,在我前面中间是一群学生走在人行道上。"那是善于别出心裁的伊丽莎白·多尔蒂吗?"当更接近时,发现那不是我想到的女教授。"该死的经济学家"。有关大学委员会中的经济学家的模糊图像。"经济学家有坏作用"。对我自己的精心表达的形式感到满意。

第五章 内化的符号和思维的社会过程

这里也有"会话参与者"的相互作用,其中图像开启和关闭进一步的反应。图像、话语、音乐本身都具有跟这些联想交织在一起的情感意味。首先,来自《唐·乔温尼》的韵律非常强烈地萦绕在我的头脑里,不是短暂的片刻,而是自始至终。音乐与步行有关:两者都是活动,具有持续进行的节奏;在这种情况下,两者都是填充无用的时间。(我一般不听录放的音乐,因而当我听了实况音乐后,在接下来的几天,它总在我脑海中不断地回荡。)接下来的想法是无意义的好奇心,就命名的方式跟自己做愉快的会话。

当时我注意到了像我同事的一位妇女,此教授表面上是和蔼可亲,但在委员会会议上她几乎总是跟我唱反调。上周末,在我们那晚高兴地欣赏了歌剧后,在跟我妻子闲聊时,我对这名妇女抱怨了一番。在跟我妻子这次近期的谈话、歌剧《唐·乔温尼》(也是关于爱和欺骗)以及这名妇女之间,存在着一种联想性的关联。在我想我认识她的直接情境中,现在冒出了互动性的问题:如果她跟我走在一起的话,我必须跟她客气地轻松交谈吗?

那个问题很快就排除了,因为认错人了。但此主题仍在我的头脑里闪现。"该死的经济学家。——经济学家有坏作用"。伊丽莎白·多尔蒂是一位经济学家,她碰巧在我所任职的社会学系得到了一个席位。此评论跟在过去几个月期间系里的一系列会议上遇到的另一主题形成了呼应:另一同事反对聘用一位新教授,其理由不是否认这个人是一位好学者,而是因为他受到的是经济学家而不是社会学家的训练。当他第一次提出来时我未同意此观点,但是因我与系里经济学家的分歧在最近几星期变得更加明显,故我对这么快就否决了此观点多少有些沮丧。于是图像就转入了我想到的另一大学委员会的经济学家,在那里我不是跟他们有太多的分歧,而是发现他们评价教职员升职的方式有点可笑,他们过于强调衡量专业出版物的硬性的定量框框。这个委员会(其例会就安排在我上课之后的那个上午,因而会出现在我的将来临的情境链中)在他们的意见书中对经济学家术语的取笑,享受到一定程度的间断性的乐趣。因此当这一内心会话结束时我感觉心满意足,对经济学家用那句话做评价,虽然无疑(客观地来看)是不公平的概括,但算是得出了一个圆满的结论。成功的仪式表达形式一般会牺牲极端的尖刻。

总之,这个想法情节从团结变化到团结,在中间有一点不同:它由欢乐的歌剧开始,与周末跟我的妻子(她曾跟我一起游历全国各地)的团结形成共鸣;中间遇到的问题是必须应付那位我假装跟她合得来的人,以及我找到想象的同盟包括我本系的不赞同经济学家的同事反对她;接下来,扩大了跟我不喜欢的其他经济学家相敌对的联盟,想法序列增加了瞧不起经济学家的这一更大的群体团结。

IR链是EE回归线;我们的经历是从际遇到际遇,并在会话中从主题到主题和看法到看法,直接运用以往的符号,由此调动起来以寻找更大的EE结果。在内在会话的思想链中也有一个相似的模式:一种符号表现导致另一种,不但是由于相似性,还因为它们被赋予了相似类型的成员归属意义,同时因为它们通过近期的互动应用,以及通过以往的特别富有情感的互动,而在情感方面更突出了。内在思想链也是一种EE取向,磁力般地吸引这些图像,口头的以及其他形式的,共同形成了最强的、人们从目前可利用的成分中可想象的内部团结。普通思维的思想链在这一方面类似于学术思维,在头脑中构想出联盟。

自我各部分间对话的隐喻

现在来分析我们把思想概念化为一个社会过程的理论框架。最主要的模型来自于米德的符号互动论:"思维只是个体的推理,是我所命名的'主我'和'客我'之间进行的一种会话。"(Mead 1934,325)"我跟自己讲话,而且我记住了我说的是什么以及或许还有跟它一起的情感内容。此时的'主我'在下一时刻就成为了'客我'……主我成为了'客我'是说我记住了我所说的是什么……一秒钟之前的你怎样,这是'客我'的'主我'。"(Mead 1934,174)威里根据查尔斯·桑德斯·皮尔斯的观点对此模型做了更明确的表述:"所有的想法都是讲给第二个人或者给作为第二个人的某人未来的自我听的。"(引自 Wiley 1994,12)按这一解释,内部会话发生在"我"和"你"之间,你对第二人讲话。这是一种自我演讲,它在自己紧急情况,譬如前面提到的功利性的情境中尤其常见,因而符合实用主义者强调的人们是面对当前的情境而采取实用行动。

然而,有些思维形式不是公开地以对话形式表现。在前面分析的例子中,大部分都不是讲话人之间的对话。(主要的例外是职员的话:"我最好得到 DPOs 新的供应。噢,不!我们不再使用更多的这些东西了。")在女服务员的思想链中,她记住了一个会话序列:"小姐,小姐。""我知道了,请稍等。"但这不是用她当前的话音;它是想象的,即保留会话的问话者部分,并沿想法序列或内部互动顺序进行。此教授的想法序列不是由"主我"或其他话音的陈述开始，而是由想象的音乐声开始，它"在他的头脑中响起"；此教授并非有意识地打算开始对他自己唱这一歌曲。他然后做了各种陈述，但都没有用话语回答它们；把这些句子串联起来形成一条连贯的想法线索的是，插入的图像和过去会话的回忆性的含义。

威里（Wiley 1994,58）扩展了内部会话的符号互动论模型，其模型包括六类参与者：客我、主我、你、临时访客（特殊的想象的人）、永久访客（一般化他者）和无意识。这是想处理思想序列可能表现出的复杂性的一个尝试。但如果我们考虑到想象在"会话"中作为一部分可能发挥的作用的话，那么它也不够复杂；并且我们也可以说，在我们需要另外一种简单化的地方它却导致了复杂性。从某种意义上说，思想者作为"你"、"主我"、"客我"还是"我们"，甚至树叶对自己讲话都不重要，因言语的听者并不回话。其中的许多这些言语可以等同于言辞行为，也就是，等同于思想序列的内部转变方面的活动。

因此米德的基本概念，"主我"、"客我"和"一般化他者"，与其说在内在会话中发挥作用，不如说是像理论家所指出的说明构成自我的各种结构，或者最好说是结构过程的范畴。如同我们在第二章回顾儿童谈话发展的证据时所了解到的，我们能够分析扮演他人角色的能力，并且我们知道了它所形成的阶段和社会条件。重要的是不要把这个概念具体化，因为角色扮演过程不仅随发展而变化，而且因不同情境而变化；儿童一般是从具体他人到"一般化他者"而扩展了他们的角色扮演，而不是所有的他者都是等同地被一般化的（第三章关于思维的具体形式和抽象形式的资料中已暗示了此意义），并且即使人们具有了相当广泛的"一般化他者"，他们有时也可能根据具体观众有他们自己的思维。具有了内化的他人立场才使得能够形成自我概念，社会学家也许想用它来指"客我"。在那些极不同于英语的语言中，此术语变得不够恰当了，但那些使用其语言的人们自然也有自我概念、有扮演他人角色的能力和演员的见解。[10]

关于米德的"主我"我们也应该说属于同样的事情，他把"主我"表述为未被社会化的自我，是行动的驱动力。对米德来说，"主我"没有内容，因为这是单纯的行动；一旦它采取了行动，或表达了一种思想观点，它就变成了清晰可见的"客我"，但已丢失了它作为"主我"的自然属性："我无法转过来快速地抓住我自己。"（Mead 1934,174）"主我"如同威里所说的，是一个反射盲点，一种观点从它这里能够看见，但离开它换成别的什么东西就看不见了。但是这种关于"主我"的解释混淆了两点：自我是围绕着当前出现的观点而组织的；以及存在着一种自发的行动驱动力。认为自我是人们的意识不断表现出的观点，因此在分析上区别于任何其他东西，这似乎是正确的。但这难以意味着，自我作为行动的驱动力，不能做进一步的分析。驱使行动，在它们的能量、坚强性、信心，或在倦怠和胆怯方面有很大的差异性。从 IR 理论观点来看，"主我"是情感能量。因而它绝不是在社会情境中，不能简化为任何东西的一个自主性元素：一个人"主我"由目前的互动和以往符号的积淀以不同的强度唤起，以极大的吸引力关注一些情境而排斥其他。[11]这一动态机制，如我试图说明的，在构成思想序列的内在情境链中发挥作用。

米德的"主我"、"客我"和"一般化他者"框架在关于自我的社会学理论的发展中曾是有用的一步;并且关于自我各部分之间内部会话的模型,也给我们提供了用来积累许多观察结果,特别是儿童发展方面的结果的一个模型。但是我们应该认识到,这些都是隐喻,一种不严格的用来表达某种像我们作为社会学理论家想说的语言。我们需要改进此隐喻,因为我们正在迈向一种更精确的关于思维的社会学理论。

口头咒语

现在来分析一类思想表现,其表达的与其说是内容不如说是形式。这些可能是沉默的或是有声的内在对话的一部分,是"忍气吞声"的咕哝或自言自语,对那些实际听不见的他人的假讲话,甚至是公开地插入别人的谈话。最常见的例子是诅咒。

最精心的研究是杰克·卡茨的"在 L. A. 的恼火(Pissed off in L. A.)"(见 Katz 1999),在此研究中他要求学生去采访那些在驾车时曾有过发怒体验的人。诅咒产生于驾车的特殊的结构情境,它包括与挫折感的结合。你可能会有因其他司机挡了你的路、驾驶太慢或太近、不让你换道而阻碍你顺利驾驶的情况;这样的挫折会扩大,因为通常你与阻碍你的司机缺少沟通。卡茨强调,诅咒和其他恼怒的反应都起因于感觉到自己作为有意识的主体被忽视了。恼怒的司机所做的就是试图在一情境中赢得"他们的面子",此情境完全不是身体的面对面,而几乎是都面向同一方向,而且一般面对车尾的排气管。另一解释是,司机生气是因为他们感觉受

第五章 内化的符号和思维的社会过程

到了其他司机行为的危害。但这似乎不是主要理由，因为司机如在交通拥堵时或在停车场，都同样知道以低速开车；而在高速公路上，他们的反应通常是做出同样的或更危险的某些事情。

诅咒不是受挫司机所做的唯一的事情。他们也试图通过挡住其他司机的路作为回敬，把车尾巴对着他人，或给他人打出强光指示灯，以表示他们的愤怒，让他人知道他们的存在。事实是其他司机典型地要么不管这些信号，要么把这些看做是不良的驾驶行为，招致进一步的报复，这就使前一位司机更加恼怒。驾车中的恼怒行为是在多数情况不顺而且发出的信息通常有误的情境下，企图建立正常交流的做法。来自恼怒司机观点的相同行动是沟通的正当形式，即为了给糟糕驾驶的"其他家伙一个教训"，但从接收者的观点来看它们是一种招致正当愤怒的教训课。[12]从司机群体所采取的共同行动的角度来看，存在着一个不良的驾驶行为促使更不良的驾驶行为的循环，一种在高速公路循环的负面的莫斯礼物库拉圈。

诅咒，以卡茨的观点看，是一种"巫术"活动。它不是一种公开的交流或公开纠正情况的行为，而是在自己的汽车里秘密进行的，通常不管其他司机是否知道他或她被诅咒。诅咒没有实际效果，但是它制造了做某事正当的氛围，就如同巫术的声明。[13]

我在这里希望着重说明的不是驾驶情境本身，而是诅咒的微观动力机制。我们把卡茨观点做进一步的发展：诅咒不仅是"巫术性的"，而且完全可以说是仪式性的。它是刻板的、反复的和有节奏性的；它有强烈的关注焦点，积累起了情感强度，并确立了社会成员的界限，这种情况是通过强调内外之间的排斥性界限以及宣布那些在此界限之外的人是败坏和罪恶的元凶而实现的。诅咒，从"适当性的"社会方式来说因其不良的道德名声，而属于一种道德性活动；人们在这样做时自以为是正当的，认为有充分的理由，好像诅咒者有更大的力量热衷于此行动。如卡茨以司机的例子所表明的，诅咒（或者是相应的报复）他们所认为的坏司机时，恼怒的人觉得他或她表达的是更大的司机群体的要求，给侵犯者一个教训。诅咒是一种原始的正义，是一种特殊形式的适应个体自己要求仪式性尊重这一现代社会环境的巫术惩罚。

诅咒作为发生在情境流动中的一种精神活动，个体从中会得出什么呢？得到两个东西：反道德规范的能量和有节奏的自我连带。诅咒是用忌讳词语表达的。这些词语具有特别的情感力量，恰恰就是因为它们是禁忌性的；它们引起关注，因为说出了被认为不应说出的话。肯定地说，某些形式的诅咒已变得非常普遍，以致它们失去了某些反道德规范的作用；但它们继续以特殊的语调或强调点被使用，以表明它们仍存在。那些说话时口头总是带着像"放屁"、"妈的"和其他的曾被认为在礼貌社会是极不适当的说法的人，仍会引出一个相对立的社会世界，在这里这些术语仍是禁忌性的；没有这一属性，这些术语会丢失一切修辞意义。[14]

在 IR 模型，中心过程是由强化导致的原初情感的转变。忌讳词语从它们被禁用的含义中得到力量；它们是 IR 链的产物，拥有被那些受到冲击的人赋予的情感负载。忌讳词语是先前仪式的反思性产物，以想象形式浓缩的情感，与主要的、高度适当的仪式表现是不相容的，并依赖于表现此不相容的这一次要的仪式。这是一个人从诅咒中得到的一方面的事情：反道德规范的能量，不同于常规的某些令人震惊的事。诅咒引起关注和强化情境。寻求反道德规范的能量对那些想把诅咒纳入其思想序列的人来说，是一种主要的吸引力。

从诅咒中得到的另一方面的事情是有节奏的自我连带。这是提高一个人自己的说话节奏、让自己进入话语流程的一个方式。诅咒是通过一种简短的私下仪式，把自我结合起来、集中注意力、建立情感能量的一种方式。

如果我们分析了说话行动的细节后，其机制会更容易看清。典型地，当一个人开始诅咒时（如，由某一瞬间的挫折所触发），此人会一直诅咒直到想用的词句全说了，即使这一小问题马上得到了解决。来看一下"该死的想下地狱，你这愚蠢的狗杂种"，这是在电话自动录音系统令人发疯的误事和做不相干的回复时喊出的话：此体验积极的方面是感到使身体卷入其中、咬紧牙关、一个劲地不停说话。诅咒是一项发音肌肉的锻炼，它使一个人一吐为快。上面的话可以从语法上分析出下列一些重音："该死的想下地狱，你这愚蠢的狗杂种。"这些是差强人意性的习惯语，惯用式的负面的法宝，严格来说是仪式性的，好像他们必须以这种方式说话，否则他们会失去其作用。此体验是容易察觉到的：如果你中间停止了诅咒，或者在喊剩余的话时失去了适当的语气，当它最终变弱时你就会感到失去了喊叫的能量，失望地感到没有完成你开始想做的事——过程中断（cursus interruptus）。你礼节性地没有对抗负面的情境，而是对反对对象做缓和的礼节性补救。设想你自己说，"该死的想下地狱，你这愚蠢的……哎哟，抱歉，没问题吧……"

诅咒提供了某种程度的情感能量，促使某个人去应对瞬间出现的妨碍一个人活动的进行和意识序列的挫折。此能量来自有节奏的惯用语，而自我连带是通过用身体去表达而确立起来的。诅咒是一种寻求 EE 的行动，不仅仅是用敌对行动对付挫折。如卡茨所注意到的，司机一般变得恼怒不是因为他们早已有了一种坏心情，在驾车时当遇到某些不顺心的事他们就迁怒于其他司机，而通常在这种情境中他们恰恰感觉不错，因为他们正在开阔的路上痛快地驾驶。正当司机顺利地驾驶着汽车行进、情绪高涨时，被其他司机挡了路，于是这种特殊形式的社会挫折出现了，并通过仪式手段加以对抗以求恢复顺利行驶。诅咒的正面要求不能用弗洛伊德的抑制模型解释为被释放能量的宣泄。实际是诅咒者在说习惯语的过程中聚集了能量，以其节奏形成了自我连带。这是一种自我团结的仪式。

诅咒不是深层自我的一部分，而是由情境的情感动力机制导致的。卡茨指出，诅咒者会表示出某种适合于此情境的负面刻板印象。当冒犯的司机能被认定是某种族的人时，种族污辱就会出现；但此机制是机会主义的和不讲道德的：老年人、青年人、女人、男人、富人、穷人，所有这些类别的人如果有迹象被认定为是某类不良司机的话，都会受到侮辱。[15]诅咒是习惯语式的，因而也是刻板性的。它是反复性的，因为节奏是它诉求的一大部分；它是使人着迷和在个体间传染性的，它把每一个体带入了集体性的诅咒活动。由于所有这些方面的原因，故诅咒是非个人性的，并不真正抱怨所遇到的情况；并且它是虚伪的。它不代表关于种族主义、性别歧视和所有其他可宽容的禁忌的根深蒂固的态度。相反，这些刻板印象的忌讳属性实际是赋予了诅咒的仪式情境以魔力般的吸

第五章　内化的符号和思维的社会过程

引。这是把诅咒描述为"巫术性的"含义的一部分。诅咒是为了仪式而粗糙地拼凑的,提供一种短暂的补救性的自我团结,但它没有任何实际效果。它甚至没有任何真正的认知内容;一个人在诅咒时所说的东西都不能按字面意义接受,或者不能当真。如卡茨所指出的,片刻之后,等巫术咒语说完之后,一个人就忘记他或她说的是什么,或者对之感到羞愧。

现在让我来进一步说明这一观点,首先说明诅咒发生的情境的范围,然后再说明其他形式的与咒语有相似结构的思维。我们已把诅咒看做是自言自语的一种形式,因诅咒的对象听不到,或者任何其他所认为的接受者也听不到。[16] 还有:

1. 诅咒某人,是在直接交锋中冲突逐步升级的行动。如所指出的,在这里仪式倾向于把其接收者带入同样的惯用口头语表达之中。

2. 诅咒某人/某事,目标不在场,不在会话之中。在这里诅咒是一种集体姿态(或至少是想把其他人拉在自己一边),表达群体共有的敌意或嘲笑。

3. 诅咒旨在突出某人的看法;不是攻击任何人,而只是表明一般化的反道德规范观点。这种形式的谈话经常被温和地认为是"粗俗的"、"有声有色的",在其他委婉的说法中,它被当作令人愉快的事,认为加入忌讳词语的强烈节奏和情感突出性导致了文体上的成功表现。

这第三种类型的诅咒,是性质转变了的和无害的,它把我们带入了更广泛性的口头咒语类别中。作为两可情况,注意"脏话"这一类型,这些话本身不是污秽的或在负面意义上忌讳性的。惊喊"耶稣基督!"或"哦,上帝!"——当一个不信教的人这样喊时——是跟用来引起反道德规范能量的表达相似的;在这种情况下只有词语本身是神圣的、高度敬仰的名字。如涂尔干所指出的,神圣的东西属于跟普通的、世俗事情相分离的领域;它必须受到尊敬,甚至当认为它有用时也是危险的。禁忌和有正面价值的神圣对象具有相同的动力机制。正是通过特定的仪式地位的力量,带来了较小的对注意力的冲击和情感能量的起伏;就宗教术语被以非宗教的和不恭的方式应用而言,具有类似反道德规范意味。那些被转变为仅仅是欢呼或咒语的宗教术语,可以被看做是在世俗化时代的历史残余;但它们当咒语使用也保留了其神圣性犹存的方面,没有这一点,这些术语将不会再用于加强人们的谈话。

这些惯用语表达形式的历史来源是誓言。誓言最初是仪式,公开地做出的,在誓言中一个人发誓自己一定要做某件事,要不就是强调其所说的话句句是真实的。一个誓言,像一个当代的口头咒语,是一种把一个人调动起来的形式;在有节奏的惯用语中的自我连带导致了情感能量的少许上升。用另一术语来表达就是,EE是意志力;相似地,一个誓言是一种承诺仪式,把一个人的意志调动起来,然而更理想的是提高意志甚至创造意志。誓言今天仍然以其最正式形式存在于有限的一些公开组织的活动中:如在法庭上、在就职演讲仪式的发誓,以及在重要性程度较小的婚礼上发誓。历史的发展趋势已经用私下的和瞬变的情境性的欢呼和诅咒替代了正式公开的发誓。

第五章 内化的符号和思维的社会过程

在历史上,誓言祈求于符号对象。一个人不仅仅是说"我起誓",而是对着神圣的或宗教对象、自己的名誉或其他一些极受尊重的对象说"我对……起誓"。今天讲话的词汇在某种程度上来自于历史誓言。正式公开誓言的相对物,把自己与行动过程联系起来的,是负面的正式诅咒。这是一种共同的行动,而不仅仅是个人行动。[17]当教皇把某人逐出教会时(典型地是一位宣布有权确定职员任命或掌管教会财产收支的世俗主管),惯例的做法就是宣告,被逐出的人注定下地狱。用更长的越来越世俗化的表达链来说,这些符号象征形成了这样的表达法"你该死!"、"哦,地狱",以及直接强调"去下地狱吧!"

口头咒语中有些是欢呼。这些可能产生于惊奇或庆祝的情况,但它们不一定表现的是已有的情感,就像它们创造了被认为是适合于其场合的情感一样。正如参与者聚在一起是进行庆贺的一种方式一样,刻板的口头表达也是被号召的,不管是用"哇!"或"好啊!"的欢呼声,还是用类似意义的表达,譬如"太不可思议了!"以及其他不同的对某一场合非凡性的婉转评论。庆贺仪式是EE的提高者和EE的延续者。

这些类型的口头咒语内在地是社会性的,把群体连接成一个集体,提升了人们的情绪。它们在思想的内化和类似内化的仪式中也有作用,用事例表明了个人喜欢表达的范围,个体以此来保持其关心的对象的变化,并且使自己保持向既定的目标方向发展。一个人沉默的思想流会由于私下的咒语而激发起来:诅咒、惊叹性的强调和表现个体的特性,一个人以此来使自己保持节奏,或当感到节奏停止或转变时再启动它。

这种所感觉的(或所寻找的)连带越强,大声说出其表达的东西的冲动越大。当促使有节奏的自我连带的冲动强时,内在会话就会迸发出来成为公开的自言自语。沉默形式的词语不如充分利用肺和发音器官等身体表达那样有效,对真正有力的表达来说,需要姿势做补充。[18]对诅咒来说也一样:在内在会话中的诅咒只有较小的力量。讲话的激情动作对感觉你像是在表达一个真实的诅咒来说是核心性的;并且通过身体行动的詹姆斯－兰格原理(the James-Lange principle)[*]提高了情感,当诅咒大声说出时,会感到有更强烈的情感共鸣。

此模式可以通过比较来证实。当行动进程受到阻碍时,就会出现有声的自言自语,因需要用咒语继续进行或回到其原来的轨道上。当行动进程一帆风顺时不会有自言自语,因自我连带在身体行动或思想链方面都顺利进行。在思考一个问题过程中,或进行学术思考时,很少有喊出声来的冲动(这通常会降低思考);只有当外部发生的事使事情减缓时——例如,计算机短暂出现了问题——一个人才可能做出有声的自言自语。

想 法 的 速 度

尽管思想类型多种多样,但这些都可根据使它们适应于社会学解释的方式来分类。根据主题或目的来分,有实用性思维、社交

---

* 由威廉·詹姆斯最先提出的这一原理主张,情感开始时是一种生理行动,它随后反馈到意识解释中。——译者

性思维和严肃的思维：即每一种思维形式与外部生活制度场域是一一对应的。每种思维都对应于政治制度、经济活动、宗教、学术世界、家庭生活、娱乐等等的活动。大多数的这类思维容易从外向内分析，因为多数都跟个体在其制度领域从事的活动密切相关；从这些活动链来说它是完全可预期的或回应性的谈话。许多想法是可预期的，因为它与那些本身是常规性的制度化互动相关联。不属于这些活动相关范围的想法的主要形式是学术思想（其模式我们已做分析），还有我们也许可以称之为社交思维。

后者的思维呈现的形式是与自己的社交会话——无目的、无约束、填充时间的——就像跟一位朋友漫无边际地闲聊以消遣的方式打发时间这样的一种社交会话。然而，如我们所了解的，外部会话高度地受相应的符号体系和情感补充物的制约，也受IRs动力机制的塑造，而这些与内在思想链是不同的。内部想法比外部会话可能宽松多了；不过，为什么这样和它是怎样实现的，这是我们现在必须考虑的一部分。

思想类型在其媒介方面也不同。一些想法是用词语表达的；一些是用视觉图像或其他可知图像表达的；一些是用运动格式表达的。这最后一种类型在我们的社会学分析中很大程度上被忽略了。运动格式中的思维是人的发展最早期形式的表现（皮亚杰称之为"知觉运动智力"；布鲁纳［Bruner］称之为"展现性的"表达），它在整个成人生活中也继续发挥作用。没有它，一个人难以行走、坐下、驾驶汽车，或者对家里的周围环境有所感知；当一个人学会了怎样投保龄球、转换高尔夫俱乐部或者弹钢琴后，就获得了特定格式的运动。但通常，运动格式的思维实际上主要与身体行动本身密切相关;有时会有片刻的准备,可预见到明显的行动,但人们几乎不能得到运动格式这类的长久存在的思想。[19] 很大程度上运动型的"思维"非常类似于口头预期性的谈话,来自相同条件的可预见性能解释身体行动本身。

像运动格式思维那样,形象化的思维与外部情境关联密切吗?或者它像口头思维有时表现的那样,远离关系链吗?两种情况都有;但它们是处于不同的情况下。特纳(2002)从进化论的证据推论出,人类首先发展了视觉优势,用大脑神经与视觉输入更密切地联系起来,而不是像多数动物那样主要靠嗅觉输入,这使人能够察觉到更远距离的危险。按照特纳的观点,口头思维对生活实际迫切要求来说显得太慢;如果在大草原狩猎的人类必须依靠内心会话中这种吃力的句子的构成去做决定,那么我们很久前就被杀光了。此观点对我来说似乎不起决定作用,因为人类除了有这种把视觉图像与快速的行动联系起来的能力外,还有另外协调性极好的口头节奏和敏锐的听觉这些技能;因而一些人(或许大多数现代人)以口头性的思维占主导,即使偶尔他们有形象思维。

当人们完全进行形象思维时,我可以提出,这类形象与直接的或即将发生的情境密切相关。这是由特纳所构想的一类情节(在米德给出的想象预期的情境例子中,体现了米德一贯的对身体行动的实用主义强调):人类看到危险的信号,设想到不同的选择,然后采纳其中的一种。(它可能同样也是机遇信号;汽车司机对前面的交通堵塞设想到了一条不同的路线;一个人收到了激起欲望的可见的信号会想象接下来的场景。)这里我们再次看到,如果关心的问题是对想法的内容做出社会学的解释,那么情境动力学将起作用,因为想法与它们密切关联。

当视觉形象是内在会话序列的一部分时,通常它会偏离主题。在前一部分中,关于内在会话的两个具体分析(女服务员和教授)涉及内在谈话序列和想象的彼此的反应。形象不是简单地自由浮动的:它充当口头声音的会话伙伴,通过体现支持性的材料要么反对它,要么赞同它。当形象说明在特定时点出现时,它是自我互动序列的一环,是内在 IR 链建构的一部分。这里形象跟内在声音有相同的节拍;[20]它似乎是同样节奏的一部分,伴随着意识流的发展自我也融入其中。形象可由口头思维引出来,反之亦然;但节奏(和一般所说的主题或问题)是由口头声音设定的。这是你认同你自我的声音;它是意识的中心,体现着你在内在会话中讲话的能力。由此可得出,如果我们能从社会学方面解释口头思维,那么我们将解释大量的与之有关的视觉形象化思维。[21]

划分想法种类的一个关键维度是它们的速度。例如,我们已了解到,诅咒类的自言自语相对来说是缓慢的。强调性节奏对其效果是主要的;强烈感受的口头咒语必须被大声讲出来,这就使它比多数内在想法慢些。如果一个人想默默地表达一个口头咒语,他就必须放慢其口头思维,目的就是为了做有节奏的强调。(读者可以通过想一个诅咒或庆贺的欢呼来验证。)沉默的想法,从不是持续进行的,它一闪而过,跳过了公开谈话的许多语法逻辑。当一个人摸索一种新观点时,经常表现为采用一种纯粹的格式塔转换的形式,刚想说话,但又难以"成句"。然而,这种格式塔,通常不是图片;它是在口头话语链中的一条行动轨迹、是一个人想说的句子或一系列句子,此人感到他能够去说,但又尚未表达出来。这些起初的句子有些从未被表达出来；想法漂移到其他方向去了，小水泡浮不到表面来，也不能结合成大的、公开可见的水泡。这些是想法的一些内在深度；我们通过分析想法速度的整个连续统，可以把它们置入一些社会学的研究之中。

为分析这一连续统，我们来看写作者的想法这一特例。这包括不同程度的外化。

一个极端是正式文书的写作，譬如只能由律师费心写就的官方文件、官样文章的言辞。这样写时好像不是由人写的，做到尽可能地客观，祛除了一切的人的利益。

其次是公开出版物的写作。这可能有不同的节奏，但它们一般都是以相对较慢的速度写的。当一个人决定把他的笔记变成可发表的论文或书时，或当写成演讲稿时，他会直接感受到这一点。可发表的作品有审慎的、相对慢速的节奏；写作中的部分困难是克服这个障碍，从用比较不正式的媒介的思维方式和速度，转变为按发表要求的面向虚构的观众的写作。它比任何其他的写作形式更多地面向"一般化他者"。

相反，私人信函是为特定化的他者而写的；它在语气上可能更轻松、进程更快些、用词方面更随意些。它相对来说更处于后台，而发表的作品是处于前台，是凝固成印刷物的正式仪式的建构。

电子邮件在21世纪之交仍然是一种新形式，还没有固定的章法。一些作者把它当作个人信件来写，其他人把它看做更接近于闲聊，或者看做为用完即扔的便条，不注意其标点或拼写，礼节性问候也少多了。由于在社会解释上的这种可变性，因此电子邮件是一种含糊不清的沟通形式。有时隐秘信息被认为难以接受或者

第五章 内化的符号和思维的社会过程

被看做是无礼的;它容易不被接收者认真对待,他们认为它不如其他形式的书面或口头沟通更能引起他们的重视。从写作者一方来说,电子邮件是快捷的和不拘形式的,吸引人之处是写作时不用深思熟虑,马上就把想法发送出去了。因缺乏面对面谈话的非语言表达和电话谈话的节奏感染,所以它不大受想象的受众的约束。

写给自己的笔记,目的不是为了任何他人使用,故写作随意和快速。没有理解方面的压力,可以客观地去读;词语和词组以及有个性特征的图表、符号和速记,都只是用来提醒自己的思想线索。(当然,一个人也可以做那种接近于正式发表形式的笔记;我将沿连续统提出一些理想类型。)写给自己的笔记与大部分随意的和非正式的内在想法很相似:它们反映未来想法行动的轨迹、意图、紧张的航向。它们也许最终会转变成为连续统,成为面向他人、信件、草稿、出版物的笔记。或者它们继续保持较低阶段的形式不变,蹲在办公室的作家和未来的作家写些陈词滥调,就像大部分随意的想法一样依然是些胡乱的想法,从未形成公开讲出的句子。

对专业作家来说,有另外一种形式的写作,它介于自己的笔记和要发表的作品之间:根据笔记整理成纲要,把思想主题和观点串联起来,把它们变成语法句子,构成段落、部分和章节。这一活动一般关心的是原语法,即观点的整体架构(或虚构剧情、文学效果等)。在制定纲要的过程中,经常需做出进一步思考和创造:通过设法把不同片段结合在一起而发展自己的观点;面对要求产生反响的困难;发现概念晦涩、模棱两可、有歧义、相互矛盾,但这些必须要做到有连贯一致的表述。在这个阶段作家要超出片段性的思想,开拓知道去往某处的新阶段,但形成一条有意义的叙述之路对读者来说仍然是不清楚的。弄清楚这些轨迹是更具体地面对设想的读者的一个过程：一个人设想到读者将说什么、努力应对不同意见、考虑到满足读者的要求和兴趣的方式——如果是专业的学术读者，这是最容易做到的，人们了解以前的成果和当前关心的问题。

写概要属于中间程度的构思，介于像内心想法一样的笔记（或隐秘想法）和可发表的文本之间。写概要有时很快，有时很慢；快的情况是当一个人提前清楚了如何去连贯在一起，的确有时如此迅速，以至于人们跟不上迸发出来的他关于整体所设想的各个方面的发展；慢的情况是当一个人遇到了阻碍，有太多的片段组合不起来，有许多彼此还没有联系起来的零碎想法，或者有太多方面的整体观点依然是空白。在这个阶段的写作经常像是费力地拼图，这也就像是过山车，只有等爬到足够高时，它才会快速滑下来。当概要完成（至少暂时完成）时，写作进入它的下一阶段，即把快速闪现的想法转化成为符合正常阅读速度的完整的语句。

现在来分析在作家的连续统中处于不同点的构思过程之间的区别。想法的速度由较慢变得较快，依赖于几种条件。一是在多大程度上关心语法和形式。语法是正式结构的一部分：词语顺序，以及言辞各部分之间关系的适当处理，对于把一个人的思想明确地呈现给那些不同的、与其没有直接的个人关联的人来说，是非常重要的。它还服从于那些在公众特别是在发表的话语中惯用的规则，这些规则由公认的权威（学者、语法课本的作者、学校教师）去维护。在文学共同体中，遵循这些规则被读者看做是成员身份的标志，否则是非成员的标志。正是在这一意义上语法是仪式性的。

第五章　内化的符号和思维的社会过程

正式的、合乎语法的写作（由此把一个人的想法转变成作品形式）一般来说比非正式的和私下的思维更慢，也较少变动。然而，它也存在内部的差异，因为一个已把语法内化，并以正式方式完全进入写作状态的人，其写作可能是相当快的（虽然不会跟此人的非正式想法一样快）；而不属于创作共同体的合适成员或者此时正在攻克写作关的人，其思维生硬、缓慢，的确有时甚至是停滞不前的。

语法作为语言的最基本约束形式，与口头想法的其他方面形成了对比。作家的笔记和概要（以我自己的情况判断），主要由一些零乱的词组构成：最常见的是名词，有时是形容词；相对来说很少有动词，有的话其典型形式是以动名词（"writing[写作]"）、不定式（"to explain[去解释]"）或祈使句（"check[核查]"——即典型地命令自己，是空的评论而不是写作内容本身的一部分）。在这一初始阶段，写作的语法和构思结构大多未完成，只通过整理书面的语句有所指示（经常由箭头或编号加以表明），或者用私下的速记有所指示（使用破折号、等号、定向箭头）。此时作家的思维因而只是潜在地，并作为未来行动的方向，取向于完全外部的共同体。知识分子发表的作品常常是糟糕的，原因之一就是因为它还没有充分地从面向自己的笔记和草稿转变为完全合乎语法的写作；由于笔记大多使用名词，很少用动词，并且少量的这些动词也很少是以能构成句子的形式使用，故这样的写作大多是冗长乏味、无起色、缺乏活力的。这可能导致人们得出内在想法——至少是在知识分子之中——是冗长乏味、无活力的、仅仅是抽象名词的堆积。但至少对有创造性的思想家来说，情况不是这样，因为他们的内在思维是流动的、富有洞察力的、善于融合新东西、排除一切障碍；这显然是因为此类思想家想要迅速地克服这些困难，尝试进行新的融合，故他或她把这些编成最便于处理的单位，组成可以在其思想链中形成更长表达的具有最小语法单位的名词。内在的概念思维有自己的运动节奏，因而必须区别于完全是口头的或书面句子的节奏。[22]

如果符合语法词缀的动词变化是讲话的最公开的形式，那么名词完全是私下的，即便是在有创造性的知识分子之中。名词也就是涂尔干所说的集体符号，对学术网络的这些派别来说，他们传播这些符号并把它们看做是其观点的核心部分；它们是学术群体如何看待世界的集体体现，因而也是被认为是最真实地存在的实体。一个好的理论——它可以说是广泛成功的理论——具体化为名词。[23]如果思想家在速记时所用的名词是更容易变化的、其内涵尚未形成、其观点仍处于酝酿中，那么在其性质上就如同处于形成过程或想要形成的未成熟的涂尔干说的集体符号；它们是假定的成员身份的象征，跟已经存在的学术圈的一些成员有共鸣，但是在重新形成成员联合的过程中，如果实际已被确立起来了，这将会给予此思想家其思想具有某些"创造性"的荣誉。

因此，想法变动的速度或快或慢，部分原因是由于受公开话语的正式制约的程度不同。想法跟写作一样，处于从直觉的、未成形的零星片段，到非常严整的序列连续统中。因取向外部目标，故社会形式更强，并影响到节奏以及结构序列和关联，它们在非正式情况下是被省略的。虽然想法在接近非正式情况下可能变动得快，但在连续统的任一点它都可能慢下来，如果当跟思想联盟或外在社会互动的社会要求磋商时有阻碍、有困难的话。想法速度上的差别表现出的另一方面,是相对于想法是如何扩散的来说,它是如何被组织的。一些想法具有高度的方向性,所指向目标明确;其他想法则较混乱,飘忽不定,方向不明,漫无目的,停止不前。作为内部的 IRs,有方向性的想法具有较高程度的 EE,充满信心和能量;典型地,它同样也具有与之相伴随的内部节奏——就像当一个人全身心投入写作时,句子和段落随着其手指在键盘上的移动而呈现出来。零乱的想法具有较低的 EE,不管是冷漠和压抑的,或是飘忽不定和紧张的,甚至自鸣得意的,但都没有任何表现的地方。这是发生在头脑的互动链中的成功的 IRs 和不成功的 IRs 之间的区别。有方向性的想法和零乱的想法都可能出现在内部/非正式思维或外部/正式思维的连续统的各个点上。从一个层面变动到另一层面的努力——从感到满意的内部层面,到更外部的层面,这里提出了比思想家能满足的更多的社会要求——是导致由明确的、连贯想法到零乱的想法发生转变的情境之一。

内部仪式和自我团结

我已用作家思维的例子发展了这一观点,因为它更容易去进行考察,同时对专业作家的思维也做了一定的分析。非学术思想存在着相似的连续统,虽然较少重视——至少在现代社会——在此连续统的正式化一端,和较少关心把一个人的想法从内部转变为外部一端;而且可能很少有这种从内向性转变为外向性的途径,诸如自己的笔记和为写作目的的概要。否则的话,在表达的速度、语法和其他形式的变化模式,在表达受阻中的模式,以及在有方向的与零乱想法中的模式,都可在普通的想法中看到。

如果人们是 EE 的寻求者,那么他们将用内部的 IRs 克服困难并使自己融入行动中。在口头咒语例子中我们已看到了这一点。我们在作家应付阻碍因素的方式,他们用于保持不断地表现其思想的手段中也可看到。作家通过再阅读他或她所写到的达到某一点的作品,可以再从头开始——像一名跳远运动员退回去,抹去原来的痕迹重新起跑。海明威的诀窍是停止一天的写作进程,不是当他全部写完想说的话之后,而是当他处于写作很顺利的时候;第二天早晨重新开始,他会再阅读前一天所写的东西,然后再投入下一阶段的写作(Cowley 1973,217-218)。

作家的障碍有几种不同的类型,每一种都有其克服办法,而且每一种都在零乱的和关注点不断变化的非学术思维中有近似的东西。有长期存在的作家的障碍:不明确什么题目将会获得某些成功、一个项目未完成又拼命地转到另一个、由长期消沉和缺乏 EE 所伴随。这一类障碍是由于未充分地融入网络的结果,只有在此网络中才能完成作品,并且因而把适合于读者的口味作为一个人的目标。有些类似于这种长期障碍的还有这样的情况,它发生在上面所描述的事业的顶峰时,此时知识分子在关注的领域必须面对寻找独特的突破口的选择,或者使自己完全变为其他人观点的追随者、专家或传播者,再传给一无所知的读者。这里的应对办法,如果有一个的话,就是永远和结构性地远离一个人的位置,不仅是在思想方面,而且是在外部的社会网络方面。

处于非常不同的时间框架中是作家短期的障碍,这里的问题仅仅是一遍又一遍地发动自己。其解决办法是找到使自己再回到

第五章 内化的符号和思维的社会过程

以前的写作进程的途径。

类似地在非学术思维中,也有长久存在的制约一个人能以什么程度的清晰性进行思维的网络模式;一个人在社会网络的位置的变化会改变这些想法模式,不管你是否喜欢这些结果。在短期、超微观的思维序列中,非学术想法极为类似于作家使自己前进的手段;两者都使用自我连带的形式。

我们主观上生活在拥有成员意义,而且具有建立在以前互动基础上的一定水平的 EE 的符号世界中。交织在一个人与其他人形成的外部 IRs 之间的缝隙中的是,构成思想链的内部 IRs。这些内部链的指导原则同样也是寻求 EE。一个人在自己的内在思想领域的主观世界中持续的时间越长,那么其目标越变为与其说是直接跟其他人的团结,不如说是跟自己的团结。内在想法所用的符号变为分解、再结合、尝试新目标,目的不是想到跟外部的人联合,而是想在自我的各部分中联合。借鉴学术思想家努力想新组合的做法,有个人想法的人也尝试这么做,但提议的符号联盟还未形成,只是想到了此道路。

这里,我们了解到,内在的思想深度可能是不同的和非专注性的。个体发展了他们自己的使其专注的途径,使他们连带的方法。IRs 如同我从本书一开始所强调的,是易变的。它们不是总会成功;其范围从仅仅是些构成成分到高度的团结。这一差异是真实的内在思想仪式的体现。有一些与自我达到了高度的团结;在这时,一个人会感到专注、有方向和意识最清楚。在其他时候(而更多地是跟一些人而不是其他人在一起的时候),内在 IRs 不能结合在一起:想法仅是片段性的、零乱的、表达不清晰的。这样的人不一定有不连贯的生活；他们可能更喜欢其外部的生活，如果外部的事情更有利于形成团结和 EE 的话。这是内向性格与外向性格差异的根源。

内在生活有不同程度的私密性。但私密具有的形式不一定是独特的。我们用于连带我们的想法、把自我结合在一起的方式，可能主要是从外在社会生活中可得到的标准模式移入的。口头咒语——传统上是以祷告或巫术的形式，当前是以鼓动性讲话和诅咒的形式——正是外在仪式被融入自我时所采用的一些方式。无疑还会有其他这样的内在仪式有待于去发现。

思想世界一般被认为是一广大的领域。实际也如此；但它不是像被喊叫的那样，是不可思议的。我们有一种偏见，认为想法是自由的、不受拘束的、无限开放的、与外界无关的。然而，如果思想是来自社会生活的仪式的内化，并在促使它们重新外化的过程中，通过其符号要素的分解和再结合而得到了进一步的发展，会对它感到奇怪吗？中国汉代乡民中的私下想法肯定与其他人相似，因为其所关联到的仪式都是公开进行的，也由此在特定方式上，跟 21 世纪之交的美国中产阶级人士的私下想法不同。

我们许多人对思想还感到陌生，因为它还没有从社会学的角度得到很广泛的探索。如果我们从处于特定情境的人中获得了大量的思想链，那么完全可以了解到，他们想到了许多同样的要素，甚至是以许多同样组合方式组合的。用更大的理论概括，分析内在 IR 链的形成条件，我们肯定会发现其更大的共同性。人类在细节上有所不同，但是我们在精神上是类同的，因为我们都被置于相同的仪式过程中。

第二部分

应　　用

第六章 性互动理论

性,是一种自然的生物驱动力,还是由社会建构的?作为社会学家,我们倾向于认为性是后者,它是在前者的基础之上被建构的。但是,这个非常一般的且通常合意的回答使得一切都令我们感到迷惑。这种生物成分有多大作用呢?一直起作用吗?它是通过什么机制转变成了千变万化的性行为呢?在理论基础上,我们能否预测谁与谁在什么样的历史环境下会做什么吗?

假设我们认为,性是由生殖器满足激发的,而且这种生理机制已经在进化中被选来促进生殖。但是,寻求生殖器满足并不能解释人们广泛认可的什么是性的许多方面。为什么在一些(而不是所有)文化中乳房被认为是性感的呢?进化论生物学家会回答,乳房显示了女性的生育能力。但是,这个回答没有解释为何成年男子能从抓捏、触摸或吮吸女性乳房中获得满足;这个回答还留给了我们一个困惑,即我们为何通常把哺乳(通常哺乳不被认为是性感的)和被认为是性感的乳房区分开来。

当我们进一步撇开生殖器官来看时,类似的问题会马上出现了。为何接吻被普遍认为与性有关?而且为何只是一些社会中的某些接吻被普遍认为与性有关?接触嘴唇和舌头的满足是什么呢?它一定远非是生物学意义的生殖器满足。为何这种满足(在一些社会环境之下）会唤起性方面的事情，而且会从一件事引致另一件事？对于一些人而言，为何性满足高潮在于把接吻与舔舐和接触生殖器结合起来，有时候会用嘴接触身体各部位呢？这与口交和舐阴的问题相关。寻求生殖器满足解释了为何有些人会从其阳物或阴蒂被吮吸之中享受到满足；但是，为何一些人会认为在他人身上进行口交也非常能够引起性欲呢？

肛交给我们提出了相似的问题。在男性插入者的情况下，有人会把肛门插入解释为阴茎满足。但是，倘若要在同性性交和异性性交的被动肛交中都有满足，那么满足的机制是什么呢？为何其他肛门活动也会备受一些人喜爱，或者存在于一些性亚文化之中呢？这些包括舔肛门、"手交"以及相关联地通过做通便和撒尿的接受者或目击者来增加性满足。

适度的、相对体面的与生殖器无关的性吸引例子有很多。比如说脸部和头发（为何人们喜欢用手指穿过情人的头发呢？为何金发碧眼的女人——在一些历史时期——被认识是性感的呢？），或者如同在日本，脖子的后颈是性感的。在19世纪，露肩礼服是女性的主要时尚，男性会颂扬女性肩部的美丽。我们理所当然地认为，性伴侣最好应该有魅力。但魅力的标准随着历史而变化，除了这个事实外，我们能用什么因果过程来解释非生殖器身体特征是如何唤起了性欲呢？在20世纪，特别是从1930年到1950年间，倘若女性的腿接近于某些理想曲线，它们会被认为非常性感；甚至于不太相关的附属物，如脚踝、脚背和高跟鞋，都能够引起勃起和射精。不但是各种窥阴癖和性攻击，而且两相情愿的做爱，都以触摸这些对象为目的。我们不得不再一次发问，哪里得到了满

第六章 性互动理论

足？找到来解释这些性欲体验的一个机制，是我们分析所有事例的一个基本问题。

让我们来列举更多需要解释的类型：搀手——为何搀手会让人感到满足，并成为一系列情欲行为的一部分呢？为何初期的情人有时候会在桌下碰脚调情？为何一般的身体接触，如拥抱或被他人拥抱，在一些社会环境下（但不是在其他社会环境下）是性满足的一个主要部分呢？我寻求的答案将不会呈现这样一种形式："这就是事情在这种文化中被规定的方式。"把"男性至上主义"或者"家长制"或"资本主义"加到"文化"（或"政权制度"）之上也无济于事。在这些社会行动中，有一个身体互动和情感互动的重要组成成分；这些不只是文化符号。这些文化符号是从空中一个大电报密码本里被主观选定的。许多理论家的想象是，密码本决定了一个特殊时期发生的事情，直到这片天空神秘地破裂，被另外一本密码本取而代之。我们可以把性与包含人类身体行动这些成分的理论模型连接起来，提出一个更有力的较客观的解释。毫不令人惊讶，我会马上提出它与互动仪式理论的关联。

有一组重要问题，它们以自慰为中心。一个纯粹进化论的，以繁殖为取向的性驱动观难以解释自慰，特别是当自慰发生在过了所谓精力超人的青春期而且是可以得到性交的时候（例如，发生在已婚或同居者中的自慰：Laumann et al. 1994, 82–83）。倘若其机制是生殖器满足，解释自慰就会很容易，但是另外一个问题出现了：为什么性交比自慰更受偏爱？很明显，除了生殖器高潮之外，在另外一个人的身体里有另外一些满足的来源。此外，倘若男性自慰只是由阴茎满足所驱动，那么为何自慰通常伴随着幻想，而且经常伴随着阅读色情物呢？单纯的特定器官的身体满足似乎除了需要触觉刺激之外，不再需要其他任何东西；但是那些表现物的（我们应该说象征性的吗？倘若是，象征了什么呢？）帮助似乎既增加了身体体验的频率，也强化了身体体验。而且，倘若存在会被耗尽的固定量的生物性驱动（Laumann et al. 1994, 137 - 138），那么，自慰的发生与性交的可能性会呈正相关，而不是人们可能会想到的负相关。相反，自慰似乎也刺激了其他种类的性活动（如同色情物的刺激一样）。一类性刺激似乎激活了其他的性刺激；看起来，性不仅仅是一种内在驱动，而是一个可变的量，这个量被外面因素控制着或建构着。

弗洛伊德曾面临同样的此类问题。他的解决办法是提出了一个普遍的性驱动力，即里比多。在青春期，里比多表现为生殖器满足，但是在早期，里比多通过一系列发展阶段使其他器官（口/乳房、肛门）变得敏感了，这些类型的性本能可以被解释为对以前里比多发展阶段的替代或回归。里比多的可变性可以用来解释对鞋的崇拜、解释腿和头发的性吸引力，甚至是解释通常认为的漂亮形式的吸引力。里比多就像是一种液体，它四处蔓延，情欲化了它接触到的任何东西。里比多是某种东西的隐喻，这个东西统一了各种各样的性对象和性满足。但是，里比多远不能解释一切。所存在的一个主要困难是，弗洛伊德把性驱动力当作了一个自然给定的量；而社会过程的主要作用是压抑性驱动力。我认为情形恰恰相反，从历史上看，寻求性满足的总体情况显然增长了。在这一方面，弗洛伊德及其追随者诺贝特·埃利亚斯（Norbert Elias）都认为，文明化的过程已经对自然的性功能产生了日益增加的压制。

第六章　性互动理论

我会说明,这个观点从历史上看是错误的。性欲刺激可能有生物根源,但是,它具有巨大的可变性。在这里我恰恰想强调进化心理学或社会生物学的相反方向,后者把人类(至少男性)想象成类似于发情的公羊或产卵的鱼,它们被驱使着撒播尽可能多的精子细胞。人类可以在保持相当适量的性行为的情况下生存,而且,当性行为既在数量上又在对象范围上扩大时,这并不是由于为释放精子的原始的一般的性驱动,而是由于产生性驱动的社会过程。里比多的隐喻只表示了一个单一的过程,而我将提出,这里有四个主要的互动过程。

作为出发点,假设我们一致同意寻求满足激发了性行为。有证据表明,人们必须学会如何取得性满足。一个人的第一次性交和一般的早期性经历经常不是非常令人快乐的。对于女性而言,即使在没约束的性氛围里,它也可能是不令人愉快的,或者它可能会被认为是令人失望的,或言过其实的(证据来自林恩·格林对十几岁的黑人和白人女孩所进行的有关早期性经历的访谈:Green 2001)。对于男性而言,也是如此,与年长时候的性经历相比,早期性经历通常既缺乏兴奋的高潮,也常有更大的失望,即使年轻男性比年长男性在每次性活动中有更多的时间体验(他们是热情的,还是无能的呢?)(Laumann et al. 1994,94,117)。相当数量的性活动是不成功的,是不令人满意的(Laumann et al. 1994,368 - 371);这种经历上的变化非常容易被区分出来,成为一个单独类别,即性官能障碍。这种处理忽视了通过比较来说明性满足在不同社会中如何被建构的重要性。性满足在相当大程度上是在特定配偶的互动中习得的。因此,它不仅仅是一个年轻没有经历的人学习如何得到性快乐的问题,而是具体到每个社会关系的缺乏经验的问题。[2]建构性的性满足行为是习得的;但是,确切地说,所习得的东西到底是什么呢?它是一种社会互动形式,这是我们社会学理论必须要解释的东西。

我的策略是做比较,并解释其变化。我们现在有好的系统的调查数据(Laumann et al. 1994)。既然我们更关心过程和相关性,而不是单纯的各种性行为的发生率,所以,当我们提出这类数据的恰当的理论性问题时,金塞性报告(the kinsey reports)和其他更专门的样本会不断发挥启发作用。历史资料和人种志资料提供了做解释的关键性差异。比较不同类型人的性特征:比较男性和女性,还要比较男性同性恋者、女性同性恋者和异性恋者,比较盲人和非盲人;以及比较不同种类的性行为:性交、手淫、口交和肛交,都是有帮助的,而不是把每一种情况都隔离在它们自己的专门研究兴趣领域中,或更糟糕的是,隔离在它自己的兴趣群体中。我们需要把性与社会理论的中心过程更直接地联系起来。把性首先当作一个社会问题来看待是一个障碍,用道德说教来代替解释更是如此。在这一方面,由反对标准观点的人所造成的分析障碍,在约束性上并不比那些性传统主义者的轻多少。关于性的道德化和辩护将成为我这里分析的一部分,但仅仅是作为一个额外需要被解释的话题。[3]

进化论生物学近些年已经成了一个主导性理论。原因之一在于,它填补了一个空白,此空白是因为缺乏一个非道德主义的一般的性理论而留下的。既然我想继续进行社会学分析,不让我的注意力被一个相当简单的相反论点的诱惑而分散,所以我会在这里

第六章 性互动理论

简要地列举，为何我作为一个社会学家不为进化论生物学的解释力所打动的原因。对于生殖器如何与性牵连到一起，进化论生物学没有给出任何机制，它仅仅提出了一个一般的论点，即任何东西都以某种方式被安排，以促成自私基因的最大化繁殖。它关注的差异在于男女之间，它收集证据来支持一个观点，即男性被安排来使尽可能多的女性怀孕（与其他男性竞争着这样做），而女性被安排来做母性行为，在选择男性时，目的在于使他们后代生存到生育年龄的机会最大化。在说明性行为的历史和个体差异方面，这个理论证据不足。它没能成功地解释人们如何具有社会性的真实的性动机，特别是当这些动机与所谓生物学上认为的动机不一致的时候。举例来说，这个理论如同大多数现实中的人所做的那样，没能将母性能力与性区分开来。在色情化了的文化中，男性相当敏感地做出了这个区分，他们不喜欢同仅仅表现母性特征的女人做爱。在情欲化的社会中（像20世纪），情欲上最活跃的人所关心的，就是要避免拥有大量后代子嗣（或者甚至是任何后代）。

在实用的意义上，我可以说我要研究的只是我自己的理论纲领，而对于一个在我看来只有有限解释资源的相对立的研究项目，我没有兴趣去加以研究或与之论争。然而，我最重要的异议是，正是在生物学认为什么是最重要的人类习性这个问题上，进化论生物学已经陷入了错误的轨道。进化论者找到了自私基因这个概念，把竞争的男性看做孤立的寻找自私的个体为例证。对竞争的这一强调，把进化论生物学家们与理性选择理论的狭隘经济主义联合起来了；它提醒我们，达尔文理论的来源是马尔萨斯的经济学。与之相反，我认为人类生物最重要的特征在于，人类的性行为,其目的不仅仅是生殖器满足或传播自己基因的倾向,其最重要的目的是情感娱乐和有节奏同步中的种种满足,这些使人类成为互动仪式的追寻者。人类的神经系统和内分泌系统,还有许多其他特征,包括皮肤的裸露和敏感性,已经在进化中被选择了,这使人类与大多数其他动物相比,更适合于个体化的社会互动,更适合于使多样的且多程度的彼此之间的社会联系更强烈——而且,最重要的是,更适合于长久互动性的性满足。进化论生物学家认为,男性与女性有根本的不同,男性是自私基因的散布者,而女性只是配偶的被选者和有保护作用的母亲。与他们的观点相反,我认为男性和女性共有同样的生物本能行为,这个本能行为,使他们彼此容易感受到在 IRs 中注意力和情感的互动组合。这就是人类生物的特征,它可解释性爱行为的多样性;它还可解释到底什么使得社会成为可能。进化论生物学模型似乎更好地适应于解释非常不好群居的雄性动物物种,例如野生山羊。

接下来,我要讨论三个理论动力机制,它们结合在一起可解释性互动。第一,我已经主要从其缺点的角度,讨论了自私阴茎模型(或者是个体的生殖器满足寻求)。这个模型又与下列论点互为补充。分析自私性满足的最直接方式就是研究卖淫,卖淫无耻地显露了理性行为或实用交换所有令人不快的特征。第二个动力机制把性互动看做是产生团结的互动仪式。IRs 的动力机制有助于解释非生殖器的性行为。第三个是情欲声望;在这里,我会系统地分析情欲分层的历史变革,解释为何情欲声望的寻求会在 20 世纪的社会中成为如此的一个占主导地位的动机。

作为个体满足寻求的性

性作为自私的、个体满足的寻求,在经验上最接近于它的,就是卖淫。在这个理想型中,有一个简单的交换,用嫖客的钱交换性满足。[4]我将提出三类经验观察资料的相互关系。

首先,嫖客与妓女的互动经常是困难的,使人不快的,其特征是高度的不信任和欺骗。[5]妓女首要受钱的驱动:她们一般试图从嫖客那里拿到尽可能多的钱,并且她们如果能够做到的话,就以尽可能少的性劳动作为回报。在卖淫的边界上,一个相近的情况就是酒吧女孩。她们为酒吧极力地推销酒,这些酒的价格高得惊人,这意味着紧接着就是性交易。经验丰富的妓女从事各种形式的议价,既有关于价格的议价,也有关于数量的议价,比如说,先为最初的性交易收取指定金额,然后,为继续到实际性交再要更多的钱,有时候拖长时间,同嫖客持续地谈判,直到嫖客认为什么交易算妥当。具有高营业额的场所中,妓女通常最小化她们用来赚钱的工作,努力催促嫖客尽可能快地完成交易。简而言之,妓女的行为倾向类似博弈论里一个单纯的功利主义行动者:因为就双方而言,这是一个单纯的自私交换,焦点在于讨价还价和逃避工作。妓女们几乎总是在履行交易之前预先要钱;嫖客们同意这一点,显然是因为他们的性欲望强度比他们算计和砍价的意愿更为强烈。换句话说,更冷静的头脑在妓女那边,因而妓女处在更好的议价位置上。[6]因为同样的原因,妓女处在更好的位置去欺骗嫖客而不是相反。这是为何卖淫具有坏名声的一个原因。除了受到道德清教徒和反对一切婚外性行为的人们的谴责之外,卖淫通常还具有一个明显的不信任和欺骗的性质。在非正式文化中,嫖客们用口语"娼妓"来指代商品化的性,就暗示了这一点。即使醉心于单纯自私的性满足的嫖客也可能经常与作为功利主义者的妓女有互动,但会把感官满足降低到不满意水平的程度。

第二个微观的经验观察是,性交中的妓女经常模仿被性唤起的声音:呻吟和刻板化的表达女性在激情的阵痛中被期望去说的东西。自我表达是妓女职业知识的一部分,它被认为是对这项工作的应有的表现。它也可能是这种模式的一个功能性手法,据妓女们说,她们这样能够使男性更快地射精,从而更快地完成工作。在商业性的电话性交中,女性给嫖客们"说下流话",让嫖客们手淫,这似乎说明,男性性唤起和性满足的一个主要成分是参与互相唤起的经历。所有这些观察资料得出了同一个结论:即使在以单纯自私的性满足为目的的情境中,也存在着一个共享的性唤起的成分,这个成分被认为是增加了满足。因为妓女几乎一贯没有感情责任,而且还欺骗嫖客,故这个互相唤起一般是伪装的;但是,他们感觉它是被预期(或者甚至是有用的)的这个事实说明,单纯个体满足寻求的性模型不能解释所有的性动机,或者说,它甚至解释不了多少性动机。

第三,妓女的嫖客们倾向于寻求最大的性满足,在最大的性满足中,互动最不像缺乏信任的商业交易,也就是说,最不像卖淫。在这些际遇中,在钱上的讨价还价被最小化了,性工作如同被指定的那样去做,互动是社交性的、友好的,妓女被真正地唤起,而不是伪装被唤起。[7]后者的一个例子是情妇。为了得到长期的多次交易关系,情妇会遵循着泽利泽指出的连续关系去做(参见这一章的注释4)。一个相关的观察是,男性经常与妓女结交,从而能够与比他们通常能接近的女性更漂亮的女性发生性关系;我的假设是,性满意度与妓女漂亮之间可能是负相关(或者零相关)。那是因为最漂亮的妓女有极大的市场需求,因而她们会得到更多的遵从,能够在她们的嫖客那里提出更多要求(既有货币要求也有行为要求);因此,漂亮妓女倾向于更多地欺骗她们的嫖客,更多地讨价还价,更多地逃避工作。相反地,魅力差一点的妓女不得不付出更多努力,使她们适合出售;她们较少讨价还价,履行性工作的意愿更大,这使与她们的互动更令人愉快,因而带来更大的性满足。甚至在与妓女的性关系中,人际间的团结(个人的喜好)也与性满足相关。

作为互动仪式的性

性最重要的特征,是那些符合 IR 模型的特征。我要再次强调,人类行动的仪式性在一个连续体中变化着。相互关注和情感连带可能是零,可能是中等的,或者是高度的。一个 IR 的强度依赖于一系列初始因素的存在,也依赖于互动过程,通过这些互动过程仪式发展起来,遍及参与者的感觉和行动。只有 IR 达到较高水平的强度,仪式才能产生诸如社会团结和符号意义那样的结果。这一点在性互动仪式的情形中非常明显。性交经常未能成为一个具有很高强度的 IR,特别是当性交完成方式是实用主义模型的单边满足寻求的时候。接下来,我要描述一个全面的性互动仪式形成的机制。我们以非常成功的性互动仪式这个理想型为出发点,接下来研究如何解释作为这个理想型变体的多样的性形式。

IR 模型适合于大多数性互动形式,既包括性交本身,也包括像接吻那样的辅助行为。(见图 6-1,它是第二章中图 2-1 的另一形式)让我们把性交作为出发点。

1. 性交可能是程度最高的身体共在。它集中在一个非常小的群体,通常是两个人(关于多人性交,见下面的论述)。
2. 性交具有很强的相互关注的焦点,具有接触彼此身体的意识,还具有行动意识,由此一方的身体影响到另一方。
3. 共同的情感或者共享情绪是性兴奋,它在互动过程中建立起来。
4. 性交典型地对外人设有强大的屏障;它是私下进行的,有强烈的禁忌性,防止他人看到。

性交中对隐私的这种高度偏爱是跨文化普遍存在的(Reiss 1986)。这意味着,这种非常亲密的 IR 的动力机制规定了此禁忌,而不是文化规定的。通过几个方式,观察者的身体存在能够破坏性交中性兴奋的形成。天真无知的观察者可能会被感染人的性兴奋所吸引,并试图加入,从而打断相互关注。另一种情况是,倘若观察者保持住情感的清醒,情感清醒倾向于减弱性兴奋的氛围。可以把这两个方面结合起来:观察者可能会力图控制他们在观察他人时自己的性兴奋,途径是把看到的景象作为淫秽的(也就是非常不适当的)来对待,因此不友善地强行闯入;当观察者感到他们不能介入的时候,一种更温和的方式是通过嘲弄的手段,把情境变

第六章　性互动理论

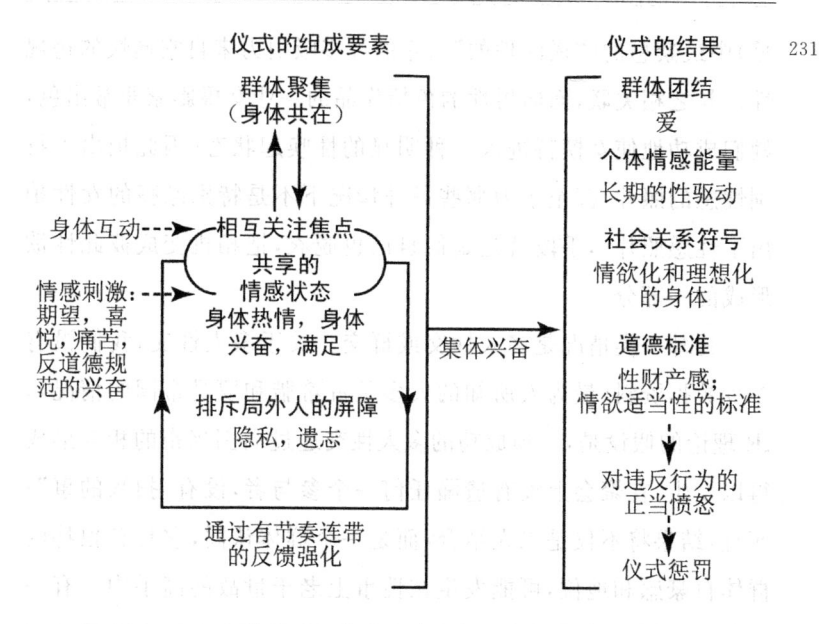

```
    仪式的组成要素                    仪式的结果

      群体聚集                        群体团结
     （身体共在）                        爱

                                   个体情感能量
身体互动---→ 相互关注焦点              长期的性驱动
              共享的
情感刺激：---→ 情感状态                社会关系符号
期望，喜     身体热情，身体             情欲化和理想化
悦，痛苦，     兴奋，满足                  的身体
反道德规                  →集体兴奋→
范的兴奋     排斥局外人的屏障            道德标准
              隐私，遗忘               性财产感；
                                   情欲适当性的标准

            通过有节奏连带              对违反行为的
            的反馈强化                    正当愤怒

                                      仪式惩罚
```

图6-1　作为互动仪式的性交。

成幽默的东西，从而转移做爱者互相关注他们自己激情的注意力。戈夫曼(1981)指出，人类像其他动物一样地行动，保持着对一定范围内任何有可能成为互动一部分的其他人的非公开意识；因此心照不宣地注意他们。在已建立的互相吸引的性互动情形中，他人在场具有破坏性。来自色情业的经验证据表明，在非参与的观察者在场的情况下，男性色情演员相对来说很少会有保持勃起的能力。

存在着一些打破这种隐私性限制的情况，但是这些情况也会证实对隐私的实际偏爱。一类情况是性表演：实况转播的性交情节是最罕见的，是所有性表演(面向嫖客的舞女/脱衣舞女更为常见)中最禁忌的("最淫秽的");它的许多吸引力来自它痛快的违规性。与之相关联,面向男性的色情作品的一些女摄影家非常出色,她们成功地使女模特进入一种明显的性唤起状态(因此拍出了特别性感的照片,甚至于为那些另外情况下不是特别漂亮的女性拍出了性感照片),手段就是她们自己也脱衣,把相机变成彼此性欲形成的一部分。

另外一类情况是多人性交或群交。关于多人性交,我们没有多少数据资料(最为人所知的大多是古希腊和罗马帝国的情况)。IR理论的假设是,一项成功的多人性交通过周围兴奋的相互形成得以发生,在聚会上没有遗漏任何一个参与者,没有"扫兴的事";而且,结果将不仅是二人结合,而是一个群体认同,它具有独特的群体自豪感和地位,可能发生在性事上老于世故的高手中。有一些文献证据,它们是关于20世纪60年代发生在有自由恋爱意识形态的社群中的群交;即使在这些情境中,大多数性通常都发生在配偶之间,且具有相对的隐私性。关于这些群体中恋爱关系数目的比较性资料说明,具有专一的配偶关系的社群组织比有着多个恋爱关系的社群更不易解体(Zablocki 1980)。这表明,在超过两人的群体中,性爱IR难以用来保持一个完全平衡且整合的群体团结。一个事实可支持这个解释,即在存在着很多重的恋爱关系的社群中(扎洛凯称之为"憋闷"),多数分手是因嫉妒产生的愤怒。

关于生活放荡不羁者群体(口语中叫换妻或交换配偶)的资料提供了支持性证据(Bartell 1971;Gilmartin 1978)。这类群体对其放荡不羁的性交设立了严格的规定,阻止单身者(没有伴侣者)加入;这就是说,总存在着一个平等的交换,每一个人都平等参加。

第六章 性互动理论

这样的群体对成员也有禁忌,即禁止在整个群体聚会之外彼此相会做爱;换句话说,群体形成了一个嫉妒标准,在这个情形下禁止单独的配偶爱慕(除了那些原有的配偶爱慕,他们订立了这种交换安排),这种爱慕会减损群体团结。这些比较表明,两人群体是没有必要的,但是还表明,不管参与者数量多少,他们的行动都强有力地使他们自己在性事上结合起来,并排斥外人。

交媾是反馈过程的一个非常有力的例子,这个过程在互相关注和共享情感之间来回循环。在 IR 中,这种过程典型地有一个节奏性模式。做爱时,我们可以清晰地看到三个方面:有节奏的强化、有节奏的连带和有节奏的同步。在这里,性仪式提供了进一步完善 IR 模型的机会。

有节奏的强化,是核心的生理机制,通过它,性兴奋得以形成。性交是对彼此生殖器的一个持续安抚;正是这个节奏,以不断增加的速度和压力形成了兴奋,导致了高潮。在男性和女性中,可测量的身体过程的变化都惊人地相似,包括心跳、血压、身体温度、呼吸加快,且在高潮或射精时达到其最大限度。男性和女性的生殖器都经历了血管收缩或者是静脉血液的充血;这形成了一个相似的颜色变化,阴茎龟头和小阴唇都变成了深红色或紫色。在两性中,高潮的到来(女性中是一个长期的痉挛收缩,男性中是无法控制射精的感觉),持续 2 秒钟到 4 秒钟,以 0.8 秒钟的间隔,双方都会经历一系列三个或四个主要的收缩(Masters and Johnson 1966)。

当然,有节奏的强化也可能只是单个人的,也就是说,它在单独的自慰中也可能发生;在性交中,一个人可能比另外一个经历更多的有节奏强化。IR 理论以及经验观察表明,当有节奏连带的时候,性兴奋和快感会变得更强烈:当他们掌握了另外一个人的节奏时,参与者会强化他们的身体节奏。这是一个非常突出的反馈循环的例子,这个循环增强了 IR 过程;回顾第二章中的证据,那是发生在令人快乐的而不是情欲的社会互动中,比如说愉快的交谈。在伴侣的身体节奏达到一致时,有节奏的同步会发生。在有高度互相唤起的性交中,有节奏的连带产生了有节奏的同步。这样的同步不一定是完美的,可能包括相当多的变化(例如,女性的高潮比男性的射精可能持续得更久,或更为反复,且包括更多高潮,一个非常强烈的女性高潮可达 12 或 15 个挛缩,相比之下,男性通常只有 3 到 4 个挛缩;Masters and Johnson 1966,135 – 136);互动仪式的假设是,同步越多,互动仪式的团结结果就越多,甚至于适中的同步程度也可能产生相当多的满足和团结。

用性学家的术语,这被称为"满足结合"。但是我要强调,这不仅仅是功利主义的个体满足交换,而是被体验为一个集体成就。动机变成了互动中的满足,而不是孤立的满足。在功利主义模型中,倘若在其他地方出现了对一个更好的成本效益的期望,那么,就没有动机与同一个交换伴侣继续下去了;这正好就是通过高度的性仪式所产生的"满足结合"的对立面。

我们需要认识到作为亲密互动仪式的性跟通常社会互动的背景不同,在这个背景中,人们很少触摸他人。性活动远远不是通常的身体互动,因此毫不意外,它能够产生最有力的团结形式。与通常身体互动的明显对比是,做爱允许一个人可以触摸另外一个人的身体;在高强度的做爱中,这可能包括仔细探察、刺激和做一些触及他者身体各个部分的事情。当一个伴侣的做法反馈给另外一个身体时,对方会回应或延续该种行为,故这种身体接近有交互作用的效果。当然存在着交互性程度的问题:一些做爱更多的是单方的,经常是男性主动,女性相对被动。IR 理论认为,交互性程度是兴奋和满足程度的首要决定因素。

在触摸对方身体和互相协调中的满足证明了互动仪式的机制;它在比性交亲密性低的形式中也发挥作用。正是这个机制,使色情舞蹈和相关的商业性娱乐场所成为了一个令人愉快的消费之处。在先前的文化时期,社交舞(也就是,男女两个人跳舞,舞伴用胳膊环绕彼此的肩膀或腰部,这不同于历史上更早的群体舞,也不同于 20 世纪晚期流行的独立的不接触的双人舞)提供了这同一种满足的一个有限形式。为什么在舞场里跳舞是快乐的呢?我们不能认为答案是理所当然的。它是一种有限度的男/女 IR 的形式,它表达了一个被高度控制的互相性唤起的程度。[8] 一种商业性的形式是职业舞,它是一种非常适度的卖淫,主要出现在 20 世纪 20 年代到 50 年代,在职业舞中,女性出卖小数量的性团结(Cressey 1932;Meckel 1995)。

所有这些都说明了在单纯个人的生殖器满足与互动产生的性兴奋和性满足之间的差异。即使在性交中,男性也不只是从女性的阴道中获得阴茎快感;他在与她的整个身体进行交欢——做爱。相反地,女性是在感觉到伴侣的身体有节奏地与她交欢中,获得满足。通过 IR 过程的反馈(如图 6-1 所示),生殖器的兴奋本身受到性 IR 成功的影响。这个假设是,射精的强度(痉挛的数目,感到难以控制的时间长短,射精量[9])取决于经由连带和同步的有节奏形成的强度。

我们已经考虑了性 IRs 的成分和强化过程；让我们简要回顾其结果：

1. 性在很小的两人群体中产生团结。这种特殊的亲密团结被称作爱。在新近的几个世纪，人们已经在性和爱之间做了概念区分；然而，它们是紧密相连的。性交不总是意味着爱，但是在理想的情形下，性交确实意味着爱。人们理解，还存在着其他种类的爱（对陌生人的利他主义的爱；家庭之爱；抽象的宗教之爱），但是爱的首要前提是性结合。涂尔干所提出的团结的全部力量都集中在这种关系中。最理想的是，性爱情人作为一个单位完全彼此地认同，他们彼此服务和保护。我们可以设想没有性的爱，但是在当代一对对结合的配偶情形下，没有性的爱情关系从最基本的方式上来看似乎是不完善的。这是因为，性交是爱的仪式；它既生产了和再生产了社会关系（因为当在这期间团结失去动力的时候，涂尔干仪式需要被周期性地重复），也象征了社会关系。也就是说，它是一个标志，它既对参与者宣告，也对没有参与的外人宣告，这是一个非常强烈的个人关系。因此，性接近是关键的界限标志，是对忠诚的主要测试。

2. 性 IR 就像其他 IR 一样，产生情感能量。在这方面，性 IR 像其他的 IR 一样，把一种情感转变成另外一种情感。在一般情形下，仪式把群体所共享的和关注的任何初始情感都转变成一个结果情感，即团结感和作为群体成员的个体力量。在性仪式中，特有的初始情感典型地是性兴奋，激情；倘若从集体层面上考虑，结果情感是爱/双向成员身份的团结；倘若从个体层面上考虑，结果情感是长期的性驱动。因为EE倾向于被明确地指向特殊类型的从前成功了的IRs，所以，在性上被唤起的EE使个体能为更多同类性仪式做好准备。[10]

3. 性仪式产生了作为关系的纪念物与象征的符号。这一点类似于一种方式，通过这种方式，戒指、礼物和其他爱的关系的纪念物变成了神圣物，并同时表明了这个关系，提供了辅助机会来显示对这个关系的注重，或者对打破这个关系的注重。在这里，不但是物体而且是行动也能够作为关系符号。在一个传统的涂尔干仪式中，参与者在仪式中所关注的东西成了这个群体的符号。正是通过这个过程，性的附属部分具有了象征整个性关系的意义。乳房不是性满足的首要来源，肛门也不是；但是它们能够变成做爱时进行的亲密互动的符号。因为这个原因，它们对于外人来说都是禁忌的，它们是一个内部人的特殊象征，因此是性占有的对象。一个更明显的解释可能似乎是，不仅是嘴唇和舌头，而且是乳房和肛门都是性对象，因为它们是自然的，在生理上被规划为敏感的和可以被唤起的部分。但是倘若接触不是发生在伴侣之间有节奏协调的过程之中，它们的敏感性也可能正是痛苦的，比如说，它发生于粗暴的、胁迫的或者是不被期望的性接触中（或者甚至于发生在唐突的非性的接触中）。因为这个原因，倘若生殖器被后一种方式所刺激，它们自身并不令人快乐，而是容易被激怒的或痛苦的。正是微观互动的社会情境使得这些身体部位有快感；不论生物学解释是什么，都是经过社会团结的仪式，这反过来赋予了它们符号象征性地位(见第四章注释5)。

4.性道德是对性占有之公正性的感受,是对接近他人身体的感受,也是对排斥其他所有人的感受。因为仪式产生了道德标准,首要的违规是与外人有性关系,对其反应是有道德性的和正当的愤怒。这是一个非常局部性的道德,它发生于对违规者的正当愤怒中,且一般会强于谴责违规的更大社会群体的道德标准。

涂尔干的模型认为,团结和其他仪式结果受时间限定,它们倘若不被重复,就会随着时间的流逝而消失。性IRs也必须被经常重复,以维持性结合。处在稳定夫妇关系中的人,即使在相对来说较大的年龄,通常也都是一周一次性事(Laumann et al. 1994, 88)。这个时间间隔同每周一次宗教仪式有相同的时序安排,说明了这两种团结仪式以同样的方式运行。它们两者都意味着,强仪式只能把强群体关系维持在一周左右。[11]非常强烈的宗教信仰者或信徒甚至会有更经常的仪式集合,同样地,处在非常强烈关系中的情人们也会如此。金塞(Kinsey 1953, 395)指出,大多数夫妇在他们生活中都会有这样一段时期,在这段时期他们一天房事一次或更多(大约10%的一天性交3次或4次);这可能是关系确立期、求爱时期的高潮。在所有以仪式为媒介的强烈关系中,都明显存在一个时间模式;当确立关系时,互相参与到仪式之中是最为经常的,然后会降低到一个常规水平。[12]这既发生在宗教皈依者最初参与仪式的频率上,也发生在友情关系的交谈强度上。

我已经根据理想类型,描述了性IR及其结果。这些是高强

第六章 性互动理论

度性 IR 的主要作用,而这些动力机制是基础,根据它们,可以分析更复杂的情形。倘若性产生了团结,那么如何解释没有团结关系的卖淫或者随意的性关系呢?我们又如何解释只关心性却不关心爱情呢?我们可以把这些当作这个模型的变异情况来处理。因为 IR 模型涉及变量问题,所以,相对而言包括很少互相关注和共享情感的性活动会令人较不满意。同一个妓女性交经常是低强度的 IR;当它达到了较高强度,就会呈现出更类似于爱的意义(即使不可能持续下去,成为一种更长久的关系)。同样地,随意的性关系也可以表现为两种结果之一。我提出一个假设,高强度的性关系,即使其仅仅开始于个人的眼前满足,也有产生依恋的倾向,依恋最终在社会上无法同爱情区分开来。这是受磨炼的、愤世嫉俗个体的主题(这个主题不时在文学中被用到,也在生活中被用到),这一个体仍然会被纠缠在性关系中,从而进入婚姻,进入团结的常规符号和感受中。这可能是一个主要方式,通过这个方式,现代男性带着他们公开的个体满足取向,被他们自己的诱惑所诱使。

显然存在着随意的、寻求满足而没有爱情关系的性。但是性行为不能仅仅由一个固定的对生殖器满足的动机来解释。倘若存在着这样一个驱动力,社会互动能够极大地强化它,提炼它,引导它或渲染它。性欲的激发产生于特定情欲对象的展现,以及由此形成的幻想;这些甚至影响到男性射精的多少,影响到男女两性能够多久和多强烈地达到性高潮。通过这个机制,性 IR 出现了。倘若存在单纯自私的满足寻求,那么,为寻求更多满足而必须做的就是从事相互插入彼此的互动。个体在这个互动中处于不断循环的、二人的一系列身体和情感反馈之中。

这一点转变了社会学的问题：我们如何解释个体何时去寻求团结性低的性呢？我认为，仪式化的社会互动给拥有大量的这类性爱赋予了高度社会声望，这形成了寻求更多自私性生殖器满足的动机。在这个情形下，关注性的重要 IR 不是男女配偶的交合，而是关于性的讨论、姿势和嘲弄，这发生在全为男性组成的群体中，或者有时发生在一个更大的社会声望团体中，我把它称之为性场景。因此，任何特殊性活动的表现都维持了与那个群体成员的团结，而不是在配偶内产生团结。自私的性仍然是一个社会符号，但在这个情形下，它代表了在更大群体眼中的声望。[13]

解释的大体思路是，性 IR 的机制生成了符号和动机，这些动机变得自由浮动，超越了任何特定关系。个体因而试图得到性满足，而性满足与社会地位深深地结合在一起，即使性满足是以非交互的方式来完成。在其他背景下，复杂化是常见的一个情况。孩子们从母亲那里得到爱，既有从情感上得到的，也有从身体接触的身体体验中得到的。他们也会非常自私地要求她的爱、接触和关注。性团结是好事；它确实是由强烈 IR 所产生的团结和 EE 的原始形态。当完全交互地参与到性互动仪式之中，就可以形成此结果，但是，不同程度的单方参与和部分参与也可以形成。性团结可以被进一步利用，被当作一个较高层次的曝光和阴谋的话题（例如，诱骗阴谋）、被交换和被胁迫。存在着诸如被操纵的团结和被胁迫的团结这样的东西。存在着爱/恨关系，爱是曲折文学情节里不可缺少的话题，这些都不令人感到惊讶。性爱是一股强大的亲密机制，它在微观情境中以强大的力量发挥作用；它可能会被充满非亲密性关系的复杂的 IR 链所遮盖。

作为符号对象的非性器满足

我们现在转而解释一些附属性性仪式:先解释更为公开的和体面的性仪式,然后解释生殖器的亲密替代物。问题就是,为何性满足会存在于既不涉及生殖器满足也无助于生殖的活动中呢?

让我们从搀手开始。既然在搀手中很少有触觉的满足,那为何它在性方面是重要的呢?通过比较,答案会显现出来。在日常生活中,人们仅仅以非常有限和特定的方式彼此触摸;每种触摸对应着特殊类型的社会关系。大多数时候,人们不彼此触摸;当他们意外地触摸到彼此时,通常需要道歉,这说明触摸是一种冒犯。握手是一个高度仪式化的(被正式固定化和惯例化了的)触摸形式,它被用来表示人们所处于的一种社会关系场合;这可以是第一次会见某人,或者加强与那些被高度尊重或者在别的方面很重要的人的了解。握手还被用来表示一种具体际遇的开始和结束,此际遇表示了对另外一个人的亲近社会关系特别关注。戈夫曼(1967)把握手连同其他问候仪式和告别仪式作为重要例子,说明了日常生活中互动仪式这个概念。对于某些亲密关系而言,握手可能会被认为太过正式,对于不同级别的关系而言,握手可能会被认为不够正式,所以,这里存在着许多细微差别。我们议题的重要论点是,身体触摸的类型与社会关系的亲密性相关。

搀手与握手不同,主要是因为搀手的时间长;长时间握手会被看做为特别热情,搀手则表示一种持久关系。因此,搀手是恋爱的典型标志;那些已经有性亲密关系的人用搀手来延长接触,也把搀手看做是朝向更亲密触摸的早期开始阶段。挽手可以作为一个信号,向他人表示一个关系的存在,它如同戈夫曼(1971)所命名的公开的"关系标记"那样发挥着作用。甚至更为重要的是,挽手是参与者送给彼此的信号;这里又存在着细微差别,包括积极挽手的交互数量和所施加压力的程度及时间。因此,在一系列区分社会距离和亲密性程度的信号的背景下,挽手是情欲上的;它的满足比触感更富有感情,尽管互动意义的传达以及因此情感的唤起与共享恰恰是通过对伴侣皮肤的温暖和压力的感受而实现的。

这段描述是从20世纪盎格鲁-美国文化中提取出来的;但是还有其他文化模式,在这些文化模式中,挽手不具有情欲的意义。在传统阿拉伯文化中,男性朋友当众挽手;在许多文化中,当女性在公共场所时,她们特别有可能手挽手或者臂挽臂。这些比较有助于进一步证实这个模型,因为它们被提取自存在着两种情境之一的社会:(1)女性与男性被严格隔离,女性根本不被允许出现在公共场合,或者说,倘若出现在公共场合,女性要裹在禁止任何接触的长袍和面纱里面;在这个情形下,男性中的友谊类型有较大区别。或者(2)女性确实在公共场所冒险行事,容易受到男性的凝视和可能的触摸,也就是说,公共场所是一个男性至上主义的情欲领域,因此女性依靠彼此求得支持,展示出关系标记,即她们已经连在一起,不会被其他任何人触摸。在一个非常具体的微观层面来分析,我们会想到这些类型的男与男挽手和女与女挽手不具有有节奏的交互性的压力和模式,这是情欲关系的特征,是把挽手变成了交欢本身的 IR 模式的缩影。

在这里所说的有关挽手的情况也适用于拥抱、抚摸和其他形

第六章 性互动理论

式的身体接触。开始情欲关系的意愿可能始自桌下触摸脚（在以大型正式宴会为风俗的19世纪欧洲，在桌下摸脚是一个秘密策略），它非常容易，因为这个接触也可以被解释为意外，因此，倘若有必要的话，可以否认这个接触是个信号。当这些接触既引发了被期待的情感，又引发了在IR协调的关键要素——交互性之形成中的情感时，在很大程度上，所有这些接触的体验都是有快感的。情欲互动仪式及其所有的变化形式都说明了IR模型中的一个极端形式，在这种形式中，彼此身体配合是关注焦点，也是主要机制。非情欲的互动仪式也包括一定程度的身体配合（例如，宗教仪式中共同的膜拜姿势，或者群体欢呼中共同的狂热性；参见Hatfield et al. 1994的证据），但是这些互动仪式的关注集中在某种第三方感知对象上，在涂尔干的分析中，这第三方就是参与到群体中的感受。在情欲互动仪式中，关注焦点不只是习惯性地集中在身体配合上，而是把身体配合作为它的明确对象。他者的身体变成了仪式的神圣物；它被赋予极高的价值，成了被独占的东西，也成了被赞美、被爱抚和被保护的东西。所谓的性接触的（至少是非性器的性接触）触觉满足之所以被误解为可感受的，是因为，有节奏地强化互相关注的互动仪式动力是通过对接触另外一个人身体的身体感的关注而实现的。

我们必须再次论及明显的例外，在这些例外的情况中，拥抱、抚摸还有长久触摸都没有情欲成分。在当代西方社会中，有两个主要的例外。一是父母和子女之间（或者在其他假父母关系中）的触摸。这些关系受乱伦禁忌（和它们类似物）的约束，这些关系中的情欲被认为是极为不当的；我在这里提出，触摸显然层次变了，它从而表明的是一种亲密关系,而不是情欲性关系。触摸的时间长度与关系的持久性成比例;一个假双亲可能会对孩子轻拍一下以示鼓励,而长久地把孩子放在膝上或用手臂抱着被社会当作是尽责的父母。这种尽职的身体接触是有限的,不仅是因为它们不被允许移向情欲区域(包括我们后面会讨论到的替代区域),而且是因为微观细节。一个双亲与孩子的拥抱若具有交互性的抚爱和强烈的相互关注的节奏,那么这种拥抱会被人怀疑。

第二个例外情况是热情的拥抱,或者其他用作仪式庆祝的触摸,它们常见于体育运动的胜利和其他类型的群体庆贺中。特殊的模式把这种庆祝性身体接触同情欲区分开来:庆祝性身体接触更多是激情的,经常是粗犷的(拍手,拍屁股,甚至于猛击前胸),是敲打身体,而不是有节奏地爱抚身体。狂欢因素使得接触短暂,但却非常明显,并把这些接触同情欲触摸划分开来。相关的身体接触形式是拥抱。美国文化大概是在采纳庆祝性身体接触的同一个历史时期(20世纪70年代)接受了拥抱。拥抱是一种表示重视的问候形式,用来消除被认为像握手这样不够亲近的问候形式的生硬感。我们可以再次把拥抱与社会关系的类型关联起来。它似乎非常流行于政客和多情的社交人员中,以及诸如婚礼、庆祝性宴会和讲演这种高度仪式性的团结场合。拥抱关联到身体的更多部分,表达了所存在的社会关系的程度和持久性。不论拥抱是否被真诚地感受到,或者只是一个惯例表现,拥抱仍可通过微观细节同情欲性的身体接触明确区分开:拥抱典型地发生在肩膀周围,避免紧压腹部和大腿,最重要的是避免接触到性器部分。拥抱还有一个不同的微观节奏。庆祝性拥抱不包括抚摸脸部、头发、脖子和腿

第六章 性互动理论

部等等。拥抱,可能是紧紧拥抱,表示了社会亲密性;其焦点不是集中于另外一个人的身体,而是身体的一定部分;而且拥抱具有一种特别的时间限制,它没有交互的激发,后者使性爱接触变成一个有目的的仪式。

亲吻类似于其他身体接触,其各种各样的形式既可以表示不同的社会关系,也可以用作一种性激发和满足的形式。当我们考虑哪类亲吻被认为是不适当时,社会关系会特别明显地突出出来。亲吻脸颊(或者甚至较不亲近的假亲吻,在假亲吻中,脸颊只是彼此一擦而过)表示一种被认为比握手更为友好的关系,但是它在情欲关系中,会被认为微不足道。另外一种,亲吻嘴唇对于家庭关系而言可以表示非常亲密;但舌吻倘若发生在父母和孩子之间,就会被认为是道德乱伦。

亲吻和其他关系标记还可以被用来表示一个关系在什么地方是一种严格的情欲关系而不是个人关系。嫖客不同妓女握手;一般而言有一个明确的禁忌,反对亲吻妓女的脸颊或者嘴唇,即便这两个人可能亲吻性器。通过这种方式,商业化的性参与者把他们的关系同浪漫的关系区分开来;他们这些关系显然是只有一次的性关系,没有个人情感参与;亲吻脸部和嘴唇表示长久的关系。有可能的是,在这些极端之间的中间关系采用更多的关系标记;比如说,我们会期望情妇(相对持久的、排外的然而是商业性的性关系)比妓女更多地吻自己。

为何有些类型的亲吻是情欲上的呢?性互动仪式的一般模式认为,在情欲亲吻中,有更多有节奏的强度和更多交互性互动,在此过程中每个参与者激发了对方的兴奋。情欲亲吻是长久的;单纯的关系亲吻是短暂的,它被去掉了细节和节奏感。舌吻完全是情欲上的,因为它涉及进入另外一个人的身体,因此它本身表示的是特别亲密的和不同寻常的;因为它特别有力地把自己强加到另外一个人的注意力上;因为它可以导致交互性互动,引起另外一个人的反应,而另外一个人的反应是性爱强度的关键。当一人的舌头刺激另一人的舌头并使之采取行动时,就有了导致兴奋激起的交互性效果。这里再次强调,互动成分比触觉满足本身更为重要,两者可能难以分开,因而后者会被当成前者。嘴唇可能是柔软的,因此接触嘴唇在一定程度上可能是有快感的,而感官满足也可由香水强化(但难闻的味道和气味会降低感官满足);但是舌头本身除了彼此响应的互动之外,可能在官能上并不是特别有快感的。

在这些例子中,起作用的 IR 机制是通过激发兴奋来运作的;它的引发是通过了一个社会屏障,进入一般不被允许的行动领域,这个在符号上与表示情欲的亲密性相连接。换句话说,当唇对唇的亲吻或者舌吻在惯例上作为一个情欲系列的一部分时,开始亲吻会特别令人兴奋。(简而言之,我们会通过比较不同社会来证实这一点,在这些社会中,不仅用亲吻还使用其他兴奋方法。)但是单纯的文化习俗不是解释的全部。这类亲吻一定存在着一些特性,这些特性促进了情欲兴奋的形成。单纯的任何一种亲吻看起来似乎都不可能被随心所欲的用来表示性爱;例如说,深深的舌吻不能用来问候亲家,而接触脸颊难以作为性爱的表示。一个可能的机制是,舌吻(以及其他类长久的嘴对嘴吮吸)干扰了呼吸;因呼吸是身体唯一最明显的有节奏活动,所以这些类亲吻既增加了一个人自己的呼吸强度,也增加了其亲吻伙伴的呼吸强度。关键动力机制再次呈现出来:接近他人身体或者甚至是进入他人身体,因通过对其回应而唤起了他们的身体行动,从而建立起了一个相互唤起的循环。因此,性兴奋有两个组成成分:首先是有超越通常的社会关于亲密性障碍的兴奋,然后是当相互有节奏的强化发生时,出现自我加强的兴奋循环。

对那些不使用亲吻或认为亲吻在情欲上不重要的文化做比较是有益的。在马林诺夫斯基(1929/1987)描述的特罗布里安岛(Trobriand Island)社会中,性爱亲密标记同时发挥着促进性兴奋的技术作用,性爱亲密标记则包括咬对方和抓对方。特别是在兴奋高潮,情人们会咬彼此的眼睫毛(280-281)。感官满足这个组成成分在这里似乎不存在;相反地,这里有着非常高的亲密接触度,干预并控制身体的一部分,在其他情况下,这个部分是其他人触摸不到的。如同马林诺夫斯基指出的,咬掉睫毛还发挥着公开提示和标记一个人性活动的作用。因此,有些兴奋可能有另外的来源,即期望公众对一个人的性爱地位做出反应。

其他高度发达的情欲文化,诸如中世纪印度性手册中所描述的性文化,既建议抓和咬的技术,也建议亲吻。《爱神箴言》(*Kama Sutra*)是给官妓及其嫖客的手册,它描述了详细的多种多样的性爱咬和抓。这些咬和抓用牙齿或手指甲在情人身体不同部位进行,从胳膊和肩膀上无伤大雅的公开可见的标记,到胸部、大腿骨和生殖器上的更为亲密的标记。这些在社会上起两方面作用。它们是占有的标记,表示情人之间的私人关系,并提醒他们过去的做爱,因此去重燃激情。[14]从这方面上讲,它们的作用就像涂尔干式的符号,是社会关系的象征。它们可以展示给外人,因此标明界限,但也可以展示给彼此,甚至展示给自己,以使其关系情感永存。

抓和咬的行为还直接作用于激发兴奋。在 IR 模型中(图6-1),它们给循环部分供给了原料,在这里,一个共同的情感强化了关注焦点,并反作用于更强烈的共享情感。互动仪式是情感变压器,实际上把任何情感因素都变成共享的有节奏的高强度,并因此变成集体的情感能量。在这里情感源自痛苦;关键是,痛苦变成了交互强化的互动,并因此变成了一个不同的身体和情感模式。出于同样的逻辑,《爱神箴言》既建议成熟的情人吵架,包括生气和打架,也建议把调情作为促进性热情的技巧。可以从这一方面来解释施虐受虐狂式的性爱倾向及其变体(包括性奴役和性支配、性羞辱等等);也就是说,它们都是技巧,通过这些技巧,产生了强烈情感,这些情感给性兴奋提供了原料,并因此给一个成功的性 IR 供给了原料。这是一种不同于弗洛伊德的解释,弗洛伊德式的解释是在有创伤的儿童经历中寻找病因。IR 理论认为,不论他们在儿童时期已经经历了什么或没有经历什么,个体都能学着促进这些类型的性仪式强度。IR 也是相对于男性统治观的另外一个解释,尽管它在某些情形下同男性统治观相同。然而,B&D 主要是一个男性迷恋物,它却被女性控制着;男性可能在这点上首先采用了,因为他们在性上更主动,因此找到了强化兴奋因素的变体。

我们现在来看更靠近性器,却不直接产生性器满足的性爱形式:触摸乳房、口交以及接受肛交。乳房在情欲上模棱两可:在现代文化(特别是现代西方文化)中,它们是性的主要视觉表现,但在其他地方,它们经常并不重要,它们既不突出地表现在性爱中,也不是性活动的焦点。在世界史上,存在着关注乳房的性文化——

包括触摸、挤压、亲吻和吮吸乳房——的社会中,现代的西方可能最极端;现代色情物中还有一种其他地方见不到的形式,叫做"乳房性交",男性阴茎放在女性乳房之间,这实际上是一个图腾结合。提出文化变异的随意性,这作为一个解释可能没多大作用。那些把所有形式的性爱都解释为男性统治的理论也不能解释历史变迁:中世纪社会比现代社会更为男性所统治,然而,现代社会在情欲上对乳房的重视,来自于妇女在处理她们自己性生活上有相对而言较高自由度的社会时期。要找出宏观的历史状况,我们需要进行全面的历史比较,但这需另外一本书来完成。解释的一个关键部分是,现代社会中,女性已被允许出入公共场所,已经被激发起有距离地展示她们的性魅力。在西方,这是通过一系列衣着时尚演变而来的,它们使女性的胳膊和肩膀显露出来,袒胸露背的衣服显示出乳沟,还有紧身胸衣和乳罩,它们使乳房明显突出。这样的乳房显露或者乳房挑逗典型地发生在女性腿被遮藏的时期,所以性诱惑集中到了乳房。[15]

乳房当然可以被看做是女性的性象征,因为它们是性标记;但是这并不能使它们本身比男性胡须更能成为性对象,男性胡须非常可靠地显示了已成熟的雄性,自动变成了性象征。止此,所提出的论点表明,当乳房是女性最可用的,且最易公开表现时,乳房就是情欲性的。但是这同样适用于其他文化上的任意标记,诸如长发。虽然一些性活动确实集中于抚摸女性头发,但是乳房在色情物和做爱中受到了更多关注。接着我们前面的微观分析思路,我认为,不同形式的情欲性乳房接触——挤压、抚摸、吮吸——产生了两种形式的兴奋。

第一种兴奋形式,是越过文化上划定的亲密界限时的兴奋,可裸露并触摸一些部分,而它们在其他那些社会可接受的触摸仪式,诸如拥抱和轻拍中是被禁止、被刻意避免的;这一点会被衣着引发的预期所强化,衣着把注意力集中到了展示局部的乳房上,作为女性美的表现。这是心理上的兴奋,得到某种象征性欲望和社会声望的东西的兴奋。事实上,触摸乳房本身可能引起极少触觉的满足,但是 IR 机制发挥了作用,从而兴奋被解释成一种满足,这个满足被觉得存在于一个身体对象——乳房的肉——中,同样,接吻的心理满足也被认为存在于嘴唇的身体感觉中。

　第二种可能的兴奋形式,是互动式的;也就是说,乳房是敏感的,因此爱人刺激女性的乳房,会把女性从某些方面唤起。这个唤起可能不是性兴奋,但是倘若情欲互动仪式的主要部分开始了一系列相互兴奋,即使是一个非情欲性(和非感官的)兴奋都能影响反馈链条,导致高度的性唤起。男性抚弄女性乳房,部分地在于侵入在性上是私人的东西,部分地还在于从她那里获得反应,这个反应反过来增进了他的反应。当然,在许多互动中,这种侵入可能是胁迫性的,可能无法成功地增进相互兴奋;恰恰相反,在一个成功的情欲互动仪式中,情感和身体敏感性是相互的连带。

　如同指出的口交问题,它不是接受者的满足问题,而是解释一个人为何认为舔、吮吸和亲吻他人的性器会让人性兴奋的问题。这里同样存在着两个构成成分。第一个是常见的反道德规范的动力;兴奋之所以存在,就是因为它已被禁止或者是得不到的。衣服遮盖和端庄正派首要地就是不显露性器,有时候把交合也限制在黑暗中进行。性器被隐藏得非常不明显,这就产生了最终看到它们时的兴奋。暴露身体某些部分，但遮掩其他部分的衣服（诸如乳罩、内衣裤、比基尼泳装）外形唤起了对被隐藏东西的外观和位置的注意。逐步暴露女性身体一些部分的穿着，特别有可能引起情欲兴奋，这是通过以脱成赤裸和接触明显被禁止的东西为导向的一系列行为而实现的。用戈夫曼（1969）的术语来讲，这被称作一个公开的秘密，与严密的秘密形成对比；在公开的秘密中，一个秘密的存在尽人皆知，而在严密的秘密中，某种东西被隐藏这件事本身就是不被知晓的。

亲吻性器，或者用舌头和嘴舔和吮吸性器，把这种完全后台的东西与我们已经讨论过的仪式结合了起来。口交也是一种接吻形式，是性进展的最亲密的接吻形式。因此，口交另外一个动机是象征性的，象征了亲密性占有的最终形式。一个男性情人可能觉得彻底占有另外一个人是要占有她的（有时候是他的）性器，不仅仅是以最普通的生殖器性交的方式来占有，而是把仪式接触延伸到这个最亲密的区域。同一个动机可以解释个体为何想接受口交。在男性被动口交的情形下，被吮吸的感官满足可能少于阴道性交（或肛交）；牙齿和腭不是自然柔软的，不是自然就能给予满足的。但是即使阴茎被吮吸的感官满足少于身体插入的感官满足，它可能因为更加反道德规范和更加不同寻常，所以更令人兴奋，而且它作为最终亲密的一个象征，还会象征性地更令人满意。同样的逻辑可以延伸到以尿和屎为兴趣的多种性形式，也可以延伸到舔舐肛门（既有主动的也有被动的）；在这里，满足是完全心理上的和象征性的，它的形成是通过违反强大的禁忌所产生的反道德规范的兴奋，这个兴奋是亲密参与的极端标记，并通过唤起另外一个人而得到反馈性兴奋。这大概更适用于"手交";不论被交者的肛门有什么满足,但使交者的手不会有触觉的满足。

口交以几乎是实验性的方式也说明了相互强化这个机制,因为(不同于接吻或者性交)生殖器刺激只在一方存在,另一方存在的是心理刺激。吮吸他人生殖器是把另一个人带到性高潮的一种方式;这明显是一方控制另一方性反应的一种极端形式。虽然在一些情形下,这并不能让口交者(例行公事的把口交作为她们技能的一部分来做的妓女们;妻子、女朋友和被勾引或者被胁迫的强奸受害者)兴奋,但看起来口交执行者似乎经常发觉这令人兴奋。当男性舔舐女性生殖器时,情形似乎尤其如此。[16]它也是当代女同性恋者性的主要形式(Laumann et al. 1994,318)。

同性恋口交提出了同样的问题。同仅仅以收到交互性为目的而吮吸另外一个人阴茎相比,口交者一方在多大程度上能感受到满足呢?一个假设是,同时地相互口交("69"姿势)发生在更热烈地结合在一起的同性恋关系中。可能还存在着另外一个互动过程,从而把给予和接受口交在情感上和象征性上结合起来。男同性恋的色情物显示了对目标性的男性阴茎非常强烈的注视,口交的进行可能会被认为是互动自慰的一种形式,把他人阴茎换作自己的。因此,同性恋口交可能是情欲经历发展的一个部分,它始自独自手淫,发展到同另一个男性一起手淫,由此到用舌头辅助手的互相手淫,然后是最强烈的亲密行为,插入嘴中。同性恋色情物的故事中,提到了这个发展。这同一些证据相一致,这些证据表明,在那些偶尔有同性恋期望或经历的男性中(49.6%),发现其自慰程度是逐步加深的,在那些属于同性恋的人中数字升至74.4%,

比较而言，每周自慰一次或更多次的普通男性比重是 26.7%（Laumann et al. 1994，318）。

IR 强度的一般机制适用于：使另外一个人性兴奋起来，最重要的是把他们带入性高潮，这也是使自己兴奋起来的方法。这意味着在口交或舔阴的高潮以后，接着而来的是把口交执行者带到高潮的进一步性行为。（这可以在经验中被检验。）

一般而言，这条解释思路是通过强调 IRs 具有增加兴奋性和象征意义这类特征，而成为不同于弗洛伊德式解释的另外一种解释。没有必要倒回到孩童时期的创伤或者被压抑的婴儿愿望。相反，当个体被激发去获取更高水平的性兴奋时，被激发去超越更常规的兴奋和亲密水平时，都存在着一些发挥作用的机制。

思考一下肛交，我们来结束这个分析。在男性插入者这一方，解释起来并不难：它可能仅仅是阴茎满足的一种方式。在同性恋关系中，肛交最近似于阴道性交。做一些比较，会使这个社会过程清楚地显示出来。在有突出的同性恋男性身份的男人中，交互的肛交最为常见，而在偶尔有同性恋情况的人当中，交互肛交最不为常见（根据 Laumann et al. 1994，318 计算出来的）。也就是说，把他们自己公开认为是男同性恋的男性，其典型特征是交替着插入彼此的肛门。倘若我们推断说这些男性最有可能具有高度的情欲爱的结合，那么，我们可以说，他们更喜欢做这样一种性交形式，在此形式中，既有最充分的全身接触、拥抱、占据和插入他人身体，也有交互接受来自被动一方的所有这些东西。这种肛交模式是一种全面做爱的形式，因此同最紧密的社会结合相关。

同性恋这个案例间接表明，肛交作为一个高度的身体亲密行为而发挥着作用;也就是说,相对而言完全集中在生殖器部分(如同口交中那样),同拥抱有着更紧密的关联(因此同非性的爱情/团结相交叠)。异性恋肛交反映了另外一个分析性问题,但是也是一个准试验性的比较:在这里有全身接触(不但是全面的身体占有,而且是广义的爱情成分),但是生殖器满足被限定在一方。对于异性恋而言肛交的吸引力可能主要在于反道德规范的兴奋,也就是说,在于它是"乖僻的"变化形式,但是它可能包括足够的共享兴奋,从而使 IR 团结机制发挥作用(发生率数据见 Laumann et al. 1994,99,107-109a,152-154)。

剩下要讨论的主要性形式是自慰。从字面上看,它似乎一开始就违反了互动仪式机制:不存在在一起的群体,因此就没有相互的关注,也没有激发兴奋的相互反馈。同时,自慰高度地以物体为取向,或者是幻想,或者是色情物。按照第二章的术语,自慰是第三层序的完全运用符号的一个例子,这些符号在第一层序的情欲互动仪式和第二层序的符号的社会循环中被赋予了意义。[17] 要继续这个主题,最好是结合性如何在意象中被上演和呈现这个问题。这完全是戈夫曼式的话题,但是它太大,这里难以完成,它将留给另外一本书去探讨。

总之,存在着三个主要方式,我们可以用它们在理论上解释从非性器的和非生殖性的性变体或性形式中获得性满足的机制。

1. 亲密仪式。身体接触程度具有一系列不同的状况,作为符号阶梯对应着以这些方式触摸彼此的人们之间的社会亲密性程度。与之相关联,身体的一些部位(例如乳房)通过衣着挑逗性地展示出来,当作社会地位的公开展现,它们可以变成占有仪式的象征性目标。

2. 强烈的相互反馈的扩大。唤起他人的身体技术反过来也提升了自己的唤起,从而形成了相互唤起的交替上升。进入他人关注的中心,使他们的身体兴奋起来,进入不自觉地有节奏强化,并在生理上利用它们的唤起,这就产生了高度的情欲互动。这可以通过利用生理上的敏感区域而最好地进行,但是这也能够通过身体的几乎任何一个部位进行。情欲就是通过互相侵入彼此的主观关注而干预彼此身体,这是通过刺激兴奋和满足,有时候是通过其他情感媒介实现的。

3. 增强情感因素,激发性兴奋。令人兴奋的或者激动的行动激发个体(单独的,尚无共同的激发)把初始的情感因素带入到一个性IR中。这些包括戏剧性的性协商、追求和玩弄;冲突和痛苦;及打破禁忌的反道德规范兴奋。如同它被应用到图6-1中那样,这个因素在因果链条中出现较早,而第二个机制是反馈强化和节奏协调的中心过程。在所有成功的IRs中,初始情感被转变成了团结和EE的结果情感;在成功的性IRs中,这些主要发生在节奏激发本身的过程中,较少发生在之后(也就是,在性IRs中,图2-1的右边被促使着更靠近左边)。如同在所有IRs中那样,初始情感因素可能不足以引发共同的IR;很少见到一个人(特别是一个男性)由强烈性唤起的情感所激发,而另外一个人既缺乏那份特殊情感也没有相互兴奋这种情况。这既是挫折情节,也是性胁迫情节。

性协商场景而不是固定不变的性本质

我已经说明了性驱动和性对象是在情境中被建构起来的:在产生了性情感能量和符号的微观互动仪式中,在通过社会级别和互动机会来引导注意力,即关闭一些途径,而开启其他途径的中观和宏观结构中。让我们用一个理论概念来做结论,即在思考现代同性恋文化时,这个概念进入了我们的视野,但是这个概念对于理解所有种类的性都具有更广泛的重要意义。这就是"性场景"这个概念。

"同性恋"场景是适当的命名:因为其高度关注的性能量,所以它是一个兴奋的竞技场。[18]同性恋场景把单纯的性协商兴奋同家庭式的协商分离开来,后者被结合在异性恋"约会"的场景及其等同的事物中。就是这种结构变成了吸引关注的东西,变成了把新个体征募成同性恋身份的招募者。对于"同性恋",不应该把它作为个体而做出很多分析,而是应该把它作为一个人们参与其中的"场景"。它是一个情境身份。

"场景"是戈夫曼式的概念,它是一个自我表现的"情境",具体化为一系列重复交叠的聚会。它具有典型的聚会场所,为"人群"提供公共舞台(就非成员而言,这些舞台可能不为人所知,或者是秘密的),在舞台周围可能会是相连接的多样的私人居所(比如,在同性恋场景这一例子,一方面是酒吧和度假胜地,另一方面是聚会场所和爱巢)。一个场景就像是一个IR链,只是到目前为止,我把 IR 链视为个体的生命历程;一个场景是一个 IR 链网,它既横向连接,也在时间流逝中连接。人们可以把"场景"描述为具有较高互动密度和互联密度的一个网络,但是在它不依靠一个固定不变的中心的情况下,它是广泛共享的,包含大量间接关系,这些关系使得遇到新伴侣变得容易起来。这就是一个使高度兴奋的共同体长时期继续的结构公式。

在历史上,存在着多种多样的性场景,这些交叠相遇的舞台传播了一般化的情感强度,转变了对性互动声望的关注点。性展示和性声望的突出性在历史上是变化的,因此,所产生的性动机的显著程度也是变化的。我们大概可以区分出三种主要的社会类型。[19]

1. 部落社会。在这类社会中,性关系一般由共同的群体控制,作为婚姻联盟政治的棋子。
2. 贵族及其仆人和家臣的世袭家族。这类社会把性关系集中控制在家族首领手中,他们有时为了婚姻联盟而使用这个控制(这种使用比在部落亲属结构中更灵活),有时为了他们的满足和声望而拥有性服务者。
3. 现代社会。在现代社会中,个体在很大程度不受管束的个人际遇市场上,既协商他们的性生活,也协商他们自己的婚姻。

一般而言,前两种类型(1 和 2)不具有多少散布性活动的兴奋与声望的性场景(虽然能找出特殊的历史事例)。

提高性动机的性场景既已经存在于这些历史类型之中,也已存在于过渡时期中,这些场景在近几个世纪里逐步进入了公共关注的中心。在贵族社会(2)中,我们可以区分出(2.1)显贵政治盛行的一些场所,通常是在统治君主的住处,在那里,一些男女在超过宫廷约束的私通热床上协商他们自己的性事。在个体的婚姻市场(3)中,我们可以区分出三个阶段:(3.1)早期过渡阶段,那时候,年轻人在受那些关心家庭声望和继承性的父母影响下,寻求相应环境(如同伦敦上流社会的社交季节或巴斯度假胜地)的浪漫爱情(这可以称作简·奥斯丁阶段,因为这是她的小说的主题)。(3.2)"维多利亚"阶段(这个阶段实际上在18世纪就已经开始了),在这个阶段,因为男性仍然控制着大部分财富,女性把她们自己的性限定在婚姻之中。这是一个有着鲜明的双重性标准和性秘密活动的时期,一个性后台的世界,它为弗洛伊德扬名提供了所需的素材。(3.3)平等主义阶段(它发端于20世纪但是还没有完全实现),在这个阶段,男性和女性有着独立的事业资源;因此一个趋势出现了,性协商倾向于被较少地限制在婚姻协商上,而且随着色情更直接地进入公共视野,双重性文化出现了被瓦解的趋势。这个平等主义阶段或者"性解放"阶段还有一个特征,它是对两性正规教育延长了的时期,因此创造了这样的场所,年轻人能够在性市场上充分地估量和协商他们的吸引力。

在那些两性个体都集中在一个重复交叠的互动网之中的情境下,性展露文化是最强烈的。早期在讨论同性恋文化时,我借用了"场景"这个术语来指称潜藏在它特殊兴奋和高度性唤起下面的结构模式。我们可以广泛地讨论性"场景",不论哪里具有了以下面这种方式把人们聚在一起的条件:这些可见于显贵政治的情境、简·奥斯丁关于巴斯的婚姻市场、20世纪美国的中学里,以及因某些职业集中在特殊场所的交际活动,诸如戏剧界和电影界。场景是漂浮的,中观层面的互动仪式(或者 IR 链的连接网),维持着高水平的情感能量和相互关注焦点。在这里性展露得到传播、注意、评论和回应。个体依据他们的展露如何被他人感受而获得声誉。性场景的结构提高了其中的性动机。

声望寻求和公开的情欲化

性场景的关注点集中在情欲地位的等级上。就是在这里,出现了理想的伟大情人、舞会花魁(19 世纪晚期)、招人喜欢的女孩、"大臀男人"(20 世纪 50 年代以来的大学俚语)、"聚会动物"(20 世纪晚期)。其动机来源于社会结构。在现代时期,关注焦点已经通过性协商场景,以及随同而来的社会化而集中在情欲理想型上;也就是说,通过集体兴奋的集中和参与其中的分层实现的。因为事实上每个人现在都经历一个生命时期,在这个时期,他们不但被大众媒体中性场景的意象所包围,而且处于性场景的金鱼缸里(学校里,有时候是其他地方),所以每个人都会感受到这种情欲等级的激发作用。

然而,这并不意味着大多数人都拥有极为活跃的性生活。[20] 为何高度活跃的情欲实力者如此少呢?部分是因为世俗的实际原因:做大量性事要花时间和能量;既然那是出自工作之外的时间,这样的情欲实力者必须拥有相当多的空闲或者经济资源。除了花在协商上面的时间之外，必须要在性爱技巧和技术上以及在情欲自我展示上做出相当多的累积投资。拥有多个性伴侣，同相对较低的性交频率相关；那是因为在相对长的时期内，当他们确立一个新关系时，很少发生性行为。对比而言，有着稳定性伴侣的人，一般有较高频率的性行为，因为他们在寻找和协商上花较少的时间（Laumann et al.，1994，88-89，177，179）。

在现实中，那些想成为情欲实力者一员的个体，不得不在性伴侣数量和性爱频率上做出选择。最高性频率出现在一夫一妻关系中，但是他们相当普通，在情欲上没有声望；而非常突出的情欲声望来自于追求多个性伴，即使是以较低性频率为代价。甚至有可能做出进一步妥协：高声望来自显眼的漂亮伴侣，但是，获得多个伴侣最容易的方法，是在相对较不漂亮者中开发相反性别的非实力者。一个人同多个漂亮性伴侣具有稳定的性关系，这是个理想化的意象，它确实难以实现。

虽然达到较高的性欲满足是遥不可及的，而且在某种意义上可以说是相当人为设计的意象，虽然性生活极为活跃的人比例很小，但是这一声望等级仍影响到各种等级的人。特别是在那些生活于公开性协商场景里的年轻人中，都非常关注情欲满足的标准，并对谁在共同体级别中占据什么等级相当敏感。情欲等级通常还会流露在所有社会关系中。男性和女性倾向于在相似情欲魅力水平上成双结对，或者把他们一局一局的恋爱事件限定在同等级的水平之上（Hatfield and Sprecher 1986）。我认为，同性友谊也倾向于发生在相似情欲魅力等级之上（我不知道关于这一点的任何正式研究，但是它符合个人的观察）。这种魅力-水平-隔离之所

第六章 性互动理论

以会出现,是因为社会活动是由调情和性狂欢组织起来的。情欲等级不仅仅是魅力等级,而且是社会活动等级;那些级别很高的人参加更多聚会,并且成为那些有最大声望和最活跃的性兴奋聚会的中心人物。

受人欢迎的那批人是性实力者。他们因处在关注的中心,故具有更大的团结性,对群体符号更为认同,也有更大的自信。相反地,那些处在群体边缘的人,或者那些被群体排除在外的人,表现为完全相反的特征。作为社会/情欲实力者的人具有傲慢自大的态度;[21]此等实力者知道他们是谁,而且这种封闭的高信息的场景结构也使得那些地位较低者相形见绌。实力者,在其最慈善的时候,会不注意等级低的那些人;他们也可能陷入到活跃的嘲弄中,成为替罪羊,或者成为群体内被认为是情欲无能或无吸引力的笑柄。下面所有这些群体的非正式俚语都表示了不同的等级:较低级的被认为是"呆子"、"狂徒"、"丑姑娘"、"狗"等等。

这当然是稍微有点简单化的描述。在一些学龄者共同体中,年轻人不能把他们的社会关系完全限定到那些有着同样情欲等级的人身上。在很小的共同体里(而且同样地在街坊玩耍的群体里)可能没有足够的年轻人,所以他们可能同时被情欲等级和社会阶级、种族/民族、宗教和其他被他们严肃对待的类群隔离开。一般而言,倘若这类共同体对这些社会等级标准的关切越传统,这些标准就会更多地压倒情欲魅力;因此,在小说中,关于20世纪早期的社会阶级描述表明,在乡间俱乐部舞会上,中上阶级的男孩出于阶级责任的心情或者压力,只偶尔同上等家庭不漂亮的女孩跳跳舞(例如,O'Hara 1934)。在当代年轻人共同体中,运动队和其他活动按照除了魅力之外的标准把人们集合在一起,有混合情欲等级的倾向。但是狂欢酒宴和其他以性为主题的社交娱乐使情欲等级处在了显要地位,因此它自己的隔离有胜过其他隔离形式的倾向。我将提出,美国青年人场景的历史趋势是以降低阶级和民族/种族界限为方向,因此使情欲等级日益成为声望和非正式隔离的主要方面(例如,见 Moffatt 1989)。举例来讲,属于情欲实力者的黑人可能会进入跨种族的社交明星圈,而所有种族群体中那些较不吸引人的个体通常仍是被隔离的。这种通过情欲等级进行的匹配在历史上从未普遍存在过,只可能主要出现在非常现代的社会。在部落社会中,亲属联盟的责任通常不顾个人属性而牢固地控制性关系;在世袭家族中,社会等级决定着性机会,所以可能存在大量跨越情欲不平等界限的性互动,无魅力的男性(特别是控制妻妾的老人)会同有吸引力的年轻女性发生性互动。

　　经过这些过程,我可以提出,20世纪成为了目前为止情欲化最为普遍的世纪,整个世纪变得日益情欲化。在我们的印象中,在一些更早的历史时期——尤其是古雅典或者衰落的罗马——情欲化更加普遍,但这个印象因只看到了上等阶级的一小部分,故是片面的。看起来,现代社会比由世袭家族构成的贵族社会更为普遍地情欲化了;即使后者也许曾有妻妾成群——这给我们的印象是没约束的性爱——但是男子妻妾成群这种不平衡意味着,在这样社会中相当多的男性被剥夺了性伴。即使我们从性行为频率来计算,总数也一定因一夫多妻制的存在而减少了。如同财富的分布那样,性财产的高度集中(或者高度分层)降低了总体的快乐水平。

　　现代大众传媒向日益突出的性展现转变,包括自20世纪70

第六章　性互动理论

年代以来色情物的爆发，从前在公共讨论中被禁忌的性问题公开化了，女权主义、女同性恋和男性同性恋解放运动把情欲问题政治化了，所有这些都是乘借着来自于青年场景中情欲等级展现的浪潮而发展的。青年文化的情欲化已经产生了非常普遍的影响，因为伴随着公共教育的发展，青年性场景/社交场景已经扩展到事实上包括所有的人，并在他们的生活中持续更长时期。它还反映了青年文化渐增的平等主义，这已经非常自觉地降低了阶级和族裔差异（诸如通过穿着式样的同质化，随意的休闲风格渗透到了几乎所有的情境），使他们的关注点集中到主要活动上，展现情欲魅力等级。[22]对理想化的性符号关注以及对每个人在其中等级的关注，其结果是增加了各种性活动的数量。我们从性行为的开始越来越低龄化中；从性交的总体频率上；从各种附属的性活动的蔓延中，可以看到这一点（Laumann et al. 1994）。强奸事件的持续增长毫无疑问地表明了这一点。因色情物与自慰相关，故可以想到自慰发生率也上升了。

最后，我提出，男同性恋和女同性恋运动的高涨也已经受到青年文化日益关注情欲化的影响。因为青年场景中的异性恋实力者没有彻底控制对那些仿效他们、服从他们或者在他们面前自愧不如的非情欲实力者的等级评定。它还激发了反对情欲聚会文化的单一等级制的反叛性社会运动。20世纪60年代的嬉皮士运动或许可以被看做是这样一场运动；部分是通过它同政治抗议运动的联盟，部分是通过渲染它自己的狂欢手法和它自己公开炫耀的性参与，它至少有几年形成了另外一个集体兴奋的中心。换句话说，这场运动一度维持了另外一个场景，一个不仅具有其他形式的社交声望，而且具有情欲声望的聚会网络。毫无疑问，对这些场景中发生的事情，存在着相当数量的理想化，它们中许多或许已是虚构的想象。最终，赋予嬉皮士运动感召力和身份象征（毒品、摇滚音乐节、拒斥主流青年文化中的性自我展现的服饰）的手法，被主流的青年文化接管，情欲/社交等级重申了自己的主张。

然而，正是出自这些社会运动场景（从我上面强调的结构意义上讲），几个更与性相关的场景被调动起来了：男同性恋和女同性恋场景。这些场景从那些因异性恋声望等级、嘲弄的笑柄以及有时在仪式上违反了保护异性恋身份界限而被严重污蔑的个体中，招募新成员。同性恋者因此必然是"不公开的"，只要他们出现在一些场景的周围，就会引起当地共同体的完全关注，这些共同体诸如大学和成人的乡村俱乐部，以及十几岁的同龄者聚集的中学，他们开展高度关注性感化欢庆活动，诸如季节性舞会和传统的聚会、晚上约会、橄榄球周末以及类似的活动。同性恋者可以找到一片空间，在其中他们构造自己的场景，只有在那里他们既具有相对的隐秘性，又拥有足够数量的人来组成一个重要群集；这样的场景存在于少数几个大城市的艺术共同体周围。20世纪60年代和70年代的反文化运动提供了新的可能性，因为它们提供了另外一个场景，一个更广范围内兴奋的聚会场所网络。民权运动/反战运动/嬉皮士反文化运动的全国集合场所给自觉激发的男同性恋运动提供了空间，也给女同性恋运动提供了空间，女同性恋的新场景最先出现在意识提高了的女权运动群体中。这些政治运动提供了结构条件，在这些结构条件下，同性恋的情欲能量形成了。我认为，这些运动不仅仅接受了原来隐蔽的同性恋，将之公开化，而且培养了这个特殊类型的情欲能量,因此同性恋活动的数量在这个时期增长了。

这一点应该是正确的,不论同性恋可能存在着什么基因倾向。在一个多因果的世界里,某些此类的基因影响有可能会存在;但是看起来显而易见的是,从其整个历史中同性恋行为的条件和种类具有显著的情境变化来看,它们对行为的影响相当弱;比如说,在古希腊(Dover 1978)和部落式的新几内亚岛(Herdt 1994)被广泛制度化了的同性恋,同自从19世纪80年代开始取得社会身份的同性恋相比,具有不同的吸收新成员的形式、社会关系和性习惯形式。当代对同性恋基因的注意是一种政治意识形态,于20世纪90年代被明确地当作是一个合法性策略,以使同性恋成为合法地受保护的少数派。

这符合我的论点的一般逻辑:特定类型的性动机是由参与性IRs的机会建构的;这些反过来又被使情欲声望理想化和赋予情欲声望的性符号的表达形式与传播所塑造(和交互塑造)。正是由突出关注这些场景所产生的情境分层,形成了20世纪广泛的情欲化。而且我们可以通过与性场景相连接的IRs的变化解释不仅仅是在这个世纪所存在的一些模式。这些场景具有不同的形式:以17世纪凡尔赛为代表的奉承文化;19世纪有名望阶级的舞场舞蹈;还有约会和聚会场景,它来自个体协商的婚姻市场,并继续从它自己暂时的性声望等级中建构突生的关注焦点,这个场景在20世纪早期作为"爵士乐时代"而引人注目。[23]认为我们处在这样的历史的终结点,是没有理论依据的。IR理论表明,不存在固定不变的情欲本性;不论什么生物基质曾经在进化中被选择,它都不能提供比这些组成要素更多的东西,基于这些组成要素,情欲能量、身份和符号被应景性地建构起来。未来可能包含更多的我们尚不知其发展方向的情欲构建。

塑造 IR 链以及与其相关联的性场景的条件,是理解情欲行为如何在历史上被塑造,以及谁会被情欲行动所吸引的关键。性热情不是原始的,而是情感能量的一种形式,专用于特殊的符号对象,原因在于符号对象在特殊类型的互动仪式中引起关注的方式。IR 理论和情欲互动相互证明了彼此。性活动过程就像是任何其他形式一样,是 IR 链。

第七章　情境分层

被普遍接受的社会学理论能否抓住当代分层的现实？我们可从不平等的结构性等级来思考这个问题。一个突出的观点就是布迪厄(Bourdieu 1984)的经济权力场和内化在个体之中的文化品位等级制，这两个等级彼此再生产着对方。这个观点有助于解释那些改革者们的受挫，他们试图通过改变教育地位的取得来解决不平等。经验主义研究者们有关收入与财富、教育和职业的不平等报告，像是变化的馅饼切块，像是对种族、民族、社会性别和年龄群体分配份额。在貌似客观的定量数据外表下，我们看到表现出来的只是一个抽象的等级制支架。这一固定客观的等级制概念可否把握活生生的微观情境现实？

自1970年以来，收入与财富分配在美国已变得日益不平等(Morris and Western 1999)。但是看看一家富人前往消费的美国豪华餐馆中的一个典型场面：侍者们非正式地迎接顾客、做自我介绍、表现出邀请客人像到他们家似的同样的礼貌；他们向顾客推荐特色菜肴，建议他们应该点什么。如同戈夫曼式的仪式，因其表演而赢得关注的是侍者，顾客们则被迫充当礼貌的观众。其他例子还有很多：娱乐界名流故意穿便装、不刮脸或者身着被撕破的衣服在正式场合露面；这绝非是一种给予这种场合仪式性尊敬的举止，他们采取的这种自我表现风格把前代人与体力劳动者或乞丐联系在了一起。这种举止风格构成了一种史无前例的反地位或反向势利的方式,当场合允许时(如在工作中的"便装星期五"),青年人和其他人普遍采用这种举止风格。高级政府官员、企业主管以及娱乐界名流是公开丑闻的目标,丑闻涉及他们的性生活、管家雇佣、酒精饮料的饮用,甚至于私密;社会上的显赫地位远不能对小小的瑕疵提供保护,反而使高级官员易于受到低级职员的攻击。一个肌肉发达的黑人青年,穿着肥大的裤子,反戴着帽子,携带大声播放着愤怒的说唱音乐的放音机,他控制了一个公共购物区的人行道空间,而中产阶级白人则显然遵从地向后退缩。在公共聚会上,当女性和少数民族人士扮演发言人的角色,谴责对他们群体的社会歧视时,更高社会阶级的白人男性会尴尬沉默地坐着,或者附和地异口同声表示支持;在表现民意、决策的场景中,具有道德权威的是受害者的声音。

我们如何将这些类型的事件概念化呢?这些例子都是微观方面的;我认为,它们反映了日常生活流程的特征,它们与宏观等级制的理想类型形成了鲜明对比。等级制这个观点既支配着我们用作讨论分层的民间概念,也支配着我们的理论;实际上,采取受害者在道德上占优势立场这种修辞策略取决于主张宏观等级制的存在,同时不言而喻地假设受害者控制了当前的话语情境。关于所谓"政治修正"问题的冲突可被认为是权威性地强加于受害者的特殊考虑,它产生于这未被认知的微观与宏观之间的分离。在社会科学中,我们一般根据统计数据(如收入、职业、教育的分布)说明客观现实的地位,然而,人种学的观察结果是更为丰富、更为直接的经验性数据。我们的困境是，人种学研究支离破碎，我们还不得不广泛地通过系统抽样来调查情境，以便能有把握地讨论存在于整个社会日常生活经历的基本分布状况是什么。

我的论点是，微观情境资料具有概念上的优先性。这并不是说，宏观资料毫无意义；但是，收集到的统计与调查数据不能表达有关社会现实的准确图景，除非它在其微观情境的背景中得以解释。微观情境际遇是所有社会行动和所有社会学根据的起点。任何东西只有当呈现在某一个情境之中才具有现实性。假如宏观社会结构是在微观情境下保持不变的模式化集合，或者是从一个微观情境到另一个微观情境的反复关联的网络（比如说，因而形成正式组织），那么它们可能是真实的。但是，曲解微观情境中发生的事情，可能会建立起令人误解的宏观"现实"。我们总是在微观情境中收集调查数据，方式就是向个体问问题，诸如他们赚多少钱，他们认为何种职业声望最高，他们接受了多少年教育，他们是否信仰上帝，或者他们认为社会中存在多大程度的歧视等等此类问题。这些回答的汇总看起来像是对等级制（或者用某些术语来说，共识性的）结构的客观描述。然而，除非我们知道"财富"在情境经验中实际上是什么，否则这些汇总的有关财富分配的数据毫无意义；暴涨的股票价格中的美元与杂货店里的现金代表不同的东西。正如泽利泽（Zelizer 1994）用关于货币实际使用的人种志研究说明的，实际中存在各种各样不同的货币，它们在有限的交易圈中被限定在某些社会利益和物质利益的范围内。（倘若不在珠宝商网络之中，拥有价值为某种"账面价值"的珠宝并不意味着大多数人能兑现那个价值，并能将之转换成其他种类的货币权力；他们最多可以在平常会话中,把它的账面价值用作炫耀目的。)我把这样的循环称为"泽利泽循环"。我们需要进行一系列研究,以分析那些通过调查汇总我们所建构起来的、看似是具有固定的跨情境价值的真实事情,其具体的宏观分布如何转变成情境实践中优势的实际分布。举例来看:

职业声望调查表明,大多数人认为物理学家、医生和教授拥有非常好的工作,在商业经理、艺人和政治家之上,而后三者的级别又在管道工和卡车司机之上。这种共识会比当人们被问及非常抽象且无背景性的问题时,他们通常的回答模式表明更多的东西吗?虽然调查表明,"教授"作为单独的一个类群排名很高,但任何具体的专业者("经济学家"、"社会学家"、"化学家")声望级别都降低了(Treiman 1977);更细化("助理教授"、"专科学校教授")使等级更低。在最近的调查中,"科学家"特别是"物理学家"声望等级非常高,但这意味着大多数人愿意在宴会上坐在一位物理学家身旁吗?在调查中,"管道工"可能排名不高,但实际上他们的收入排名高过许多有教育文凭的白领雇员,这可以转化为物质资源,去支配大多数生活情境;管道工可能会坐在体育场的包厢席位上,而白领工人则坐在偏僻的看台上。在声望型汽车是大而貌似卡车的"运动多用途车"时代,当建筑工人表现出受到尊敬的户外体力活动的风格时,他们的现实地位怎样呢?只有调查职业际遇的情境,并判断所发生的真实情境分层,我们才能实际了解职业声望。

受教育年限通常被解说为分层等级制的关键,不是作为首要指标,就是作为综合指数的一个主要成分,它却提供了微观情境分层的片面图景。受教育年限与收入之间单纯的相关性是一系列结果的总和,它隐藏了而非揭示了教育分层是如何运作的。受教育年限不是一种同质的货币:从一个人接下来要进入的教育和职业渠道而言,在不同种类学校中相同的受教育年限并不等价。例如,除非把在一所精英预备学校中或排名高的私立大学中的受教育年限转变成被更高水平的一类具体学校所录取,否则,它对一个人的职业等级没有特殊价值。如果有人在与自己本科专业相关联的领域中正欲继续专业性研究生教育时,进入一所被研究生录取官员认为知名的文科大学是很重要的,但是它不会使你有任何特别优势,甚至可能适得其反,倘若有人直接进入劳动力大军的话。教育文凭应被看做是一类特殊的泽利泽货币,在特定的交易圈中有价值,但在它们之外则毫无价值可言。

就是在把受教育年限转变成被认可的文凭这一点上,受教育年限凸显出社会价值;虽然这些文凭本身在结果上是不定的,既取决于在特殊历史时期(文凭泛滥)文凭持有者之间的竞争总量,也取决于文凭对特定专业工作种类或职业许可障碍所具有的重要性程度(参看 Collins 2002 中引用的研究)。受教育年限只是人们持有哪类文凭的一个模糊代表物,这反过来只能模糊地刻画它们在人们生活中微观情境的作用。我们需要做微观分布的研究,来分析教育分层;这将既包括在每一个求学经历层面上官方认可的优势也包括劣势,从初级教育到中等教育,再到高等教育,然后进入成人生活的职业际遇和社交际遇。这并不是自动地认为,一个按照教育系统的官方标准表现好的学生将会享受到微观情境优势。在处于贫困线水平的城市黑人中学中,取得好成绩的学生会明显地受到来自同龄人的许多消极互动,同龄人指责他/她"仿效白人"

或指责其认为他或她好过他们；在相关的共同体分层中，他或她的地位不高，反而低。许多这类成就较好的学生在微观情境里在同龄人压力之下退缩了，在教育系统中未能有进一步发展（Anderson 1999, 56, 93-97）。

相对于用态度调查数据描述一个更大社会结构得出的推论，微观情境观点无疑更站得住脚。将近95%的美国人说他们信仰上帝（Greeley 1989, 14），这个事实并不能说明美国社会多么虔诚。调查时的回答与实际到场相比较表明，人们极大地夸大了自己去教堂的次数（Hardaway et al. 1993, 1998）；在非正式会话中，对宗教信仰进行深度调查，显示了迥然不同的，而且从神学视角来看非常异端的信仰，这被看起来似乎遵从宗教信仰的调查结果掩盖了（Halle 1984, 253-269）。类似地，我们应当质疑有关存在多大的种族或性别歧视——或者性骚扰、孩子受虐经历等等——的调查报告，直至这些调查报告得到情境调查结果的支持，后者不取决于重建，不取决于单方的社会互动回忆或者意见。对这样问题的回答是意识形态性的，经常也是有党派性的，它们易受大众媒体中或者是由特定职业利益群体进行的社会运动的动员和关注事态的影响。这样说并不是主张大多数社会问题被调查研究夸大了；在某些情况下，社会问题可能会被缩小和被低估。而是主张，我们不能以任何高度的可能性知道这些，除非是我们概念格式塔发生转变，不再承认宏观汇总数据原本是客观的，而是把所有社会现象看做是一种微观情境分布。我们需要接受这种可能性，即社会际遇中实际的分层经历是高度变化不定的，它容易受情境对立的影

第七章 情境分层

响;而且,要想首要是在当前历史环境下了解分层,我们需要一种关于微观情境支配的机制理论。这些机制可能会与我们以前的关于经济权力、政治权力和文化权力的等级制概念有关联;但也可能无关联;或者说,这种关联可能正变得日益微不足道。要了解这一方面正在发生的原因,需要一种关于微观情境环境下变迁的历史理论。

社会学家,就如同身在政治领域左翼的大多数有高度教养的人们一样,被深深地灌输了等级制概念,以至于我们对日常生活中官方非法特权情况感到愤世嫉俗般的好笑。我们会认为,传播警察官员的腐败故事是老生常谈,诸如不给精英交通罚款单或反过来收受贿赂等等,我们还认为政界是由那些有"权力"或有"后门权势"的人组成的。然而,这一民间认识在多大程度上不会得到可能走向其反面的情境证据的检验呢?一位前政府官员向作者讲述了这段经历:他因开车超速被某州一位警官勒令停车,他说:"你知道我是谁吗?我是你的上司。"(这位官员是该州下设的本州高速路巡逻队的机构领导人。)那位警官回答道,"我的上司是某某州的人民",然后继续开出了罚单。这位官员在政治上是个自由主义者,但他是愤慨地陈述这一件事的,他气愤于私下的特权体系在他身上不起作用。有人会把这段经历解释为微观情境分层的一个案例。那位巡逻警官能够对自己的上级施加情境权力而不受科层制惩罚,方式上多少像一位"吹哨人",报告组织中上司的违规行为,拥有官方豁免权。进一步了解巡逻警官们,将表明这一情境的另一方面。在这种情况下,当法律执行团体的成员因违反了交通规则而被勒令停车后,他们会通过说"我本应明白不该这样做"这一密码式话语来表明成员身份,然后出示身份证明。巡逻警官的确会做出对于官方规则的例外行为,但他们是以一种团结与平等的仪式做的;对于强加等级制权威的企图,他们会反感。

宏观情境与微观情境中的阶级、地位和权力

然而,因为我们缺乏情境调查,我们最多能做到的,就是粗略地描绘在21世纪初像美国这样的社会的当代情境看起来是什么样子。我将提出韦伯的阶级、地位与权力三个维度的微观解释。

作为泽利泽循环的经济阶级

经济阶级当然不是正在消失。在宏观层面上,不论是在各个社会之中,还是在世界范围内,财富与收入分配已经变得日益不平等(Sanderson 1999, 346–356)。依据生活经历分布,这将表现为什么呢?让我们把这一问题分成作为消费经历的物质财富和控制职业经历的财富两方面。事实上,相当大量的财富不可能转变成消费经历。在微软或者少数其他商业帝国中持有大量股票者拥有以上亿美元计的净财产(随股票市场价格而波动),但这一事实并非意味着这些人在吃饭、居住、穿着或者服务享受方面极大地不同于其等级在财富分布前10%左右的几百万个其他个体;而且如果计算一下短期奢侈消费经历,共同的方面可能会涵盖更为广泛的

群体。来自金融所有物的大多数财富都限定在泽利泽循环之中，跟其起点很接近；我这样说的意思是，拥有上亿美元或更多财产的个体除了买卖金融证券之外，他们用这一笔钱干不了什么事；他们可以拥有金融领域的一部分而控制另一部分。

这种范围的财富需要放在职业经历之中而非消费经历之中来看。就微观情境的经历而言，占有大量金融证券就意味着具有跟其他金融家频繁互动的生活日程。拥有极大量货币的主要吸引人之处，可能是情感能量与象征性成员身份标志，白天黑夜全天候地打电话，忙着令人兴奋的交易。在单纯的消费权方面，巨富者已经最大程度地取得了他们所能获得的物质利益；然而他们大多数人仍继续工作，有时候像着魔似的长时间工作，直至年事已高（有一些为控制世界媒体帝国而奋斗的巨头大亨都已是70多或80多岁）。看起来，在这一层面上，货币价值在微观经历中就是一切，在更高声望的交换圈中支配货币。在这里，货币转变成了情境权力而非其他任何东西。

这些交易圈的主要转向，就是金融圈的财富可被转至慈善组织，因而脱离了原来所有者的控制。从捐助者角度看，这是以富求荣，求得身为慈善捐助者所具有的道德声望，经常还会获得一份具体的奖赏，奖赏形式是通过用自己的姓名来命名一家慈善组织，从而使自己声名远播：洛克菲勒基金会、卡耐基公司、米尔肯（Milken）基金会，还有现在的盖茨基金会、索罗斯（Soros）基金会，等等。然而这两类资本圈相隔并不远。基金会行政人员的主要工作是接受捐助，并将之放回金融市场，仅提取一小部分用来支付基金会的运营费用、他们自己的薪水以及拨给非营利组织的小笔赠款。来看一下非营利部门的人员,就会看到他们是一群中上层或上层人士,他们与首次捐助的金融大亨有私人接触的密切的网络联系(Ostrower 1995)。

对财富与收入等级制低的人来说,变成实际物质消费的货币比例上升了。而对收入水平最低的人,货币可能完全被用于消费。然而即使在这里,正如泽利泽(1994)文献证实的那样,花在声望或者至少是令人兴奋的社会际遇上的货币比仅仅是世俗用场的货币具有优先性:20世纪初期来到美国的移民把钱花在铺张浪费的葬礼上,因为这些葬礼是民族共同体内重要的社会展示仪式;男人的优先权是有酒钱,加入酒吧间里全部由男人组成的群体;卖淫者则把钱花在当地享有声望的吸毒派对的"活动"上,而他们的健康检查由家庭开销。

让我们把整个经济阶级的结构设想成多样的用于建立特定社会关系类型的货币圈。在这里,我所说的社会关系并不是地位群体,在分析上,休闲社交的共同体有别于阶级;我要说的是经济阶级结构,即职业、商业、信用和投资领域的互动规则。"上层阶级"者是这样的人,他们作为所有者忙于货币流通,而且在这一过程中,与磋商网中的其他人紧密相连。这样的人也有可能是或不是社会名流的一部分,或者他们可能会参加被看做是一个地位群体的上层阶级的社交聚会与仪式,这些聚会与仪式反过来可能会包括那些只是被动地从配偶或遗产中得到钱的人,以及那些不参与实际金融交易圈的人。因此,与布迪厄所认为的文化活动可加强经济控制、反之亦然的模型相反,我认为,上层阶级地位群体倾向于把经济资本抽离出它产生于其中的圈子,并逐步地与创造和永

第七章 情境分层

久维持财富的支柱脱离联系。货币是过程,而不是物;上层阶级是一个金融活动圈,从金融活动中撤出将会逐渐地落在后面。上层阶级地位群体偏爱"旧富"而不是"新贵",这颠倒了经济权力的实际情境![1]

我们现在不得不为一定历史时期(如我们这一历史时期)绘制出货币交易圈的实际结构。粗略来看,我们可能会辨别出:

1. 活跃参与金融交易的金融精英,其范围包括这些个体,他们能够支配大量的成批资本,这些资本被他们个人看做是金融联盟中的声望。他们金融圈的经历是个人性的,与下一类别的非个人性参与形成了对比。

2. 投资阶级(用更传统的术语来讲,他们大部分来自中层偏上阶级和上层偏下阶级),因其高收入的职业或对商业公司的直接所有权,他们拥有足够金钱,他们是金融投资(股票市场、房地产等等)的主角,但他们是匿名参与者,没有进入交易者中的私人圈。他们微观情境中的经济现实包括,阅读市场报告、与他们的经纪人洽谈、传播金融新闻以及吹嘘自夸在社交名流中有会话资本。新自由意识形态的拥护者把这一群体描绘成包括现代社会所有成员,这是一种主张通过普遍拥有小份额市场资本所有权来消除阶级的意识形态。这种意识形态忽视了我现在正描述的资本的社会圈中的差异性;但它确实反映了现实的一面,关于阶级的严格宏观等级制看法难以概念化。

3. 企业家阶级，这个阶级用它的钱直接雇用雇员、买卖商品，因而典型地是参与地方性或者专门的交易圈。其主要微观情境经历，是在他们的组织或行业里不断地跟特定人员讨价还价；就是说，这一阶级的成员在一个私人声望世界之中活动，既包括他们自己的声望也包括他人的声望。[2] 正如哈里森·怀特（White 1981，2002）的网络理论所描述的那样，与其他阶级或者经济圈成员有所不同，他们的日常经历包括对竞争者的监视，以寻求合适的市场位置。企业家圈通常不为大多数人所了解，只在非常地方性或专门的共同体中才能见到；因此，如同职业声望调查所测量的那样，身处这样位置的个体，其声望可能不高。在这些圈中流通的实际货币量以及这些个体所要求的收入会从几十美元到几百万美元不等；于是，这一部分人实际上可能会跨越所有阶级结构，正如常见的美元的等级结构那样。

4. 名流，这是专指大众娱乐（电影、音乐、体育等等）组织中的高薪雇员——而且从它们的商业属性而言，这些组织的目标是使大众的关注集中在少数几个被训练成明星的个体身上（Leifer 1995）。运动员，实际上是体力劳动者，就他们服从教练的训导，被资方雇用，并被资方转来转去这个方面来说，他们处于命令链的末端。他们中一小部分（必然是一小部分，既然大众注意的舞台本质上是竞争性的）已经具有了为极高薪水讨价还价的权力，薪水与这些娱乐产品市场的规模大小相对应。名流身为财富拥有者，面临着如金融界上层阶级把其财富转换成消费的同样难题。他们中许多人被他们的代理人或经纪人所欺骗，这些经理人或经纪人愿意将名流与不熟悉的金融投资界联系起来;做得最出色者,似乎是那些把其财富转变成对他们出身其中的同一娱乐业组织进行金融控制的人(例如,买下一支曲棍球队的曲棍球明星)。这形成了下面这一条规则:将其财富保留在财富所源于其中的同一泽利泽循环之内的那些人,最能够保持财富的货币价值,也能使他们的实际声望在微观情境的回报中最大化。

5. 多种多样的中产阶级/工人阶级圈,它是由职业市场以及维持职业市场的信息与联系网络塑造而成(Tilly and Tilly 1994)。在这里,货币并不能转换成除了单纯的消费品之外的任何其他形式的东西。经济网络的经验社会学中有一些观点认为,对于大笔的一次性消费(住房、轿车等等),这些人会把钱花在私人联系网上,然而他们在非私人零售方面的重复性消费上,则只支出一小笔钱(DiMaggio and Louch 1998)。一些这样的网络以红利的形式把钱从其他交易圈中撤出,从而形成了等级制(或者更有可能是几种等级制关系)。我们现在不得不测量并概念化"红利"跨圈流动的机制。一般而言,那些交易圈中位置"较低"者,看起来好像难以看到在他们之上的交易圈中发生什么事情,更不用说找到进入这些网络的社会和金融通道。举例来说,一个人在社会阶级等级制中越处在底层,对上面那些人的概念就越简化成关于[4]名流的看法,这些名流实际上是所有富人中处在财富圈最边缘的人。

6. 臭名昭著或者非法的循环,包括在官方税收与许可制度之外的灰色市场、违法商品与服务市场(毒品、性、军火、有年龄限制的烟酒等等),还包括财物偷窃和光天化日的抢劫。所有这些都构成循环,进入这些交易圈(并对之展开竞争)会在其非法/犯罪生涯中成就或毁掉此个体。通过这样一些循环,并聚积到个别人身上的货币量可能数量相当可观,从而跟被抽象认为的收入等级制的中层相重叠,有时甚至与高层相重叠。但是,尽管一些参与者认为这些网络(洗钱)相交叉值得去做,但双方社会组织的重要人物却反对大量货币互相兑换以及交易圈的融合。非法循环避免了回扣,政府通常是通过回扣涉入所有声望好的交易圈,并为了那些圈内成员的利益承担管理与供应基础设施的义务。一些这样的交易圈是非法的,恰恰是这个事实意味着它们必须隐藏起来,不受官方圈的管束;结果是,这些循环日常际遇的仪式与符号象征在风格上迥然不同。拉蒙特(Lamont 1992,2000)的文献证明,对这些差异的默认是一种机制,据此人们想到了阶级中的道德排外性。我们或许可以说,货币圈包括不同的文化,可是要记住"文化"不是具体化的事物,它仅仅是对微观情境际遇风格的一种简略的表达。

7. 处于社会边缘地带最底层的阶级,它可被概念化为那些身在任何货币交易圈之外的人。然而,甚至于无家可归者、乞丐、清道夫也会牵连到许多循环的末端,他们接受捐助、施舍以及被丢弃或偷窃来的物品。从分析来看,这一群体包括所有那些接收到从更活跃的互惠交易圈滴下的涓涓细流者,包括那些福利受益者和其他受益(养老金等等)者。致使这一群体会有这样耻辱的因素,不仅仅是他们低水平的物质消费,还有他们能用接受的东西进一步做多少交换时所受到的严格限制这一事实:他们接受的货币经常被指定只能进行某些类消费(例如,食品券);实物形式礼品的使用价值也在很大程度上早已被做出了详细规定(Zelizer 1994)。甚至于在这里也可能进行着某些交换,主要是在物物交换的水平上。生活于这一货币分层水平上的人们,以一种经验上不同于其他所有阶级的方式塑造了他们的微观情境际遇:物物交换关系极其明确具体,它缺少符号性的荣誉感与自由感,后者来自占有更普遍的可协商交易的金融证券。

经济阶级的微观表现说明了,没有一个接一个井然有序摞起来的阶级的等级制图腾柱,而是存在着范围和内容大为不同的相互重叠的交易圈。因为这些循环圈在联结的特殊性与匿名性上,在对所做事情的监督类型上,及在经济控制的定向上或者消费的定向上如此不同,所以个体的经济关系经验将他们置于了不同的主观世界之中,即使从远处看不见这一切。

地位群体的界限和类群身份

在社会学词汇中,地位是最含混的术语之一。我们不去考虑一般把"地位"看做是层化等级的空洞用法,而是把地位限定在具体的文化声望领域,可以区分出几种含义。最为抽象的是通过职业声望调查测量出来的地位。这种关于类群的去情境化调查,仅能说明人们对自己经验之外的事件的看法,不会有更多。还有两种主要见解:作为社会网络的实际结构的韦伯式的地位群体概念,以及作为微观情境行为的遵从。

韦伯(Weber 1922/1968,932-933)把地位群体界定为一个

共同体,它具有共同的文化生活方式、被认可的社会身份以及被公共地(甚至是合法地)认可的声望或社会等级。这个理想类型的最鲜明的例子,是中世纪的等级群体(教士、贵族、自由民、农民),这个术语更广泛地适用于民族共同体、宗教共同体以及其他生活方式的群体。韦伯提出这个术语,以同经济阶级相对照,因为地位群体不仅仅是统计意义的类群,而是具有真正社会组织的群体。倘若一些阶级具有文化特色,并将它们自己如同群体一样予以展现的话,那么地位群体也可围绕着经济阶级组织起来。举例来说,经济的上层阶级可以组成"上层社会",并被列入社会名流。基于阶级的地位群体是否继续拥有像以前一样坚固的界限,或者说经济阶级是否已经回复到一种主要是统计学意义上的类群,这是个历史问题。倘若地位群体在理论上与阶级沿着不同的道路组织了生活经历,那么,这样一个历史转变将意味着阶级身份、冲突以及动员行动的能力被大大削弱了。

地位共同体在多大程度上存在着封闭性——在日常生活中它们有鲜明的界限吗?在地位群体中有多大程度的等级性——它们何时被井然有序地排列为公开看出的等级呢?何时它们就像彼此陌生的部落一样只是水平分割?历史变迁在两方面都会发生:地位群体中的文化生活方式可能是同质化的;而且/或者群体可能不会经常聚集,它们的身份对于成员在哪里消磨时间可能会变得不太显著。社会名流依然存在,但是相对于其他环境(例如,娱乐界名流的环境)成员们在这些圈子里可能不会花太多时间,而且与20世纪伊始相比,他们的聚会所受到的公众关注也少多了(Amory 1960;关于历史比较请参考:Annett and Collins 1975;

Elias 1983)。对于不以经济为基础的地位群体而言同样如此：许多民族和宗教群体不怎么组织其成员的生活，它们退化成单纯统计意义上的类群，与生活经历无关了(Waters 1990)。[3]

当代关于层化群体界限的最重要研究来自拉蒙特(1992，2000)。用韦伯式的术语来讲，拉蒙特描述了职业阶级如何被变成了有界限的地位群体，而且同样描述了种族群体的界限。拉蒙特用访谈方法总结了工人阶级和中上阶级的男性如何思考他们的界限，描述了他们用来合法化那些界限的词汇。拉蒙特强调，这些反映阶级和种族界限的词汇或意识形态在美国和法国是不同的，因为源自这些国家的政治历史中的民族词汇或者文化条目是不同的。这个研究提供的证据表明，一些群体界限和文化判断不单纯是在情境中被建构的，而是来自文化条目，这些文化条目广泛传播，已远离所起源的地方情境，因而它们几乎不受情境的影响。

然而，思考一下拉蒙特的发现：这些发现产生于微观情境下与访员的谈话，是访员提出了群体身份及其与外人关系的问题，而且提出问题的方式比一般发生在日常会话中的方式更为明确。被访者装出他们最好的样子，合法化他们自己。美国白人工人阶级通常把他们自己描述成遵守纪律、工作努力的人，通过跟他们所抱怨的黑人和下层阶级相对比来显示自己，他们通过福利欺骗者和罪犯这种刻板印象来看待后者。看起来，白人工人阶级主要是通过这个对比，把他们的自我形象塑造成守纪律的工人，而关于一线工人的人种志研究表明其情况是，远离工作要求、试图控制工作节奏、偏爱私人生活胜过工作(参看第三章注释9)。在美国黑人工人阶级中，可以看到同样的模式，通过把自己群体同敌对群体做对比,来制造关于自己群体的意识形态,他们把自己描述为关心和同情同事;这个自我描述的确立同他们对白人的看法相对立,白人被看做是——根据黑人对消除种族主义传统的关注来看,毫无疑问这个看法是足够准确的——作威作福,而且缺乏同情心。其中的意识形态成分在安德森(Anderson 1999)的人种志资料中显而易见,这是有关黑人贫民区男性的互动模式的研究,它表明了不是同情和团结占主导,而是"街规"在情境中占主导,表现为粗暴、谨小慎微、动辄诉诸暴力。同他们的白人对手相似,黑人工人阶级男性制造的意识形态看起来并没有反映多少他们自己行为的实际模式,而是回避最为外人了解的毛病,提出对他们自己有利的看法。

类似地,拉蒙特(1992)跟中上阶级美国男人访谈得到了这样的图景,他们通过对那些缺乏诚实和信赖道德标准者表示嫌恶,来陈述自己的界限,因此把他们自己表现为道德标准价值高过其他一切的人。然而,这些人大概是被拉蒙特的白人工人阶级样本(两个群体都在纽约都市区)从外部以恰恰相反的方面看的同一批人,他们被认为缺乏诚实和直率。同样的人不是诚实就是不诚实,不是直率就是狡猾,这取决于他们是从内部表述他们的意识形态,还是被那些鄙视他们的相邻阶级来描述。故拉蒙特的资料所说明的,是在相当大的民族群体中传播的一般文化词汇被彼此处在不同关系中的个体强词夺理使用的问题。文化条目的使用还形成了情境建构性的意识形态,每者都是一部叙述剧,在剧中,个体把他们自己描绘成一个好人群体的一部分,其特征同另一坏人群体形成最大化的对照。

地位群体具有不同程度的微观情境现实:有一些是松散且重

第七章 情境分层

叠的网络,只有其中某些部分曾面对面地看到彼此(例如,所有意大利裔美国人)。有一些可能紧密相邻,因为它们通过谁参加社会际遇来确立它们的成员身份和排外线。

在这里,沿着一个连续统来排列情境是有帮助的,这个连续统是从正式的且紧密专注的互动到非正式的和非专注的互动。既然每一互动情境都可以根据 IRs 组成要素的强度来评定,这就相当于一个从非常强的仪式到非常弱的仪式的连续统。在日常生活中,这个连续统是图 7-1 所呈现的类型学的基础。

地位群体关系主要存在于中间类群,即社交情境,虽然它们在一定程度上也存在于官方典礼中。社交场合在其正式性程度上有所不同。在连续统高度专注的一端,是正式意义上的仪式:日程表提前落实;事件可能会被广泛宣传;所作所为遵照传统脚本,而且可能要进行排练;在这里我们会看到婚礼、传统舞蹈、表彰宴会。在上层阶级老式礼节中(其描述见 Goffman 1959,1963;Annett and Collins 1975),关于行为细节有大量脚本:绅士护送女士赴宴的仪式程序、使客人就座、祝酒和其他饮酒仪式、礼貌的会话方式、餐后的纸牌游戏以及其他集体性娱乐活动。接下来是不太被专注或者更为"随意"的情境,大多是临时性的互动仪式:与相识者共进午餐以及其他共餐(经常作为商务洽谈的一种友好的后台设计)、社交集会、参加商业性娱乐活动。[4]

在其上端,这个连续统与诸如政治演说、政府典礼、阅兵式、学校毕业典礼、教堂礼拜仪式这样的正式仪式相重叠。所有仪式都确立了社会成员身份,尽管一些仪式比其他一些仪式连接着更加松散的共同体。政治演说可能试图集中并肯定一个国家所有公民

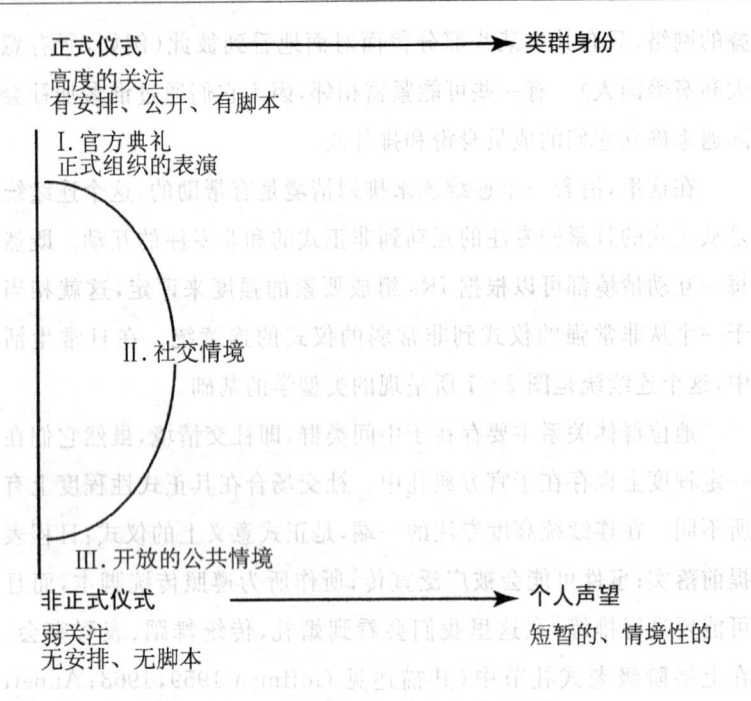

正式仪式 ──────────────→ 类群身份
高度的关注
有安排、公开、有脚本

　Ⅰ.官方典礼
　　正式组织的表演

　Ⅱ.社交情境

　Ⅲ.开放的公共情境

非正式仪式 ──────────────→ 个人声望
弱关注　　　　　　　　　　短暂的、情境性的
无安排、无脚本

图7-1　正式和非正式仪式的连续统。

的归属感、一个政治党派成员的归属感，或者是某位个别候选人的支持者的归属感，但是它们确立的身份可能在人们生活中占相当小的部分，处在更为经常被展现的地位群体活动的边缘。韦伯的地位群体位于连续统的中间；在这里，仪式暗示着更为亲密且更为频繁确立的归属性。进一步向下，是次要的戈夫曼式互动仪式的短暂礼仪：随意的会话、相互问候、小笑话、流言蜚语、有关天气或者等车等了多久的小话题。在底端，关系变为不受专注的互动：在大街上，或者是一些其他人员可聚集的地方的公共人群，或只是到场(Goffman 1963, 1971, 1981)。然而，戈夫曼注意到，即使在这

第七章 情境分层 379

图7-2 着上层阶级服饰的伊顿男孩来看板球比赛，工人阶级男孩没礼貌地（而且不自在地）观察伊顿男孩（英格兰，20世纪30年代）。

里，至少也有默默的监视；具体来说，我们看到公共场合中的行为有相当大的不同，表现在规定了多大程度的限制性、礼貌性或争议性。在这里，情境分层中也会有所不同，即使它极为短暂。

这个连续统同时为地位群体的接纳／排斥和遵从行为的情境调查提供了背景。我们强调两个次要方面：(a)群体仪式占用人们生活中的多少时间，不论它们是经常举行的，还是偶尔举行并因而表现日常的或部分共同体；(b)当一个仪式团体被激活时，它会产生多大的热情与团结；在形成热情的投入方面，经常性的地位群体并不必然比暂时性的群体更有力。[5]因此，我提出两项归纳。

在包含同样的人、反复进行的正式且高度关注性的仪式场合（结婚、宴会、节日），地位群体的界限是明显的。对于地位群体里里外外所有人而言，谁被接纳或被排斥成员身份都清晰明确。至于仪式性聚集公开性的程度方面，更是如此：例如，当"名流绅士"在纽约城最奢华宾馆的舞厅相会聚餐跳舞，而非精英阶级的人群沿人行道站成一排观看他们出入时，地位群体界限及其等级系统是广为公开的。在这里地位具有了像物的特性，遵照的原则是：仪式表现越正式越公开，社会成员身份类群就越具体。相反地，社交聚会越少有脚本、提前计划和广泛公开，社会界限就越不明显。从一些人习惯性地与他人联系的意义上看，社会交际的秩序仍旧存在；但是，他们的聚会仅仅表达了对纽带关系的更为地方性的认可——私人关系而非类群身份或地位。这样私人化且支离破碎的网络可能会继续维持文化差异，因为截然不同的文化资本在特殊社会网络中循环着；但是它们不会被那些广泛地被认为不属于其生活方式群体的圈外人所看到。

地位群体界限以及类群身份如果建立在弱的专注性社交仪式基础上，那么它们将模糊不清。通过明显的象征符号，清晰明确的韦伯式地位群体可以被辨认出来（从前，甚至用行为规范性的法令指明；有关日本人的例子，参看 Ikegami 2004），只有在一系列日常生活被高度形式化后，它们才能存在。在这些情况下，人们具有类群身份（"绅士"、"贵族"、"市民"、"农民"、"普通劳动者"——即使这些已不再是法定的类群）。趋向连续统的另一端，身份日益个人性。在较少或较多观众中，一个具体个体名声在外，而且可能会拥有一种特殊名声。广为人知的名声不多，它局限于特定的运动员明星、演员或其他著名或臭名昭著的个体身上：审理 O. J. 辛普森案件的法官不是一般的法官。大多数个体不论其在圈内名气如何，仅在一个地方网络之内出名，在地方网络之外就不显眼了。从许多方面看，这是一种名声等级制或关注等级制，而非一种荣誉等级制。总之，<u>正式仪式产生了类群身份；非正式仪式仅仅产生了私人名声</u>。

第二项归纳说明了即使在没有被认可的地位群体仪式与界限的情况下，哪类情境地位可能会存在。不管仪式如何的正式或非正式，仪式在强度上也会不同。有一些仪式在形成集体经验上比其他仪式更为成功；有一些是单调敷衍的，只是走走形式；其他仪式则建立起共享的情感（感伤、眼泪、敬畏、笑声、对于圈外人或替罪羊的愤怒），重建团结感。在连续统的任何一点，强度变化都有可能：一场正式的典礼（一场婚礼、一场演说、一场舞会）可能失败或者成功，就像一次社交会可能会让人厌烦，可能会是一次友好的娱乐，或者可能是一次令人难忘的狂欢。在这里，我们有第二个连续统：情境依据其产生的关注而按等级排序；情境具有较高或较低的声望，这取决于它们如何被展现出来。在正式性或专注连续统的高层面上，仪式强度同样无关紧要；在诸如这样的仪式场合中，社会通过正式的接纳与排斥组织起来，因而形成的类群身份是普遍的和不可回避的，因此仪式可能相当令人厌倦，却依旧表明牢固的成员身份。当下降到相对而言非正式的且不专注的仪式时，倘若对这些仪式的体验使人们对社会位置的情感产生更多影响，那么就需要投入更多努力，使这些仪式在情感上具有强烈的程度。这可以解释为何当代美国人经常是"热狗"，在体育比赛或者是娱乐活动时，或者是在大型社交会以及其他公共场合下，他们制造出喧闹的关注。

这样第二个归纳是：要传达一种影响，仪式越是不正式或越是临时的，参与者倘若想制造更多印象或者声望，就越需要更多仪式来做到炫耀，越需要公开地呼唤感情，诉求显而易见的或高调的行动。那些渴望制度化仪式地位的人（例如，黑人下层阶级、青少年及一般的青年人）倾向于寻求强烈的情境戏剧化的方式。[6]

依据人们私人的接触机会，仪式强度这个维度将人们层化。那些处在社交会关注中心的个体——集会的活跃者、群体中爱开玩笑的人、仪式的领导者（在贝尔斯的［Bales 1950，1999］小群体研究中，是情感型领导者）——在其情境中，在他或她的声望通过会话得到传播的网络中，拥有最高的个人地位。情境强度的产生，也可能是来自于一种武力威胁感和有挑战性仪式的表现。安德森（Anderson 1999，78，99）指出，市中心的"舞台区"是人口密集的地方，青年人到那里只是去炫耀，从到过那里中获得一种地位感；在这种环境中，把打架斗殴叫做"演出时间"。以炫耀某人在控制情境上的角色为目的，这种冒险追求是戈夫曼（1967）所指的"在哪里行动"。进一步的例证包括赌博场景，在那里冒着失去大笔钞票的风险；正如戈夫曼（1969）所指出的，一个类似的结构可以解释备受尊敬的甚至是精英式经济活动形式，诸如掌控金融市场。一个诸如职业声望等级这样的抽象地位等级制，确实离组成微观情境地位的经验状况相差甚远。一位古怪的专业物理学家或者是严肃的外科医师可能在理论水平上很高，但在青年人社交会上有可能出丑。我们再次看到了对情境中的强度、关注点和成员身份状况进

第七章 情境分层

行一种新的调查分析的必要性。

强烈的社交仪式可能跨越场景,无处不在,但它们对大多数人而言并不明显。这显然不同于历史上的社会,在原来的社会中,共同体清楚谁将为决斗而战,谁是舞会之花或社交活动中初次露面的少女;换言之,在一种情境中,个人声望被固定在一种制度化的地位群体结构之中。今天,个人声望的传播,依赖于仪式在当代社会中的彰显性,而且只是处于仪式发生的那些具体网络中。这种封闭的网络或"地位金鱼缸"当今主要存在于孩子们中间。在日托中心的小孩子们分成一些团伙:恃强凌弱者以及其替罪羊组成的小群体、受欢迎的玩耍头及其跟随者、胆小的或自我满足的孤立者(Montagner et al. 1988)。高中学校可能存在最明显的且被高度结构化的团伙——预科生、运动员、宗教福音派新教徒、吸毒者、反叛者、学习迷(以前称为埋头读书者)——几十年前已关注此情况(Goffman 1961,Stinchcombe 1964);当前的高中有更加复杂的派系结构,主要是增加了宗教的和知识分子/艺术家的反文化派系(Milner 2004)。倘若存在一种趋势,那么,其趋向就是不同地位群体之间更为公开的冲突,正如学校中被贬弃者或者地位从属者反对主导团伙这类暴力所显示的那样。

学校是少数几个场域之一,在其中能形成准地位群体,具有制度化的生活方式差异、社会荣誉或耻辱,而且类群身份高过个人声望。就其中的成员身份非永久性而言,这些就是准地位群体,但就其在塑造青年人生活的过程中,从其社会影响方面说,它们是真实的。青年群体的地方结构是在更大的类群排斥的背景下形成的。青年人是现代社会中的少数群体之一,他们被单列出来,屈从于特定的无法律资格和法律约束,这类似于按照法律界定的中世纪等级制:青年人被排斥在诸如饮酒或吸烟这样的休闲消费仪式形式之外;他们是唯一一个被官方强制规定的不准与非群体成员发生性关系的分离出来的群体。世界还划出了青年人不能去的地方;值得注目的是,有一些有社交仪式的地方(诸如,酒吧或者社交会这样狂欢的场所)或者娱乐场所,最强烈的社交刺激形式——性活动——得到渲染;其效果是把给成人保留的仪式强度等级制戏剧化了。官方的成人世界,正如政治家们在正式的公共场合所阐明的那样,把这些排斥合理化,是为了保护青年人不做邪恶之事,这种态度加深了官方式的成人主观世界与青年人经验的主观世界之间的道德分异。真实的情境影响是,青年人,不论其是否低于一条界线(以前是 18 岁,现在普遍升至 21 岁),还是年龄稍微大一点,通常都经历过要求证实自己年龄的情况,此要求既有来自小官员的,也有来自检票员、引座员以及商店职员的,他们变成了能够要求恭顺且能实施排斥行为的官员。因而,青年人是唯一因为自己的类群地位而被官方规定的屈从于低下耻辱的当代群体,在这一方面,类似于非官方规定的屈从于类似耻辱的黑人;两个群体都被认为无名誉,除非被授予。这就是为何青年文化同情黑人文化,特别是仿效其最反叛要素的原因。

群体界线在日常中的普遍规定支持了一种青年反文化。青年人行为风格的塑造直接对立于成人风格:倒戴帽子,因为通常的方式是朝前戴的;身着宽松裤和破衣烂衫,因为这些是反时髦的(Anderson 1999,112 提供了证据)。反文化始自同成人文化的接壤处,并以相反方向发展;一种地位等级制在青年人共同体中发展

第七章 情境分层

起来,会越来越远离成人的体面性。近几年,在身体上穿刺、刺字和文身的数量、规模以及位置都有上升趋势。许多这样的做法类似于那些在印度苦行者(fakirs)中的宗教地位等级制,他们是圣洁的印度贱民,他们证明自己宗教神授能力的极端方式是,愿意表明自己远离日常生活。在青年准地位群体中,有各式各样的文化风格与团伙结构;反成人文化的最极端形式占据了一种适当位置,然而其他人(运动员、预科生、埋头读书者、福音派新教信徒)则妥协于,或者甚至是积极地献身于他们期望加入的受尊重的成人世界。虽然如此,反成人的反文化在一定程度上似乎最盛行;我们可以设想到,在仪式上贬低青年人的成人道德斗争的每一次升级,都将受到青年反文化中相应的极端形式的对抗。

我已经论述过,青年反文化与公开规定的且法定强制的非允许行为密切相关,针对青少年的这些方面使此群体具有一种污点性的身份。然而,青年反文化在年纪较轻的成人中间也很普遍。之所以有这种情况,是因为几个结构上的延续:青年人作为一个整体在独立自主的经济资源上是贫穷的;当他们获得工作时,这些工作典型地处在最为非技术性的服务水平上;教育文凭的通货膨胀已经延长了他们留在学校里的时间,他们因而占据一种处在成人职业等级之外的地位。此外,大众媒体业把青年文化当作是它们的目标受众,因为他们是最活跃的娱乐消费者;因此,青年文化带着它炫耀式的疏离,在另外的私有化的公共意识之中也处于最被认可的一套象征符号之中。还有一个经济精英,即娱乐界名流,他们倾向于展示其追星族的反文化象征;虽然名流们身在主要的经济权力圈之外,但他们是阶级结构中最显著的成功人士。反文化风格因此得到了加强,不仅是作为受压迫地位一方的疏离象征,而且也是既在青年共同体本身之中也在自由流动的公共声望领域之中的积极地位的象征。倘若当代社会大多缺乏明显的地位群体界限,那么,在官方划分存在的青年人对成年人的这个准地位群体界限,却提供了一个贯穿日常生活的公众识别的地位等级制标记,此标记颠覆了坚固却不明显的阶级与权力结构。

类群遵从与情境遵从

在最细密的微观情境层面,我们看到了遵从行为——简短的姿势,表示一个人遵从于另一个人。在历史上紧密组织的社会中,日常生活充满着明显的遵从姿势——深深的鞠躬、遵从性的称呼("阁下"、"夫人"、"小姐,请")、遵从性的声调(在 Chesterfield 1974/1992 中有描述;关于日本人的例子,参看 Ikegami 1995)。所有这些都是不对称仪式的例子。另一个方面,戈夫曼(1967)把 20 世纪中期大多数仪式都描述为相互的或对称的:通过握手、问候与简短寒暄、举帽、开门表示对他人礼貌性的认可。他人会予以回报,由此表示他们地位的平等;但戈夫曼还指出,被接纳进一个互惠小圈子本身就是一种地位性的表现,因为地位较高的人就是那些最注重礼仪的人,因此排斥那些不能适当得体地履行相互间遵从仪式的人。

对当代社会中有多少遵从以及哪种遵从有跨情境的表现做一番调查研究将是有益的。可以把遵从行为纳入到我们的情境类型学。暂且忽略工作中表现出的遵从(最好在下面把它作为一种组织权力形式来加以思考），以及列入正式脚本仪式之中的那类遵从。[7]最为有趣的将是调查相对无组织的社会情境和不被关注的大众之中的遵从。

我认为，当代人相对而言没有接受到多少类群遵从。大多数遵从是因个人声望，而且那要取决于一个人出席就本人而言为他人所知的网络。一位著名的社会学家在社会学会议上和在与其他社会学家的社交会上将得到一些遵从（主要是根据会话中的发言权），但在这个范围之外则没有；大多数这样的专业人士在小的专业聚会内部会获得他们所体验到的遵从。我们的调查是要发现存在多少专业性网络，它们彼此关注，从而可以在它们级别内给予荣誉或耻辱。这样的遵从分布不仅可以在职业共同体中找到，还可在各种各样类型的志愿者协会和兴趣网络、鉴赏家、表演与竞赛场所中看到。在美国有数量巨大的志愿者协会，并且每一个都可能有内部的地位等级。即使大多数这样的等级制彼此不在意，但有相当大一部分，或许成人人口的一半，可能在一些小范围内体验过生活的一些方面，在那里，他们被给予了温和短暂的声望遵从。

在这种专业性的组织和网络之外，跨情境的遵从主要限于名流。这些人物由大众媒体制造，显然是由娱乐生意人所制造，娱乐生意的收入主要来自促销并出售"明星"身份；新闻媒体也创造著名身份（政治家、罪犯以及人们感兴趣故事的主人公），并出售有关他们的信息。大众媒体是唯一这样的领域，在这里经常出现为接近社会大多数人的任何事情所共同关注的焦点；这不仅有助于围绕这些名人提高显著度，而且使得新闻与娱乐活动更容易去填充它们定期为公众安排的节目。（在新闻界这被叫做"像挤奶一样挤出一个故事",特别是在"沉闷"时期,当没有任何"爆炸性消息"发生时。)声望等级制极为突出;在精英之外,大量的是无名之辈,也就是说,在他们自己的职业或相识者圈子之外,他们不知名。

虽然名流获得了当代社会中大多数人的遵从,但他们与历史上的上层阶级统治者相比,所获得的遵从要少得多。人们在他们面前很少鞠躬或让路;相反地,人们努力接近他们,跟他们接触,以获得来自他们的代表物(照片、衣服、签名);人们对待他们不太像对待贵族阶级,相比而言,更像对待部落宗教里的图腾动物。这个类比是适当的,因为图腾是内部持平等主义态度的群体的宗教,而现代公众是平等主义的。接触一位名流,并获得一点儿他或她的标志,符合涂尔干所描述的人们面对神圣物时如何行动的情况,即被魔力般地吸引去共享一部分集体超自然力。在现代的关注空间中,名流是少数几个焦点之一,集体情感能量能通过这个空间快速增加,达到较高水平。用一种涂尔干式的解释就是,崇拜名流是群体在崇拜自己——崇拜其获得令人兴奋的和从一个人平淡无奇的生活中得到某种超验的东西的能力。也要注意到,对名流的宣传与关注可能是积极的,也有可能是消极的;关于名人的丑闻极为流行(需要我提及辛普森案件吗?)。[8]这些也是被高度关注的形式;绯闻情绪在建立共享强度方面特别见效。名流遵从是特别的一类,比参与性遵从要更少一些等级性。[9]

按照涂尔干派的观点,被大众媒体抬高了地位的名流是当今唯一可充当神圣物的人,此神圣物是社会中任何相当大一部分的集体意识的标志。所以就难怪普通个体企图通过表示同情的戏法,即穿类似于名人穿的衣服,或有这些名人标志的衣服,来使他

第七章 情境分层

们自己占有一部分这种超自然力或者是象征力。部落人把他们氏族的图腾画在自己身上(Levi-Strauss 1956/1963);当代人,特别是那些在至少赋予他们一种专业化类群身份领域的职业中不出类拔萃者,穿着印有运动英雄的号码与姓名的紧身套衫、印有娱乐明星照片的T恤衫。在一种不存在明显的地位群体、更少宗族身份的社会结构中,唯有媒体明星充当着标志,表示对关注群体的集体能量的参与。

依据经典的理解,遵从性最明显的方面,就是在市中心黑人区见到的各种公开的控制与服从、尊敬与不尊的姿态。伊莱贾·安德森(1999)描绘了一种情境,在其中大多数黑人努力追求符合更大社会的常规的生活:有工作、获得教育、家庭以及教堂生活。但是究于贫穷、歧视以及首要是贫民区警方保护缺乏的原因,"街规"主导着他们,在这种规范下,每个人(而且特别是每一个年轻男士)试图展示自己身体的强壮,以表示烦扰他会招来危险。还存在着大量的来自他人的命令性遵从;打架经常会因为一些小导火线而发生,诸如看一个人时间过长,经常会被认为是敌意的"注视",故眼睛注视可能导致致命的杀害(Anderson 1990,41,127)。大多数居民普遍对粗鲁无礼的行为——刺耳大声的音乐、把车停在街中央——不管不问或者默认,以避免对抗。尽管存在着两种规范或仪式规则,"街规"那炫耀式的强壮和在周围社会中戈夫曼式行为的正常准则,但在黑人贫民区中,前者在情境上占优势地位。

在以白人为主的社区中,地位规则不明显,或只见于专业性网络中;职业与财富不会得到遵从,也不会形成明显的传播类群身份的地位群体。公众互动是一种没有多少团结性的平等性的,是一种个人距离的展现,尽管几分相互间的礼貌与共有的随意性缓和了这种个人距离。戈夫曼(1963)称之为文明的不关心规则。正如戈夫曼指出的,这不仅是一个单纯的漠不关心的问题,因为一个人需要有距离地监视他人,旨在当他们相接近时避免接触,范围从避免在人行道身体碰撞的这些细小方面,到为不侵犯他们私人空间的隐秘性而防止眼神接触和控制微观姿势。相比而言,黑人街规的地位秩序是公开炫耀性的,且经常带有敌意。它表达了一种明显的强者与被支配者的情境等级制;在这里,平等际遇典型地是一种不友好的平等主义,这被随时可能再开火的暴力冲突所验证。占优势地位的个体要求控制街头空间;其他人小心谨慎地关注着他们。在这里,文明的不关心这个心照不宣的监视转变成了一个更被关注且紧张的公共情境。被支配者表现出文明的不关心,这是支配者所要求的。[10]

街规不仅否定了中产阶级成就与尊严的正常标准,它还是一种羽翼丰满的反文化。中产阶级的行为标准被看做是胆小羞怯的表现;此外,任何反映常规成就的表现(上学、训练有素的工作风格、一份正当的工作)都被看做是地位的要求,因而暗含着对缺少它们的那些人的轻蔑。出于这一原因,安德森提出,许多"体面的"或"光明正大"的黑人居民接受了对立文化的外在标志——身着帮派风格的衣服和标志,采用街头优势者的说话风格,演奏对抗性的音乐,即蔑视的或愤怒的说唱音乐。街规变成了公开的主导文化:部分是因为正直的青年人把它接受为保护他们不遭受暴力危险的防线,部分是因为对立文化具有情境声望。街规是一套仪式,它产生了最强烈的情感,并支配着关注的焦点;在它面前,通常的戈夫

第七章 情境分层

曼式社会举止的温文尔雅、和善助人都逊色了,并且也不能与它争夺关注空间。

这有助于解释黑人下层阶级那根深蒂固于暴力之中的对立文化,为何被那些在生活情境极少涉及暴力威胁的群体也认为是有声望的举止方式:他们是中产阶级白人青年、娱乐媒体的某些明星、在本文开头指出的"反向势利"的践行者。然而具体来看,白人反文化风格不同于黑人街头风格。黑人恶徒偏爱价格昂贵的运动服、浮华轿车和展示出所有通常的性感标记的女人;白人反文化者展示的是破衣烂衫、身体穿刺、不修剪胡须、邋邋遢遢与被戏剧化为古怪和低劣的性;黑人街头强壮者不是随随便便的,而白人反文化把通常的不拘小节发挥到了极致。在通过暴力威胁得来的优势在情境上突出的地方,"街规"兴起了,然而中产阶级青年和娱乐界名流呈现的是单纯符号性的反叛,而不是要求在身体上支配他人。

当对立文化支配互动时,其所用的手段、情境武器是什么呢?在黑人街头情境中,它们是单纯的高压权力及其威胁:展示肌肉,也是一种意味着愿意使用武器,愿意因对荣誉有轻微质疑而战的行为。性感而貌美是有声望的,特别对于女人而言;这些是性活动场景的关键,是兴奋的焦点,是一场赢得性战利品,并展示一个人同街头统治者关系的竞赛。言辞的无畏,特别是在侮辱和巧妙对答时,是另一种情境武器;它伴随着运用预先包装好的说唱音乐中愤怒且蔑视的声音,以及运用通过技术放大来控制听觉关注空间的巨大噪音。

黑人街头情境看起来像是局部情境资源胜过来自宏观结构联系的资源的极端情形。非直接的联系并没有被完全割断,因为街头际遇受到跨情境因素的影响,诸如一个人有动辄就使用暴力的名声,或者有以往的让步记录;这些(积极的或消极的)跨情境资源主要在际遇中运行,在那里团体成员或者通过私交或者通过闲话网络而彼此了解。街头际遇也受到与亲属或其他联盟的纽带的影响,以及一些地方性地位群体标记的影响,诸如帮伙标记。这些街头际遇接近于连续统的一端,但它们在历史上并非独一无二。同样的"优点"——英勇好战、身强力壮、寻找挑战者并为了荣誉和优先性而甘冒生命危险的仪式主义风格,以及自夸与侮辱的言语文化——在大量其他的情境中也表现出来:最明显的记载是荷马时代的希腊人、斯堪的纳维亚传说时期的斯堪的纳维亚人。所有这些都是发生在政府非常微弱或者不存在的情境中;权力掌握在特定的一群武士手中,亲属关系方面甚至没有多少连续性。[11]

即使在这里下结论说,单纯的暴力是遵从的基础,也会把复杂问题简单化。威胁通常比战斗更有效,而且联合也很重要,即使对最强有力的人而言也是如此。因此,在常规的威胁性情境中,互动采用的仪式形式是恐吓和荣誉展示。在安德森的资料中有一些暗示,即使是最强壮的"犯罪者"也不总是凌辱团体中的最弱小者;博得因强壮而享有的声望,必然要去挑战身体强壮的其他人。荷马式英雄之间的争斗表现了同一个结构,尽管文学形象毫无疑问被理想化了。于是甚至于暴力也通过了仪式化的过滤,倘若它是支配情境的有效手段。

在美国主流社会,公共际遇是和善助人;贫民窟街道风格就情境支配者而言,主要是对抗性的,而就那些在情境上处于从属地位的人而言是要避免对抗。安德森(1999,20)注意到,黑人青年时常

第七章 情境分层

用街规在情境上恐吓白人,并冒险在中产阶级地盘上这样做。主流白人互动风格是基于宏观结构中的背景条件,即存在一个强大的政府,政府通过警方的、教育的以及其他管理机关深深地渗透进日常生活。中产阶级白种人习惯于远距离组织网络,这些网络以一种非个人的科层制管理方式运作着,并控制许多人彼此邂逅的条件。暴力在相当大程度上被政府机关垄断;它在大多数日常生活际遇中不是什么重要因素。当白人遭遇到黑人街头风格时,他们感到极不舒服——几乎就像是在一种加芬克尔式的违规实验中一样。

然而,对于白人而言,把黑人街规当作是简单犯罪来对待并不容易,因为它带有高度风格化的仪式,这些仪式倾向于掩饰公开的威胁。此外,白人社会的官方媒体,特别是教育和娱乐文化媒体,自20世纪60年代民权运动的公开胜利以来,已经提出种族平等、反对类群歧视的主张。中产阶级公共际遇的一般风格,也即平等主义的随意性,包括只要它们保持自己的仪式距离,就支持任何举止风格和行为的普遍倾向,这种基本风格加强了正式宣称的和在法庭上仪式声明的平等主义。正如戈夫曼(1967,81-95)所评论的,我们的仪式主义,使每个个体都带着一种私人性和有耐性的外壳来过日常生活,没有强有力的仪式成员身份联结纽带,但具有免受侵扰的安全性。在这种仪式风格当中的人无法处理对抗性的街头风格,无法应对明显的情境强者支配情境弱者的不平等。按照戈夫曼准则,中产阶级白人向有对抗性的黑人表示的遵从,多于"光明正大"的贫民窟居民对这类黑人表现出的遵从,因为后者接受街规,以寻求情境庇护。因而,在黑人街规的实施者看来,与白人的际遇会有加强其蔑视白人社会规则的感受(Anderson 1999);同时,白人的不适,即使是未表现出来,也有助于加固维持种族界限的那条互动分隔线。

类群身份早已消失了,取而代之的,是在一个为人所知的网络中纯地方性的个人声望和在圈外的匿名性。但是,倘若互动中的仪式界限维持了类群身份,那么在街规与戈夫曼式公共规范之间的黑人/白人仪式隔离就是少数几个保留下来的类群身份基础之一。

D-权力和E-权力

权力是另一个在传统上被具体化的概念。韦伯的定义是,对反对派强加个人的意愿,这个定义还没有被充分地用微观形式表现出来。我们可以区分出使他人在直接的情境中服从的权力和使结果发生的权力。关于后者是否必然包括前者,早就有争论;帕森斯(Parsons 1969)提出,权力并不主要是得失所系(我赢了,你输了),而是一个社会灵验的问题,在此中,整个集体实现它以前没有的东西。让我们称第一种为D-权力(遵从-权力或发布命令的权力),称后者为E-权力(灵验-权力)。后者时常存在于微观情境之中,但只有当欲求的结果能在命令发布者眼前直接实现时才行。[12]在这里D-权力和E-权力在经验上相一致。但在许多情境中,D-权力是正式的、仪式性的:一个人发布命令,在极端情形下会带有飞扬跋扈的腔调和举止,而另一个人则在言语上以及身体姿态上表现出顺从;但这仍旧是个问题,问题是关于命令实际上是

第七章 情境分层

否得以执行了,而且即使被执行了,结果是否是命令发出者所欲求的。D-权力在社会上总是重要的,即使它完全与E-权力相分离;它对有意义的社会经历至关重要,这种社会经历塑造了个人关系的"文化"。D-权力在第三章描述的权力仪式中展现出来。在一个D-权力上存有许多不平等的社会,将是一个社会身份上存在显著差异的社会,也是一个存在大量潜伏的憎恨和被压制的冲突的社会(有关例证,请参看Collins 1975,第二章和第六章)。E-权力的集中很可能没有这样的效果:这是个假设,尚需经验去证明。它同20世纪晚期的历史趋势相一致:阶级类群身份的降低加强了D-权力的消失,其消失形成了一种表面上的平等主义感。

E-权力典型地是跨情境的,或者是长距离的;如果它是真实的,它必须涉及因把命令与意图传过一个社会网络而发生的事件。E-权力一般是宏观的,涉及数量巨大的人们的行动和情境。维持一个大型组织的运转是E-权力的一种常见形式;如果这个组织实现了欲求的结果,就会有更多E-权力;进一步沿连续统来看,E-权力的最高类型是去改变整个社会结构,以致永久性地改变网络连接人们的模式。

沿每一维度来测量权力分布的努力已经很少见了。布劳(Blau 1977)曾提出,用控制的组织跨度来测量权力:就一个个体向大量的从属者下命令,而这些从属者也拥有许多从属者,以此延续来计量整个命令链而言,一个个体才是有权力的。但是对命令意味着什么做这样太随意的概括使得此测量仍旧很模糊;倘若我们能够通过对组织中命令链进行微观情境抽样来测量,我们将发现,上级与从属之间不同的互动情境中具有多大的D-权力是变

图7-3 D-权力的表现:给上层阶级的玩板球者奉上食物和饮料(英格兰,20世纪20年代)。

化的。大概布劳心中所想的是E-权力,假定命令实际上得到了执行,并且命令链是这样一种方式,通过它,一个"上层"人的意志被一个"下层"人贯彻执行。

但这正是需要加以调查研究的东西。事情会出现折扣,可以有许多方式。组织研究文献已经表明,工人们支配着他们自己的工作空间,并抵抗他们直接的(以及更远的)上司的控制(Burawoy 1979;Willis 1977;Etzioni 1975),当监督者在场时,工人们就遵从于他们,给予了象征性的D-权力;但当监督者不在场时,工人们又回复到他们自己的做事方式上(也就是说,他们用表面上的D-

权力服从作为一个幌子,来掩盖他们对 E-权力的不服从性)。D-权力和 E-权力之间的分离在马西娅·马克思(Marx 1993)所谓的女行政助理的"影子等级制"案例中特别明显,女性行政助理遵从于(通常是男性的)行业权威,但却运用着大多数不明显的权力,使事情发生在一个科层制组织中,或者阻碍其发生。有相当多的文献对运用了多少实际控制进行了分析,其依据是工作运转如何明显、工作产量如何标准化并且可数,以及在期望发生的事情中有多少不确定性(有关总结,参看 Collins 1988,第十三章;Etzioni 1975)。管理者可能求助于间接控制(改变物质环境、运用通讯与信息),以限制命令链下方的人获得其他选择的可能性。这种向间接控制的转变是 D-权力衰弱的表现,管理者希望以此来换取 E-权力。但是即使在这里,E-权力仍旧不明确,或具有多维度;有些组织可能能够限制雇员们如何干他们的工作,却不能够使组织本身有利可图,或者竞争过其对手。将军们拥有大量的 D-权力(立正;敬礼;是,先生!),而且根据在一个军官的 D-权力领域与另一个军官的 D-权力领域之间累计了多少立正,可以相当容易地计算出一条军队命令链。但是其他偶发事件会有干预,这降低了军队实际上会多快地以及在多大程度上执行将军的命令;而且更进一步的偶发事件会决定它实际上是否会赢得战争。

大量的组织研究文献论及了组织控制形式在各个历史时期是如何变化的,这跟各种自然经济环境和技术有何关系(Chandler 1962,1977)。自16世纪军事革命和国家的渗透开始以来,伴随着19世纪与20世纪早期资本主义企业的类似变革,组织的规模与集中性方面已经有了巨大增长(Mann 1993)。这些意味着,在这一历史时期,上层官员微观际遇中的 D-权力和在某些程度上的 E-权力日益集中。关于 20 世纪,组织分析家已经普遍地讲述了控制分散化的故事:在上层,是通过持有股票以及形成金融联合,减弱了管理者的控制来实现的;在中层,是通过任务的日益复杂和不确定,因而在职员中默许 E-权力或者至少是颠覆-权力(一类消极的 E-权力)实现的;在底层,通过势均力敌的工会(在这个世纪中一种起起落落的挑战形式)和非正式工作群体的挑战而实现的,而在更近,有一逆转,即组织用电子监督器来控制工人的行动细节(Fligstein 1990;Leidner 1993)。已经出现了一波又一波的合并与接管浪潮;但也有反潮流的分部门化、多重利润中心组织、特权授予和外包;最近则出现了松散的以"既非市场又非等级制"的形式组织专门技能与职员的公司网络(Powell 1989)。倘若 D-权力和 E-权力在一切组织形式中都固定不变,我们就能够把通过命令链进行的直接与间接层面的控制的变化数目加起来,并追溯权力集中化的起伏模式。但是 D-权力和 E-权力无疑是变化的。那并不意味着就不能多尝试一些这样的测量,但是它将不得不是多维度的,而且它将表现为一种相当混杂的历史模式。

总的来说,看起来在 D-权力确实存在的地方,D-权力在特征上已变得更温和了;而且它的发生已经变得支离破碎,变成了一些专门化的小领地,只有"是,先生!"这样的微观服从。E-权力是另外一种情况;那里还有一些很大的等级制,或者它们所处的位置,是金融资源链条和其他影响形式在整个社会网络掀起深远而广泛的涟漪,以至于少数几个人所做之事可能会影响到百万人的生活经历。21 世纪伊始,在世界通讯业正在进行改组与合并,在出版业、电视业、卫星行业、电信业、电缆传播业以及电影界形成了巨型公司,这提供了 E-权力日益集中化的一个例证。然而有一点尚不清楚,这样大的组织/网络中的 E-权力正日益增长,超过了比如说 20 世纪初大的资本主义寡头垄断的水平。就控制它们自己的命运,或者甚至是控制它们自己的行为而言,大组织经常是大幻觉。所谓 20 世纪中叶之前的极权主义专政已在名义上形成了结构,看起来是完全集中化了;然而共产主义组织在把上层政策变成地方行为上有巨大的困难(Kornai 1992)。诉诸恐怖手段,不会增加系统的 E-权力,但可把它主要看做是一种企图,试图延伸D-权力,使它更远离中心。

从这些理论思考中,得出一个经验性结论还为时过早。在我们尝试对这类组织里的 D-权力进行情境抽样,并得出各类 E-权力模型(在命令实际上被传递、被付诸行动并产生结果的程度)之前,我们不会知道权力集中的命运,即使当大合并出现在今天最重要的行业中。鲁珀特·默多克(Rupert Murdoch)与类似人物的继承者是否将是未来的奥韦尔式(Orwellian)* 宇宙的独裁者;或者 E-权力是否仍旧留在非预期后果和佩罗的(Perrow 1984)"正常事故"层面上;或者组织成员是否将日益被免于限制,或屈从于隐蔽的控制:这些问题,还需要通过研究微观情境权力的实际维度来解决。

对于 E-权力集中模式,还有另外的一个有讽刺性的曲解。弗朗西斯·培根反思了他的经历,在巩固伊丽莎白政权中,他身为

---

* 出自奥韦尔的小说《1984》,意思是"受极权统治而失去人性的"。——译者

一个终生的公仆和政治家,在身为首相的任期内,达到了生涯巅峰,他宣称权力本身对那些把持它的人而言是个陷阱:

> 处于显要地位的人是三重仆人:最高统治者或者国家的仆人、名声的仆人和日常事务的仆人。以至于他们没有了自由,他们不但本身没有自由,而且他们的行动无自由,他们的时间也无自由。这是一个奇怪的欲望,寻求权力却失去自由,或者寻求控制他人的权力,却失去控制一个人自己的权力(1625/1965,70)。

培根没有在两类权力之间做出区分。同大多数人一样,他大概认为获得灵验权力和遵从权力是同一件事情。但是他那讽刺性的心得特别适用于那些寻求把持E-权力的人:他们陷入他们试图要控制的组织的沟通中心之中,而且他们无法在不失去控制权的情况下远离这个网络。因为D-权力已经衰微,对E-权力的寻求大概已经增加了,不只是在当代组织网络的上层,而且贯穿在了分散的中层和水平的联盟结构。我们用"工作狂"(workaholic)这一个术语指称陷进这些位置的人。E-权力主要是一种幻觉,但它也是一种嗜好。

情境分层中的历史变迁

流行的分层等级制概念是个历史遗物,它作为一个固定结构,其中微观被不言而喻地假设为反映了宏观。布迪厄主张的机械论

第七章 情境分层

调的文化资本圈,存在于个体的惯习性之中,并再生产了经济权力领域,但绕过了情境互动;这并不令人惊讶,它是调查研究者提出的一个看法,他收集关于个体的数据资料,并将之置入一个抽象的等级制空间中(这一点在 Bourdieu 1984,128 - 129,261 - 263 根据对应系数维度而列出的数字中尤其明显,即类似于因子分析中的因子)。这个看法过时了。像我们关于分层的大多数概念一样,它可追溯到马克思时代,那时微观情境现实更为紧密地与权力和财富分配相关联。用韦伯的术语说,在那一历史时期,阶级是像地位群体一样组织起来的,归属于某一阶级是种类群身份,确实是最为突出的社会身份。我的论点不单单是指宏观结构只在历史占主导,而现今微观情境秩序已经松离了宏观秩序。宏观结构在任何历史时期都总是由微观情境构成的。我要说的是,现今微观情境是根据极不同于 20 世纪早期或更早时期存在的条件而分层的。

主要的历史差异是,社会围绕着世袭家族而被正式组织起来。这个韦伯式术语指的是一个结构,在其中,主要的政治与经济单位是家族住户,它因佣人、护卫、仆人、学徒以及客人而扩大。经济生产发生在家族中,或者是由家族控制的财产方面。政治与军事关系是家族之间的联盟,积聚了最多武装的最大联盟占主导地位。上层阶级包括最大家族的首领。在这个结构下,难以把经济阶级、政治权力和地位群体身份分离开。最大的家族一般占有最多财产、聚集了最多武装,并控制了最多政治附属地,较小的家族这些方面也小些。这些区别经常在诸如贵族阶级与平民这样的法定类群中,而且时常是在诸如贵族层面的子类群中得到体现。这些地位群体类群的名称是普通用语;马克思是首先宣称经济阶级是重要维度的人之一,但是阶级在他心中突出出来了,正是因为日常生活的组织以财产拥有、权力运用、有名望的家族统治者为中心。

地位群体边界在日常生活中经常不断地被再肯定和公开。个人总是被提醒他属于哪个家族,这个家族在内部和外部具有哪类等级。地位群体成员身份是不可回避的,因为对于不属于知名家族或不处在其经济控制和政治保护之下的人而言,几乎没有容身之处;这样的人是无名的贱民,实际上不被当人对待。在家族中,互动是不平等的;一个人不断地下达或接受命令、接受或者给予遵从,这取决于身为一个家族首领的佣人、仆人或者亲戚,其等级如何。个体能够流动,越过等级制,但只能是通过从一个家族到另一个家族的方式,或者是通过提高他在家族内部结构中的地位的方式,提高的途径是与家族首领建立起更为亲近的信任和附属关系。甚至于对相对而言级别较高的人也面临一些情境,在其中他们不得不向一些更高等级的人表示他们的忠诚和服从。[13]高等级者被侍从环绕,而且一个人的等级一般由其随从人员的规模来体现。[14]这意味着高等级者(和陪伴他们的那些人)经常处在仪式情境中(这一点在关于路易十四中有生动的记录;见 Lewis 1957;Elias 1983);群体总是被召集起来,关注点集中在有地位的人身上,给予高度的仪式互动。结果就是被关注的社会类群的高度社会现实性,甚至是高度具体化,且因而是关于社会等级的高度意识,以及人们与更高等级者的封闭性。总之,日常互动都高度仪式化了;并且仪式主要是不对称的,遵从于控制他人的人。

日常社会互动的特征已发生了变化,最主要地是因为世袭家族的萎缩和替换。受几个宏观层面发展的驱动,这一点在过去几个世纪是逐步发生的。中央集权制国家的发展从家族中移走了军事权力；强索岁入和管理社会的政府官僚机构的扩张创造了办公机构这种新型组织空间，在这里个体为了特定目的在有限的时间内进行互动。出于税收、社会保险、教育、军队征兵和选举权的目的，在政府记录中，类群身份被个体公民登记所取代。随着工作变成在脱离家族的场所中被组织开展，科层制扩展到了经济领域。

现代生活被分为私人场所、工作场所和介于两者之间的公共场所，这是历史上近期发展的结果。这种新的互动形式的社会生态学已经剧烈地改变了日常际遇的仪式密度，改变了伴随它的类群身份体系。消费领域现在已与进行生产的领域，以及与体现以政治和经济为基础的权力关系领域相分离了。消费如今发生在私人情境之中，或至少是以在社会上明显的等级为标志的情境之外。日常生活的重心转到了消费领域。消费业发展成最庞大最明显的经济部门强化了这一点，消费业包括娱乐业和传播它的硬件在内（Ritzer 1999）。其附带结果之一，是增加了娱乐界明星的普及性，也提高了其薪水；对照来看，在世袭社会中，娱乐家只是佣人，依靠大家族的资助为生。娱乐明星是当代的神圣物，因为在这一私人领域里，娱乐明星是唯一广泛突出的关注点，在这个私人领域中关系是随意性的（也就是说是去仪式化的），而且不受工作和权力关系的约束。有人可能会说，表现了一种随意性的反正式风格的娱乐明星，是代表现代消费生活特征的恰当符号。[15]

个人如今对于把情感投入哪一种情境有了一种选择。他们可以把关注从他们的工作情境中收回来，专心于他们的私人消费生活。这尤其是处在从属位置的工人的特征，哈利（Halle 1984）指出，工人们只有在工作时才将自己认同为工人阶级，然而在家中，他们更有可能把自己认同为普遍存在的中产阶级的一部分。地位更高的专业工作者和管理工作者，则具有更为强烈地把自己同工作位置相认同的动机，但当他们离开其工作，也便进入了匿名的消费世界。

个体的私人领域已经扩大，部分是因为私人消费领域的分离；部分是因为财富水平的提高，这容许家族本身被分割成单独的空间。原来贵族宫殿甚至都普遍缺少用于睡眠、洗涤或盥洗的专门房间；甚至于非常私人的身体活动也发生于佣人和随从的面前。在富有者中，私人卧室和更衣室最早出现于18世纪，在19世纪蔓延开来；在那时家族建筑风格加上了走廊，为的是进入一个房间，而不需穿过其他房间并打扰其居住者(Girouard 1978)。在20世纪中期，每个人都认为这类带有浴室的居住空间是正常的。日常生活物质环境中的这些变化不但使得戈夫曼式的前台而且使得戈夫曼式的后台对大多数人而言都成为了可能。这就是为什么个体声望已经变得比类群身份更重要的一个原因。

哈贝马斯(Habermas 1984)有一术语，"生活世界的殖民化"，它表达了对现代历史主要趋向的一种不准确的图景。哈贝马斯的术语与国家渗透趋势相吻合，国家渗透，就是与国家科层机构直接相关联的个体的义务范围扩大，与之相伴随，是对世袭家族的界限的突破。但是哈贝马斯的论点没有考虑到实际的社会情境模式。世袭家族在整个日常经验中以一种具体且经常是强制性的方式展现着经济和政治关系。国家渗透已经取代了且打碎了世袭结构，但同国家机关打交道的实际经历通常发生在局部，不是一种持续

第七章 情境分层

的压力；而且在非个人性的科层制关系中定有合同，没有多少体现社会类群或者能产生自豪和羞耻的遵从的仪式主义。当代社会结构创造了一种生活体验，在其中，大多数个体与宏观结构化的关系至少保持间断性的，并且时常是相当大的情境距离。

卢曼（Luhmann 1984/1995）已经描述了这个结构变迁，把它看做是由分层化的社会向功能专门化的社会的转变。这与经由世袭家族的衰微和日常互动与财产和政治/军事权力普遍经验的相脱离所带来的转变相吻合。但是，分层并没有在所有方面都消失；经济不平等的宏观分布正变得比任何时候都更突出。而且在微观层面上，依旧存在着情境权力，不仅存在于国家和经济组织内部，甚至还存在于公共领域之中。最常见的这种类型的日常经验就是与诸如安全警卫、航空服务员、检票员和警察巡逻队等等这样小科层制公务员的际遇。这些人是相当有限情境中的权力运用者，他们更有可能阻碍并延误人们，而不是积极控制人们的许多行为；小公务员们拥有一种非常地方性的消极的 E-权力，但却没有多少 D-权力，因为他们没有被给予多少尊重或遵从。这样的情境与更早期的历史经验形成了对比：在世袭家族中，甚至连武装护卫都极具等级意识，而且倘若曾经发生过，他们也极少会大胆地阻挠一位社会上流。在过渡时期也是这样，当世袭家族被取代，但基于阶级的地位身份仍是被广泛认可的类群时，甚至连警察都表现得像是低级地位群体者，礼貌地遵从于被认同为"贵族"的人。警官同其他仆人一起在"楼下"被召见，而不是在"楼上"。因而，当警察和其他专门的科层制公务员不再有任何遵从于类群身份的压力时，他们的情境权力就得到了提高。

当代互动的图像

要代替等级制概念,我们需要一个关于如今情境经验的水平面的图像。当代生活有些像是古代或中世纪传奇式流浪冒险故事里的东西。这是些冒险经历的故事,是当一个人一旦孤身出发,发生于他在社会秩序中有一席之地的世袭家族之外的传奇。当奥德修斯(Odysseus)*或者阿尔戈英雄(Argonauts)**离家时,或者是当马洛里(Malory)或斯宾塞的骑士从他们的城堡出发时,他们身处的境地,其经济和政治地位帮不了他们多少忙,或什么忙也帮不了。在他们最不同寻常的冒险经历中,他们冒险超出了其地位秩序,在那里,在他们遭遇的那些怪物和外人中间,他们没有任何类群身份;充其量,他们战斗的英勇或者狡诈方面的个人声望可能已传到一些他们造访的人那里了。

现代人的日常经历有许多同样的属性,虽然说现在它既适用于只有他们自己才是古老传奇流浪冒险故事主角的男性,但也适用于女性。我们有自己的后方基地、网络,在那里,我们就个人而言人人皆知,这包括一些职业或者技术训练的共同体,在那里,人们将遵从于那些级别高的人。但这些是极其具体且地方化的领域,而且我们在那里所获得的东西不能转至我们大多数社会交往

---

* 或译为俄底修斯,古希腊神话英雄。在特洛伊之战中献木马计而使希腊军获胜。是古希腊史诗《奥德赛》中的主人公。——译者

** 古希腊神话英雄。指乘阿尔戈号船随贾森(Jason)到海外觅取金羊毛的英雄。——译者

第七章 情境分层

之中。我们网络的宏观纽带不再相关;我们航行在一个巨大的情境王国中,在那里,个人除了以最明显的方式在身上带有的东西之外,几乎没有什么能产生与个人遭遇到的他人的团结,或者是遵从或权力。特别强大且健壮,或有威风,或相貌姣好且性感,或说话机敏,诙谐风趣,或只是声音大而响亮,这些人能够吸引注意力,[16]并有可能支配一个短暂的情境。在这些特性上特别缺乏者会在情境上被支配。在结构上,它同奥德修斯面对独眼巨人是否会以智取胜,或者贾森是否能胜利地获得金羊毛是一样的,因为国王的女儿爱上了他。这并不是说,社会阶级的背景资源不会有助于个人的情境运用。但是这些资源必须被转变成能制造直接情境印象的任何东西才行。身上带大笔的钱能使你在一家豪华饭店里得到服务(但不必然是很有礼貌的服务),但它也会让你遭劫;你身为某职业的重要人物或某组织的有权者,倘若是在社会其他领域兜风的话,会让你一无所获(除了有可能的轻视)。詹姆斯·乔伊斯充实了这个类推,他描述了一位现代的尤利西斯,在1904年都柏林的城市网络中进进出出的旅行,在小有声望的、团结的和充满敌意的小群体中迂回行进。乔伊斯的描述与过渡时期有更多的关联性,描绘了在一个小城市里,声望网络仍旧相当普遍。倘若我们把那些网络收缩到小家庭和职业领域,并通过制造明星形象的假熟悉声望来扩展到全部的大众娱乐媒体,那么我们就看到了我们的当代社会。

或许一个更好的形象化比喻是一条高速路,特别是一条可高速行车的州际高速路。在这里有一种正式的平等性;所有的车都是平等的,它们受同样的法规支配,在情境上,它们趋向于遵循一

图7-4 由能量和性形成的情境优势:反文化集会上的即兴跳舞者(20世纪60年代)。

种非常自由的文明准则(不挤塞其他车辆或不挡住它们)。正如在戈夫曼(1971)的人行交通模型中那样,驾驶员们彼此监视,主要是为了保持距离;眼神接触,即使在可能的时候(遇到红灯和当车辆走平行车道时)一般也要避免,而且任何动作手势都非常少见。文明的不关心是普遍盛行的做法。

公路上的情境平等性一般是一种被激发的冷漠的平等,不是团结或有敌意的平等。警车明显是一个例外,每个人都遵从它,它以闪灯或警报器的信号为形式来要求遵从,并打破他们强制他人遵守的规则条例(超速、跨越中线等等)。根据一种简单的行为标准——人们因什么样的交通车而让路——警车就是公路之王。但

第七章 情境分层

还有某种单纯的情境优势。这可能与单纯的物质财富有细微的相关性：一辆豪华快车通过超过普通车辆来对它们施威；当一辆车占据了公路上主要的行驶道路，从而使其他车辆看到它驶来都避开时，也展示了公开的遵从。[17]因此跨情境资源，主要是金钱，可以变成使一个人支配高速路上情境际遇的物质财产。个头小、破旧或维护得不好的车辆，很可能为穷人所有，它们紧挨路边，并遵从于几乎所有更大更快速的车辆。在这里，我们看到经济权力在某些程度上变成了情境优势，然而政治权力在公路上没有丝毫表现（除非这个人是有警察护送的政府官员或他本人是名警察）。但优势不是严格意义上的经济阶级问题：卡车司机时常操用情境优势，特别是在相对来说无治安监督的乡村公路上，用它们绝对的大体积使自己强行挤入控制车道。还有一种突发的完全情境性的优势命令，就像超过其他车辆，使得其他车辆遵从于它（虽然时常发生的是争取谁驶在谁前方的竞赛，为争取谁成为公路英雄的较量）。在大概具有同样超速权力的各色车辆中，有一些是通过建立侵犯性，吓跑大多数他人的人驾驶的。有一些人（或者甚至是诸如青少年那种类群的人）也可能比其他人更有可能会担当这类"公路精英"，而且甚至还可能拥有跨情境的重复性，使得这种做法成为一种"人格"特征。根据IR链，他们已经在驾驶领域建立起了EE。但是对于哪个司机会特别占支配地位或被支配的情形，并没有任何明确的类群身份；它很可能是这种情形，即公路优势是间断性的和瞬间的，它来自于情感能量的特殊积累和丧失，此能量产生于一个特定司机在一个特定时刻的状况。

根基于具有公开的仪式不断展现社会共同体的类群身份，在很大程度上已经消失了。剩下的只是个体声望,大多数个体声望不具有多少社会感召力,没有多少社会情感的超自然力,它们吸引交往欲望,或给予遵从的倾向;并且与整个公共领域相比较而言,这些声望一般局限在很有限的网络中。种族是一个社会类群,它如此抵抗溶入公共场所中平等的文明不关心的一个原因在于,种族仍旧是明显存在的地位群体身份的少数几个代表之一。大多数这样的情境没有了,在那里基于阶级的地位群体能得到展现,而且剩下的情境已退缩至隐蔽处,在这里它们不再赋予成员以公开的标志。具有讽刺意味的是,当美国黑人在整个阶级结构中产生了分化时,阶级差别不被公开认可的事实,促成了把所有黑人合入一个单一的仪式上遭排斥的类群。社会流动在物质消费和生活条件方面给予报偿,但它不再给予公开的遵从或地位。倘若美国黑人有更多阶级意识,那么他们今天将生活得更自在;阶级类群能有助于消除种族类群,并使这个类群的排外性和歧视在日常生活的仪式过程中变得更加困难。

建立在宏观制度模式动态基础之上的当代生活,其发展趋势有另外的方向。我们日益成为这样一个世界,在其中,权力只在特定组织之中运作,并且不再有任何光环;在其中,很大程度上倘若个人处于创造金钱的交易圈中,并具有因把钱投资到有助于支配面对面情境的物质消费中,从而产生一些小的微观情境优势,那么,经济阶级就有意义;在其中,类群声望在很大程度上已经消失了,个人声望仅在有限的网络中传播,娱乐明星的那种人为建立起来的声望除外。种族可能是个明显的例外,因为低层黑人街头际遇的情境仪式是如此明显地不同于更大社会中的公开仪式。在一个大多数地位群体的结构、大多数围绕共同体形成的仪式界限不明显的世界里,黑人街头文化却有最显著的仪式界限。在新闻和娱乐媒体里,赋予它的既有积极的又有消极的公开性,使它成为前现代社会地位群体组织的最后残余,在结构上等同于一个世袭关系的世界,它在非个人的科层制和私有的个人声望网络世界中幸存下来。这个有些愤愤的矛盾的羡慕,反映了我们生活在一个情境分层世界中所感到的不安。

第八章 吸烟仪式与反仪式：
作为社会界限史的物质吸食

仪式标志着接纳和排斥的界限。与这些界限有各种各样不同关系的人，会不时为这些仪式而抗争。有时候不认可仪式特征的个体或群体经常会攻击仪式本身；对于这些人而言，惯例的耐久性或许看起来是无法解释的、非理性的或病态的。在其他时候，界限而不是仪式受到争议，而且会出现打破界限而被仪式的另一方接纳的变动。这样的仪式也能创造新的社会界限、社会身份和群体，而不是仅仅被先前存在的群体所接受。被我们称作生活方式的仪式尤其如此，这是介于正式仪式和低度关注的社会际遇中间的自然仪式，图7-1表现了这一点。休闲社交领域的生活方式仪式在现代曾非常重要，为较老的阶级、宗教和族裔维度都增加了新界限，同时在现代人的主观意识中，又常常用情境分层仪式取代它们。

吸烟仪式是一个有帮助的研究案例。它呈现给我们一部相对而言较长的历史，它有许多形式的运用，这些形式在许多不同类型的社会群体中流行，或者变得不流行。与之相伴，多种不同的对抗形式贯穿其整个历史，既有反仪式运动，也有改变仪式界限的运动。吸烟运动和反吸烟运动在过去400年中一直存在着——吸烟

第八章 吸烟仪式与反仪式：作为社会界限史的物质吸食 413

起源于宗族社会，自从烟草被传入这个世界之后，整个历史中吸烟运动和反吸烟运动确实就一直存在着。烟草的使用——吸烟、鼻烟或嚼烟——已经构成了一系列互动仪式；这些仪式有助于解释烟草对其许多使用者即吸烟共同体成员的强大吸引力，还有助于解释他们为何抵抗有时候相当严厉的社会控制的做法。吸烟的吸引力在历史上是变化的，包括近几十年出现了相当大的却还不是最终的衰退，这是受到了已经改变了这些社会仪式强度的条件的影响。我的目的是解释被吸食进身体的物质是如何以多种方式——或者作为依恋对象，或者作为反感对象——被体验到，这取决于发生在其中的仪式过程。[1]

20世纪20年代到50年代的社会科学领域中，仅仅根据吸烟仪式进行的吸烟研究在理论上必然是简单化的——虽然我不知道有任何社会学家或者人类学家尝试过这种研究。自20世纪80年代以来，一个非常不同的格局出现了。研究这个问题的似乎自然的、确实是不可避免的方式，是把它当作一个健康问题来对待；关于烟草使用的观点，就是把烟草使用归入越轨这个范畴内，特别是同毒品和酒精一起归在滥用物质这类范畴下。"滥用物质"这个术语有些不雅，这恰恰告诉了我们一些近期历史的东西，因为它表明了管理机构和专业行动主义者所检查的共同点，他们以此来指所有被禁止的或越轨的消费形式。"物质"这个词是生硬的，同"原料（stuff）"或者"东西（thing）"一样普遍，在字典里，其意思是宇宙中的任何材料成分。但这一有所指的使用，似乎是指一切可以被吸食进人体却又不应该被吸食的东西。因此，有人可能会迷惑不解，在官方社会控制机构的权力范围内，食物是否是一个被滥用的"物质"。不带嘲弄地把它作为一个社会学论题来看待,在未来食物吸食会被延伸到一种滥用物质的形式,同时受到正式和非正式控制运动的限制,这看起来似乎完全可能,或许甚至于有可能。[2] 在 21 世纪之初,一场这样的运动开始出现,它关注身体体重和肥胖的标准,还涉及对学校中所谓"垃圾食品"的限制。这提出了关于当代"滥用物质"的一个基本的社会学观点:官方机构和专业运动的高昂活动,围绕着对健康、嗜好和青少年控制的解释而被组织起来;在非正式的一面,这些是促进和反对生活方式的运动。作为社会学家,我们应该一直保持清醒的头脑,明白这些活动不仅仅是个人的生活方式,而是仪式,并因而是群体界限的标志。在特定仪式或反仪式运动方面,不论我们的同情心在哪边,我们独特的贡献都是要站在这些争论之上,说明其状况。

在这一章里,我将首先分析健康和嗜好模型,努力超越当代社会行动者的常识范畴内的框架,从而提出更具社会学优势的观点。虽然这里的讨论主要根据吸烟来说明,但它对其他嗜好形式(毒品、酒精,甚至食品——暴食——以及诸如赌博这样的非吸食形式的嗜好)也有含义。接下来,将是一部关于不同类型吸烟仪式和它们的对立面的简史。以健康为导向的戒烟运动已经存在很长时间了,但是,它在 20 世纪晚期才变成有势力的运动。我认为,仅仅在经验上呈现吸烟健康后果的证据,在社会学上不是对反吸烟运动的上升和明显胜利的一个恰当解释。吸烟仪式的上升和衰落可以主要用社会学术语来解释;吸烟仪式在 20 世纪早期和中期发展到高潮,在第二次世界大战中发展到最高峰,导致这个发展的社会过程也可对支持吸烟的仪式基础为何在 20 世纪晚期衰落,而此时反吸烟运动高涨起来提供解释。到这一时期,目标是明了的,因为吸烟的大多数仪式吸引力已经消退了。

健康和嗜好模型的不足

反吸烟运动在20世纪后半叶被动员起来,它以公共卫生的观点为立场。首要的,它把其依据建立在吸烟和癌症以及其他致命疾病之间的因果关系统计证据之上。如果吸烟如此有害健康,它的强大吸引力必须用一些非理性过程来解释;也就是说,它是嗜好性的,人们之所以沉迷于其中,是因为烟草公司的广告。[3] 癌症、嗜好和广告:这些是反吸烟事件的三个要素。

然而,历史模式削弱了所有这三点的力量。反吸烟运动存在的时间,比关于吸烟不利于健康的统计数据的存在时间还要长。吸烟与癌症相关联的证据是在20世纪30年代由德国开始提出的,得到了纳粹民族主义关切公共卫生的赞助(Proctor 1999)。但是这并没有引起人们的很大注意,因为当时在西方民主国家中,吸烟崇尚正处在高潮。自20世纪40年代末以来,英国才对有关健康的统计予以了更多关注。但以健康为基础的广泛的反吸烟运动直到1964年美国发表了外科医生的综合报告之后才发展起来。更早的反吸烟运动是以不同理由被动员起来的。在英国大约在烟草被引入和早期流行的时候,就有大张旗鼓的反对吸烟的反应,这包括国王詹姆士一世在1604年的强有力谴责,包括在17世纪俄国、土耳其、波斯和日本所做的努力压制。[4] 从19世纪50年代以来,贯穿至20世纪早期,从神学人员和政客那里,还有从部分医学专业那里，又出现了对吸烟的强烈谴责，特别是在英国和美国；从大约 1890 年到 20 世纪 20 年代这段时期里，吸烟在美国 12 个州里被禁止——恰恰在同一时期，戒酒运动的动员正达到最高峰。在这些不同的反对运动期间，吸烟因为一系列劣质而遭到起诉，包括其脏、普遍被厌恶、道德性差和使人虚弱，有时候还包括许多健康问题。虽然我们现在倾向于相信在后一个指控中有几分道理，但是它是以歪曲的形式指控的，声称吸烟能导致诸如失明、耳聋、瘫痪、中风，还有怯懦、懒惰和精神错乱等等疾病（Walton 2000, 65–68）。在历史上，反对吸烟的强烈反应同有关吸烟有害健康证据的社会认识并不是相关的；反吸烟运动为了强烈地反对它，也不必需要相信它有害健康。

嗜好同样也是如此。这一事例最好专门用反对吸香烟而不是其他形式的烟草使用来说明。在停止吸烟时，许多吸烟者会遇到巨大困难；当他们不吸烟时，感觉非常渴求；他们要经历断瘾过程中的症状，诸如易怒和强迫性饮食；他们可以进行医治，采用的方法诸如尼古丁贴片，它可使吸烟者适应逐步降低的剂量。这看起来似乎支持一个简单明了的生理过程。然而，嗜好模型远非是对吸烟这个社会过程的一个完整体现。把关注限定在吸香烟上，我们应该注意到嗜好不是相同的，或者自动的。它不是吸一支烟然后就有嗜好这一简单问题；在人们下意识地感觉到他们所渴求的东西之前，某种对意识的主观改造过程必须发生，此意识有关发生在人们身体中的过程。

这类似于贝克尔（Becker 1953）分析的，是在学着变成一个大麻吸食者时变得"麻醉了"这个过程；这种经历能导致对大麻麻醉

第八章 吸烟仪式与反仪式:作为社会界限史的物质吸食

的强大欲望,但是,这同吸烟上瘾不是同一个意义上的嗜好。一个首要的区别是,对大麻的容许量是非常急剧地增加。不久,必须更大的量才能达到"麻醉"效果;而且"麻醉"强度最终再也比不上初次体验的强度。因此许多使用者放弃了大麻,因为它失效了。对麻醉感会有留恋,会有心理渴求,但是,没有生理上的断瘾症状。吸烟和大麻之间的比较表明,把一个人变成希望从吸烟中得到独特感觉的坚定使用者的初始敏感过程,其发生与具有相当不同的长期效果的物质有关。一个推论就是,看起来像是"嗜好"(特别是涉及强烈向往或者渴求的嗜好)的过程,随着对期望的经历的社会定义或者情绪不同而发生极大的变化。

这或许有助于解释反吸烟运动会有所遗漏这一事实:吸烟者中相当比例的人是轻度吸烟者或者间断性吸烟者;许多人是"社交吸烟者",他们在社交会或者其他节日场合中吸烟,在其他情况下不吸。因此,"上瘾"这个过程不可能仅仅是对吸烟的一个自动的生理反应;还有一组行为和程序——在微观社会学研究的领域——它们决定了个体如何有限度地变得依恋于吸烟时他们身体的感觉,以及在其整个社会状态方面,哪一方面是身体彼此影响的一部分。

某些人对吸烟的反应是,感觉吸烟是令人不快的体验。这是刚开始吸烟时许多人的体验;一些人会继续去认同于使他们成为吸烟者的其他方面的体验,而其他人从来没有越过消极体验,或者强化了消极体验。想象一个连续统:在一端是对吸烟有消极的和令人不快的反应;逐渐递减到中性的体验;然后是适度的有吸引力的体验;最后是日益加强的吸引力,以渴求和强迫性冲动结束。微观社会学的假设是，在这个连续统的每个部分，个体的体验都受特定形式的社会背景的塑造。

关于有多少人沿着这个连续统分布，以及关于他们如何随时间而变动位置，我们相对而言没有多少证据资料；我们缺乏有关这几个世纪以来这些模式的系统化的历史描述。把这些模式跟与其相伴随的社会互动关联起来，将会给我们提供关于吸烟的微观社会学理论的经验基础。它将不是单纯的、只关于嗜好的理论，而是关于吸烟行为变化的理论（参见 Marlatt et al. 1988）。那些在连续统消极一端的人们，是反吸烟运动的可能成员；但是要把他们动员起来，需要一个更复杂的社会过程，包括他们同那些在这个连续统相反一端的人们的互动。

我们可以从历史资料中得出的一个结论是，一种"上瘾"类型的行为不一定完全产生于生理过程。在历史上，吸烟第一次传播的形式是用烟斗吸烟；接着在18世纪，用鼻吸烟广泛流行；在19世纪则是雪茄（特别是在美洲）和嚼烟流行。所有这些形式都有它们的热情实践者。虽然我们没有仔细统计，但是有各种形式的烟草使用者的自传性描述，他们整天喷他们的烟斗、吸许多雪茄，或者经常使他们的鼻子塞满烟，或嘴里嚼烟；换句话说，在这个连续统的顶端，有相当多数量的人，喜爱今天被称为"上瘾"的东西。在以这些形式使用吸烟的人中间，关于其渴求或断瘾症状方面似乎没有多少系统的证据；但是它们可能已经发生了。然而，关键的一点是，这些形式的烟草使用并不包括把烟吸入肺里；烟太涩口了。19世纪中期，美洲发明了烟熏吸烟，19世纪80年代通过引入卷烟机，烟熏吸烟被用于大量生产的香烟，随着这些发展，烟才可以被吸入肺里；烟斗的烟和雪茄的烟是碱性的，而香烟的烟是酸性的（Walton 2000，76-77）。因此，伴随着香烟在20世纪的传播，肺癌这个以前很少见的病增加了。

这一比较说明，在某些部分的烟草使用者中，并不是因为烟吸入后使尼古丁大量和直接进入血流中，引起了行为反应，从而类似于这个连续统的高度被吸引的、"上瘾"的一端。基于历史的模式，看起来也可能是，许多人处于烟草吸食这个连续统的中层到低层；他们中许多人非常有可能保持着一个稳定的烟草使用模式，但不是我们用"上瘾"这一术语将之标定为有害社会的那个层次。简而言之，在历史上，似乎存在着许多不能用"上瘾"机制来解释的烟草使用者；而且，似乎还存在着一些（或很多）烟草使用，它们类似于"上瘾"的社会模式，但却没有其生理基础。

关于上瘾的另外一个结论是：上瘾这个概念有助于反吸烟运动，因为它反映了不能控制他们自己行为的使用者；他们不是正常人，已经失去了控制自己身体的能力；这就为把这项控制交给外部机构提供了正当理由。上瘾还暗示了一个贪得无厌的过程；它带有修辞色彩地说明吸烟是如何蔓延的——香烟被介绍给未加防备的非使用者（特别是青少年），他们试着吸烟，结果自己上瘾了。因果链条中的最后一步显然不真实。但是，上瘾这个修辞语确实给出了一个说明，或者至少设置了一个口头气氛，按其说法，吸烟很有可能就像是传染病一样非常容易扩散。现实是，吸烟是作为一场宣传生活方式仪式的社会运动得以扩展的，它具有关注焦点、情感能量和成员身份的感受。对于这一点如何发生，以及这类社会传染的力量多大还缺乏一个微观社会学的解释，人们很可能把它描述成人们社交中的一类癌症,是从一个个体扩散至另一个体的上瘾。这就完全可以在情感上理解反吸烟改革者感到的他们所面对的东西。

最后一点是广告。烟草广告是 20 世纪的现象。它不能解释吸烟如何在最初扩散开来:它于 16 世纪晚期在英国和荷兰广泛流行;于 17 世纪,它扩散至整个欧洲(在德国尤为强烈),而且广泛扩散至中东、印度、中国和日本。烟草使用的传播不需要广告;它以媒体业称之为"口头"形式为传播手段,或者更为准确地讲,是以事例和集体参与为传播手段,以作为一个社会习惯享有声望为传播手段。战争是扩展烟草使用习惯的特别重要因素(例如,雪茄在拿破仑一世于西班牙进行的战争中传播开来,而香烟在克里米亚半岛[Crimean]战争中传播开来);这些习惯从一个军队传到另一个军队,跨越了敌友界线。因此,即使在 20 世纪,伴随着大规模广告运动(主要是在美国和西欧),香烟大规模扩散,其程度超过了广告宣传——就像在亚洲,香烟迅速被采用,取代了烟斗吸烟。

这意味着,即使在广告国度的中心,广告对吸烟的影响也只是现象的一小部分,可能只起到了较小的影响。一般而言,广告研究表明,消费者怀疑广告客户的声明(Schudson 1986)。因此,反吸烟运动的主张基于一个假设之上,即吸烟广告肯定是一个例外,它是一直以来最广为成功的广告运动。香烟公司广告运动的效果似乎更有可能被看做是在它们香烟公司之间赢得市场份额,方法就是在公众印象中保持住它们的品牌名称。关于这一点,有一些证据,即在美国禁止了大多数形式的吸烟广告之后,吸烟率下降了,但随后就稳定住了,成人男性中吸烟比例是 26%,女性中是 22%,

第八章　吸烟仪式与反仪式：作为社会界限史的物质吸食　421

在十几岁青少年中吸烟比例则出现轻微增长（30％－35％）（《洛杉矶时报》，2001年3月29日）。换句话说，通过一直支持吸烟的相同的社会过程，在一个由坚定吸烟者组成的核心群体中，吸烟维持了自己的存在。[5]

接下来我将提出证据说明，烟草使用者以几种截然不同的方式解释吸烟效果：除了别的以外，还包括让人安静或使人狂欢兴奋、使人容易专注工作或者激起性欲。为了比较，我引入类似证据，以此来解释咖啡与茶引起的身体效果，以及众所周知的大麻使用的效果。对于所有这些物质而言，这不仅仅是一个如何解释它们的问题，而且是一个如何感受它们的问题；身体体验本身各不相同，取决于这些体验所处其中的社会仪式。[6]这并不是说，不存在所发生的生理过程，在尼古丁、咖啡因或者各种不同麻药之间，没有化学成分的区别。我不认为，包括尼古丁、咖啡因、酒精、大麻、可卡因、鸦片和其他麻药，这些有特殊化学成分的可吸食物质，都以同样的方式与社会过程互动。情况可能是，在一定剂量下，这些物质具有独特的身体效果，这些效果压倒了大多数社会输入物影响——不论背景如何，吸食大量鸦片的效果不同于吸食大量咖啡因的效果。在这里，我最基本的观点是，至少是在尼古丁和咖啡因的例子中，无差别唤起的成分非常大，从而为社会解释留有很大的空间，即通过无差别的唤起同特定的社会情感融合在一起，这就导致了一系列身体体验。

尼古丁、咖啡因和各种不同的其他被吸食物质产生了相对无差别的生理唤起，而互动仪式把其塑造成了特定的身体和情感体验。这些不仅是精神解释，即贴在身体过程上的标签；这些体验的形成也发生在身体本身,因为互动仪式过程能强化身体间的协调。[7]

吸烟仪式在群体中会产生特定类型的情感能量;就是这些能量在身体中被体验为吸烟效果。因为随着时间的持续,由强大互动仪式赋予的符号对象会感到所伴随的情感能量,所以孤独的吸烟者能够在他或者她暂时身感孤立时,想起以前的社会经历。我认为,没有人拥有稳定的吸烟或者喝咖啡或茶的体验,除非他们不是通过社会仪式而具有这种体验;在我看来,完全孤立的鲁宾逊·克鲁索式吸烟者或者咖啡饮用者,永远不会存在。正如我们将要看到的那样,虽然咖啡和茶两者都包含类似量的咖啡因,但是在欧洲历史上,它们在社会上的解释相当不同,它们被解释为活跃交谈活动或者使人得到安静。在20世纪的美国和欧洲(特别是在法国和意大利),对咖啡的象征性的社会解释有明显的进一步差异。在美国,咖啡同工作(早上喝咖啡为工作做准备;白天的咖啡小憩是为了进一步工作)联系在一起。与之相反,欧洲的咖啡仪式,虽然具有更大的咖啡因浓度,但它被视为等同于饮用酒精饮料;它是一种欢乐和优雅社交的形式,因此它被非常严格地同工作划分开来。在这个背景下,20世纪晚期美国的去咖啡因咖啡(以及它的替代物,草药茶而不是真正的茶)时尚出现了。因此,尽管一个人在欧洲会以饮用浓咖啡来结束晚餐(用来平衡或者补充酒精的饮用),但在美国相似的晚间情境下,中上阶级的人倾向于喝"去咖啡因咖啡",他们说,他们如果喝真咖啡,就不能入睡。国际比较(还有美国人之间的个体差异)说明,这是一种社会建构。我并不是要否认,对这些美国人而言,晚上喝咖啡后,结果会无法入睡;但是我将提出，这不是一个自动的生理结果，而是不仅对认知习惯而且是对身体习惯的社会建构，因此咖啡同工作、进而也同清醒联系在一起。同样惊人的还有，在"去咖啡因咖啡"时尚在美国出现的同一时间同一地点（而且非常有可能是在同样的人中间），反吸烟运动获得了胜利。如同我们在下面的解释中将会看到的那样，两者都是反欢饮运动的形式，两者都被健康这个意识形态合法化了；草药茶首次在健康食品运动中出现了，到20世纪80年代，草药茶只能在喜欢时尚的健康食品店中买到。

基于社会仪式的社会解释决定了相当大比例的身体体验，它不是简单地对吸入身体的化学物质无变化的、自然产生的生理反应的结果。我关于吸烟的微观社会学的观点与我在第六章关于性互动微观社会学观点相同。正如我所提出的，性"驱动"不应被认为是一个自动的、自我激发的生物过程；也不应被理解为性器本身的满足；因此我在这里提出，我们分析的吸烟的乐趣和厌恶，甚至是到极点的强烈渴求和身体痉挛，都应看做是由互动仪式变化深刻地决定的。

吸烟仪式：放松/隐遁仪式
欢饮仪式　优雅仪式

主要有五种烟草使用方式：烟斗吸烟、雪茄、香烟、鼻烟、嚼烟。这些类型的烟草使用的社会意义是变化的，因为烟草使用群体的组成是变化的，因而，谁被接纳或者排斥是变化的，哪类生活方式被褒扬或者被反对也是变化的。同一物质可能会被用在不同类型的仪式中,并被赋予不同的意义,这个事实说明,意义并不是烟草的自然特征所固有的。在 IR 链的微观社会学层面,如同一个大麻使用者那样,每个烟草使用者不得不做出同一类归因,形成同一类的让人麻醉的感受。

吸烟仪式有三种主要类型:第一类是放松和隐遁仪式,其特征是平静与悠闲,远离工作和社会生活的压力与兴奋。第二类是欢饮仪式,在欢饮仪式中,吸烟有被感到提高兴奋和放纵的享受。第三类是优雅仪式,就它发生在社交情境之内而言,它类似于欢饮;但欢饮是单纯直接的兴奋,因而是我们称之为情境分层的瞬间关注焦点,但是优雅仪式表达了对行为者作为地位等级制内一个类群身份的审美印象。这些不仅形成了不同形式的社会分层,而且涉及相当不同的情感色调;这类社会仪式决定了被归于吸烟的属性。

作为一个初步比较,我们要注意吸烟被使用的另一类仪式主义:外交式"和平烟斗"的原始仪式,这是被探索美洲土著部落的欧洲探险家观察到的仪式。在美洲东北部,烟斗是一个巨大的仪式对象,四英尺长,主要被携带于政治派遣中,烟斗起到了休战旗帜的作用。它还被饰物装饰,这些装饰物代表了拥护联盟的各种不同部落,烟斗在精心仪式下被使用,在这个仪式中,烟斗在首领和最主要勇士的集会中被传递。可以观察到吸烟的神圣性;吸烟者除了用嘴唇之外,不能触摸烟斗;他们在宗教祈祷中,把烟吐向天空和大地(Goodman 1993;Walton 2000,280-283)。

在这里,还存在着被归于吸烟的其他特性:精神的和宗教的意义。在宗教主要认同于群体的政治和亲属结构,通过大众参与而

第八章 吸烟仪式与反仪式：作为社会界限史的物质吸食

组织起来的社会中，吸烟仪式在很大程度上具有涂尔干式的意义，即最大化地象征了集体力量。这类吸烟仪式在任何程度上很少被欧洲人使用，或很少被吸烟蔓延到的其他复杂的商业文明社会所使用。部落仪式不是日常生活的一部分；它发生于被组织起来的群体中，因此个体不能退回到亲密的、自愿选择的朋友之中独处，在正式仪式范围之外非亲属关系者聚在一起欢饮，这种情况也不会发生。简而言之，这些部落社会中不会有在欧洲出现吸烟的那类社会组织。据我们所知，同这个结构相一致，在部落社会中，没有反吸烟运动，也没有任何对烟草使用习惯的地方批评。

恰恰相反，在欧洲和亚洲社会，烟草一直被非正式地、私人地和非官方地使用。每当吸烟者被看做是对抗官方要求和仪式的时候，这种结构位置就使他们容易受到官员打击。基督教牧师会把吸烟看做等同于其他形式的不道德恶习，反对吸烟；在17世纪中期诸如俄国沙皇、印度的莫卧儿皇帝、土耳其的苏丹和波斯的沙（shah）等等的独裁者们试图根除吸烟，惩罚手段的范围包括撕裂吸烟者的嘴，把熔化的铅灌入他们的喉咙，公开鞭笞和拷打处死（Kiernan 1991；Walton 2000，39-46）。在这些社会中，吸烟者被看做是公共秩序仪式得当性的违犯者。在较不独裁的多元社会中，吸烟者可能不是受到上层的打击，而是受到可能的同辈的攻击，既因为这违反了对手们的行为标准，也因为吸烟划出了群体界限，还因为吸烟在内部人和外部人之间暗示的等级。生活方式问题和社会界限问题结合在了一起，因为仪式习惯构成了生活方式，而生活方式划出了接纳线和排斥线。

烟草被首先用于烟斗吸烟，一直到18世纪的鼻烟流行，它仍然是主要的消费形式,而且对于下层社会阶级而言,它作为主要消费形式确实贯穿了那个时期,直到20世纪的香烟时代。烟斗吸烟事实上是唯一烟草使用形式的早期阶段,对它的效果流传着几种不加区别的解释。在它被引入欧洲的最早阶段,人们提出,吸烟有医学用途。这沉淀成一个长期存在的解释,即吸烟能消除饥饿、疲乏和困苦。在17世纪的术语中,它表达了同作为食物替代品的吸食的联系,这个术语经常谈及"饮"或"喝"烟(Walton 2000, 230)。然而,在社会上,这个同自然食物的联系是特殊的,因为吸烟几乎为男性专用,它不是给妇女和孩子的"食品"。这个解释起因于烟草使用开始于身处困苦情境的男性,最初是探险者和殖民者,它在军事战役中传播开来。[8]

当烟斗吸烟传播到日常社会生活中时,它获得了两个含义:放松和镇静,另一个是欢饮。伴随着烟草使用的特定社会情境的制度化,这些可供选择的含义都逐步出现了分异。一方面,吸烟变成了休息时的活动:在晚间,或者在工作休息期间、在精疲力尽时,或者对老年人而言是在退休之后。这些情境的仪式组成要素在一些方面可以得到最强有力的展现,这包括坐在一起的男人们,嘴里叼着烟斗,很少说话,或静静地聊天。准备和整理烟斗的活动(这将在后面做更详细的分析)能够替代交谈;人们一起关注同一个物体,享受着在很大程度上是无语的交流。毫无疑问,这对那些没有多少文化资本的人来说特别有用,他们没有多少事情可以谈论,就如同在退休者之间或无所事事的其他人之间那样;它还可能有助于造成更加内向的人格类型,因为它使人们无语地做一个合法的有意义的活动,并把他们同活跃的、外向的健谈者区分开来。正如

第八章 吸烟仪式与反仪式:作为社会界限史的物质吸食

我们马上就要看到的一样,后一群体(我故意拒绝称他们为外向"人格")出现在早期现代社会的同一时期,在一个传播玩笑、讲故事和玩游戏放松的网络里,这个群体建立了一种独特的生活方式——与这些伴随的是对吸烟仪式的不同解释。

毫无疑问,有单独吸烟的一些人,也就是说,这些人没有其他吸烟者陪伴。但是,考虑到16世纪和17世纪的住房条件,这些"孤独的"吸烟者在大多数时间里有可能是在他人面前,或至少是在他人的视野里吸烟。但就另外一个意义来说,吸烟因此会起到界限标记的作用:它对一个人单独做的事情给出了社会定义,围绕着他人理解和尊重的活动(或者可能是轻蔑、批评的情形)建起了一层隔膜。在壁炉隐蔽处,或者在走廊上注视乡村街道的孤独吸烟者,特别像一群在类似位置上被集结起来且通常沉默的人,他可被看做是正在做一种镇静放松的活动。这应该与主要的早期不同的活动——宗教沉思以及可能仅仅是无社会能力、迟钝或衰老——形成了对照。因此,在宗教领域之外,在他们数小时或者数年的活动中,烟斗吸烟的仪式会略微提高那些乏味者或不活跃者的社会地位。

烟斗吸烟的另一个集合地点,是在欢饮场景中。吸烟连同饮酒一起,在酒馆里变成了特别受喜欢的活动。同吸烟联系在一起的是狂闹行为,故意醉酒狂欢、喧闹音乐、赌博和其他打闹游戏,还有卖淫。在吸烟是男性独有的时代,妓女实际上是西方社会唯一公开吸烟的女性——在参加这些欢饮场景时,吸烟大概是她们要做的事情。结果之一,通过把那些吸烟者同娼妓联系起来,从而维持了一道反对有地位女性吸烟的屏障。[9]

作为旅行者的膳宿之处，酒馆已经存在很久了。在家族首领的世袭权威下，日常性的宗教仪式构成了中世纪家族的常规，当城市化取代了日常的宗教仪式时，酒馆变得更突出了（Wuthnow 1989）。在 17 世纪，特别是在 18 世纪，一种更被看重的酒馆样式发展起来，即咖啡屋。它在商业中心发展起来，同世界贸易相关，因此它不仅在伦敦，而且在荷兰和德国的商业城市发展起来。咖啡屋成了咖啡和吸烟双重仪式的中心。跟与平静的烟斗吸烟相连的镇静和隐遁文化相对照，咖啡屋的特征是刺激和兴奋。

随着咖啡屋的扩展，鼻烟成为社会上有名声的烟草使用形式了，虽然烟斗吸烟在某些程度上还持续存在着。许多条件同鼻烟的传播相连。到 17 世纪晚期，烟斗吸烟已经在所有阶级的男性中变得如此普遍，而鼻烟能够作为一种更显高贵的用法获得了声望。批评也推进了鼻烟的兴起，特别是来自有地位阶级的妇女的批评，指责吸烟脏和有味；每当烟斗吸烟没有火柴，或者没有其他点烟方法时，鼻烟更显其方便。当然，对吸烟美学意义上的反对不过是转移到了另一方面，因为鼻烟会在衣服上、脸上和家具上留下大量粉末。这是吸烟为何会在全是男性的领地上诸如咖啡屋里继续存在的原因之一，尽管说鼻烟发展了它的礼貌仪式和随身用具，而且还成为了客厅礼节上的一部分——或者至少争取存在了一段时间。

吸烟，就像咖啡，在这里同活跃气氛联系在一起。在城市中包括新闻记者、政客、戏剧制片人、"风趣者"、其他知识分子和那些从事投机商业的人等等的聚会中，吸烟和咖啡都促进了正在进行的小规模身体活动。[10]这些圈子中的每一个人都有他们常去的咖啡屋。许多这类职业因而首次出现，或者变得制度化了。在 18 世纪早期,英国国会议员开始定期会晤,政客们从君主政体那里接收了控制权;定期出版物也开始出现,形成了对新闻的需求;类似的发展还发生在戏剧和其他专门的文化生产领域。这些制度构成了一种新式的"活动",维持兴奋,它们既有利于进行商业活动,又可公开作为自己商业活动的一部分。谈论和描述此"活动",这本身就是围绕着这些集会中心所发生的活动之一。

这些活动究竟为何不得不同某些物质的吸食联系在一起呢?可以设想,商人、新闻记者、政客和其他圈子的人本来可以会面,以一种单纯工具主义的方式来落实他们的秘密计划和专业闲话,这样更专注于直接的谈话。但这会使他们的会晤等同于业务会议。但是它们不是会议,这个对比恰好能够使我们明白咖啡屋的社会仪式的含义所在。即使在今天,当一个人想同一个专业同事交谈,但不是以正式方式交谈,而是在被界定为后台的情景下交谈时,这个人会建议"见面喝咖啡去",或者带有更大角色距离的含义建议说"见面喝一杯吧"。际遇的含蓄目的不是公开陈述立场、为明确交换提出建议并因此使自己表现为讨价还价,而是故意回避这种直接性。后台际遇的灵活性不仅提供了获得信息和进行接触的更为开放的领域,而且给讨价还价留有了更大余地。因此,虽然这样会晤的更为表面或者较不表面的目的同业务有关,但它需要一个单纯是社交性和非正式的直接目的,此目的不是被界定为工作,而是被界定为放松或者消遣。

另一种能为业务际遇提供这类后台场景的方式,是私人俱乐部的成员身份。在某些程度上通过有别于经常光顾咖啡屋的同类圈子,这类俱乐部出现于18世纪晚期和19世纪早期的英国。但同咖啡屋相比，俱乐部是一种有更多限制的会晤形式，它要求参与者有长期计划和固定投资；获得成员身份的程序也有更多限制、费时间，不适合信息和声望的迅速变化。因此，俱乐部与其说是商业和文化生产者聚集的地方，不如说是这些领域的成功者获得认可、被正式承认的地方。

同这些场景中的吸烟和咖啡"活跃"文化形成有力对照的，是在土耳其和黎凡特（Levant）的咖啡屋中在同一时间吸食同一物质。在那里，政府组织不去公开讨论政党问题，同等活跃的以商业娱乐为形式的文化生产市场也没有发展起来。看起来，在土耳其和其他伊斯兰社会中，喝咖啡和吸烟没有像亚历山大·波普（Alexander Pope）时代的伦敦那样，具有同样的作为兴奋"活动"中心的含义。相反，咖啡和吸烟两者都是休闲放松的一部分，是镇静时尚的一部分。我们再次看到，社会背景决定着相似自然物质被感知到的情感效果。

在北欧的咖啡屋，吸烟具有一种适中形式欢饮的社会意义：吸烟不是同酒馆、喝酒、赌博和卖淫相关联的放纵，而是同更上层的社会阶级相关联（或者同较少追求荒淫的上层阶级相关联）；它附属于受尊重的而且实际有点精英性职业的正事。它标志着地位领域的分化，这些领域变得比中世纪世袭家族社会中存在的那些地位领域更加细化，中世纪是按照贵族地位分等，并表现在宗教仪式之中。

在中世纪的社会中，社会关注的主要场景是高等贵族和教会职员的宫廷仪式；围绕着普通家族首领的日常事务，庄重程度较低。社会合法化的私人性的主要领域是和尚和牧师的祈祷与宗教

第八章 吸烟仪式与反仪式：作为社会界限史的物质吸食

修行，以及虔诚的俗人对他们的效仿。吸烟从美洲部落传入了早期的现代社会，在这一社会里，不公开的社交集会具有了更多空间。这些社交集会分散成小的领地，男人们可以悄然隐退，独自或者在一小群老友中用烟斗吸烟；要不，就是类似酒馆的极度欢饮场景（既包括下层社会的人，也包括来自上层社会的冒险者）；这些再次同涉及公共事务的活动（刚开始是在咖啡屋里）的后台场景形成了对照，这两者既促进了业务，又使自身变成了具有社会吸引力的磁体。

私下社交的对立场景也在形成，它在这些男性主导的小领地界限之外发展，也同这些小领地形成了对比，其边界是以吸烟作为最清晰的标记。伴随着全国性婚姻市场，一个仪式性社交的新领域形成了，这个新领域不仅为个体协商恋爱结婚提供了更大范围，同时也为父母参与控制婚姻联盟带来了更大的困难（Stone 1979）。这也大大扩展了以女性为中心的社交活动领域：伦敦的"社交季节"、乡村住宅的舞会和打猎；社交电话礼节、在家待客、在社交中礼貌地介绍、留名片的技巧；城市中的宴会，最后还有乡村家宴，在那里，宴会经常同进一步的拜访和娱乐结合在一起。一系列详细的以女性为中心的仪式逐渐形成，通常包括有礼貌的会话、打扑克、家庭音乐表演，还有喝茶（Burke 1993）。这种女性"活动"领域具有了它自己的生命，超越了婚姻市场。具体化的社会等级也形成了，它们超过了中世纪的贵族等级制，在协商仪式边界技巧的基础上，具有一定程度的流动性；这些地位性的东西给日常举止内容赋予了情感意义。可以说，我们已经来到了现代历史的戈夫曼时代。

在这个社会领域里，饮茶成了咖啡与吸烟的男人世界的对抗仪式。因此，在社会上有区分的物质在实体属性上非常相似。茶也是从殖民扩张初期的世界贸易时代进口来的。茶中咖啡因的含量同咖啡一样多。但是，茶成了家庭饮品，同家庭膳食，各式各样交际，还有女性社交联系在了一起。饮茶被界定为是平静的，这同喝咖啡的"活动"含义形成了对比；这是社会位置的对比，是咖啡屋际遇者仪式与日常家庭膳食的仪式或与最优雅的女士饮茶时的仪式相对照。

伴随着生活方式运动的高涨，烟斗吸烟、喝咖啡以及鼻烟传播开来。与之相伴随的是情感气氛，还有谈论吸烟、咖啡和茶的效果的方式。最为基本的是认为这些物质能产生心理学上无差别的生理唤起，生理唤起于是又在情境上被界定为由围绕这些物质形成的不同仪式所产生的特定情绪。烟斗吸烟、鼻烟、咖啡和茶变成了社会群体和社会界限的符号；此符号是私人性的，因为它涉及对个人自己的身体和情感的感受——镇静、欢乐庆祝、诡秘活动、庄重优雅——这些既被体验为自己的一部分，也是微观情境中一个人社会关系的体现，也是社会秩序中一个人更大地位的体现。

在客厅社交场合，尽管鼻烟是受反对的做法，因为优雅女性在这里可施展其最大的控制，但鼻烟最接近于在社会上把吸烟界定为一个高品位的仪式。在19世纪初期，鼻烟主要在上流社会消失了，缩小为农村阶级和下层阶级的小习惯。虽然鼻烟是男性用来同有地位女性进行社交互动的吸烟形式之一，但是它没有在任何程度上跨越性别范围；一个重要的原因很可能是，这个习惯的脏乱同女性优雅的自我表现不相协调，在这个时代，女性用脸部香粉、

第八章 吸烟仪式与反仪式:作为社会界限史的物质吸食

珠宝和低领衣服来展示自己。当男性们鼻烟仪式结束时,他们用有烟味的手帕擦去粉末,在这种地方,上层社会阶级的女性则倾心于一个更安静雕像般的优雅。故鼻烟不适合她们对自我的仪式表现。

在此研究中,我可能会稍微省略关于嚼烟的分析。在所有这些烟草使用形式中,它可能是最不优雅的形式,还留下污浊的残渣。它主要的实际优点在于,它不需要点烟和烧烟,因此,它既可以在任何室外环境中使用,也可以在身体活动过程中使用;倘若有痰盂,它还可以在室内使用。嚼烟主要在19世纪的美国流行——因此是一个暂时有声望的社会运动。这明显带有政治符号性。在19世纪30年代杰克逊党派政治时期,嚼烟变得流行起来;它具有乡村含义,当时土地投机买卖和农业生意繁荣主导了那段时期的美国经济,嚼烟表示了农村土地所有者阶级的成员身份。到1900年,嚼烟占了美国烟草市场的44%。美国国会和其他政府大楼到处都配备痰盂,直到20世纪50年代,这些痰盂才没有了(Brooks 1952)。

嚼烟和吐烟汁是明显不雅的表现,这是一种侵犯性自作主张的形式,在一个所有人都吐烟汁的男性共同体中这是可接受的。但这些人一定感到了其行为同礼貌的客厅礼节形成了鲜明对比,也同更受约束的独立吸烟习惯形成了鲜明对比;毫无疑问,这是他们希望传达的信息。嚼烟在这段时期流行,有声望,因为它代表了武断的农村民主,反映了"我是同所谓绅士或者贵族一样棒的人"的态度。在胆敢在对手眼前吐东西(即吐烟汁)的当时的说法中,其幽默传达了嚼咽者试图突出的自我形象。这一解释通过比较得到证实；事实上，嚼烟在任何其他地方都没有比在美国更为广泛流行过；在19世纪晚期，当其他利益群体在经济上和政治上压倒了中等规模的农村土地所有者时，嚼烟衰退了；嚼烟随后的形式主要在农业区和农村消遣中（诸如在白人棒球比赛者中）存留下来。

烟斗吸烟和鼻烟已经建立起了吸烟的主要仪式用途：镇静和从事务中隐遁；另一方面的用途是兴奋，其形式既有反道德规范的欢饮，也有上层阶级的诡秘活动。这些用途持续到19世纪和20世纪，然后，鼻烟消失了，烟斗吸烟逐步被替代了，先是被雪茄替代，然后是被香烟替代。烟斗因此失去了欢饮的含义，只同安静的自我专注联系在了一起。在1848年德国叛乱时期，在诸如柏林这种城市的街道上，出现了群众抗议，明确地是针对不允许在公共场所吸雪茄的政府法令。吸雪茄代表了年轻的、活跃的、有男子汉气概的大众，它同现代主义趋势和自由主义联系在一起；烟斗吸烟被看做是资产阶级的、少动的、彰显地位的、保守的和在私人家中进行的（Walton 2000，163）。在美国，到20世纪中叶，吸香烟已经在所有社会阶级中变得极其普遍，烟斗吸烟给人的印象是一个举止高雅的绅士，有礼节且自律，这同吸香烟者那更加精力旺盛的形象或者欢饮的形象形成了对比。即使当最流行的吸烟形式变成两性共享，且因此远离了被香烟形成的性调情时，只要烟斗吸烟仍是男性的专有活动，烟斗吸烟就还会有一种保守的形象。

大约在19世纪初，吸雪茄迅速取代了鼻烟，这个取代是当法国大革命打倒了贵族，在礼节上发生的革命性变革的一部分。雪茄一般同鼻烟具有同一社会等级：公共行动的后台相对而言是上层阶级的世界，以及相对于优雅客厅的男性对应物。较不富裕的

第八章 吸烟仪式与反仪式：作为社会界限史的物质吸食

重活动的社会阶级竭力效仿吸雪茄,尽管雪茄的较高成本使穷人（包括截止到 20 世纪的大多数工人阶级）用烟斗吸雪茄。[11]尽管鼻烟努力去弥补男女之间的差距——当女性在场的情况下男性用鼻烟——但当雪茄改变了对吸烟审美上的反对时,这个差距又一次扩大了。吸雪茄促进了 19 世纪中期和晚期,即所谓维多利亚时代的领域分离。人们期望男士出于礼节,要回避到马房去吸烟（因此就在工作日益变成室内久坐时,户外运动被强调是男性领域）。这个习惯发展起来,要求女性在礼貌的社交聚会之后,退出餐厅,从而男性可以一起吸雪茄。这个习惯的副效用可能是增加了雪茄吸食量;向女王祝酒之后,主人会宣布——"绅士们,你们可以吸烟了。"——毫无疑问,许多人纯粹是秉着这个场合的精神而来的。

19 世纪的住宅同早期的形式相比,在空间和互动性上都更加复杂（Girouard 1978，1979）。在中世纪的高级住宅中,大多数活动都在大厅里举行,贵族们被其朝臣和仆人所包围,没有多少私人性可言。在 18 世纪和 19 世纪,逐步出现了专门的房间,根据私人性和谁可进入的限制,房间被区分开来。女性拥有了她们自己的活动领域和空间,在那里,她们可以展现她们自己的独特仪式。富贵阶级的维多利亚住宅,把这种社会分化发展到了所有历史时期中最极端的住宅空间专门化:其中有细分的给做家务的仆人的耳房,与后走廊相连,这样便于随时服侍,又不干扰家庭主人及其客人的隐私;不仅有正式的接待室和舞厅,还有书房、公务室、孩子的看护室和学习室、音乐表演室、供女士们用的晨间起居室。这些在空间上把那时的各种活动都分开了,也把相关的人分成了不同的子群体。维多利亚住宅的典型特征是包括一间台球室,它用作男

图8-1 吸雪茄是阶级标志:一个工人阶级崇拜者恭顺地同温斯顿·丘吉尔接触,但当他给丘吉尔点烟时,表示出一种仪式团结的姿态。

性的活动领域,在那里可吸雪茄;打猎室有类似用途,吸烟室也经常有类似用途。在单身男子的住处,这些房间尤为明显:也就是说,一个非常富有阶级的未婚男性既会拥有一个供男性朋友吸烟的地方,而且还可能会有一个客厅、酒吧间或者藏书室,在这些地方,他可以招待各式各样的客人。

吸雪茄因此带有上流社会欢饮的含义,带有独身生活的含义。在19世纪,单身生活乐趣同婚姻生活乐趣之间的对比变得普遍了。前者被界定为一种"独立"生活,虽然(因为已婚男性具有许多权力)这种独立的内容只是一个空间,它远离具有不同仪式性尊重的女性领域。单身生活的具体内容,被首先界定为吸烟自由(在现实中,这意味着受到了男性社交界对吸烟的仪式要求的影响);这是崇拜的欢饮形式,它比喝酒、赌博或者嫖娼更受拥护,它也确实可能是这些形式里边最广为采纳的一个(因为后面这些活动涉及大量的实际成本,有时是有困难的)。当仪式社交的具体形式不涉及义务,而是涉及令人愉快的友谊时,对单身生活和对吸烟的辩护,成为了男性伙伴谈论的乐趣。知识分子和艺术家也为之辩护,他们认为吸烟是创造过程或创作情绪的一部分;显然他们这样辩护的意思是,写作、画画或者创作发生在一种波西米亚的(Bohemian)*氛围中,独立于世俗方式,而这既通过吸烟仪式来体现,又在此仪式中得到了明显感受。毫无疑问,这就是吉卜林(Kipling)那首名为"已订婚者"(The Betrothed,1888)中著名诗句的意思,"女人仅仅是女人,但好的雪茄是吸烟。"

当吸雪茄在19世纪晚期和20世纪早期流行起来时,这些仪式的差别又一次转变了。通过使用安全火柴和气体打火机,点火变得容易了,与之相伴随,香烟使吸烟能在最大程度上便利和个体化了,同以前的烟草使用形式相比,也相对干净了。香烟出现的时间是所有社会阶级的财富正在增长的时候;大量的生产和销售使吸烟购买变得前所未有的容易;男女领域之间的屏障也正在瓦解。随着香烟的广泛传播,特别是女性的接受,其他的烟草使用形式明

---

* 指生活放纵不羁的(文化人)的。——译者

显下降了。这意味着,吸烟仪式的差异日益变成了香烟使用上的差异。烟斗吸烟仍保持它镇静隐遁的含义,但是抽香烟吸食也可以有此目的(虽然没有表示这是男性专有的)。雪茄仍然具有一些"大款、要人"的含义,但是吸雪茄者还可以声称,在他们活动的地方,既是上层社会的,又是喧闹的。

香烟战胜了其他吸烟仪式,这场胜利的主要部分是香烟传到了女性那里,这因此提高了对那些想亲近女性的男性而言的香烟的重要性;香烟起初是作为一场性革命,传到了女性那里,这一性协商的转变出现在20世纪20年代,以"爵士乐时代"而闻名。不受约束的少女令人震惊,因为她穿着男性服装、吸烟和调情;当代保守者认为,这三个方面是检验标准,但吸烟是文化断裂的最强有力标志。我在后面会继续分析这个过程,它同20世纪吸烟和反吸烟运动的起起伏伏相联系。

仪式的道具:社会表现和孤独时尚

仪式关注实体对象,这些对象因此成为群体成员身份的标志,并提醒人们被仪式活动所关注和强化的情绪。吸烟"上瘾",就像对大麻或者其他毒品的渴求一样,它表现出强烈的依附情感情绪,依附与吸烟相伴随的社会解释。这种依附性被转移到实体对象上,作为其符号。依据IR链,它是一种使自己取向一个特别情感能量源的方式。类似地,人们会对特别类型的社会仪式上瘾,即使这些仪式同物质吸食没有关系;在这个意义上,一个人可以对赌博上瘾,或成为工作狂、运动狂等等。

第八章 吸烟仪式与反仪式：作为社会界限史的物质吸食

在吸烟这个例子中，涂尔干式的神圣物，或者一个吸烟者依附的实体东西经常不是烟草本身（即血流里的尼古丁），而是其烟、气味、滋味，还有——可能主要是——吸食所用的工具。因此，一些烟草吸食者花大量时间准备吸烟：准备烟草、设法展示和储存、吸食器具。留意这些活动，有另外一个社会学原因：我认为，吸烟效果是被社会建构的，这有助于解释吸烟为何在有些时候是孤独的活动。根据这个原因，让我们简略地了解吸烟道具的仪式性。

在最初，烟斗是陶土制的，经过了许多世纪，它在外形和装饰上变得更精致了。特别是在德国和荷兰，烟斗吸烟变得极为流行，被精致雕刻的海泡石烟斗（在 18 世纪被引入）被当作是自豪展示的对象。烟斗吸烟时尚在这些团体里最为明显，是因为它们独一无二的阶级结构：相对而言，没有几个显赫贵族用朝廷气派表现等级，相反，自由的城市和商业城镇的资产阶级在地方上占统治地位。德国荷兰的烟斗香烟是一种在地方聚会上的炫耀方式，而在一个适度欢饮的大学群体中，维持友谊气氛。集体用烟斗吸烟也是大学生特别喜欢的仪式，大学生是德国社会中另外一个享有特权的，却又随意的内部平等的群体。与这个多少受限的年龄群体适度的反道德规范相一致，吸烟具有轻微的欢饮性，就如同在用烟熏灭蜡烛这个特别受人喜欢的做法那样——使酒馆的一个房间充满吸的烟，以至于蜡烛都被烟熄灭了（Walton 2000, 256）。

伴随着不同的吸烟形式的出现，烟斗吸烟更加变成了一种孤独的消遣。烟斗装饰上的华丽变少了，烟斗也更少拿来公开展示了。同时，烟斗吸烟者通常会成为一种主要收集烟斗、爱护烟斗和准备烟草的私人仪式。大约在 1850 年，木制烟斗，特别是用专门

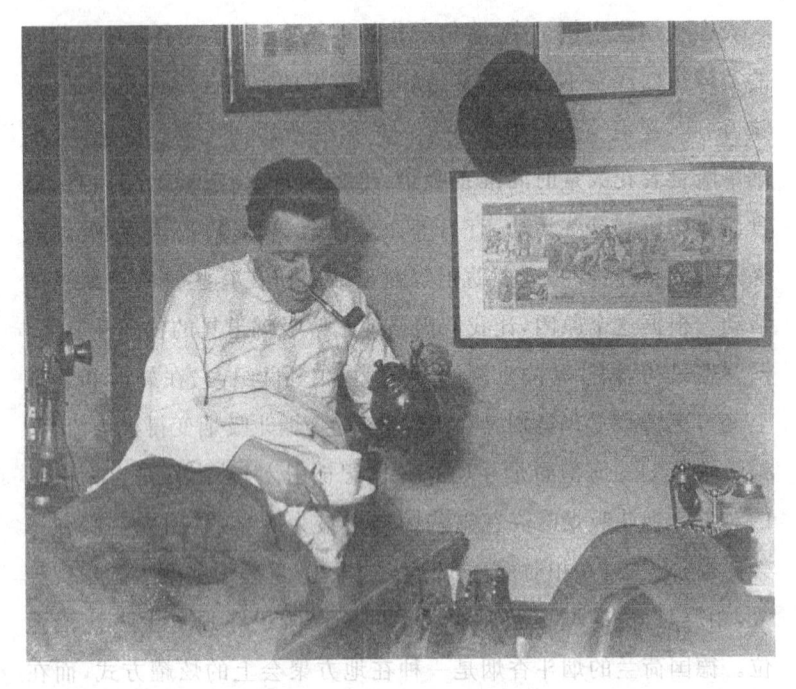

图 8-2 中产阶级地位的两个标志：一个烟斗，一杯茶（英国，1924年）。

熏制和雕刻的石楠木做成的烟斗，在很大程度上代替了陶制和石制的烟斗（Dunhill 1924）。这样的烟斗涉及大量的清洗工作，因为味道会受到以前吸烟残留的影响，所以大量时间都花在刮擦被烧焦的烟斗锅内壁，于是烟斗最终会变得太薄、太热，不得不换掉。因为这两个原因，坚定的烟斗吸烟者都保存烟斗为收藏品。这些都起到私人圣物的作用，还会包括具有不同香味和味道的各种烟草的收藏。烟斗吸烟带来了一种收集风气，这是一种业余爱好和鉴赏的形式，具有一定的微妙性和世故性。

到20世纪为止，烟斗吸烟者不再经常聚集起来以集体仪式形式吸烟了,[12]但取而代之的是,他们保持着一种有高尚品位的个体男性的社会姿态。其关注的最大焦点和情感能量的流动来自于对吸烟的仪式准备,这或许比吸烟本身花更多时间。宗教仪式中的一个类似情况是神秘主义者的做法,对他们而言,宗教体验的顶点是孤独的祈祷或者冥想,而不是参加集体仪式。借用韦伯的术语,20世纪烟斗吸烟者是一种"内心世界的神秘主义者",尤其是西方形式的"内心世界的神秘主义者",是一种淡泊宁静的践行者(即进行精神修行不是在庙宇中隐遁,而是"在这个世界中")(Weber 1922/1963,177)。在他们各自的历史环境下,宗教神秘主义者或者孤独的烟斗鉴赏家具有一个公认的社会定义,获得了尽管说是在远处的其他人的认可,他们被认为超然地追求精神卓越,因此受到尊敬。

鼻烟吸食是一个完全社交的和炫耀的行为。在所有烟草使用形式中,鼻烟有最集中的戏剧结构:准备、高潮、紧张、释放、后续,所有这些都不时被听得见的声音猝发和身体痉挛所中断。[13]这使一个结实的、便携的、雅致的道具成了必需。鼻烟盒是个人珠宝的形式,在专门用作显贵客厅社交的男性服饰具有大量虚饰的那段时期,鼻烟盒到了流行的顶点。展现一个金制的鼻烟盒,把它贡献给别人,轻轻地敲鼻烟盒以此来强调一个观点,所有这些都是沙龙社交中类似跳舞般移动的一部分;它们也适合于咖啡屋中戏剧性的展现。后来,鼻烟盒变成了收藏家的项目,其方式类似于在家中被设计来接待访客的房间里,异国瓷器被陈列在桌子之上或者陈列在玻璃架内。从使用到陈列的转变,发生在当鼻烟被更新的上层地位者的烟草使用形式替代了的那段时期。

在某些方面,雪茄道具比烟斗或者鼻烟的道具更少了些精致。但是,雪茄本身被高度区分了,不仅在烟草的滋味和质量上有区分,在大小和形状上也有区分。大的、长的或者在其他方面昂贵的雪茄说明了相对富贵;与这种区分相一致,在19世纪,吸雪茄恰恰就在这样一些国家里(英国、美国、德国)变得重要起来,在这里,依据商业财富进行阶级划分最为迅速地发展起来。雪茄变成了一个仪式礼物;烟斗和鼻烟盒一般是个人身份的展品,被它们的所有者四处携带,而雪茄则是款待客人仪式中的体现物。给来访者提供雪茄是主人的义务,特别是在上层阶级正餐后的仪式中尤为如此;提供雪茄也是对交易协定的友好表示。在20世纪,伴随着香烟仪式的出现,雪茄作为示敬礼物的仪式主义衰弱了。但是在特殊庆贺场合分发雪茄的习惯中,诸如庆祝孩子出生的父亲被期望分发雪茄,雪茄仍保留着它们的特殊地位。

雪茄是特别的,它具有专供雪茄使用的吸烟室;这当然局限在富裕阶级,强化了雪茄的社会等级含义。吸雪茄时代也是男性拥有特殊吸烟服装的时期:一般而言,是一件吸烟夹克,有时候还会有一顶吸烟帽,它们用诸如天鹅绒那样的稀罕的奢侈布料做成,带有锦缎的衣领和镶边,可能还有流苏。在男性衣服变得日益暗淡的19世纪风格中,这些惊人地奇异,因此,它们强调了在高贵的奢侈享乐的庆祝性情境中,吸烟者戏剧性的自我表现(Laver 1995)。

同其他类型的吸烟一样,吸雪茄的乐趣很可能在很大程度上存在于周围的环境和道具中。吸雪茄最精彩的部分是在开头阶段:挑选、展示、奉送、嗅闻和用手指捻动未点火的雪茄;有时候会有精细的点雪茄仪式(一个上层阶级的仆人在把雪茄呈给吸烟者

第八章　吸烟仪式与反仪式:作为社会界限史的物质吸食　　443

图 8-3　在有地位的阶级中,这是最早的吸烟女性中的一位。仿效男性传统,她穿了一件特殊的吸烟服装(英国,1922 年)。

之前,要足足花五分钟在火焰中转动雪茄);在开始吸烟时,谁在场和谁回避暗示了社会成员身份感。此后,它开始走下坡路:当雪茄被吸时,越来越难闻,因为雪茄起的是过滤器的作用,积起了烟中更令人生厌的成分,末端是一个湿湿的、黏黏糊糊的雪茄头。吸雪茄非常富有戈夫曼前台的性质,在前台中出场比特写镜头的现实更吸引人。因雪茄没有被吸入,而且在身体中产生相对较少的尼古丁量,所以吸雪茄提供了有启发性的证据,说明仪式比身体体验本身更吸引人。[14]

在 20 世纪早期,吸雪茄打破了性别界限,因此,在一定意义上回到了作为18世纪鼻烟特征的优雅仪式。在美国,吸雪茄首先同上层阶级"花花公子"联系在一起,后来扩展到了工人阶级(Klein 1993)。但是,香烟迅速变成了大量生产和大量消费的产品,越来越便宜而且到处可以买到,在消费上不像雪茄那样差别明显。香烟烟嘴一度提供了雅致性和对社会平等性的抵抗,其中一些烟嘴饰有昂贵珠宝。香烟烟嘴还提供了戏剧性的吸引力:它们使香烟更显眼,可以在很大的角度上拿香烟,用各种各样的移动来传达不同的态度。总统富兰克林·罗斯福把香烟和烟嘴放在牙间,以扬扬得意的向上角度咬着,这是他的特点,传达了坚决的乐观主义。既可以用高贵或者傲慢的姿势衔持烟嘴,也可以用被称之为"潇洒"的角度衔持。而摆弄烟嘴的方式也可能具有一些符号意义,表明一个人对世界的态度。举例来说,在20世纪40年代,把香烟随意挂在唇角,且很少把它拿走,这传达了强硬家伙的风格,即愤世嫉俗的老练。这与优雅式吸烟手部动作相比,毫无疑问取得了它的一些效果,优雅的吸烟会反复把香烟放进嘴里,又拿出来,并在空中做很多挥动动作。这些姿势还提供了展示一个人手部的机会;对上层阶级女士而言,这一般包括炫耀一个人的珠宝。无论是带烟嘴还是不带烟嘴,吸香烟都提供了戏剧化手部和手指的机会,尤其突出了修长和优雅。

上层阶级的人因被那些供得起香烟的人所效仿,改变了其香烟形式,由大包装袋变成了香烟盒,典型的是银制或金制的香烟盒;它们还常带有题赠,能够作为珍藏的私人礼物给予他人。往香烟盒里装香烟,这是出门参加社交会或者社会娱乐之前,为仪式做后台准备。在主人眼里,这不仅给香烟一个雅致的环境,而且有助

第八章　吸烟仪式与反仪式:作为社会界限史的物质吸食　445

图 8-4　富兰克林·D. 罗斯福标志性的衔持烟嘴(20 世纪 30 年代)。

于一个辅助仪式,即作为问候礼节或者建立友谊礼节的一部分给别人递烟。

在所有社会层面上的吸烟者都会有进行互赠礼物的仪式。这就使像香烟盒这样的道具的精致性在传达提供者的社会地位上具有了更大的重要性。至少，它使这种地位的情境矫饰得以产生。乔治·奥韦尔(Orwell 1936)提供了一个例子，引起了戈夫曼的注意，是有关向下流动者那一方的舞台准备：不论如何穷困，一个人都需要在香烟盒里至少携带一支烟，送给别人，目的是从他人那里体面地接受香烟。在低卑的阶级中，香烟交换或者甚至是香烟头交换是建立友谊，或至少是建立瞬间关系的一种方式。在困苦的群体中，诸如监狱犯、战争难民或者战区幸存者——特别是在第二次世界大战之后——香烟被用作货币，来代替钱；同时，这些交换还保留着仪式性礼物赠送的一些特性。即使当香烟起货币作用时，这些人也会吸烟，当然主要是珍藏，因为他们的仪式性消费被感到是奢侈性的解脱，暂时忘掉艰难的情境。因此，给别人烟或者借烟建立了强有力的归还约定；它处在金融债务和荣誉标志之间。未能偿还会导致严重的争吵（甚至如同今日的监狱斗殴一样；O'Donnell and Edgar 1998）；而且，借用者会竭尽全力偿还，因为这代表着维持香烟时尚的正常民间礼仪的残余。

给别人打火，或者向别人借火，是普通的礼貌；众所周知，它也是公开结识他人的方式。在这里，道具又一次被精致化，包括从简单的火柴到打火机，在阶级等级的上层，打火机是银制的，或者镶有珠宝。在家庭装饰品中，精致的烟灰缸、打火机和香烟盒，既是展示财富和品位的机会，又是常规待客的器具。在调情和求爱中，提供和接受香烟是标准步骤；它不仅仅存在于好莱坞电影中，在这些电影里香烟被用来象征有性约会；1934年后，电影制造商用这种仪式来逃避审查，这种使用来自于先前存在的习惯，而不是

第八章 吸烟仪式与反仪式:作为社会界限史的物质吸食

相反。

总之,吸香烟获得了多样的仪式用途:表现社会地位,包括展现(和伪装)上层阶级的优雅;性私通和性协商;互惠礼物的社会纽带。这些仪式中的一些表现了等级制;其他的表现了普通友情。大约在20世纪中叶,在诸如电话聊天,或者同朋友在休息时间聊天这样的后台社交中,香烟变得日益重要。以前吸烟者和那些试图戒烟者经常提到吸烟在特殊情境中的诱惑;提到这点的女性特别常见,她们把吸烟同与她们女性朋友的随意聊天联系在一起。[15]

伴随着香烟扩展到所有阶级,吸烟的另外一个社会用途和主观解释出现了。雪茄和嚼烟已经为在工作中吸烟,特别是在某些室外工作中抽烟提供了条件;而香烟使四处吸烟成为可能,包括在大多数类型的白领工作中吸烟。在这个方面,20世纪的吸香烟打破了吸烟几乎一直被局限于其中的交际仪式领域与实际工作领域之间的屏障,这在很大程度上史无前例。吸烟工作者给出的基本理由——香烟有助于个人集中精力——添加了另外一种对感受的社会解释,这些感受产生自没有差别的尼古丁吸食体验。这是吸烟对社会空间的最后一次征服,但它被20世纪晚期的反吸烟运动首次成功地战胜了。依据社会运动动员理论,这是可以理解的。工作中的吸烟者是最没有被社会组织起来的吸烟者。在社交领域中,群体身份由其仪式界定,同此领域中的吸烟者相比,吸烟工作者仅仅是给以完全不同术语关注的活动添加了一个私人主观性意义。把吸烟赶出工作场所的运动,至少削弱了对吸烟的一种体面的社会解释;其他运动随后到来。

涉及香烟的吸烟仪式顶峰是在20世纪20年代,直到20世纪

图8-5 妇女工作者在第二次世界大战中被拉进男性工作中效力,她们共享吸香烟小憩。

50年代早期。各种各样的仪式包括从那些促进多样化地位的仪式，到那些削弱精英和促进平等的仪式等所有形式。女性获得解放进入男性嗜好的时代，使香烟成为性调情的中心仪式，强化了吸烟的欢饮文化；香烟的大规模生产带来了20世纪早期对上层阶级的普遍效仿；战争年代突出了关于友情和坚强表现的仪式。20世纪40年代，强硬派吸烟者把烟挂在唇边，这表达的反精英性已经是迈向挑战和削弱优雅仪式的一步了。战后，用公开明显的仪式来表现地位身份的方式急剧滑落；我们已经进入了主要是情境分层的时代。追求正式仪式化的公共秩序这个理想被20世纪60年代的反文化运动削弱了，从此，把情境声望留在了仪式性反正式主义那边。

到20世纪60年代，大多数有关吸烟的更复杂的公开仪式已经衰弱了。大众民主削弱了仪式精英主义，也削弱了伴随它的欢饮仪式。在反吸烟运动开始取得优势地位之前，吸烟的许多仪式的吸引力已经消失了。在20世纪中叶，吸烟就数量上达到了顶峰，但是没有得到更广泛的地位秩序领域的支持，它已经变成更私人化的活动。就是这个弱点制造了机会，在此机会中，枯燥的健康统计数字受到了越来越多的重视。

反吸烟运动的失败与成功

反吸烟运动兴起于反对吸烟仪式。各种各样吸烟仪式的吸引力和弱点在历史上已经发生了改变，也给动员起来反对它们的对手们提供了或好或坏的机会。我们要思考吸烟仪式冒犯了什么样的社会群体或者场所,思考他们已经采用了什么策略来动员支持力量,还要思考是什么决定着他们反击的成功。

我已经描述了四种主要的吸烟仪式:即促进镇静和隐遁的仪式,欢饮仪式,优雅仪式,还有工作中的放松和集中精力仪式。这些仪式中的第一种和最后一种是脆弱的,易受攻击,因为它们是由个体单独进行的,而且没有主导社会关注力的要求。出于同样的原因,它们不会产生最强有力的对立面,因为它们不会引起对仪式优势的争夺。工作性的吸烟是20世纪中期相对较近才发展起来的,一旦强有力的反吸烟运动被动员起来,它容易被禁止;但是这场运动的根源是在一个不同的仪式战场上,它仅仅发现工作场合中的吸烟是最易受攻击的目标。我认为,喜欢或者不喜欢吸烟在很大程度上不是自然形成的,而是被社会建构的;因此,大多数人不会自动地发现,应反对在工作场合中吸烟,只有出现反对它的社会运动后,才会有所认识。另一方面,几个世纪以来的安静的烟斗吸烟在没有强有力反吸烟运动的情况下,一般不受干扰。

激起这场运动的是另外两种吸烟仪式:欢饮仪式和优雅仪式。这些明确地要求社会优势:欢饮要求成为直接的地方情境的关注中心;优雅仪式要求在长久分层结构中的地位优越性。欢饮仪式促进了情境分层;优雅仪式表现了结构分层及其类群身份。两者都可能被质疑。老精英为先前存在的占优势地位的仪式形式辩护,并反对新出现的仪式,因此,传统贵族和宗教精英反对最初的烟草引进。反对还来自那些被欢饮仪式降级到情境从属位置上的人;还来自那些对结构地位有要求的人,此地位产生于不同的资源而不是制造优雅印象。欢饮产生了来自那些非欢饮者的敌人,而

第八章 吸烟仪式与反仪式:作为社会界限史的物质吸食

优雅在那些为了道德和其他严肃目的而寻求地位关注中心的人中找到了对手。直到20世纪,后面这些排斥形式才同性别交织在一起;只有与吸烟仪式中的性别路线交叉才能使有效的反吸烟运动被充分动员起来。

这些类型的反对一般保持潜伏状态,被人们感觉到了但是没有被有效地表达出来,直到达到了动员的条件,出现了明确的社会运动后才表现出来。在历史上,这些反对吸烟仪式的不同缘由的力量是有变化的。我将分析性地而不是按照年代顺序来略述主要的冲突类型,直至我们的反吸烟运动最终取得广泛胜利的最近时期。

地位表现标准的美学批评与斗争

一个长期存在的反对吸烟的抱怨是,吸烟有臭味、脏、留下令人反感的残余物,如烟灰、烟斗残渣、鼻烟粉和雪茄头等类似形式。一般而言,女性一直领导着对吸烟的美学批评。对吸烟的早期嫌恶,同家庭建筑和家具发生改变的时期相一致。重要人物原来住的是粗糙的中世纪式的建筑物,类似城堡,与穷人的农场毗邻,结果被更美观且更舒服的住房所取代。在家中,烟变得越来越少,来自便壶、厨房和农家院的气味也变得越来越少。女性现在抱怨说,当住宅开始装有窗帘而不是木制百叶窗后,吸烟熏污了窗帘。对吸烟的美学批评在19世纪达到了顶点,在当时,住宅有了更多的配备,也有了摆脱臭味的较高标准。吸烟运动(在这个情形下,主要是吸雪茄运动)因此同追求社会体面的家庭展示运动处在了对抗之中。吸烟同家庭得体行为的新戈夫曼前台背道而驰。结果，重新出现了按性别界线的隔离，男女领域有他们自己的要求，一方允许吸烟，而另一方反对吸烟。

在 19 世纪，为界定一个人社会阶级地位而进行的微观情境斗争特别普遍，在那时，一个新兴的中产阶级能够要求体面，开始反对仍极为明显地支撑上层贵族表现的东西，反对下层工人的污秽条件。与之相对照，到 20 世纪早期，基本的家庭整洁性不再是主要地位区分的标准，对吸烟的美学批判也在很大程度上减弱了。

总体而言，美学批评在消除吸烟方面从来没有非常有效过。早期烟斗吸烟，连同 19 世纪的吸雪茄，通过分隔成为全由男性组成的领地，从而没有受到美学批评。从任一方面来说，嚼烟是彻头彻尾的陋习；其力量主要是想表达新的民主要求，它在政治上对美学嗤之以鼻，把此美学看做是不民主的城市精英的体现。在相反一端，是鼻烟和香烟，它们在性别混杂的同伴中流行，也在要求优雅品位和社会地位的社交仪式中流行。在这里，美学上不满意的方面被提高烟草使用优雅性的仪式策略战胜了。总的来说，吸烟的美感有战胜它不美感方面的倾向。

反欢饮运动

反对吸烟欢饮仪式的运动，建立于更强的动机之上。它援用了道德上的反对理由，因此，在它最具有自我意识的意义上，表明了一个涂尔干式的共同体，用正当愤怒来维护其理想和界限。在几类成员身份的基础上，反欢饮运动得以形成，而且既有几次失败

第八章　吸烟仪式与反仪式:作为社会界限史的物质吸食　　453

的时候,也有几次成功的时候。

当引入新式的欢饮后,它们典型地受到现有精英尽可能的反对,这些人是道德秩序的维护者,是通过道德秩序仪式来体现其统治地位的人。信奉基督教的欧洲与伊斯兰世界对吸烟的最初反应提供了生动的例子。当吸烟在朝臣中变成时髦时,英国国王詹姆斯一世发布了他对吸烟的抨击;他们的行为也引起了皇家对其他方面的担心。这时,正是国家开始集中军事权力,消除封建领主的独立武装的时候;这样做的手段之一,就是建立起仪式性上朝(Stone 1967)。未婚的或者暂时不想婚配的男女朝臣聚集起来,这种集会鼓励了性放肆;在一个有着婚姻政治,有着易变的继承王权要求的时期,加之后台对皇家亲信的操纵,朝臣圈中的流行既趋于时尚,又很危险。因此,沃尔特·罗利爵士,他作为吸烟时尚的领导者(后来被不准确的抬升为把吸烟引入英国的所谓引介者)而闻名,在派系斗争和詹姆斯一世亲信对吸烟的告发期间,他被关押,并被处决。这类试图压制新欢饮仪式的做法很快就失败了,因为它与社会结构现代化的意愿格格不入。随着社会组织日渐复杂,社交和地位展现的聚集地点扩展了,不再受世袭家族的控制,在世袭家族中,主导仪式一直是那些贵族等级展现的仪式和宗教仪式。吸烟仪式是一种新的私人领域的一部分,用于单纯情境分层的地方和场合增加了,在这里,暂时性的欢饮精英抢了政治、经济和宗教等级制的结构精英的戏。[16]在随后的几十年和几百年,欢饮仪式与优雅仪式混合起来,形成了一个有分化的社交领域,所以,足够优雅的欢饮形式变成了允许进入结构等级制本身的入口。

领地排斥的结束：
有地位的女性加入欢饮时尚

把女性排斥在吸烟欢饮仪式之外造成了两类紧张。一方面，女性被激起反对吸烟。另一个动机是克服这种排斥，加入其中。这是所有排斥仪式都能产生的一个典型的两难困境：试图消除把下层地位强加给圈外人的仪式；或者强行进入。在1920年之前，有地位的女性不吸烟；那些吸烟的女性被看做是下层阶级，尽管在那些偶尔抽烟的冒险的世故者那里地位变得模糊不清了。

在20世纪早期，吸香烟变成了一个迅速成长的运动，达到了如此炽热的水平，因为它导致人们感到打破了这些屏障。事实上是两个屏障：一个是反对女人加入欢饮文化的屏障；另一个是反对中下层阶级加入上层阶级吸烟仪式的屏障，原来通过吸烟室、礼服、昂贵雪茄，还有其他仪式屏障正式地阻止中下层阶级的加入。在IR模型中（图2-1），我们看到情感组成要素的任何来源都促进了一般化兴奋的累积过程；女性吸烟者和暴发户的热情增加了欢乐氛围，这个氛围也提高了上层阶级男性的情绪。各种时尚的香烟道具——香烟嘴、烟盒等等——作为运动传播开来，既是作为发明新等级形式的运动，又是作为效仿上等阶层的运动。20世纪30年代的好莱坞电影巧妙地符号化了（不是导致了）这个氛围，它们倾向于描绘在令人兴奋的社交活动中理想化的上层阶级，并把吸香烟作为黑白电影美学观的一部分来展现。20世纪40年代电影表现了这一方面，袅袅香烟从瘦削的影子中升起来，这补充了对

第八章 吸烟仪式与反仪式:作为社会界限史的物质吸食 455

图 8-6 不受传统约束的少女时期:大胆的年轻女性共享点香烟仪式(1928 年)。

英雄式吸烟者的特征描绘,即是强大、坚韧和愤世嫉俗的精英。

不但在日常情境的一些戈夫曼式的展现中,而且在银幕上,表现的形象一直包含有大量的幻想。然而,就社交如今在欢饮背景下变得集中于混合性别的集会而言,它们表达了一些在社会上真实的东西。在 19 世纪,婚姻市场在很大程度上是在家庭背景下存在的——与其说是由父母选择,不如说是由家庭仪式中选择成员身份的必要性决定——现在,婚姻市场移向了聚会场景和其他欢饮文化的娱乐场景。通常把20世纪20年代这个"爵士乐时代"视为饮酒文化,它因禁酒令而推向了秘密的团结;更为重要的成分,可能是混合性别的吸烟文化以及与之相伴随的性调情。因此当女性加入到吸烟世界之后,她们随之带进来了在数量上比以前属于这个世界的更多男性;到1945年为止,在英国和美国,男性吸烟者上升到80%的顶点,超过急剧上升的女性吸烟曲线。[17]

对抗排斥性吸烟仪式的两个可用策略使女性分裂了:禁止策略或接纳策略。伴随着反排斥性策略的胜利,吸烟仪式看起来似乎已经赢了。但是,女性阵线内部分裂的结束,打开了一条更直接的攻击路线。吸烟仪式不再是全为男性的领地,因此,它们也不再被男性身份所支持;吸烟的一个支持源泉被破坏了。用性别标志类群身份的仪式,已经失去了它的类群标志地位。因为性别区分不再伴有冲突,故冲突的舞台只是变成了吸烟者与不吸烟者之间的对抗。

20世纪晚期以健康为导向的反吸烟运动

反吸烟运动于20世纪80年代变得突出起来,最初主要是发生在美国,关注的焦点转到了健康统计数字:首先,公开指出吸烟者中吸烟与威胁生命的疾病之间的联系;然后,指出不吸烟者也间接地受到吸烟的影响。这个20世纪晚期的运动,把自己表现为一场科学专业人员的运动。但是,它还有其他成分:它还是公共健康机构、消费倡导者、最后是立法者的运动。或许最重要的是,它已经是一场诉讼运动,既有个体提出的诉讼,也有被选出的官员,主

第八章 吸烟仪式与反仪式：作为社会界限史的物质吸食

要是政府首席检察官的诉讼，他们寻求对国家预算的补偿性支付，寻求对不赞成吸烟运动的捐献。

健康统计数字存在本身，并不能解释这场社会运动为何在政治和司法领域被成功地动员起来，为何它被美国大众舆论普遍接受。单纯的统计数字不能解释在20世纪80年代人们为什么组织起即兴的地方运动，把吸烟者赶出工作场所、旅馆大厅、等候室、餐馆以及他们自己的私人住所；不能解释为什么经常发生与吸烟者相当激烈的个人对抗。这些方式是社会运动动员的特征，它形成了越来越多的情感团结和对敌人的憎恶，潮流总是偏向胜利者一方。关于一个问题的统计证据不能解释社会运动的力量。统计数字一直易受社会解释变化的影响；当它们界定一个风险时，总是存在着应该如何认真地看待此风险的集体看法。当风险看起来似乎非常大时，一场成功的社会运动就会出现，但是，那是一个变化着的社会建构，它与针对反对者的运动的动力机制相关联，而与单纯的实际威胁性关联不大。[18] 运动动员的过程，驱使了在风险认识上的变化，比相反过程更明显。一旦启动，这两个因素相互促进，当运动发展达到了流行效果的水平时，两者都有力地彼此提高。我们需要这个全面的社会学观点，以理解以健康为导向的反吸烟运动的成功；若不考虑动员过程，就是只用一个简单的技术统治论来思考，在此理论中，专家的声明自动地决定着人们的反应。

吸烟的第一个危害是肺癌，有文献充分证明了这点。

> 随着吸烟持续时间和每天吸香烟数量的增长，患肺癌的风险增加了，而减少吸烟就会降低肺癌风险。同不吸烟者相

比,男性吸烟者患癌症的风险平均大约是 9 到 10 倍,大量吸烟者患癌症的风险至少是 20 倍……对烟斗吸烟者、吸雪茄者和既用烟斗吸烟又吸雪茄者组成的群体而言,患肺癌的风险比不吸烟者要大,但是比吸香烟者要小。《吸烟与健康:顾问委员会给公共卫生服务局局长的报告》,1964 年。

对于大量吸烟的 35 岁男性,在 65 岁之前的死亡率——各种原因造成的——是 33%,相比之下,不吸烟男性死亡率只有 15%(也就是说,吸烟使一个人在这些年龄的死亡率大约增加了一倍)。在冠状动脉心脏病方面,年死亡风险在不吸烟者中是 10 万分之 7,在吸烟者中是 10 万分之 104;其比率是 15 比 1。但是,如果依据原始的百分数,也可以用另外一个方式来说明:这两个比率都非常低(用更熟悉的百分数表示,前者是 0.007%,后者是 0.104%)。因此,一个吸烟者不会因冠状动脉病而致死的年概率是非吸烟者的 98.9%(Walton 2000,99-100;103-104)。宣扬这些比率是一种修辞性的统计数字使用形式,就如同用百分数做出的表述,是另一种修辞用法。

在 20 世纪,肺癌增长了,1920 年前,它是一种相对罕见的病,1990 年在全美它导致了 6.6% 的人死亡,或者说,每 10 万人口中,有 57.3 个人因肺癌死亡(《统计摘要[Statistical Abstracts]》,1992 年 114 号)。肺癌在历史上的增长可被归因到几个条件。一个是从不被吸入的吸烟形式到被吸入的转变。在 20 世纪,人们的寿命也延长了,这是卫生条件得到改善,而早些世纪最普遍的致命疾病中许多疾病下降或消失了的结果。[19] 因为现在有了更多的年

第八章 吸烟仪式与反仪式：作为社会界限史的物质吸食

长者，他们可能会死于癌症，所以，癌症就在20世纪后半期作为一个主要死因而突出了。[20]今天，因为各种癌症导致的总死亡数占到了全部死亡数的23.4%，但是，大多数死亡同吸烟无关。把吸烟同癌症联系在一起的运动，利用人们对癌症的一般认识和对实际数值的无知，倾向于混淆这个差别。

在20世纪70年代之后反吸烟运动的胜利时期，它依靠的是对通常生命阶段的重新界定：尽管60岁（或者50岁）曾经被正式认为是老龄的开始，它却重新界定为"中年"阶段。而且对各阶段的老龄者也做出了区分：近60岁和70多岁的是"年轻老人"；80岁及80岁以上的是"老老人"。在被认为是生命末期的老年，因为某种原因而死亡仍属正常；但是，医学习惯是把所有死亡归到一个具体原因，而不是归因到"老龄"本身。

癌症，是在社会上突然出现的疾病，因为某个东西必须变成范畴，在这个范畴下，可以记录死亡。有观点认为，"癌症"仅仅是不连续的病理状态，且具有一个特定原因；如果那个原因被消除，将不会存在这样的病理学，人们就不会因为它而死亡。我不同意这个观点。根据这一推理思路，当把癌症消除后，本来会死于癌症的人们将持续生存；一旦把所有这样的疾病都消除了，那么，人们将永远存活下去。用这种方式提出其论点，它的缺陷似乎显而易见。我们不会理性地期望人们永远活下去；或者甚至期望人们活得比80多岁或者90多岁更长；情形很可能是，在大约80岁的时候，人们的身体已经垮掉了，达到了这个系统迟早会衰竭，而且他们会死亡的程度。然而，这个最终过程一直被做更具体的分析，所以它总可以被归因到某个最接近的原因。

在年老时，癌症变得更为普遍，主要是因为老龄化的身体失去了对癌症的抵御。[21]在生命早期吸烟，可能会以特殊方式致使身体防御垮掉——诸如易患肺癌或心脏病——而在一定比例的情况中，它可能会发生在60多岁或者70多岁，而不是发生在80多岁。但是，在那些年龄健康状况一般都下降的情境下，某种疾病或另外一种疾病几乎必然会导致死亡，而把死亡仅仅归因为吸烟（因此它意味着，一个人倘若不吸烟，就会无限期生存下去）是一种夸大其词。这是两极化修辞的一部分：不吸烟是好的；吸烟是坏的；好的或者不幸的结果都没有限定条件。

总之，证据没有表明，所有的或者甚至是大多数吸烟者死于吸烟导致的疾病。大量吸烟者比一般的生命跨度的死亡风险要高。但是，因为反吸烟运动有一个两极化的、要么全有要么全无的修辞学，所以对于指出哪种水平的少量或者适量烟草使用可能相对没有风险，它并不关心；它也不努力支持向小风险吸烟形式的转变（诸如用非吸入的烟草使用形式来替代）。它的立场是冲突的两极化的立场：彻底废除无缓和的威胁。

有关被动吸烟的影响的证据同样如此。反吸烟运动用最引人注目的形式来呈现它的统计数字：它宣称，"今年在美国会有52000人死于被动吸烟。"如果把它换算成死亡人口的百分数，这听起来就不会如此惊人了。[22]这类声明表明了追求修辞效果的统计数字的运用。一个弱关系，会被赋予统计显著性——也就是说，它可以被显示成一个可靠数值，尽管因果效果很小——因为置信水平取决于样本大小这个事实。如果样本足够大（在这个情形下是成百万的健康档案），甚至于一个弱关系都可以被显示为具有统计显著性。公众对统计方法是外行,只记得了这项宣称,不考虑这些数值实际上真正意味着什么。

对统计数字还有另外一种修辞操纵,即把分析基于那些最突出地属于被动吸烟者之上,诸如满是烟的酒吧里的侍者。这等同于说,基于从每天吸几包烟的那些人身上收集的证据,得出可怕的预测,所有吸烟者包括少量吸烟者将会死于与吸烟有关的疾病。其证据同样支持这样的声明,即在偶尔的吸烟环境周围,风险水平相对而言很小,而且确实就是极小。接触任何烟的任何人都有可能死亡这个观念,是被建构起来的,它鼓励非吸烟者对吸烟者进行对抗攻击。然而从统计数字上看,如接触任何单一吸烟的环境,产生有害健康结果的概率是难以察觉的小。

20世纪80年代,反吸烟运动利用了有关被动吸烟的数据资料,因为它把人群中每个人都描绘成处在来自吸烟者的风险之中起了作用;因此吸烟者不仅仅可以被描绘成非理性的、自我毁灭的瘾君子,而且还被描绘成凶手。它还为反吸烟者做他们应努力去做的事情辩护,即在吸烟者在场的情况下,进行抨击,在过去整个400年中,这些努力既有过成功也有过失败。由于迅速形成了广泛的公众赞同,没有注意到上面提及的统计问题,吸烟者就同意把他们自己归为危险性罪犯。当大多数吸烟仪式被削弱后,吸烟者共同体已经失去了它的信心,失去了其EE,即为自己辩护的能量。有批评家批评反吸烟运动统计数据的适当性,他们被视为吸烟运动的代表,在美国媒体或者甚至于科学出版物中,他们的意见得不到重视。被动吸烟统计数字本身就不可靠,对于这场已经被强有力动员起来的反吸烟运动,它们恰恰就是催化剂或者转折点。

因此，在地方个人空间的争夺中，吸烟者对反吸烟者的任何讨论都被回避，转为对吸烟公司及其以营利为导向的市场操纵的关注。情境分层实际上被颠倒了，普通吸烟者由此失去了地位：吸烟者一度是仪式关注的中心，现在变成了贱民。

在20世纪70年代和80年代，随着对一场日益占优势的反吸烟运动的动员，不吸烟者经常直面吸烟者，要求吸烟者在他们在场的情况下停止吸烟。这些反吸烟者已经拥有了EE，在个人际遇中相当挑衅地采取主动。他们的观点的公开内容直截了当就是医学的。在这些对质中，反吸烟者宣布，他们对烟有严重的身体反应，以至于烟能使他们生病；一些人声称，烟使他们的哮喘病发作。这些主张通常只是借口，因公众对吸烟者的重压现在被看做是危险的病状。在美国，吸烟者的让步最容易出现在反吸烟运动最强大的地方；在外国尝试类似策略的美国人，经常发现他们自己面临着愤怒的反击。

在社会学上，我们需要分析两类要点。一个是在社会运动的层面上；在大量吸食香烟的这几十年，事实上是否存在着一个稳定的哮喘病发作水平，是否存在着对因吸烟而致病的其他感受？在这点上还缺乏研究；但是在反吸烟运动的高度动员时期，声称吸烟产生疾病的人数量看起来是上升了。从被充分宣扬的病例以及我一生中随意的观察来判断，看起来恰恰就是当公开吸烟者数量降低的时候，声称在他们在场时吸烟使其生病的人数量增加了。

第二个要点，有关微观层面的身体互动。我们不需要采取这样的立场，即因为吸烟者作为危险者和病态者的标签是可以利用的，所以反吸烟者的认识纯粹是被意识形态所建构的——也就是

第八章 吸烟仪式与反仪式：作为社会界限史的物质吸食

说，这仅仅是解释上的一个认识变化。在饭馆里或者在公共汽车上，愤怒面对吸烟者的反吸烟者很可能在他或者她身上感受了令人不快的东西。但是，我在上面已经提出了同样的观点，即吸烟者在他们仪式互动背景下解释身体的感受，也适用于反吸烟者。就是当反吸烟运动已经被动员起来，并把吸烟作为声名狼藉的经历而关注时，参与者的身体会感到吸烟是不堪忍受的。对比来看，在20世纪40年代战争时期到处吸烟的氛围里，所有迹象表明，大多数不吸烟者只是把吸烟当作是正常背景的一部分，最坏的就是把吸烟当作讨厌的小毛病。而在今天，出现了夸张的咳嗽发作和愤怒的情感爆发，它们是在特殊历史环境中被社会建构的；它们被建构在身体中，而不仅是建构在心中。

有关于人群癔病的经典社会学，它包括反吸烟者在其动员高峰期的主张和感受。经典例子是医学上不存在的疾病的假流行，它在紧密的网络、相对有限或者封闭的社区，诸如小镇、工厂或者寄宿学校中传播(Kerckhoff and Back 1968；Lofland 1981，424 - 426)。这样的情感流行病或许还集中在非医学情况下，如持续数周的笑流行病(Provine 1991)。这类社会癔病，当然有可能还与引起一定程度医学危险的疾病同时发生；吸烟就是这种情况，虽然如同我已经说明的那样，同直接的身体反应的强烈性相比，被动吸烟发生任何具体影响的实际危险相当轻微。在近几十年，在关于吸烟的医学定论的意识形态氛围中，没有几个人会去注意社会动员的这一更大要素，此要素融入到了对这些身体反应的建构之中。

反吸烟运动对这些主张的修辞性夸张，是意识形态极化的一种形式，它出现在高度的逐步升级的冲突中。反对一个仪式是要受到它的反击;因为仪式产生了社会成员身份,给处在社会关注魔法圈之中的人一个地位光环,而给这个圈子之外的人一个负面的半影,所以,一场仪式的社会运动可以被视为一场关于情境空间中界限和等级构成的斗争。烟草使用作为一场运动而扩展开来,它吸收越来越多的人加入到其仪式当中,达到了它流行的顶峰,它成了20世纪中叶地位系统、情境分层的中心特征,此分层把世界划分为时尚的欢饮者和被贬低的、甚至被藐视的旁观者。反吸烟是一场反运动,它在失败之后立即又动员起来,反对吸烟运动的优势地位。

统计数字本身,不包含关于吸烟有健康风险的这样有力的案例,以解释为何如此多的人同吸烟变成了如此强烈的敌对。我们同样可以把统计数字解释为表明了相对来说没有几个人患了癌症;表明他们是在相对而言较高的年龄患了癌症;表明他们中许多人反正大约会在那些年龄去世;也表明即使有相当严重的长期被动吸烟,受危害的概率也非常小。没有反吸烟运动的出现,就不能解释添加在数据上的说明,即认为风险确实很高而且在社会上不能被忍受;这必须联系到因对几乎所有各种吸烟仪式支持的下降所提供的机会才可被理解。我的社会学论点是,在20世纪20年代、30年代和40年代,这些同样公开可用的数据不会产生胜利的反吸烟运动的动员作用。[23]

情境仪式的脆弱性与反欢饮运动的动员

我们来分析一下欢饮作为一个单纯的情境分层形式所建立起

第八章 吸烟仪式与反仪式：作为社会界限史的物质吸食

来的敌对结构。在那些处在关注中心的人、追随者、单纯的观察者以及那些被完全排除在外的人之间，任何仪式都能产生情境等级。在单纯的社交仪式中，随着俚语时尚的变化，专有术语已经在这些个世纪发生了变化，但结构是一样的。这就是在流行者和非流行者之间的等级；舞会之花和纨绔子弟与没舞伴而独坐墙角者和失意者相对、酷仔与非酷仔相对、聚会动物同呆子相对（Milner 2004; Coleman 1961）。这是社会生活的一个维度，社会学没能去认识这个维度；我们的关注点一直如此狭窄地集中在阶级、种族和性别的结构分层上，以至于忽略了情境分层，对于参加者而言，情境分层经常是日常生活中最为突出的维度。

在20世纪早期，吸香烟传播开来（就如同从前其他类型吸烟时尚或者运动那样），它在社交圈中流行，并加强了吸烟精英和不吸烟的边缘者之间的分层。那些处在社交集会中心的人，有主导着情境的谈话、笑话、闲话和性调情，他们是那些最倾向于跟时尚的人；他们的网络中心位置，既使他们能非常迅速地跟上时尚，又使他们作为有声望行为普遍形象的地方榜样，从而获得情感能量和情境优势。在吸烟道具时尚的高峰期，仪式促进了等级制，最优雅的吸烟者处在中心，四周被他们的羡慕者和追随者所围绕；其他比较不善交际的吸烟者更远离中心；不吸烟者就在范围之外了。[24] 把香烟用于性调情，这加强了吸烟等级制，因此通常跟情欲的流行同时发生。

情境中的从属者想起来反对使他们屈居次要地位的仪式，但他们处在一个特别微弱的地位上。就仪式集会的本质而言，情境中的从属者是那些缺乏社会组织、荣誉和情感能量的人。他们不能很好地把他们的被排斥或者无名誉用作集体认同的基础,因为作为非欢饮者("没有舞伴独坐墙角者"、"失意者"、"呆子"等等)获得"阶级意识"或群体意识会突出不光彩的方面。因此,情境从属者在极大程度上仅仅是对使其屈居从属地位的欢饮仪式的潜在反对者。情境从属者可以被动员起来,但是只有在他们能够援引其他分层标准的条件下才可以,这些标准或者是结构位置或者是不同形式的情境荣誉。他们必须依赖的支持是"严肃的"领域,而不是社交领域,也就是工作和教育生涯、政治、宗教和道义性的社会运动。这些可以同欢饮文化相抗衡,但是它们不能保证战胜欢饮文化;而完全沉浸入这些方面经常受到欢饮文化的嘲笑——即指工作、研究、宗教等等对于那些流行欢饮中的失败者而言是无乐趣的消遣。

　　直到20世纪中期,反对欢饮仪式的最强大对手来自于一些职业和地位群体,他们对优先地位的要求依赖于弘扬和加强社会合法性的道德标准。吸烟通常受到宗教领袖的反对,特别是在福音派运动之中,也受到获得道德改革政治地位的政治家的反对。对反欢饮运动的动员,既发生在宗教高涨的时候,也发生在女权政治激烈化的时候。有时候,这些同种族政治纠缠在一起,如同美国禁酒运动那样,古斯菲尔德(Gusfield 1963)的解释是,禁酒运动依靠的是农村英裔新教徒对地位的担心,他们反对城市移民以酒吧间为中心的仪式。反吸烟运动因此是层叠起来的相关运动的一部分。[25]但是,这些运动一般都违反了现代社会生活的意愿;因为它们扎根于小镇中过时的地位等级制,所以在自我意识"现代的"或者"进步的"城市生活、公共娱乐和现代商业的世界中,它们丧失了

第八章 吸烟仪式与反仪式:作为社会界限史的物质吸食 467

图 8-7 被社会合法化的欢饮场景的高峰(第二次世界大战中的伦敦)。

合法性。而且,欢饮精英的情境支配者也有他们自己的结构联盟。在 19 世纪,吸雪茄时尚受到上层阶级地位仪式的支持,还受到那些效仿者的支持;同样在 20 世纪 20 年代,香烟时尚的一切道具同快速变化的"上流社会"相关联。

20 世纪晚期,是什么导致了形势的逆转?简而言之,这是因为表现结构分层的优雅仪式消失了;支持欢饮的情境从属者的结构地位的力量获得了极大增长;把青年人至少暂时动员到道义的和反欢饮的一方的社会运动,取得了阶段性进展。用另外一个方式表达,就是:优雅仪式的衰弱;技术统治论者或者呆子这种"新阶级"的兴起;还有 20 世纪 60 年代反文化运动的连带作用。

到 20 世纪中期,吸烟者和不吸烟者之间敌对战线的复杂性已经简单化了。吸香烟已经变成了占压倒性优势的吸烟仪式形式。鼻烟和嚼烟是小的陈旧习惯,无声望可言。烟斗已经变成了一个孤独内向者的破裂世界,这些人带有相当陈旧的体面光环,这使他们同吸香烟者的现代含义相脱离。[26]在20世纪,对吸烟的捍卫现在成了一个男女皆宜的世界。反吸烟运动在历史上首次确立了唯一一项任务,就是消除吸烟。反吸烟运动不接纳任何一种吸烟仪式。在那些以吸烟仪式向上流动为目的的人——那些反对吸烟是基于因性别而被排斥的人,以及那些通过进入吸烟时尚可以得到抚慰的人——和那些反对欢饮文化的人之间,不再存在分歧。美学批评已经尝试过,它失败了。20世纪晚期的成功反对是以健康问题为由表达出来的;但是,它作为一个社会运动的迅速动员,也得到了日常生活中仪式政治的推动。

优雅仪式直到20世纪30年代都支持吸烟,但在20世纪40年代和50年代却衰弱了,部分是因为,社会屏障在第二次世界大战的军事团结中被拉平了;部分是因为,随着战后郊区化的发展而出现的美国随意性时尚。这并不是说,结构分层已经消失(虽然在20世纪70年代的倒转之前,经济差别在几十年中都变小了);但是其公开表现形式正变得不再合法化了。对优越地位的要求,现在只有通过情境分层来实现。[27]这种关注集中到了欢饮仪式之上,但是它还意味着,情境分层是独立存在的,没有受到结构分层的支持。吸烟的优雅仪式正在消失。[28]没有了任何文化响应或者社会支持,保留下来的只是私人化的吸烟形式,诸如作为工作附属物或者孤独的隐遁。

随着吸烟仪式变窄,反欢饮势力得到了支持,此支持来自有时已被称为呆子的兴起。20世纪晚期,结构分层日益通过延长的教育体制和提高精英工作的正规文凭要求来实现。对学校成绩、研究和技术知识上的竞争被赋予了更大的结构意义。虽然把这个视为一个全为专家的"新阶级"是一种夸张(因而忽视了文化可接受性的持续重要性,忽视了组织政治而不是功利表现的重要性),但是,由职业文凭、科层制生涯和金融操纵组成的这个当代世界,把生涯文化从被充分确立起来的商业和精英专业的休闲环境中转移出来了,后者曾经支持这个世纪早期的优雅欢饮文化。瓦格纳(Wagner 1997)把反吸烟运动连同20世纪晚期其他新清教徒主义形式,视为新中产阶级兴起的表现,新中产阶级把它的新教徒伦理强加给了上层和下层阶级。这有真实的成分,但是还可以有更加精确的表述。在宏观结构层面上,反欢饮者即"呆子们",其新突出性不只是一个中产阶级现象,而是一个新型的生涯行为,各个阶级中都有存在;在微观情境层面,反对吸烟的攻势不只是针对有闲阶级,而是针对通过欢饮仪式体现的情境优势。

　　反对传统欢饮的自满,赞美对这个事业的贡献和牺牲,就这个意义而言,所有被高度政治化的抗议运动都有说教倾向;在历史上,激进运动经常具有反对现有精英腐败的清教徒式的意味。20世纪60年代,民权运动/反战运动的动员是围绕着教堂(既有黑人教堂也有白人教堂)和长期存在的"行善"群体而进行的,它们的组织基地尤其向精英大学校园扩展,在那里,它们的势力在"知识分子"之中,这些人反对大学运动员和兄弟会的校园欢饮文化。因此,20世纪60年代的运动具有许多宗教成分,外加呆子的反抗。

　　然而,反吸烟运动不仅是一种生活方式代替另一种生活方式的事情，而是一场政治化的社会运动，它利用国家权力，也利用反对敌人的直接行动策略。同其他许多运动一样，借20世纪60年代/70年代早期的民权运动和反战运动之势，这场运动被动员起来，获得了大规模的支持。传统上把第二次女性主义运动、同性恋权利运动、生态运动、动物权利运动和其他运动都看做是建立在民权运动的网络、策略和意识形态基础上的，并在吸引公众关注方面效仿了其成功之处，在立法和公开生活方式方面效仿了其得胜之处。当代反吸烟运动应该被列入其中。20世纪60年代的运动树立了一个高度说教运动的声望模式，这场运动也是一场反对已设定的分层道路的青年人运动。

342 这些政治运动同所谓"反文化"运动相交叠，使情形更加复杂，反文化运动是"嬉皮士"式的，带有性解放和迷幻的意识形态（Berger 1981；Carey 1968）。就其本身的性质而言，这是一类欢饮文化，尽管它既是一种说教的欢饮文化，又是一种明确对立的欢饮文化。吸大麻、吃致幻药（LSD）在一个宗教体验的意识形态背景下被解释，被赋予了宗教神秘主义。左翼极端分子和公社成员特别有可能使用致幻药（Zablocki 1980）；他们显然认为自己的使用同传统"运动员和拉拉队队长"的饮酒时尚有突出对比，并常常清教

343 徒似的为不饮酒而自豪。嬉皮士反仪式主义反对在传统上占优势地位的欢饮时尚，这种时尚有周末饮酒聚会、约会之夜，还有时髦着装和社交流行的等级制。"反文化"在着装和举止风格上形成对立（男性留长发、留长胡须，女性不用化妆品），显著地颠覆了已有的社会遵从和性别规矩的礼节仪式。性解放（或者随意性交）和普遍使用致幻药的风气，在许多方面与其说是真实的，不如说是符号

第八章 吸烟仪式与反仪式:作为社会界限史的物质吸食　471

图8-8　"嬉皮士"反文化。其仪式是吸大麻,同前一代人的吸香烟和喝酒形成突出对比(20世纪60年代晚期)。

性的,但是,它渲染了对立的意识形态,即不需要正式时间表,不需要来自传统欢饮仪式的声望等级的约束,人们都可以享受到社交乐趣。

20世纪60年代的反文化是短暂的,但是它导致了深远的变化：优雅文化几乎最终衰落了，即旧的遵从和举止标准消失了；情境分层突出出来了；与传统的结构分层符号表现为对立的立场在文化上具有了优势地位。20世纪60年代的运动为此后树立了青年文化模式。它无意间为大规模反对吸烟仪式打开了道路。在削弱聚会文化的声望，即削弱20世纪20年代伴随吸烟的欢饮风气的声望时，它推翻了香烟同对立的青年文化的联系，使它们公开作为被抛弃的东西的一部分。

20世纪60年代的反文化形成的一些趋势联合起来推进了接下来几十年的反吸烟运动：反文化反对传统社交仪式，以极端平等主义的名义削弱了优雅仪式；具有说教含义；面对政府官员和隔离主义者的直接行动策略；对商业公司的左翼激烈批评。那些奇怪的令人意想不到的转机，经常使一场成功运动的一些成分发生转变，转而反对其他成分，通过这样一个转机，反文化的这些特征就融入了对毒品文化的强烈反对，即融入了反毒品运动。根除大麻吸食的运动确立了立法模式，它又为禁止吸烟铺平了道路，人们因为吸烟公司灌输对吸烟的喜好而责备这些公司，以相同的方式，贩卖毒品者被认为应对吸毒文化负责。20世纪70年代的反吸烟运动由此利用了20世纪60年代运动的意识形态和策略框架，即把烟草行业当作首犯，而把吸烟者看做是受愚弄者和受害者。长久的吸烟者也会直接面临激进主义者的言辞批评，被谴责为杀人凶手，这令人联想到对越战的抗议。同这个时代的大多数其他改革运动相比，反吸烟运动已经不同寻常地取得了胜利，因为它既设法联合了左翼的支持，又联合了右翼的支持：左翼持有反商业的立场，赞成政府管理；右翼采取的是宗教的和生活方式保守者的形式,他们禁止物质欢饮的尝试已有几个世纪了。

在几个世纪的失败之后,反吸烟运动胜利了,途径是串联了社交仪式方面的变革,它为反对吸烟仪式的社会运动铺平了道路,同时还享有受欢迎的进步运动的道德声望。无论这些特殊仪式和反仪式运动是否走到了历史尽头,完全有可能的是,这些类型的运动还将围绕着未来的仪式实质和习惯而发展。

第九章　作为社会产物的
　　　个人主义和内在性

在 IR 链观点中,是否给个体留有任何位置呢?这个理论似乎是未能充分地考虑到个体,特别是未能考虑其自主性、特质和单独性。IR 理论模型中的人物,似乎是爱交际的性格外向者,总是被人群情绪或者被交谈的喊喊喳喳声所吸引,总是寻求关注,避免孤独。非标准的人格即按照他或者她自己的意愿行事的个人主义者、非遵从者,他们怎样呢?内向者不喜欢聚会和聒噪的人群,喜欢他或者她自己的想法胜过他人的交谈,IR 链能够对此做出解释吗?这些人为何感到书有趣味而人却令人厌烦呢?为何会有一些时候,我们非常宁愿一个人看天上云卷云舒呢?简言之,IR 理论能否解释那些深奥而不浅薄、独立而不寻求捧场的人呢?

因为大多数人,像此书的读者,还有大多数普通的知识分子,他们可能更接近这个系列的个人主义和内向性一端,所以倘若 IR 理论自称具有普遍有效性,它最好能够解释他们。

在涂尔干的传统里,个体通过接受集体能量和表现而体现出来。当一个具体的人经历一个社会际遇时,他或者她就会带有情感和符号残余,而他或者她当时所做的一切都来自他们的相互影响,无论是反思过去、展望未来的际遇,还是在思想、意识或主观的内心空间。米德的符号互动论提供了这同一观点的另外一个看法：自我通过互动而被内在化。这已经是贯穿整个20世纪最核心的社会学见解了；我们的研究已经积累了大量支持它的证据。在我看来，唯一的问题是，我们是否有勇气去完全同意它，去面对现代文化的偏见，用戈夫曼的术语说，此文化制造了来自个人的一个神圣物，并带着崇拜信奉这个自我的意象。我们应该特别注意这个意象，因为在戈夫曼的互动仪式中，它是对自我应是什么东西的一个社会表现，而不是一个真实的、内心的、自主的自我。如同戈夫曼在《日常生活的自我表现》（1952，252）的结论中所说，自我是成功互动表演的产物，"是发生的场景的产物，而不是它的原因"。

当然，还有其他一些重要传统，它们与这个核心的社会学传统相对抗。在功利主义传统中，主张理性计算的自私个体，此传统载入了经济理论史册和许多现代政治哲学之中，它在社会学自身中也是一个重要观点。还有弗洛伊德的本我概念，指未被社会化的人类的根本欲望。对于视自己为知识分子的人而言，最重要的可能是自由思考的艺术家、叛逆者的传统，他们挑战习俗，蔑视成功，目的是遵循他或她野性的、冲动的创作灵魂——我故意使这一描写具有完全的19世纪拜伦式的修辞，以此来提醒我们，讨论个体自我的这个方式是处在历史背景之中的传统。当我们赞美个体天才同社会遵从相斗争的时候，我们远非是在反叛和展示我们的独一性，而是在普遍的现代崇拜运动中，显示我们的成员身份。

最后，我们可能会注意到一个观点，它在当代知识分子中并不流行，虽然它存在于历史背景中：它是一个宗教观点，它主张，关于自我最真实的东西是内在的，而不是外在的，它不能被还原为社会或者其他任何东西。用世俗术语表达，它说的是，发生在内心的东西最终最具有价值，它发生在你自己的意识之中，是你关于世界的独特看法和你自己对它的体验；那是把你塑造成你现在这个样子的东西："他们或许会控制我的肉体，但是他们不能控制我的精神；我是我命运的主人；我是我灵魂的首领。"通过历史的反思，一个人会看到这种思维方式的社会根源；但这不会使此观点的实质失效：内心的个体很重要。

我已经在前几章指出了其他理论思路存在的缺点。在这里，我紧接着要论证 IR 理论能够处理这些理论预想的所有现象，甚至更多。IR 理论肯定不仅能说明个体在其概念领域里有位置，而且它一定会提出一些社会条件，各种形式的个性和关于它的意识形态就发生在这些社会条件下。

在这里，我还要区分几个子问题。首先，是个性问题，存在着具有巨大多样性的不同人格。对 IR 理论而言，这事实上不是一个非常难的挑战；我会总结前几章里已经提出的要点，它们给出了不同人格类型的社会条件。在这里起作用的社会因果关系有几个维度，它们彼此交叉；因此，很可能每个人都很独特（至少在复杂的现代社会），即使每个人都综合了与许多其他人共有的要素。

其次，是解释这一类人格问题，具有此人格的人显然不善社交，20 世纪的术语称之为内向者。事实上存在着大约 6 种类型的内向者，我们自己本身可能就在其中；所有这些都可以看做是由具体的 IR 链产生的。在现代历史上，大部分所谓的内向性类型是相对来说近期才出现的；下一部分将讨论这一历史发展。在内向人格类型产生的同时，也形成了一个关于个人主义的更宽泛的意识形态,成为了现代世界的一个基本原则;因此,我们最后将考察这个非社会学的而实际是反社会学的意识形态是如何出现的。通过研究这些问题提供了把本书思路整合在一起的机会。

个性的社会生产

概括 IR 链对个体人格影响的最简单方法,是去分析分层互动的主要维度。在第三章,这些被称为地位仪式和权力仪式。

在地位仪式的维度上,人们如何靠近关注中心和情感连带方面是不同的:有一直处在中心的人,有在近旁或者有时候在中心的人,有处在更外围的人,有边缘成员,还有非成员。用原来的网络分析术语说,这些是由社会明星向外形成的社会测量等级;用普通语言说,这些是社会名气。在社会学中,我们把此图景变得更复杂了——至少是在原理上——方式就是研究个体所处的每个情境,不仅看他或者她在互动中的中心性,而且看仪式的强度(唤醒了多少集体兴奋,IR 在什么程度上成功或者失败了);研究这些 IRs 如何受限制(即是否一直是同样的人,或者是一个变化的人物演员表——第三章称之为互动的社会密度);最后,我们移到中观层面,总结整个 IR 链过程,研究个体在什么程度上反复出现在同类 IRs 中和处在同一个位置上(IR重复性)。

为了证明个体差异的社会生产,我们可以用一个简化的概括模型,即每个个体体验到的涂尔干式机械团结的程度。在具有高度 IR 重复性和高度网络冗余性的高强度和高社会密度的 IR 中,[1] 个体越处在中心,他或她就越有强烈的与群体及其符号的团结感,越可能获得他人的遵从。以一种有形的和具体的方式,他或她把群体符号当作是永恒的、无疑的现实,不应受到质疑批评;[2]对成员身份符号不敬,会导致正当愤怒的情感喷发和仪式处罚。

在社会学中,这些模式作为群体动力学或者群体文化为人熟知(Homans 1950)。我们也可以把它们视为个体人格的特征。对于高度的涂尔干式机械团结,存在着一种模态人格:遵从的传统主义者,特别会思考和谈论其他具体个体和群体训言,也就是说,此人爱说闲话,心胸狭隘,对熟悉的人热情,对圈外人多疑,对违反者报复心重。在连续统的另一端,是低度机械团结,那里的人们处在群体的边缘,而且/或者他们的仪式是低强度、低社会密度和高度多样性的互动、较低的IR重复性和低度的网络冗余性。[3]此模态人格是非遵从、相对主义、用抽象物思考和谈论、在社会义务上冷淡、容忍差异、放纵违反者。在这两个极端之间是这样一些人格,其特征是逐渐从一种类型变成另一种类型。

现在,我们来分析第二个主要维度:权力仪式。一极是发布命令者,他们告诉其他人去做什么,他们在场的情况下,会获得他人的遵从,其他人至少假装接受他们的命令(也就是说,这些人做出的情境的自我表现是甘愿从属)。下命令使一个人自豪、扬扬得意、认同于他下命令所依据的符号。展现权力仪式者是后台人格,他们高度认同自己的正式自我,他们认为正式自我比他们的私人自我更重要。在另一极是命令接受者,这些人没有别的选择,只有忍受着接受命令,并遵从于那些发布命令者。接受命令产生了一个后台人格;他们反对控制他们的后台展示,他们愤世嫉俗、疏远权威,在这一意义上他们拥有私人后台,在那里他们可摆脱正式礼节。

第九章 作为社会产物的个人主义和内在性

	高度机械团结	低度机械团结
发布命令者	传统主义的独裁主义者	世故的世界主义者；前台人格
平等主义者	地方群体的遵从者	非正式的、随意的、友好的
一线监督员	科层制人格	敷衍塞责的官僚性
命令接受者	后台人格；屈从/疏离的	后台人格；利己主义

图 9-1 依据地位维度和权力维度划分出的理想型人格。

在这两极之间是那些在较低程度上表现这些特征的人。在权力连续统上的一些中间位置，有具体的情境和人格特征，应该可区分出来。在权力连续统中间有两种存在方式：一种是平等情境，那里的人既不下命令，也不接命令，而是水平互动。这个位置抵制了权力维度；处于此位置的人格既不是认同垂直等级制的前台形式主义者，也不是拒绝等级制的后台愤世嫉俗者，而只是具体体现了直接的地方群体的符号文化。在权力等级制中间的另一类位置包括这样一些个体，他们在命令链条之内，接受上级者的命令，并给下属下达命令。最低级的下命令者在这里特别突出，他们给那些单纯的命令接受者下命令。他们是军队里的操练军士、工厂里的工头、办公室里的一线监督员、对公众强制管束的小公务员。在这里我们看到了所谓的科层制人格,作为地位低下的规则执行者,他们严格遵守规则章程,没有开拓精神,只是行使权威,并不了解此权威是为何目的。对于那些面对下属来说的这类地位低下的发布命令者而言,他们特别强烈地感受到了命令接受者的疏远。他们的际遇是微观层面上阶级冲突的前沿。

为了当前的目的,让我们来看这两个维度简化的复合形式;把两者结合起来形成了图9—1所示的人格类型表。它显示了8种人格类型,因为我已经把地位维度分成了两个极化类型,并把权力维度分成了四个极化类型。我们同样可以把地位和权力维度分成更多类型,因为每者都是一个连续统。沿着每个连续统,可以实际区分出10个点;把这些结合起来,就得出了如图9—2所示的一组人格类型。这些合计达到100个不同的人格。虽然图中一些方格可能会相对罕见,而在某些社会中某些网格区域可能根本就没有,但是,我们仍将期望在大多数共同体中存在着数十种的特殊人格类型。

这是保守的一面。这里列出的地位维度和权力维度毕竟是几个子维度的合成物。倘若我们把"机械团结"维度按程度再进行分解,即个体所体验的仪式中心性、仪式强度、社会密度、关联多样性、IR重复性和网络冗余性,那么,我们就会得到一个具有多重维度的"人格空间",这个空间将会产生数量很大的特殊结合。我们随便怎样细细地切割连续统都可以,随便组合成多少子维度都可以;因此,在数百万的个体中,每一个人都完全有可能在某些方面或者其他方面是独特的个体。他们是由少量的基本社会过程所生产出来的,从而与众不同。我要把人们生活中随意的和特殊的细

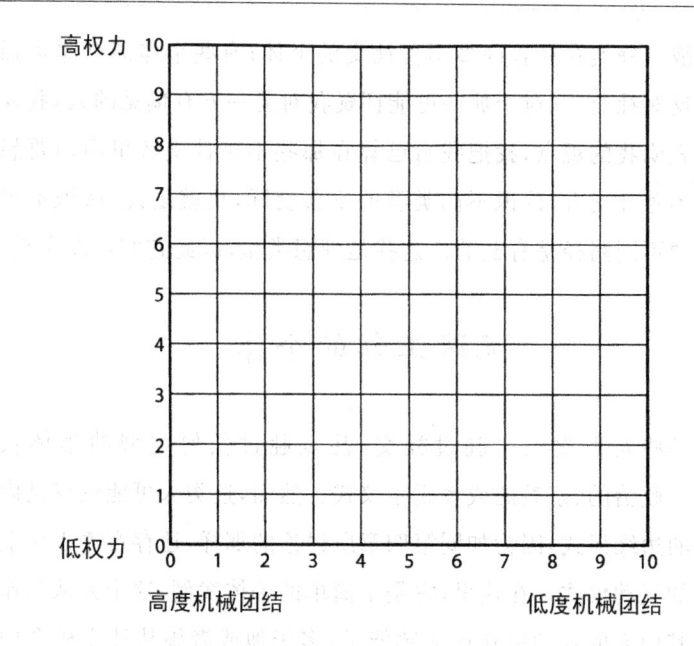

第九章 作为社会产物的个人主义和内在性

图9-2 依据地位和权力维度划分出的多重人格类型。

节(诸如他们是否在匈牙利西部地区的小村庄中而不是东部地区的小村庄中长大)搁置一旁,它们只是使人们的生活内容不同,倘若不会使人们的生活模式不同。个性不会反驳一个深奥尖锐的、解释一切的社会学理论;恰恰相反,个性是根据社会学理论而得出的。

七类内向性

IR理论的前提是,人类是情感能量的寻求者,而且EE是社会互动中团结的产物。从表面上看,内向者似乎向这个前提提出了挑战。确实存在着许多不善社交的个体；有些个体甚至非常强烈地反对社交。(对于那些可能怀疑我对另一方有偏见的人,我要公开表明我的观点,我把我自己算在那些不善社交者里面。)要想解释不善社交者,认识不同类型的不善交际,也就是说,认识不善交际的不同路径是有益的。这些是理想类型,因此它们可以交叠。

沉迷工作的个体

一些人喜欢工作胜过社交,甚至胜过任何类型的集体仪式——政治的、宗教的或者娱乐仪式。然而,这类人可能仅仅是内向性的边缘形式,因为如同第四章所讨论的那样,还存在着工作上发生的互动仪式。在这里,它是个简单的个体案例,这个人从工作中与其他人的互动里获得情感能量,多于他或者她从社交机会中获得的情感能量:如处在活动中心的忙碌的股票经纪人或者买卖经销商;在教室里获得他或者她大部分遵从的讲师;还有拿破仑一世式的将军,他每晚只睡几个小时,因为对战事的控制使他充满活力。

一个更难理解的案例是那些单独工作的人。[4]现代行话的通用术语没有把互动的沉迷工作者与单独的沉迷工作者很好地加以区分;"工作狂"指称所有这类人,然而"书呆子"和"呆子"则指单独工作的类型。后面这些是带有贬义的术语,暗示了爱好社交者的观点。特别是"呆子"这个术语,它暗指一个不会社交者,只埋头于技术细节,喜欢机器胜过喜欢人(Eble 1996)。

用IR链的镜头,我们来分析这样的人。个体不是单独地而

第九章　作为社会产物的个人主义和内在性

是在际遇链条中获得他们的技术技能。这种学习在极大程度上不是发生在正规学校教育之中(Collins 1979，16-17)，而是发生在工作中，特别是通过与已具有专门技能的那些人进行早期的非正式互动来学习。这些技能典型地是被男性垄断了——特别是被工人阶级和中下层阶级男性垄断——首要的是，因为他们还是十几岁男孩(或者年纪更小)时，通过接近他们的父亲、男性亲戚和朋友，他们就被引入了技术世界。男孩通过在家庭车道修理汽车，学到了汽车机械技术，同样他们给从事重设备工作的亲戚做非正式学徒，从而学会了操纵重设备。类似的模式在20世纪晚期的计算机文化中再次出现(只是它更是男孩之间的横向网络而不是代际网络)。

在这里，作为一个技术取向的或沉迷于技术的人，作为一个在其他方面不善社交的人，有两点突出的社会特征。第一，这些能力和兴趣起因于特殊类型的社会互动。它们被内在化了；单独实践一项技术技能，这是群体成员身份符号的第二层序和第三层序再循环形式。技术技能本身是符号或标志，是主观认同的焦点，就如同单独的宗教祈祷者是宗教成员身份符号的第三层序循环一样。在技术性专门知识的情形下，这些是被分层了的标志；它们把那些知道如何做的人，同那些不知道如何做的人明显地区分开来，在这两种人之间，是具有中间程度的无能者和学徒者。就如同非呆子看不起呆子一样，在他们自己环境中的呆子看不起那些在令其陶醉的圈子之外的人。

第二点是，在人类专家之外，还有另外一个网络在发挥着作用。还存在着一个从机器到机器的网络，或者从技术到技术的网络。在科学家共同体的案例中,我已经说明了这一点,从所谓"科学革命"时代(它更准确地被称之为"迅速发现科学"的革命)一直到现在,科学家网络已同实验设备系统交织在了一起(Collins 1998,535-538)。新的科学发展,典型性地是来自修补以前用过的实验设备,加以改造,以生成新现象,供科学家去建立理论,或者通过混合几个实验设备系统,制造新式的研究设备。这两个网络,即人类科学家和机器系统,交织在了一起,因为当设备转移到一个新环境时,典型地只有那些已经亲手用过前代设备的人,才能够成功地运作它们(有关例子,请参看 Shapin and Schaffer 1985)。我认为,同样的模式在事实上所有的技术专门知识领域都成立。当汽车迷在他们的修车间聚集起来,在引擎罩下面做检查的时候,他们根据它与他们所了解的其他汽车的相似性,来判断他们所看到的东西。他们的许多会话包括提到系统的名称——这个系统如何同其他模型相关和不同,他们从前见过或者仅仅听说过这些模型。对于圈外人而言,这样的技术会话即使有意义,也会令他们厌烦,但是在它自己的领域中,这无异于关于亲戚的闲话、朋友的近况和亲密的家庭网络在社交聚会中对往事的追忆(关于后者的详细描述,请参看 Gans 1962,77)。格兰诺维特(Granovetter 2002,56-57)论述了他所称的"呆子文化",他发现此文化不仅存在于 20 世纪晚期计算机黑客之中,而且存在于 19 世纪美国机械发明家之中,这些人总是摆弄自己的设备,互相交流他们的成就(还可参看 Wright 1998)。

当迷恋技术的人聚集在一起时,从通常意义上看,他们似乎不善社交——他们不兴高采烈、不开玩笑、不调侃或不说闲话。事实上,他们经常抵制这种互动,认为它浪费时间,他们因此而显得很害羞。这是在一种特殊类型的 IR 链中的典型案例,此互动仪式链能产生 EE,故他们喜欢这类互动仪式,胜过喜欢其他类型,在此互动仪式中,他们的符号和情感同其他人喜欢的东西不协调。技术专家倘若遇到别的技术专家时,就会受 IRs 的带动,甚至陷入其中;即使在这里,IR 也有别于普通社交,因为它通常主要的不是交谈,而是集中在一件技术设备上。他们对一个物体对象的关注和操作似乎多于彼此交谈。他们交换意义的方式恰恰就是维特根斯坦(倘若曾有过呆子的话,他就是典型的一个)指出的方式,即演示、动手和指点,而不是自以为是喋喋不休地讲(Wittgenstein 1953,1956)。事实上,他们是通过器具彼此互动,因此不言而喻地援用同他们面前这一设备相连的其他更广的机器网络,于是专家共同体通过这些机器联系在了一起。机器是其崇拜的神圣物。按前面的分析,这崇拜的不是技术本身;在每个涂尔干式的神圣物背后都有共同体,此共同体通过对神圣物的关注而结合在了一起。

被社会排斥者

第二类边缘性的内向者包括这样的人,他们没有自己的期望,处在社交集会中心之外。在人们之间,互动仪式不明显地(有时候是明显地)被分层了,首先是那些处在关注中心,并因此是最为忙碌的,以社交为取向的人,然后经过一层关注的竞争者和追随者,最后到达这个群体的边缘人和那些被彻底排斥在外的人。与那些接近群体中心的人相比,边缘者和被驱逐者拥有较少的EE;他们在EE的分层中等级最低。[5]而且他们还比较不忠于群体符号(有关证据参见Homans 1950),从这一意义上来说,他们是非遵从者。但是,就他们缩回到他们内心精神体验的意义上来讲,他们不一定是完全的内向者。他们可能会沮丧、冥想和忧愁;在没有能把他们变为另外一类内向性的其他结构条件下,他们仍然以这个群体为取向,并希望在未来某个时候它能够让他们进入。这样的个体可能会做出可怜的妥协,愿意扮丑角,或者充当替罪羊,他们认为负面关注比根本没有关注要好得多。

情境内向者

有些个体回避特定类型的社交,但是却参与其他类型的社交。在他们的符号储备和EE载荷同在场的其他人的这些方面协调不好的情境中,他们给人的印象是害羞、缺乏自信或者孤僻。在其他情境下,他们协调得很好,他们于是成了豪爽的、自愿的全面参与者。关于这类人格,没有任何古怪的东西;他们仅仅是遵循IR市场的原则,被有EE的互动仪式所吸引,而回避无EE者。在结构上,这样的人会出现在他们处于多元中心网络的地方,在相当不同的环境中具有断断续续的互动机会。它是精神分裂型的网络,而不是个体网络。

这里的一个子类型可被称作"无可匹敌的内向者"。这是从字面的意思上来使用"无可匹敌"这个形容词:这些是精英个体,在他

第九章 作为社会产物的个人主义和内在性

们自己的层面上,没有可以与之互动的匹对者,或者甚至于没有足够杰出的追随者。在18世纪和19世纪的传记和小说中,经常有对这类内向者的描写。[6]一个住在乡村里的上层阶级成员——特别是家庭的男性主人——他经常大部分时间独自一人,隐居在其书斋里;当在家中吃饭时,在饭桌上,这样一位绅士可能不会同配偶或者孩子说很多话。这就给人内向的印象,但是它的社会动机是没有阶级相配的伙伴。当有家庭聚会和乡村狩猎集会的时候,同样的一个人一般会表现出传统的社会风度,但当他到了伦敦,参加议会会议和社交季节聚会时,在举止上他判若两人。[7]

情境内向者是一理想类型,在这个社会情境中的个体可能会是候选者,他会成为更典型的内向者。

疏离的内向者

我们现在提出的内向者类型最适合现代的刻板印象。这就是反叛的个人主义者,他们轻蔑众人,为自己不墨守成规而自豪。一个个体可以通过几条路径,达到这个地步。按照IR理论,所有这些路径都具有共同点,即最可得到社会互动的EE吸引力,比其他的情感能量吸引力要低,而且确实是负面的、是情感能量的消耗。在对疏离者的看法中,总有一定量的理想类型公式化:对比之下,他或者她消极地面对被承认占主导地位的民众、场景或者群体,他们总是逃离这些。然而,要成为或表现为非常自负的社会存在的一员,选择的道路不一定是孤单。其他选择包括保留自己对另一个社会环境的社会参与,此环境具有极高的但又秘密的等级:艺家与愚钝的商业暴徒相对；敏锐者同大众人群的肤浅欢闹相对；社会的上层阶级回避下层阶级，而他或她当前正陷在下层阶级之中。另外一个选择来自对内在化的、第三层序循环的符号对象的关切。同自己偏爱的群体聚集在一起，可能是稀少的，所以，在大多数时候，一个人会选择令人不满意的互动仪式，或者根本就不选择；疏离的内向者属于后者。

在一些方面，反叛性内向者的位置会经历一个阶段，此阶段类似于被社会排斥的内向者类型。但是，我已经提出，大多数被社会排斥者并没有反叛，而是服从，他们希望随着运气的变化，能够进入这个群体。是什么造成了此差异呢？大体上，是两个条件的结合，使内向者形成了对这个群体及其遵从的有意的、自觉的和自我建构性的反对。两个条件之一，是互动仪式市场上存在着可供选择的其他机会；我已经勾画了这可能发生的一些方式。

第二个模式，补充了第一个模式，它对产生超越仅仅是退隐到反叛行为的态度，特别重要。当依据单纯的情境分层，优势群体——控制大量关注焦点的群体——的互动仪式不能真正令人印象非常深刻时，这第二个模式就出现了。就是在那里，群体从事空洞的强迫的仪式。这些仪式具有更多形式，而不是实质——群体集合起来，其标记和准入规定把成员与非成员区分开来，把处在仪式关注中心的那些人和处在次要等级和下层等级的那些人区分开来。但是，情感色调是苍白的；参与者们到场一会儿，走过场，但却没有热情，也不会产生多少集体兴奋。诸如这样的集会，有19世纪晚期和20世纪初期英国贵族的聚会，它是维多利亚时代和爱德华时代地下反叛者的陪衬物；[8]诸如这样的集会还有传统的上层和中上层阶级的社交仪式,它们受到了20世纪70年代反文化的反叛者的鄙视,并被他们抢去了风头。

这个过程非常类似于宗教改革时代天主教宗教仪式的贬值:旧的仪式不仅仅是空洞的,而且是强迫的;通过地位等级制、世袭家族组织的压力,或者粗暴惩罚的直接威胁,旧的仪式还被维持着,但只有情感空洞的外壳。这样的仪式,产生不了多少EE,它们在吸引力上就输给了可供选择的其他仪式,这些其他仪式非正式地出现于地下运动之中,它们具有情感强度,因此给其参与者充上了EE。就是这种EE的赋予,给了个体挑战权势集团的信心。倘若要冒负面结果的风险,这样做可能是勇敢行为;但是,情境经常是处在一个倾斜点上,赶时髦的效果形成了——一个人只要追随情感流动,会感到哪里的仪式是无聊的,哪里是活泼的,并了解人群正奔向哪里。

因为这个原因,疏离的内向者经常是一个短暂的现象。这个类型大量出现,正是因为社会条件在发生转变,所以建立在这些社会条件之上的旧仪式和分层形式衰落了。宏观历史的变革为上演一场仪式所需的组成要素提供了原料(图7-1为图2-1提供原料)。我不久就会对它做出更多说明,在这里只是指出,在从类群身份到情境分层的变化中,旧仪式饱受巨大张力,其结果是摧枯拉朽一般。

孤 独 信 徒

有一类内向性存在于孤独的活动中,它以对象或者程序为中心,这些方面具有成员身份的意义。其原型是私下的宗教炽爱。如同我已经指出的,在近几个世纪,世俗的等价物已经越来越突出了:孤独的烟斗吸烟者、癖好者和技术迷恋者。在这个标题下,我们或许可以区分出几种不同程度或者不同类型的内向性,这取决于这些活动发生的情境,是第二层序的符号循环或是第三层序的符号循环。第二层序循环接受在首层的仪式集会中被赋予意义的符号,并把这些符号当作是用来进一步交换的礼券。第二层序循环的主要形式是会话,它反复应用来自其他地方的符号,但是,还存在着一个单独的形式,在此形式中,循环是由大众媒体来完成的。如果一个人喜欢的消遣是独自看电视,或者听新闻,我们是否应该称他或者她是一个内向者呢?这个例子说明,存在着一种退出公开社会互动的中间类型,它是一种社交取向的内向性,是当自己一个人的时候,令其着迷的社交。[9]

在一个人自己心里面的内在会话中,还存在着第三层序的符号循环。这样的内心循环有时候可能是突发的、创新的和独一的,超越了传统符号,成为个体的特殊用法。当缺乏对人们内心对话的研究时,作为社会学家,我们对这一点没有多少系统的了解。对一类或者另一类符号崇拜——宗教的、娱乐的、技术的,与性有关的——许多内心热爱有可能采取典型的、广泛重复的形式(曾经流行过某个东西,疯子普遍想象他们自己是拿破仑)。即使说私人崇拜有它们自己的发展轨道,这些轨道也是由社会出发点铺设的,而且,追求这些的动机,取决于 IR 市场上寻求 EE 的资源和机会。孤独的内心体验被由外到内规划了;孤独崇拜的分布至少肯定同它们的社会形式的分布有大致的相关性。

知识分子内向者

在某种意义上,知识分子是一类孤独的信徒。但是,纵观整个历史领域,情形并不总是如此。现代知识分子在个人阅读和写作方面花很多时间,但在早期,他们没有多少独处的机会。古代和中世纪的知识分子一般在面对面争论中成就名望,在所有的历史时期,知识分子已经用他们演讲和讨论的难忘印象补充了他们在文本上的专门知识。文本一直被作为媒介,不仅被其他文本所用,而且被面向文本的知识分子网络所用。在知识分子花多少时间独自面对文本和创造新文本方面,肯定存在着历史变化,在那个意义上,现代知识分子比传统知识分子更内向。[10]

正是知识分子在知识分子网络中的体验使他们成为知识分子,而且,当他们寻求其在关注空间的适当位置,获得了与其他知识分子不同的地位时,也塑造了他们思维的内容。一些知识分子故意退出互动,在他们的写作上花很长时间,这样做的真实动机恰恰就是他们把知识分子领域深深内化到了他们的意识框架中。他们隐遁,目的就是为了集中精力于创造活动,这会使他们进入知识分子关注空间的中心;而且在白纸黑字的写作中,用他们内心所了解的领域的标准来看待他们自己的行动,通过强化这种做法,他们从中获得了情感能量。

知识分子世界(更精确的说,每一个知识分子专业)是一个分层的网络,一个知识分子的内向类型取决于他或者她在那个网络中的 IR 链。处在中心位置的是那些获得了普遍关注的个体,这些关注形成了他们作为伟大的创造性思想家的名望:如莎士比亚、赫姆霍尔兹、马克斯·韦伯。再次引用我在研究哲学家及其网络时搜集的证据(Collins 1998),大思想家是那些同其他重要知识分子联系最紧密的人:既有从著名大师到其学生的跨代纵向链条;也有横向的同辈链条,这些同辈在新一代中共同成就名望,通过与最主要对手的争论,形成他们的独特位置。把这些知识分子明星的网络模式与那些程度不同的成就较小的知识分子及失败者相比,进一步证实了在网络中所处位置的重要性。倘若相对而言缺乏关键的网络纽带,就会使他人缺乏伟大的创造性成功,特别是在一个人的事业生涯开始和内化一个人相对于其前辈和同辈的立场的时候。成功的知识分子是最了解社会的内向者。

处在中心位置的知识分子,承认其成功归因于他们在其他知识分子网络中的位置。对于什么符号在知识分子世界的哪个圈子里具有成员身份意义,以及对于哪一系列论点和证据在他们之中流行,他们有很强的实用主义感悟(不一定是自我意识的和反思的,但却是自发的、活跃的);他们也能很好地意识到通过新的符号组合来形成思想联盟。他们承认,他们之所以很快有新思想,并在他人得出类似结论之前发表其新思想,是因为他们强烈地意识到了什么样的联盟即将出现。较不杰出和较不成功的知识分子要经受命运之苦,因为他们在这些网络中的位置比较不占优势。他们距离活动的热点中心太远了,只有等新思想经过了许多他人的讨论和加工之后,他们才获得其中的只零片段。有一些人,通过他们自己在网络中次属位置的生涯经历,明确地意识到了这一点,他们

第九章 作为社会产物的个人主义和内在性

专心于一个谦卑的位置,把著名的理论和技术应用于专门问题;或者成为一名教师或者教科书作者,传播那些有创造性的思想。

就花很多时间孤独地、好学地追求事业的意义而言,不但是处在知识分子网络中心的那些人,而且还有那些作为谦卑追随者而处在一般位置的人,都很可能是内向者;但是,无论明星还是追随者,都被知识分子共同体高度社会化了。在很大程度上,他们既不是疏离的内向者,也不是反叛的内向者,更不是怪僻的内向者。[11] 真正怪僻的知识分子存在于其他网络位置上。这些包括在知识分子网络外部边缘的许多人,特别是自学者,他们远离这个领域文化资本的正规传播网络,收集远离当前学术发展中心的五花八门的教学资料。自学者或多或少偶然地依据遇到的情况,选择他或者她自己的读物,这可能导致来自广泛领域和历史时期的知识分子观点的组合。他们的观点经常是真正的怪异,虽然他们中许多人仅仅是一些观点的追随者,这些观点在前几个世纪中达到了鼎盛(现代的术士是这一类的典型)。把学术认同建立在这类对文化资本的随意了解之上,这种人不可能在构成知识分子世界的分层网络中有多少成功;这个经历可能会使他们不仅变得怪僻,而且变得疏离——个人主义的和扬扬自得的,有时候是挑衅性地以此为豪。这类知识分子内向者或许会同其他类型相结合,这取决于发挥作用的社会条件。他或者她或许会变成一个孤独的信徒,满足于自己的怪癖;或者,通过接近被动员的政治运动,变成一个恐怖分子或系列杀人犯。[12]

这些类型是奇异的,比任何地位的一般知识分子都更为奇异,毫无疑问,它在自学者中也很罕见。为了全面了解内向类型,我要加上另外一类知识分子内向者，这产生于非常重要的网络位置。在每个专业中，有限数量的关注空间使知识分子领域具有了结构性：关于声望的历史证据说明，在任何一代人中，可获得关注的空间仅提供三到六个主要位置。这意味着，在作为以前的明星的学生，作为那些进入知识分子活动新前线者的同辈人，从而起步良好的许多知识分子当中，未能因其成就获得关注者比例很高。当到了生涯中间阶段的时候，大多数知识分子承认了他们的位置，会选择一个较小的适当地位。因此，在那些选择去坚持他们的研究领地，用斗争来声言他们是大人物的人中，有许多人注定要失望：这不是因为他们观点不行，而是因为他们观点很好，同那些获得明星地位的人相比，他们的观点确实来自一样好的学术资本积累，来自一样好的对富有成果的综合和进展的领悟。只是他们在结构上被"小数目定律"挤出去了。就是这个场景产生了痛苦隐退的知识分子内向者。

这可称为叔本华综合征：他是一个聪明的年轻人，他同德国唯心主义运动的明星表演者来自同一所大学，此运动是被同样著名的网络发起的。但是，叔本华较年轻，恰恰就是在黑格尔和几个其他明星已经取得主要的大学职位，并赢得了学生和爱读书公众的时候，叔本华才登场。没有人去听叔本华的讲座，他退到了一个孤独的、憎恶世人的生活；他又被拯救了，仅仅是因为他活到了非常大的年纪，结果等到了被德国第三代知识分子重新发现，这一代反叛了黑格尔一代的唯心主义的主导。并不是所有人都像叔本华一样，把女房东扔下楼梯，或者躲开所有的同伴，从而去孤独地照旧吹奏长笛、去写他期望没有人会看的写作笔记或去逛法兰克福的妓院。但是在今天这一类型的知识分子领域非常之多,倘若我们有所注意,我们会在过去许多代知识分子成功的影子里看到他。[13]

痛苦的知识分子是疏离的内向者的一种形式,但是他们的疏离发生在一个专门化的位置上。他(或者她)可能会,也可能不会在与非学术界相对的常规意义上被疏离;但是,因有限的关注空间而得不到认可的知识分子尤其经常会远离学术界。假设职业知识分子已把此领域的社会结构深深地内化进自己的心里,那么,这可能是一种特别内在的且痛苦的内向形式。

神经过敏或亢奋反射的内向者

最后,我们要分析一类内向者,它可能是整个类型中最有标志性的。这类内向者常见于从哈姆雷特到伍迪·艾伦的娱乐文化中,其内向性是分裂的、冲突的、优柔寡断的和自我破坏的。20世纪精神分析和其他精神疗法的名望,产生了关于这一类型的大量文献和广泛流行的大众认识。我将依据 IR 理论的观点仅补充两点。

第一点补充是强调结论,它暗含在前面的论述中,即内向者可能要么是满意的,要么是不满意的。对于我列出的各种内向者类型,存在着许多对应的社会位置。沉迷工作的内向者、情境内向者、许多孤独信徒以及许多或大多数知识分子,他们既不跟社会有抵触,也没有个人的不满。他们中的一些人——特别是工作型的内向者和知识分子内向者——具有很高水平的 EE,他们以此投入到孤独的追求中,并从中获得相当多的快乐。另一方面,在社会上被排斥的人并不总是非常幸福的,但是作为一个理想类型,他们一般不是非常内向,也没有内心冲突。疏离的内向者显然有冲突,但主要是反对占主导的社会圈子,即使这样,他们还经常变成社会运动的一部分,或者成为类似疏离者团伙;我们再一次把由独特的社会条件产生的疏离的内向者作为理想类型,他们不一定是内心分裂的。

这就把单纯的神经过敏内向者类型留给了我们;我们最好避开技术术语,把他们称之为亢奋反射的内向者。这样的人,显然是在同其他内向者类型中的一种相结合时,作为一种更复杂状态出现的。亢奋反射内向者在他们的社会位置上没有安全感;他们的内心对话不同寻常地具有多面性且爱争论。这是哈姆雷特,他不能够下定决心;伍迪·艾伦对自己做出预测,制造流言蜚语,但在实施前就注定了他会遭受厄运。这样的人一定已经内化了一个复杂的网络模式。[14]

这将是一种处于几个不同形态的网络或者在形式上有急剧变化的网络中的位置。我们不会预期,一个亢奋反射者会出现于紧密团结的、多重关联的涂尔干式机械团结的网络中;在那里,个体声望可能会很低(倘若他们是替罪羊,或者是群体的被驱逐者),但是他们的社会声望获得了直接明确的认可,而且不存在其他要内化的东西。要产生一个亢奋反射的内在自我,必须要存在这样的网络,它们使个体有相当多处于孤独的机会和自由,但同时又把他或者她的情感能量拉向了几个不同方向。倘若真正的内向者的出现是因为群体吸引力仅仅由低度的或者消极的 EE 构成,而另一方面存在着有来自孤独的、第三层序的符号循环的一股强大且积

第九章　作为社会产物的个人主义和内在性　497

极的 EE 拉力,那么,这就不是一个内心冲突的惯例,而是在 EE 市场上直接选择的惯例。神经过敏或亢奋反射者所陷入的网络中的位置,EE 的吸引力与排斥力处于相冲突或模糊不清的抗衡中。伍迪·艾伦的性格就是被不同的力量所吸引;伍迪思维所依赖的符号富有情感能量,这常常产生双方的对话,或者甚至是多方的对话。亢奋反射者的确是个人主义的和怪癖的,这样的人可能会生活在一个内心世界之中,远离任何外部世界。但是,即使是这种复杂的内向者类型,也是被社会因素塑造而成的。

内向性的微观历史

在这七类内向者中,有几类可能一直存在着。毫无疑问,在部落和农业社会中,一直存在着被社会排斥的人、边缘人、被遗弃者和替罪羊。一直存在着独自劳作的人——猎人、牧养动物者、辽阔原野的农夫和寂寞前哨的卫兵。然而,这些人中没有谁可能会具有现代内向者的特征,即本质上的向在倾向性。阶级分层的社会为情境内向者创造了条件;但是,从世袭家族的组织来看,因有多用途的房间,有众多的仆人和扈从,精英绅士非常有可能更多地通过不理睬家奴,而不是通过身体的回避来处理隐私性。只是到了大约 19 世纪,当所建的宅邸有了分开的入口走廊(而不是一个房间连着下一个房间)和为仆人准备的后楼梯(Girouard 1978)之后,完全私人的、无可匹敌的内向者才变得常见了。但是,我认为,所有这些类型只是边缘内向者,他们没有特别内向的文化或意识形态。[15]

知识分子也已经存在很久了。自从书写发展以后,已经出现了写作专家,他们必然花很多时间去专心于阅读和写作,在某些程度上看,这段时间是孤独的;学者的单人房或书房是专门建的房间,它是专门为个体独处而设计的最早结构之一。但是,这不是一位知识分子生活的全部,或者不是主要部分,特别是在修道院、教堂、他们的大学和贵族院的集体生活条件下。直到19世纪开始之前,没有关于知识分子是隐退者和与世界格格不入的独特意识形态。人们不会发觉孔子、亚里士多德或者奥克姆的威廉是现代意义上的内向者。[16]当知识分子工作的物质基础从教堂和贵族庇护转移到书籍商业市场后,关于知识分子独特人格类型的意识形态形成了。因此,大约是在1800年的欧洲,一些知识分子开始独自一人拼命工作,如果成功了,他们可以单纯通过出售其著述来谋生(Collins 1998,623-628,754-774)。当然,并不是所有尝试过的人都成功了,在这里就出现了饥饿艺术家的文化形象,生活在顶楼,是个不知名的天才,同没给予他认可的愚钝社会格格不入。

以市场为基础的知识分子时代,开始于浪漫主义运动时代,它正好把敏感的叛逆者-被遗弃者这个形象作为其喜欢的文学话题。从上层文化获得庇护或机构支持,转变到商业市场,或多或少地同时发生在文学和音乐领域,因此,浪漫主义者/反叛者/内向者的意识形态和人格类型也出现在这两个领域中。[17]在绘画领域,这个变化出现得较晚,它发生在印象主义者时代,是从被官方绘画学院控制的职业,到发扬先锋派艺术的专门化商业画廊的转变(White and White 1965)。因此,在艺术知识分子和商业市场之间,是不稳定的和在很大程度上不被承认的关系。文化产品的市

第九章 作为社会产物的个人主义和内在性

场化增加了对竞争力的强调，奖励创新，推动了风尚的周期变化，新水平的关注集中在作家、音乐家或艺术家的独特人格之上。创造性人格现在被认为是具有独特风格，渗透在其所有的作品中，充当一个商标，用来宣传和表现其独特地位。知识分子的个性获得赞颂，反叛立场得到了鼓励，与此同时，失败的风险变得日益明显，大量有抱负者被文化生产市场所吸引，但他们中的大多数注定要失败。结果出现了谴责商业化主义和大量观众没有品位的意识形态，它产生的场所，恰恰是知识分子最依赖的这种市场。

浪漫主义者的形象是现代内向者崇拜的一个来源；它可能与产生自1789年法国大革命以来的政治反叛运动的意识形态相结合，这种反叛运动在大约同一时间开始，并变得经常了（见 Charle 1990）。在结构上，现代性不仅是资本主义市场的扩张，而且也是集权国家组织的发展，它提供了革命的舞台；即使除了政治巨变的伟大时刻之外，现代政治习惯于为权力而竞争，这发生在现在被标为所谓传统或者反动力量与进步力量之间。个体自由的政治意识形态——它出现在一场运动之中，这场运动主要关心打破贵族对权力的垄断，而不是漠不关心——经常同商业市场上自由作家、音乐家或者艺术家的意识形态混合在一起，它提供了两面性的东西，即独立性和在竞争中失败的危险。特殊的浪漫主义风格让路给了19世纪和20世纪的其他知识分子运动，但是，它为现代形成的文化认同一直保留着，在所有那些知识分子中或多或少还有所体现。

对于反叛、孤独个体的意识形态，我们不能看其表面意义。它出现在知识分子网络之中，是一个集体产物。它并不是照字面意义上讲的，反叛知识分子是孤独的个体。当拜伦的《恰尔德·哈洛尔德》(*Childe Harold*)(是一首诗的主角,这首诗在1812年是拜伦的最畅销诗作,它创造了第一个国际上大量发行的名望)批驳他的祖国,开始他冲动的一人之旅时,只有两个仆人陪伴着他。拜伦自己,就像其他浪漫主义诗人一样,同反叛的秘密派别紧密相连,就像瑞士城堡里珀西·雪莱和玛丽·雪莱这一家一样,他们彼此竞赛,看谁能写出对现代世界最惊人的斥责(玛丽·雪莱凭借《弗兰肯斯坦》[*Frankenstein*],赢了这场竞赛)。

从知识生产的物质基础的历史变化中,出现了一种具有情感的文化形象,这既反映了在拜伦和贝多芬时代的知识分子的基本立场,而且不论何时此形象被再次援引,也塑造了知识分子的情感立场。内在的、自主的自我的疏离、反叛和赞颂,跟把占优势的社会作为其衬托的自我相对立——这已经变成了知识分子话语的一部分,在许多层面上被再循环着:为了在中学里、在"左派"(Left Banks)和艺术家领地中、在政治和反文化运动中组织反叛派系,而作为文化资本;作为日常会话的主题;作为建构小说人物、文学情节和歌剧剧本的素材;也可作为内心对话的内容,它构成了个体的自我反思和意识认同。反叛知识分子的形象被传统社会低估了,这个形象已经变成了一个崇拜对象,在远离其起源点的地方传播着。许多或者可能是大多数专业知识分子的生活情形并不符合这个模型,因为即使是在商业文化市场扩张时,许多知识分子仍继续在商业市场之外工作;现代研究型大学是知识分子最大的雇主,它的扩展就是发生在浪漫主义运动时期。但是,虽然大多数知识分子极不同于拜伦的形象,但大学生活环境一直与这个意识形态有相关性:研究生临时贫困性的波希米亚式生活条件、大学共同体

第九章 作为社会产物的个人主义和内在性

变成激进社会运动培植地的可能性、要么发表成果要么被淘汰的这种生涯张力,即使他们身处相当平淡的学术专业之中。总体而言,现代知识分子远远不同于传统知识分子,他们在日常生活条件中具有充当一个孤独的内向者的结构基础,此基础也使他们再循环疏离反叛者的符号形象。

在很大程度上,其他主要类型的内向者也是由现代环境产生的。神经过敏的/亢奋反射类的内向者是从其他类型的内向者中抽离出去的,但是,它主要是被现代社会网络的复杂性塑造而成。可以说,它与其说是个体现象,不如说是一系列现代网络中的神经过敏生境。孤独信徒已经大量增加了,这来自一些因素的结合,这些因素包括容许私人性的现代生活条件、特别适于隐蔽消费的崇拜符号被大量市场化、主要的前现代崇拜形式的衰落,这些因素留下了一个真空,现代孤独信徒可以占据这个空间。[18]

可以私下进行的崇拜的主要前现代形式,当然是宗教。"内向者"和"外向者"这些个术语的首次使用与精神活动有关联。英文中的"introversion"首次出现于1664年关于宗教修行的一段文字中:"斋戒、祈祷、内向、廉耻、禁欲。""内向"在1669年被用作动词:"灵魂……内向于自身,从而更易服从上帝的意愿。"在1788年,宗教意义仍然占主导地位:"遵照你心中耶稣基督的声音,就是神语的内向性。"大约在1870年,这些术语开始被用于世俗意义上的心理的自我省查;只是在1910年之后,"内向者"及其相对物"外向者"才变成一个名词,意味着一种人格类型,这归功于琼格的精神分析观点。[19]

宗教神秘主义者进行冥想或者内在祈祷,因此他们可以被视为内向者的早期原型,从此意义上来讲,我们可以说,这种人格类型早在公元前500年或更早以前就存在于佛教和其他印度宗教活动之中,也存在于基督教之前的一些古希腊神秘崇拜之中。但是,我们不应该把个人主义者的这个现代概念投射到那个时期。僧侣的典型特征是集体做冥想修行,如同佛教徒在冥想大厅里那样;在基督教修道院,他们可能已经有了个人的单间,但是他们的生活由共同体常规安排,冥想和祈祷时间本身由惯例规定。宗教神秘主义是一个被有力组织起来的社会活动,目的是为了群体成员体验内在的东西。这些体验不是被解释为关心自我,而是被解释为关心以宗教符号为形式的集体表现。[20]冥想式宗教习惯的目的在于"出世",但是此"世"意味着僧侣院院墙之外的东西,或者僧侣生活方式之外的东西;在这些院墙和生活方式之内的东西,非常明显是公共的。

还有一些僧侣和苦行者,他们的退隐更极端,他们退隐到山洞里,或者贫瘠的沙漠里;但是,这也是一种与社会有联系的退隐:圣安东尼(St. Anthony)或者圣西米恩(St. Simeon)这类修行者是著名的早期基督苦行者,他们自己就是崇拜对象,就是朝圣中心,信徒为他们神圣的名望所吸引。著名的隐居僧侣,同在信基督教的黎凡特、印度和日本那里一样,他们同其他僧侣有联系链,传布神圣的技艺,从事对神秘主义技艺的含蓄竞争;他们极端的退隐和他们内心的体验,两者都起于社会群体,并又返回到那些群体。

莫斯(Mauss 1938/1985;Hubert and Mauss 1902/1972)把个体自我的起源追溯到更远的部落社会。术士和巫师是最早个体化的、内心取向的人,因为,要实践巫术或者寻求入定,这涉及人身隐

第九章 作为社会产物的个人主义和内在性

退到有意选择的隐蔽处,并使一个人的意识进入内心。[21]但是,莫斯的主题是巫术的社会特征,因为它经常涉及私下使用来自群体仪式的要素,而且其成效感取决于术士在群体中享有的社会名望。我们还可以做些补充,巫师的入定,非常经常地不是孤独进行的,而是作为部落集会的焦点。倘若术士在通往个性和内向性的路上,那么,非常多的时候这是在集体表现的环境下进行的,这看到的只是非个人的和集体的力量。

从宗教内在性到现代内向人格的转变是由新教徒改革发起的。在新教徒地区,僧侣院被废止,把宗教投入留给了日常生活过程中的普通基督徒,没有了集体日程和标准化解释。我们不应该过分夸大这个对比,因为诸如祈祷和读经这样的最普通投入,通常还是集体进行,大声诵读;只是伴随着大规模世袭家族的衰弱,伴随着后来由政治推动的宗教仪式在学校和公共集会中的消失,宗教修行才变成了大概主要是内在的和私人性的。[22]在宗教体验的仪式生产方式的社会组织上,新教改革是决定性的变迁,尽管为了让结果变得更为世俗化,它用了三百年或者更久的时间。天主教反改革也发挥了它的作用。天主教耶稣会会士运动对专心宗教的个体性和内在性也发挥了类似的推动作用,如同极端的清教徒减少仪式和否认宗教巫术一样;天主教耶稣会会士首要的是改变了定期经常的忏悔做法——此惯例尽管是正规教堂圣餐的一部分,但它在中世纪教堂中没有得到多少强调——从而给每个天主教徒以内心的压力,使他们针对日常生活中的所有行为,检查其良心。[23]

当宗教习惯被从公共关注中心移开,且在相竞争的世俗的仪式生产方式发展的过程中,内向人格类型作为完全现代意义上的术语出现了。这不仅产生了内向性,而且也产生了外向性,因为在这两类社会倾向的对照发展起来之前,外向性不可能会存在。有人会泛泛地说,在现代环境(集体生活分裂为较小的单元、复杂社会网络的分化等等)出现之前,人们大部分是外向者;涂尔干在对以机械团结为特征的早期社会的讨论中,暗含了这一点,在这种早期社会中,每个人都是高度遵从的,他们被嵌入在一个群体之中,彼此高度相似。[24]但是,直到出现了相反的类群,关于爱社交少自我反思者的看法才变得非常明显。

现代的内向者和外向者是由同一个过程产生的,并逐渐成为了对立的类型。仪式生产方式的扩展,使世俗仪式以两种不同的方式被应用:一是作为集体参与,另一极端是在单独实践中,私人盗用这些符号对象。外向者变成了个体的人格类型;然而传统上大多数人仅仅是参与常态的集体生活(就如同在一个中世纪家族或者部落共同体中那样),在现代环境之下,外向性变成了一个独特的选择,它要求更多反思和自我意识,既涉及参加哪种外向活动形式,又包括意识到存在着没有做出这种选择的其他人。参加村里欢庆仪式的中世纪农民,在认同性选择上不会同当代兄弟会男孩有相同的意义,或者聚会动物会意识到自己有别于呆子(比如说,见 Moffatt 1989)。有利于类群认同的条件衰落了,而向情境分层条件占主导的转变,提高了对个体身份的关注,不论这些是否基于外向参与的名望,还是基于内向隐退的名望。内向者和外向者现在会发生冲突,形成他们自己的地位意识形态,以压制他者。[25]这是情境分层的一个独特的现代形式,它不可以被还原为阶

第九章 作为社会产物的个人主义和内在性

级、性别和种族,但是,它在一个更为个人的层面上存在着。

在相当大的程度上,仪式生产方式的扩展,也是资本主义市场上生境的大规模商业扩展,它传播了日益多样的第一层序仪式生产和符号对象本身生产所需的要素。[26]因此,以同样的方式,已经出现了第一层序世俗崇拜行动的扩展;关于世俗崇拜的第二层序会话扩展了,而且关于第一层序仪式事件的商业传播和再传播也扩展了;对这些对象的第三层序私人孤独崇拜的专注也扩大了。今天,现代外向者有很多领域,他们在那里活动着:参加大事件,知道最新的闲话,从而热情参与关于它们的讨论。作为这些过程的衍生物,内向者现在具有更多符号,以填补他们的孤独,而且具有更多变换,来建构独特的个体内心体验。符号对象的分布同时也是情感能量的分布,从公共集会那种公开的集体兴奋,到在网络和内心体验中第二层序和第三层序EE的再集中。

正如我们已经看到的一样,世俗仪式和它们的崇拜对象包括大众娱乐和体育运动;技术设备;业余爱好的东西;艺术品和艺术物;身体吸食的物质;身体本身的型塑。这些市场产生了现代崇拜者、呆子、癖好者、知识分子和鉴赏家、瘾君子、健身迷或体型控制迷——在中世纪或者古代社会,这些人格类型很罕见。

商业市场提供了这些世俗崇拜习惯得以建构的组成要素。这些习惯的实际发展和流行取决于社会际遇生态模式的变化:特别是向自愿集会的转变,它反映了不愿参与作为传统社会的特征的共同体和家庭聚会。在前现代社会,日复一日年复一年的活动都充满了仪式,我们通过其正式性可以很容易地认识到这一点;生活在中世纪共同体的一个世袭家族之中(不必说生活在部落社会中了)所具有的情况,就像倘若在我们的生活中圣诞节或者感恩节一个月出现几次,而每一天不时地还有许多次要仪式一样。因为这些集体生活结构的分裂和网络的分化,现代生活有了自己的关注焦点和感情连带,从这一点上我们在很大程度上把它们作为仪式,主要是作为非正式仪式,这需要一个社会学家来指出,它们确实是仪式。

这两个转变是相互关联的:日益增多的社会参与的个体组织,形成了不断扩大的仪式生产方式的消费市场,也形成了容易制造神圣对象的市场,它们代表这些现代仪式中最成功的方面。图4-4的两边,是互动市场和物质市场,它们彼此流动;在过去的五个世纪或者更多的世纪里,它们已经经历了一个很长的扩展循环,在近一个世纪里,此循环极大地加快了。

伴随着自愿举行的非正式仪式的扩展出现的外向和内向道路的互补性,可由欢饮和性展示的现代场景得到体现。这是情境分层的一种形式,它产生自个体化婚姻市场中日益增多的自主性,即参与者本身摆脱家庭控制自主决定。到20世纪20年代为止,这些已经变成了这样的场景,与其说是为了寻找婚姻伴侣,不如说是为了在集体兴奋中获得单纯的情境声望。喝酒、吸烟以及着装上新式的性展示、跳舞、说俚语,还有举止怪僻,都在社会上变得有声望了;也就是说,这些变成了共同体中成员身份的符号标志,在界限上非常模糊了,这种界限是通过到这样的场景中确立起来的。处于这样一个场景,就变成成员身份,其等级是由能带来多少集体兴奋和一个人距离兴奋中心多近来决定。情境分层产生了可以被看做为情境阶级斗争的东西。在一方面,是那些奋力要进入中心的人，他们越来越投入地把自己建构为外向人格。在另一方面，是那些反对这些狂欢场景的人，他们有多种基础，包括属于更传统的社会礼仪、阶级和宗教的道德共同体成员，到其他知识分子偏执者、技术沉迷者、疏离的内向者及各种各样的孤独信徒。处在这些多样化的仪式位置的人，不仅依据他们个人崇拜所关注的东西，而且依据其对照物，认同于自己；呆子和聚会动物都是彼此自我定义的一部分。

最明显的崇拜，不仅产生敌对，而且产生私人仿效。在第一层序参与一个居于公共关注中心的现代崇拜，也会倾向于促进其符号向私人生活的扩展。吸香烟在20世纪20年代的聚会场景中很有魅力，它在第二次世界大战的仪式化团结中几乎普及了，吸香烟还产生了私自吸烟者的半影，在公共场景的声望衰落之后，这个半影保留了下来。在性行为领域，性展示场景的不同阶段（20世纪20年代，20世纪60年代）促进了一个日益情欲化的文化；带有性暗示的服装样式、广告和日益明显的色情物的传播，已经提高了当代性行为的欲望。在这里，内向形式和外向形式不仅一起扩展，而且彼此支持。如同我们（在第六章）所了解的，手淫同色情物消费相关，它同性交频率也有正相关；在20世纪，初次性行为低龄化了，性习惯也变得更多样性了。性亲密领域遵循了戈夫曼的社会学模式。有很多对前台形象的姿势摆放和展现——因为实际上，大多数人的性生活并不像他们假装的那样活跃——但是，我们不会因此就把性前台当作幻想而不予考虑。社会与其说是像弗洛伊德认为的是原始性欲望的压制者，不如说是控制关注焦点和情感连带的驱动力的制造者和塑造者。在性欲望里，如同在任何其他方面一样，人类被由外向里规划了。

现代的个人崇拜

"这个世俗的世界，并不是像我们想象的那样没有宗教信仰。许多神已经不存在了，但是，个体本身仍顽固地相信神是相当重要的。他行事带着某些尊严，并接受许多小的献礼。他对他赢得的崇拜很在意，但是，倘若以正确的态度接近他，他情愿原谅那些或许已经冒犯了他的人。因为他们的地位与他相关，一些人会觉得他玷污他人，而其他人会玷污他，在每一个情形中，他们发现，他们都必须在仪式上小心地对待他。"

——欧文·戈夫曼，[1957] 1967，第95页

戈夫曼是一位历史观察家，这有悖他的意图。在对日常生活细节的直接观察中，他从事的工作是创立一个学术专业。为了这样做，他没有考虑历史背景，他把情境分层作为自成一格的分析层面，集中关注其分析性特征。在这个方面，他同功能主义人类学家保持一致，他遵循了其思路。戈夫曼也没有考虑许多互动的实质，这把他与关注"礼貌风俗"的老一辈作家区分开来；互动仪式社会学不说教、不嘲弄、不幽默、也不讽刺。[27]他不关心去记载从一个时代到另一个礼貌风俗上的变化，即便他就是在其视阈范围发生的巨大变化之中工作着。

事实上，我们可以把发生在20世纪50年代和20世纪70年代之间的历史变化称之为"戈夫曼革命"。[28]这是朝向互动中更大

随意性的转变。戈夫曼喜欢分析正式礼貌行为的细微差别——举帽子、为别人开门、礼貌的介绍、平等而礼貌地回绝那些在社会上无条件认识的人——这些细微差别即将消失。男人不再戴帽子——这就消除了在向女士举帽,或者通过依然在屋里戴帽子来显示一个人干练的办事风度之间的任何区别;人们吸烟时不再相互递烟点火,最终表明吸烟是一种污染形式;为女士开门的男性遭到拒绝,因这是在貌似遵从中鼓励屈从的象征。从前的吸烟口头语在复杂社交圈子里变成了标准;衣服样式和专门为特殊社交场合设计的衣服的正式性,让步给了占主导地位的随意风格。使用头衔的传统称呼形式,让步给了或多或少强迫性地称呼每个人的名字或者绰号,不论他们熟悉程度如何。

戈夫曼忽略了所有这些变化,因为他试图找出所有互动仪式共有的一般特征。在IR链理论中,我已经尝试去强调这些一般特征。手中有这个分析工具,我们可以自由考虑仪式的具体内容的历史变化。随意性时代在戈夫曼革命的一侧,我们就生活在那一侧,这个时代仍然是仪式主义的,即使戈夫曼从中取得其素材的那些较老仪式已经被一系列不同的仪式代替了。戈夫曼的礼节仪式大部分是类群遵从的形式——为女士开门,或者点香烟,以此显示一个人的绅士地位。女士同绅士相对,以及非女士同非绅士相对,这些区别几乎完全消失了;这些已经被情境分层取代了,情境分层公开地只认可个体,及其在所喜欢的社会行动场景中因参与或退出而获得的声望。

除了这一历史变化,戈夫曼对"个人崇拜"的强调依旧成立。个人崇拜甚至作为一个趋势出现了:对个性崇拜的强调程度日益增加，人们所关心的是使崇拜尽可能包括一切。20世纪晚期，礼貌行为似乎荒谬且多余，有时候在"政治得当性"的标签下受到讽刺。因为它所指的是日常生活标准的冲突，而且我们大多数人在那些冲突中是这面或者那面的党徒，所以我们难以对此做出分析。从社会学上看，政治得当性表明了社会仪式主义的两个经典特征：第一，它是一种道德强制的形式；它标记着什么样的人被认为是一个较大共同体的合适成员的界限，而其武器是对那些违反了这些标准的人的道德蔑视（随之而来的，可能是法律强制）。第二，它所关心的是把个性的地位延伸到每个人，首先是延伸到那些在历史上没有特权的人；在日常生活中，这是一种扮演他人角色时高度敏感的形式，探明所有可能伤害到他人感觉的方式，这些人被视为地位较低者或者社会上微不足道者。固然，阶级分层还没有消失，而情境分层与情境平等性同等存在，所以，在给一些人赋予特别明显的平等性，并因此也给予他们情境关注的优先性中，这些仪式具有一定数量的虚假意识。但是，这是仪式的性质；它们黏合起结构上不协调的东西，也黏合其他东西，保持情境顺畅进行下去。而且从整体来看，我们可发现这一长期趋势：更大的自我内在性得到了肯定，并通过设想到他人，有助于形成这种内在性。即使当外在性场合促进了行动场景中吵闹连带的现代特征时，内向领域也会被扩展，给予每个人至少名誉内向者的地位。

我要以一个反思来结尾，即反思激进的微观社会学观点对于我们关于自己的看法而言意味了什么。我们都被社会所建构；我们都被历史所塑造。关于我们的自我，没有"自然"的内在性；因为这个原因，关于我们在过去几个世纪碰巧生活于其中的历史轨道，

第九章 作为社会产物的个人主义和内在性

也没有必然性。IR 理论是一个分析模型,它可以被用到任何历史时期,被用来分析在一个特殊时刻,碰巧存在着什么样的用来执行仪式的要素的结构。在这些要素中没有任何关于趋势的含义,在其结果中也没有;每一个时期都可能有其复杂性的范围,没有担保说,较大的历史模式总是在一个方向上变动。在未来几百年后会被视为自然而然的那类自我,可能相当不同于今天被看做是理所当然的自我,这个趋势不一定进一步沿着我在这一章里勾画出的同一方向继续。不存在黑格尔式的进化,他主张人类的纯粹本质是个体性和内在性。

那么,我们将从我们自己中得出什么呢?我们是一定历史时期的产物,此时期已发展了日益广泛的、日益有影响的个性崇拜;因为,我们被迫认为我们自己是自主的、内在的个体;倘若我们经历过把我们变成知识分子、变成疏离的内向者,以及其他形式的特别显著的内向性这类社会结构,一切就更是如此了。同时,社会学理论的核心思路——这些是以涂尔干和米德为标志——是为说明我们的自我被社会建构的机制提供了丰富的证据资料。

对个体的这种社会学化看法,同 20 世纪和 21 世纪早期的仪式所产生的符号格格不入。我把核心观点表达如下:人类是情感能量的寻求者,因此,他们同那些互动和互动派生的符号连在了一起,这些给予了由每个人社会网络所呈现的机会以最大的 EE。倘若不是情感能量寻求者,人类会是什么呢?我们仅仅是勉受痛苦者吗?如较早的一个理论主张,人们习惯于因挫败和阻碍而激发出行动。但是,这个形象太惰性、太被动了;人类是主动的兴奋寻求者,对事情会发生在哪里非常感兴趣。我们是物质回报的寻求者吗？功利主义传统提出了这个简便的看法，并得到了制度上成功的经济学的广泛传播。今天的经济社会学给出了反对此观点的证据；物质商品不仅从属于非物质的兴趣，而且当它们是具有EE的符号，或者是仪式生产的物质手段时，这些是人们最强烈渴望的。我们是权力的寻求者吗？有时候是，但那是一种特殊类型的情境互动，通过这种互动，人们中只是少许比例的人获得了他们的EE。我们是爱情的寻求者吗？答案是一样的。我们是思想的寻求者吗？答案还是一样；但知识分子把他们的生活献身于思想、艺术家把他们献身于艺术，所有这些人，在其思想中都最深刻地经受了具有EE的符号的塑造，这些符号反映了在职业网络之中的成员身份。

除了社会之外，不存在真正的有效的个体体验吗？这种体验是一个人独自体会的事情，是你不能与他人沟通的事情，经常是最好单独品味的事情：新割的草的气味、傍晚太阳余晖中色彩斑斓的世界、在跑步后伸展身体时对自己肌肉的感觉、情绪的微妙之处、难以理解的一个人的痴心妄想——在这些时候，如果同其他人在一起，经常会令人分心，想在闲聊中叙述这一体验，但更可能会破坏而不是扩展此体验。因此，我们可以说，存在着一个人自己敏感的美学领域，那至少是一个关于私人自我的清晰堡垒。然而，正是我们自己的传记，使我们中一些人有准备地去参与这些时刻，而我们中的其他人却不关注这些时刻；它是我们的社会符号之库，它打开了大门。我们的生命正被社会深深地建构着，从婴儿那个时刻开始，那时我们开始同父母有节奏地制造噪音和姿势，然后贯穿到成人网络，这个网络引领我们进入体验崇拜，我们在我们的内在生命中精心制作着这些体验。符号构成了我们的意识结构。符号是我们看事物的透镜。

通过它们,我们确实看到了一些事情。此体验是一个现实,它是具体的、特殊的、个体的;有时候,它对我们自己而言,具有最高价值。通往这些体验的路径是极为社会性的,这一点并不会对它们有任何减损。

注　释

第一章　互动仪式理论纲领

1. 甚至更令人误解的是在贬义方面的使用，指心不在焉应付情感，或对崇拜物心不在焉。

2. 在动物行为学领域的还有另外一种用法，有时被借用在儿童发展心理学中。这里"仪式化"是指简略的沟通姿势，在常规的行动过程中具有向其他有机体"发信号"的作用，故不同于"符号"，符号是代表共享意思的约定俗成的东西（例如，Tomasello 1999,87）。在这一用法中，仪式化只是用于说明协调性实际行动的一种简称，不是符号论的互为主观性的来源。尽管这一用法与社会学的 IR 理论或多或少背道而驰是事实，但我们将在第二章看到，托马斯洛及这个研究群体其他人的研究成果，的确也是支持 IR 理论的重要部分。

3. 弗洛伊德的《图腾与禁忌》发表于 1913 年，正处于对这些现象关注的高潮。范·盖内普的《人生的重大仪式》(Rites de Passage)发表于 1909 年，弗雷泽的《图腾崇拜与族外婚》(Totemism and Exogamy)和列维-布鲁尔的《低级社会中精神的功能》(Les functions mentales dans les sociétés inférieures)发表于 1910 年，涂尔干的《宗教生活的基本形式》(Les formes élémentaires de laviereligieuse)发表于 1912 年，同年，哈里森的《希弥斯》(Themis)、康福德的《从宗教到哲学》(From Religion to Philosophy)及默里的《希腊宗教的四个阶段》(Four Stages of Greek Religion)发表。斯特拉文斯基关于原始仪式的有争议的芭蕾音乐剧《春之祭》(Le sacre du printemps)，于 1912 年首次在巴黎上演。

4. 那些批评功能主义运动反对其前辈的人，认为涂尔干派是例外，因为涂尔干强烈主张建立关于社会的一般科学。涂尔干和莫斯为功能主义者研究在他们当时的社会行动背景下,而不是作为以往历史的功利的遗留物的仪式和信仰铺平了道路,虽然他们比功能主义人类学家的研究更多地从进化论方面关注社会变迁。涂尔干的确采用了进化论的立场,从而使他能够把澳大利亚的土人社会,由于其明显的简单性,而看做是既能表明更复杂社会的进化论起点,又能揭示社会团结和符号象征意义的分析性主要过程的"基本形式"。因而,尽管马林诺夫斯基是后来著名的英国社会人类学派的组织上的领导者,但这一学派的成员都倾向于采用涂尔干的理论模式。著名的例子是拉德克利夫-布朗,他曾在南非和澳洲为那些来自马林诺夫斯基的伦敦经济学院研讨班的成员(埃文思-普里查德、福特斯和其他人)单独授课。拉德克利夫-布朗从20世纪20年代中期通过莫斯与涂尔干学派建立了联系,并明确地发展了其仪式理论(Goody 1995)。

5. 这里具有直接的网络传承:帕森斯在开始提出其系统的结构功能理论之前,他是20世纪30年代早期马林诺夫斯基的伦敦经济学院研讨班成员(Goody 1995,27);默顿于20世纪30年代中期在哈佛是帕森斯的学生。

6. 涂尔干(Durkheim 1912/1965)也分析过哀悼仪式,但他所关心的是去说明哀悼不是群体自发进行的,而是必需的。他注意到在葬礼中聚在一起的群体,结果是形成了一类集体兴奋,纵然是建立在消极情感的基础上。这给我们提供了拉德克利夫-布朗(1922)分析的功能整合实现的机制:由共有的哀情激发的集体情感,把每个人拉回到群体中,并给予他们以新生的力量。

7. "把演员和观众结合在一起的行为规则是社会的约束力……有机会去肯定道德秩序,因此社会是非同寻常的。正是在这里仪式规则发挥了其社会功能……通过这些仪式,由礼节性的责任和期望做引导,全社会将充满永恒流动的宽容,使那些在场的其他人不断提醒自己,他必须保持自己也是一个平凡的人而肯定其他方面的神圣性。我们有时称的空洞的姿态或许实际上是包含有非常丰富的内容"(Goffman 1956/1967,90)。

8. 古老的用法最好地表达了IR理论中关于"社会"这种看法。社会不是遥不可及的抽象物;如它指当一个上层阶级的女总管在20世纪初,如果她对她的女儿讲"出去接触社会"时,所意味着是什么——即从家庭小圈子走出去,参与文雅的社交聚会。IR理论把"文雅社会"这一狭义的用法加以推广,从其仪式性方面用于所有的社会互动。这种想法类似于亨利·大卫·梭罗的警句中的思想:"我的房子里有三把椅子:第一把是留给孤独一人的;第二把是给伙伴的;第三把是给社会的。"

9. 据报纸报道,有争议的篮球教练博比·奈特(Bobby Knight)于20世纪90年代后期被大学解雇了,原因是当他的一个学生用"你好,奈特"跟他搭讪时,他对此学生做出了愤怒的反应。

10. "米德的观点是个体根据他人对他的态度而认识自己,这似乎太简单化了。更确切地说,个体必须依靠他人来完成关于自己的整个图像,其中他本人只是描绘某些部分。每个人应关心的是自己的举止形象和其他人的遵从形象,故为了表现出一个完整的人,个体必须抓住仪式链……尽管个体有其独特的自我,这可能是事实,但这一个性的证据完全是参与仪式活动的产物"(Goffman 1956/1967,84-85)。

11. 接下来,虽然戈夫曼没有涉及这一点,但当通常所接受的礼节性合作的尺度被打破,例如,一位新经理突然强硬地闯入工作者的后台,公开的冲突就会爆发。作为经验例子,参见古尔德纳的《野猫罢工》(*Wildcat Strike*)(Gouldner, 1954)。

12. 根据后面提出的 IR 具体模型,这通过保持正常的节奏和话题变动中的关注焦点,并通过适合于非侵害性互动的情感口气,完全可以做到的,同时又做出既是满意的又是非言语的/辅助语言的姿态,对其他人的是否合适的举止提出挑战。

13. 戈夫曼对这些解释的批评未做系统陈述,只是相当非正式地做过一些评论和注释。关于戈夫曼的学术立场跟其他立场的对立问题,参见 Winkin(1988);Burns(1992);Rawls(1987)。

14. 戈夫曼在早期的工作涉及这个题目,提出的问题是是否有一个最后的后台,在那里不再有表演工作。即便是夫妻房事,这通常被认为是最最亲密和隐私性的领域,戈夫曼断言,也可认为是一种表演(1959,193-194)。我在第六章中将扩展这个主题,我们将会了解性交如何完全符合互动仪式模型。

15. 大约在同一时期(20 世纪 50 年代后期和 60 年代初期),乔姆斯基对语言的深层结构做了类似数学的分析,集中关注的不是像索绪尔那样研究语音学,而是句法。此内容又被称为生成性语法,因为它给出了一个正式系统,由此可说明语言的表层结构是来自于基本元素及其转换。乔姆斯基的分析方法的起点是一种自然语言现成的句子,然后把它们分解为基本元素,称为"基本字符串"(underlying strings)。从相反的方向看,这些元素由一系列的运作(词组结构规则、变形规则、词素音位学规则)而重组,直到我们再次完成认可的句子。这套运作因而也可以说是形成了特殊句子。乔姆斯基的解释策略与列维-斯特劳斯的策略是一致的,虽然在实质内容上不同。但乔姆斯基的生成语法并不能为不同的语言提出一种准则,从而跟列维-斯特劳斯的亲属关系系统类型,或其他社会结构元素相一致,因此也不会对列维-斯特劳斯的大系统提供支持。

16. 索绪尔的成果问世于20世纪之初,他是涂尔干纲领的同情者。就主张构成语音意义的任意区别是集体性结果,而不是用个体心理学可解释的而言,他们有一些理论上的相似性(Saussure 1915/1966,15-16;关于涂尔干对索绪尔影响的详细的说明,参见 Jameson 1972,27)。列维-斯特劳斯是莫斯门徒,是涂尔干孙门徒,他实际上把广义的涂尔干派的几个分支结合了起来。

17. 原因很大程度上是政治性的,主要力量来自于20世纪30年代和40年代的存在主义者一代,他们对被看做是涂尔干学派在20世纪20年代的法国政治中倡导的团结民族主义提出了反对意见(参见 Heilbron 1985;Collins 2003)。

18. 关于仪式的这个看法经常归于涂尔干。凯瑟琳·贝尔(Catherine Bell 1992)澄清了这一解释问题,并提出了开放性的一些可能性,即仪式可被看做是生产和再生产符号准则的社会行动,而不是相反。其他学者采用中间立场,把准则或准则条目看做有暂时的优先性和在分析上是首要的,但也充分考虑到了在具体情境下援引准则的灵活性。

19. 然而,至少有一种方式,使那种把意义看做是由世俗的世间活动建构的观点,可以跟某些方面的宗教超然性相一致。大卫·普雷斯顿(David Preston 1988),在分析佛教禅宗术时提出,佛教徒的静思修炼是社会组织性的,目的不在于建构一种超然的宗教意义,而是在于去掉已建构的意义的附加物;因而这种冥思的目的是从建构的一切事物中解放出来或获得超然,不管什么东西继续(一种超然的实在?)普照光明。

20. 其中最重要的是《宗教生活的基本形式》第二部第七章。有几个不同的英文译本，它们主要在各自的文字翻译和页码上有所不同。

21. 近年来关于身体对社会学的重要性已得到了重视，特别是布赖恩·特纳(Turner 1996)的研究。

22. 这里可能值得转变几种关于涂尔干的观点模式的误解或偏见。涂尔干在《宗教生活的基本形式》中对群体集聚的情感的分析，有时被看做是20世纪初的"人群心理学"的一种形式；就像莱本(Le Bon)的《人群》(*The Crowd*, 1908)。因而人们认为，涂尔干仅仅是重复传统上所主张的人群的同等水平的兽性胜过个体的更高理性的观点。大量的关于集体行为和社会运动的现代社会学，譬如麦克费尔(McPhail)的《发狂人群的神话》(*The Myth of the Madding Crowd*, 1991)，用这个模型作为衬托，援引证据说明了，个体典型地不是作为孤立者，而是以互相结伴的朋友小圈子加入人群的。反驳这个批评，需要澄清三点。

第一，关于人群的现代网络研究并没有削弱群体对个体有重要影响的看法；它仅仅用一个群体行为模型取代了另一个。解释此资料的一个更好的方式是，组成人群的首属群体促进和加强了更大的人群的关注焦点和情感连带的效果。对这些小群体的成员来说，更大人群的兴奋或其他情感变得特别重要，因为他们彼此之间要有反馈。因而我们也可以说，这些小群体在一个更大的群体中互相连带着。

第二，涂尔干并不把群体的集聚看做是动物性的，把个体降低到低于人类的水平。相反，他指出在人们集聚的情况下，道德理想产生了，并付诸行动。英勇的、自我牺牲的、高度道德的个体都是通过这样的场合产生的。

第三，我们无法像鲁宾逊·克鲁索(Robinson Crusoe)那样假定，理性的个体先于所有的社会经验而存在，因而人群只是由那些可能降低，也可能没有降低其自然水平的理性的个体所构成的。但涂尔干试图说明的是，个体是如何被群体塑造或社会化的，以及形成他们的理性的概念是如何在群体中被确立和被反复灌输的。

另外，一个较小的误解也应指出来：即认为涂尔干选土著人为研究对象，目的在于把他们视作低于现代理性水平的原始人。相反，涂尔干关注土著人的聚集方式，因为他们显示了我们共同的人性。他找到的过程，即产生集体兴奋的关注焦点和共有情感,总的来说是跟那些在历史上起作用的且至今仍起作用的过程是相同的。

23. 在这一方面,布迪厄延续了我所称的列维－斯特劳斯结构主义的"准则探寻"纲领;并且即使布迪厄(Bourdieu 1972/1977)把列维－斯特劳斯作为陪衬,通过强调符号资本总是在普通生活的偶发事件中被以实用的方式加以使用,而建立了他的理论声望,但事实仍是这样。布迪厄避免用"准则"这个术语,代之用"惯习性"(habitus)看做是内化在个体中的要素,而用"场域"的"逻辑"或"原理"指支配性的宏观模式。在后来的著作中,布迪厄又强调了"实践"的逻辑,他从戈夫曼和常人方法论者那里借用了微观社会学的观点,并否认整体结构离开人类主体后会有任何作用。但其结果在结构上又是注定的。对布迪厄来说,由个体所表现的文化(包括语言的应用:参见 Bourdieu 1991),在再生产同类的分层化社会秩序或"权力场域"方面总是有效的;因此他称其为"符号暴力",强调其作为宏观支配的微观示例特征。用其另外的术语,这又被称为"场域中的同系现象",此概念背离了作为其来源的列维－斯特劳斯的结构主义。关于这一观点的典型运用,参见布迪厄(Bourdieu 2001),在此著作中他声称性别控制的深层的结构逻辑,从古代地中海部落极端的男性控制到 20 世纪后期自由化的西方社会,始终未变。对布迪厄的批评,参见 Lamont and Lareau(1988)。还可参见在布迪厄的追随者华康德(Wacquant 2002)与安德森(Anderson 2002)、邓尼尔(Dunier 2002)和纽曼(Newman 2002)之间的辩论。

第二章 相互关注/情感连带模型

1. 另一正式的仪式模型版本,参见马歇尔(Marshall 2002)。

2. 对正式仪式的个人反抗与集体反抗的结合,甚至包括反对戈夫曼说的举止得体的层面,是 20 世纪 60 年代"反主流文化"的特征。互动分层的变化风格的结果将在第七章与第八章中进行分析。

3. 20 世纪 90 年代,一所重要的美国大学的校长,以极为亲切友善的风格,迎接并与全体教师、学生、访问者、可能的捐赠者,以及实际上所有的来者互动而闻名,但在任职几年之后不再这样做了,从而不得不辞去职位。童年时,我曾经观察我的母亲,她作为一位美国驻外总领事的妻子,是当地外交使团的主角女主人,以丰富的情感兴奋投入到一系列的社交仪式中。但这很明显是一种舞台表演的做法,因为当她关门送走最后一位客人后,我就能看到她情绪的变化;她会定期地休息,隐退到宾馆中去阅读小说,而且一周内根本不见任何人。特纳(Turner 2002)认为,人类是灵长类动物中一支相当不爱交际的血统后裔,因此人类实际上并不天生善于交际,而且必须投入大量的工作来维持仪式。我认为他夸大了人类不善交际的生物遗传的迹象;而且他关于人类不得不努力去履行仪式的观点,似乎是从被迫仪式的观察中得出的。

4. 看似正确的进化路径的重构是由特纳提供的(Turner 2002,第三章与第四章),他运用了古生物学与生物分类学、灵长类动物行为,以及大脑生理学的证据。特纳强调人类这种动物,通过发展精细的情感表达而变得与众不同,使其能比其他的动物激活更为细微的社会协作,并将这些情感与大脑的认知中心联系起来。

5. 体育运动庆贺的例子可表明历史的差异。1970年之前美国的庆贺活动非常有限,主要是握手和某些亲密队友之间肩部的拥抱。在20世纪早期,典型的仪式是将教练或被视为英雄的运动员举在队员的肩上——有限的身体接触,集中于一位象征性的代表身上。20世纪后期的形式(持续到21世纪早期)是全身拥抱和垒起人山。因此,即使相当非正式的仪式模式也受到传统积累的影响;我们很少分析哪些条件导致了身体庆贺仪式的模式由一种向另一种的转变。然而,所有这些模式都是基本模式的变化形式:来自群体体验的强烈情感的突然爆发产生了身体接触的渴望,这反过来又增强与延长了处于巅峰的情感。事实上,这种延续的时间可能并不是很长;从没有身体团结仪式时,几十秒或更少的高度兴奋,到最高限度的庆贺时持续十分钟的情况。某些证据来自有关罗杰·马里斯1961年创造了新的国内赛跑纪录(四十秒的掌声)以及马克·麦格沃尔1998年打破纪录(十分钟的掌声)的庆贺影片和录像。在更早的打破纪录的瞬间,人们的身体接触主要是握手;后来,才出现了与队友与他人的拥抱。

6. 在瑞典的庆贺性饮酒传统中,向所熟悉的、令人尊敬的人祝酒要在酒杯喝空的时候相互注视对方。

7. 在一起饮酒的仪式特征解释了单独饮酒所具有的适度禁忌或社

羞耻感。尽管从酗酒的方面来说,不赞许是理性化的,但这种感觉更多的是一种对仪式本质的误解。集体聚会时所饮的酒肯定会比独自一人时要多,但是与他人饮酒一般从团结的借口来看是积极的。类似的机制也导致了20世纪末吸烟合法性的丧失,这一点我们将在第八章中看到。

8. 可以说,不仅学生观众通过遥控的连接装置收听演讲时感觉受到了剥夺;面对远方观众的演讲者特别突出地感觉到缺乏来自观众的反馈,除非也有直接在场的观众。一般来说,在一个非常大的教室里做讲演更加困难,因为一个人不能判断距离较远的学生的反应。

9. 这解释了心理学实验中发现的模式,该类型模式表明,当有笑声,当实验对象能看到正在笑的观众,以及当群体较大时,会有更多来自对喜剧素材的笑声(Leventhal and Mace 1970;Provine 1992;Yong and Frye 1966;Bush et al. 1989)。

10. 卡茨(Katz 1999)论证了社会参与,以及甚至更重要的是,相互关注对于欢笑出现的重要性。通过将访问者的录音应用到游乐园的哈哈镜大厅中,卡茨表明,个体不会因其歪曲的形象而自动地发笑。相反,他们需要群体中的他人(通常是家庭成员)过来看到该形象,随之通过身体姿势与声音节奏相互鼓励而共同增进笑声。观看镜子中同一形象的旁观者,不会参与家庭群体的笑声;引起笑的并非滑稽的刺激,而是社会连带。这些例子非常清晰地表现了包含与排除的界限,它们是在产生笑的集体体验中展现并再创造出来的。

11. 涂尔干在强调建立集体兴奋的条件过程中共同节奏的重要性时,也提供了一个先例:

> 而且由于集体情感不能集体性地表达自身,除非在观察到允许合作与协调活动的一定秩序的条件下,这些姿势与喊叫往往自然地变得有节奏、有规则;所以歌声与舞蹈也是如此……人类的声音对于该任务而言还不够;它通过人为过程得以加强;飞镖(在澳大利亚的土著仪式中)击中对方;牛角号响起。这些器具……主要用来以更恰当的方式表达所感觉到的激动。但是当他们表达这种情感的同时,也增强了情感。
> (Durkheim 1912/1965,247)

12. 这与常人方法论者的倾向相一致,即把实验对象作为"成员",似乎理所当然地认为这些人已经成为文化的一部分了。在这一方面,常人方法论者效仿了认知人类学研究者的假设(D'Andrade 1995)。另一方面,IR 的传统更喜欢从互动中的人类身体开始,并从他们协调关注点的方式来追溯文化。因此,戈夫曼有时也被称为一个人类的动物行为研究者。

13. 这种规则只是观察者描绘这些规律性特征的一种方式。假设存在一幅行动者用以参考如何交谈的文化蓝图,可能是一个错误。相反,我认为,节奏协调的机制是被自然地赋予所有人类的(事实上,也可能赋予了许多动物),而且违背它被普遍认为是破坏团结的。萨克斯等人的观点类似准则寻求学派的结构主义者,或许因为他们是以其最易接近的学术观众——人类语言学家为取向的。

14. 这种会话没有社会承认的间隔。它的确有少量的重叠,由方括号[ ]表示,它说明了两位言说者何时同时说话。这是正常的;重叠只发生在一位言说者可能结束谈话,而另一位正要开始表述某件事情的时候,因此就没有间隔了。但是,一旦他们都认识到正在发生的事情,其中一位会停下来,让另一位说话。

15. 这一例子阐明了齐美尔的观点,即冲突也是一种社交形式,与遗忘或转移注意力等彻底地打破社会关系形成了对比。我们可以说,冲突是试图控制社会协调情境,试图使相互关注/情感连带服从于某人的优势而压倒另一人的对抗的争斗尝试。我将在未来关于暴力冲突的研究中对该观点进行延伸(Collins,即将出版)。

16. 会话分析,根源于常人方法论,它涉及言辞的背景意义,这是由刚刚所讨论到的关联次序所提供的;并且涉及展现瞬间发生的、作为不断变化的结果的社会结构(Heritage 1984;Schegloff 1992)。如同其学术前辈一样,会话分析集中关注的是一般的社会结构意识的生产,而不是从一种社会情境向另一种变化的机制。

17. 社会阶层中也存在文化的可变性。受过教育的中上层阶级比工人阶级更有可能在其讲话中有犹豫性的停顿(Labov 1972)。这些间断不是发生在会话交替时,而是在说话中间;推论(这可以由主观体验所证实)是,这些发生在人们思索下一句话的时候。因此,拥有更多文化资本以及思维的反思性的人们，犹豫停顿将比他人更多。伯恩斯坦(Bernstein 1971-1975)描述了相似的现象，中产阶级的"精细的符码"和工人阶级言谈的"受限的符码"：后者的进行更直接，因为它在很大程度上是由公式化的表达方式组成的。IR理论的假设是当这种犹豫停顿发生在社会阶层之间，也就是说，当一方习惯于不间断的节奏，没有承转时，对于会话团结更具破坏性。相反，中上阶级的两个成员进行会话时，犹豫停顿更容易被容纳——尽管的确是这样，在精细的符码中所传递的更有连续性节奏的谈话将产生更多的团结。

18. 第二种跨文化的异议是在某些文化中，典型的是几个人可以同时说话；在意大利社交中经常被描述为在餐桌上进行的许多生气勃勃的会话，同时他们试图注意到每个人。这是一种复杂的情形，有待于进一步的分析。例如，在同一时刻是否有多个不同的会话圈，其中特定的个体尝试同时参与，这还不清楚；这将不会违反在任何具体会话中无重叠的规则。另一种情况是，可能言者与聆听者在同一时刻说话，这意味着没有注意他人的话和试图篡夺发言权(证据参见 Corsaro and Rizzo 1990)。这需要以精致的微观细节进行研究。

19. 涂尔干在讨论公众演讲者令人兴奋的语言时提供了解释。他提到：

> 面向人群的演讲者有独特的态度，至少假设他已经成功地进入了与人群的沟通。他的语言有夸张之词，这在正常情况下是荒谬可笑的；他的姿势表明一定的支配力量；他的思想是无法容忍所有的规则，而且会轻易地陷入各种类型的无节制中。这是因为他感到自己有一种不一般的过剩的力量，这种力量外溢出来并试图从他身上爆发出来；有时他甚至感到被一种道德力量所支配，这种力量要比自己强大得多，而他自己只是解释者。正是通过这一特征，我们才能认识到经常被称作雄辩者的人。现在这种异常增加的力量是某种真实的东西；它是从其讲演的群体中获得的。这种由他的言辞所唤起的情感又回到他自身，但是得到了扩大与增强，而且在这一程度上它们强化了他自己的情感。他唤起的激情能量在自身得到回响，并且刺激了其充满生机的语调。讲演者不再是一个简单的个体，而是一个代表性的、象征性的群体。(Durkheim 1912/

1965：241)

20. 另一种比较有利于揭示该机制：街道上聚集在一起的人具有一定的兴奋性；但是公路上汽车的聚集只是交通堵塞。二者都是没有关注焦点的聚集，但是汽车的聚集甚至缺乏人行道上路过的人们身体之间最低限度的相互影响。卡茨(1999)指出，准确地说，驾驶受挫出现在当缺乏相互反馈变得最突出的时刻。

21. 不同的要素在围绕体育场的情绪高涨的体验中产生出来：你首先有一种感觉，即人群的行动压倒了你，而且当情感高涨来临时，你的情绪被推动着与附近的他人一起上涨，然后便有了你在推动着较远处的人们参与进来的感觉。

22. 在种族骚乱的残忍暴行与体育运动人群的欢呼或起哄之间，是破坏性的胜利庆贺，或抗议，有时会在体育事件中爆发。英国的足球无赖组织说明了暴力参与的强烈的集体体验是如何成为主要的吸引物，从而蓄意谋划和制定的(Buford 1992)。事实上，这种活动成为了一个嗜好，与其说是暴力嗜好，不如说是对由暴力所产生的兴奋与集体认同的嗜好(King 2001)。

23. 人群一般是由朋友和熟人等小型子群体组成的，但是这些子群体相互之间是陌生的。

24. 这一资料来自于依拉那·雷德斯通(Ilana Redstone)与科尔斯滕·史密斯(Kirsten Smith)，他们报告了自己20世纪90年代后期在多哥(Togo)与马拉维(Malawi)作为访问者与观察者的体验。关于范围更广的跨社会比较，参见莫斯(Mauss 1938/1985)。

25. 这是伯特(Burt 1992)所强调的跨越网络洞的桥梁纽带被夸大的一个方面。冗余网络对桥梁纽带有重要的补充作用，因为前者增强了声誉，当迫在眉睫的政治任务是结为联盟时，这可能是比稀缺的信息甚至更重要的资源。

26. 符号循环与延长成员身份的感觉还有第三种方式：符号在构成个体意识思维的内心会话中再循环。这些符号是前两种的衍生物；它们来自于前两种的内化，尽管它们在内心会话中会被改变和发展。这些复杂性将在第五章中做分析。

注 释

27. 我在此将符号可能从一种循环横跨到另一种循环的方式搁置一边。观众共有的符号可能也主要用于个人的会话网络中。但是由于这些符号可以广泛获得,它们对于个人关系不具有任何重要意义,因此它们在社交会话中的交换不能产生十分密切的关系,即强有力的成员团结。几乎每一个人都能谈论当地的运动队,因此这类会话不能区分好朋友或密切的专业或商业同盟。然而,社交关系分化的出现,与其说是通过话题,不如说是通过会话者关于这些话题的谈话长度。尤其是在年轻人中(他们几乎没有来自工作经历的符号成员身份储备),个人友谊纽带的强度,与其说是来自独一无二的内容,不如说是来自他们彼此乐意长久地谈论其娱乐英雄/神圣物。

这些循环中另一种可能的交叉出现在参与政治、宗教或娱乐事件的专业人士中。对他们而言,公共符号不是一般化的而是特殊的;它们是其后台与社交谈话的一部分,不是来自谄媚于观众的观点,而是来自那些个人知道的关于作为表演者的日常叙事的观点。

28. 这将在第四章中进一步讨论。

29. 还有其他群体的观点,他们把世界贸易中心大厦也作为符号。对于袭击者来说,双子塔无疑是纽约地平线,连同五角大楼一起的符号,是美国金融与军事力量在世界各地的标志。从外部、敌人的观点来看,群体身份的符号因而可能比对群体本身的成员而言更具有严格的定义。同样值得注意的是,被破坏的五角大楼从未成为9·11事件之后美国团结的广泛符号,与劫机犯搏斗并阻止了另一场所的袭击的貌似英勇的航班乘客也是如此。符号地位的建构过程,诸如什么使消防队员成为美国团结与勇气的象征,在这些例子中,一点儿也没有。

30. 这些符号中最个人化的是市长。强烈的互动仪式的改变力量是令人震惊的。在9·11事件之前,朱利亚尼市长由于其好战的警察战略的政策,非常不受相当一部分纽约市民的喜欢,而且其政治生涯被普遍认为到了最低点。

31. 换言之,我们不再是第一层序的行动者,该行动的社会模式目前成为自觉明显的,因为那是我们有意识观察到的。同时,作为第二层序的观察者,我们的关注焦点必然要从我们自己作为学术活动第二层序的行动者中偏离出来。当然,我们能够继续采取不同的观察者的立场,而且从事思维社会学的研究,分析人们以学术观察者方式所进行的社会活动。这就是说,我们能够学术地、反思性地意识到人类所做的任何事情;但是我们不能同时使每一件事情都变得自觉。关于观察者层次在社会网络中定位的说明,参见富克斯(Fuchs 2001)。

32. 情形的确如此,许多枪支的拥有者将其用于运动与狩猎;不过持有的许多武器,例如自动化武器与机械枪支,威力过大,不适合狩猎。参见赖特与罗西(Wright and Rossi 1994),库克与路德维格(Cook and Ludwig 2000)的不同观点和证据。

33. 关于枪支的谈话最容易通过枪支出售者与顾客的交谈观察到,他们提到诸如你在危险情境中会需要哪种武器、什么武器适合用来威胁冒犯者或家里的入侵者等话题。典型地发生在枪支商店中的谈话具有对枪支在戏剧性情境中的想象性使用,这远非枪支崇拜本身的惯例。这一戏剧性的内容是销售谈话的一种形式,尽管是由顾客以及或许销售商本身相当严肃地提到的;事实上,它是他们所购买的幻想的内容。像购买色情读物一样,购买枪支主要是购买一种幻想的机会。

34. 影视表演中的枪支可能被认为是产生共鸣的仪式的焦点。枪支的使用典型地是戏剧的高潮点,不管情感是不是通过行动冒险或神秘/悬念的剧情形式而建立的,都提供了强烈的关注焦点,而且通常是那些拥有武器的人与纯粹的旁观者之间隐含的成员身份的区分标志。关于武器在电视上的曝光程度及其对暴力有无影响,已经有大量的研究。IR 理论引导我们去思考人们对娱乐媒体的仪式体验是否会直接导致暴力行为;它可能在很大程度上停留在符号第二层的循环上,是人们谈论的一部分,或儿童在虚假游戏中的表演。要研究的问题是这第二层序的符号循环是否以及如何与第一层序的枪支崇拜相关联;甚至进一步的问题是,参与枪支崇拜是否引导人们在日常生活中跟枪支崇拜行为之外的其他人交火;面对罪犯或用于犯罪,在愤怒的争斗与其他冲突的扩大中偶然或蓄意指向家庭成员与熟人。这些枪支在"真实生活"中的应用比枪支崇拜的有规则的仪式无疑要无序得多。情形可能会是,这几种不同的领域之间几乎毫不相关。

35. 19 世纪末与 20 世纪初美国的禁酒运动,也以同样的方式强化了双方的社会身份与界限。根据古斯菲尔德(Gusfield 1963)的分析,禁酒主义者运动是对酒馆作为城市男性移民的仪式聚集场所的抨击,它主要是由土生土长的"祖先是盎格鲁-撒克逊人的白人新教徒"乡下人,以及上层与中产阶级的女性所发动的。禁酒令的颁布在当时刺激了广泛的反运动,其中饮酒聚会成为了具有自我意识的现代的、年轻的、性解放的人们的标志。因此符号标志随着历史的发展,不仅受到参与者而且受到反对者的塑造。

第三章 情感能量与短暂情感

1. 这在社会运动理论中已经非常明确地阐明了,近来已延伸到了社团情感中(Jasper 1997;Goodwin,Jasper and Polletta 2001)。

2. 然而,参见劳勒与赛伊(Lawler and Thye 1999),他们提出了情感如何可能被带入理性交换理论的模型。情感是情感控制论的核心概念,尽管这通常被视为情感社会学中的一个理论,而不是一般的微观社会学行动的理论(不过,参见MacKinnon 1994)。另参见注释4。

3. 情感研究被推动应用于社会学范围的问题(例如,Barbalet 1998),这是正在发生的变化。至于情感社会学的研究纲领,参见肯帕(Kemper 1990)。在社会科学的经典传统中,弗洛伊德的理论与情感最直接相关。但是它在促进社会学研究上不能对我们有很多帮助。部分原因在于弗洛伊德使情感成为驱力的衍生物,但我将在第六章提出,其反对面关于弗洛伊德的家庭性方面的研究,更是似是而非的。就弗洛伊德是一位微观社会学家的意义而言,他是一位研究早期童年家庭情境的微观社会学家。我的观点是,通过我们在成年人生活中所看到的互动仪式的镜头来审视这类情境,比通过早期童年的镜头来审视成年所了解的会更多。

4. 在这一方面,IR链理论与海斯(Heise 1979,1987)和史密斯-洛文(Smith-Lovin)所提出的情感控制论是相似的。IR理论提供了更加精细的情境过程本身的模型。情感控制论建立在其特殊的资料形式之上:包括以善良、权力和活力的尺度而划分行动者与行动等级的问卷,以及当已经存在的(因此已经划分了等级的)行动者与行动出现在新的组合中时,预测这些等级变化的问卷。该模型已经通过计算机的模拟而实现了。

5. 为了打消那些社会学家的疑虑,他们担心生理学会侵扰有意义的、解释性的人类行动——自然科学渗透到精神科学——我可以补充说明,人类行动的首要原动力仍然在社会沟通的层次上。社会情感不是被还原为生理机能；相反，人类大脑的生理机能是被激活的，而且其发生作用的条件是在任何特定的时刻，通过 IR 链的互动流。生理机能是其基础，而因果关系形成于社会互动。人的大脑主要是从由外而内被控制的。

6. 该观点是由罗德尼·斯塔克(Stark 2002)在对宗教仪式的比较分析中强调的。

7. 发布命令可以发生在许多不同的情境中，因此个体在其整个生活中可能会有复杂的经历。这种复杂感受最有可能发生在复杂的现代社会(尽管不是每一个人都如此)，而在世袭家族基础上形成的传统社会，因集中所有的活动于某一场所，故最不可能发生。正如拉蒙特(Lamont 2000)所说明的，现代工人阶级的命令接受者当反思他们在阶级结构中的总体位置时，转换了自己的评价标准，从而建立起他们的主观地位。这些复杂情况关系到 IR 链随时间变化的长期运行模式。在此，我们正在考虑权力展现的每一个微观情境被自己接纳的动力机制，考察它对情境情感的直接作用。在第七章中，我区分了遵从权力(D-power)——在直接情境中发布命令的权力——以及灵验权力(E-power)——使结果发生在直接现场之外的权力。目前的讨论涉及的是遵从权力的情感结果。

8. 这最明显地发生在酷刑中，例如监狱看守、奴隶监工、对付游击队员的士兵、应付难以驾驭的被捕者和少年无赖的警察的做法(Collins 1974; Montagner et al. 1988)。酷刑是一种高度的、不容忽视的聚焦仪式，其目的既是为了获得对即时情境中受控个体的情感优势，也是为了发送群体控制与顺从的符号信息。

9. 参见甘斯(Gans 1962,229 - 262)总结的证据，以及罗宾(Rubin 1976)与哈利(Halle 1984)所描述的工人阶级的特质，范围最广的是拉蒙特(Lamont 2000)所调查的工人阶级看待高于他们的阶级的方式。

10. 一个明显的例子是处于 21 世纪之交的美国，社会喜欢的基调是宽松放任，而且那些过分正式的和过于关注道德的人反而会受到制约。这些复杂性将在第七章中讨论。

11. 傅瑞达(Frijda 1983,13,71)将情感描述为一种感觉到的，但是潜在的行动倾向：在其高端，是乐意接触环境；在低端，则是漠不关心与无动

12. 我把其生理学层面上的复杂性搁置一边,其中显然包括荷尔蒙与神经系统的几种不同要素。在该层面上,一般而言,特殊的情感唤起状态更多归于各种系统之间的平衡,而不是某些系统本身的激活。另参见傅瑞达(Frijda 1986,39)关于简单和复杂形式的抑郁的研究。与抑郁有关的特殊的化学过程也可能会存在,而且这些可能有某些遗传因素,可以通过药物治疗;但是 IR 理论认为,生理过程不只是单纯由化学因素和基因决定的,而且其中某些重要部分的发生是由于日常生活中成功与不成功的 IRs 流决定的。

13. 肯帕的理论具有另外的复杂性,因为他假定愤怒(以及羞耻)是由行动者感到他/她与其他人相比,在地位上受到克扣而产生的。这就是说,肯帕涉及更加复杂的比较情境,即某人将自己认为应该得到的地位与其他人,以及实际得到的地位相比较。我更喜欢从较简单的,而且我认为也是更基本的过程去做解释:情感来源于支配或被支配,也来自于成员或非成员关系。肯帕的理论不仅补充了来自过去经历的预期,而且增加了与某些有价值的理想相比较得出的是否适当的道德判断。这两种理论在以下方面可能是一致的。我提出,在权力情境与地位-成员身份情境中的体验导致了 EE 的增加或减少。情感能量本身涉及对未来情境的预期;但是在第一场所产生 EE 的 IR 机制,可谓情感生产的第一层序的机制。情感能量可成为在可能的未来情境中出现的,并决定其情感结果的要素。在肯帕的模型中至关重要的预期可以被视作具有情境特殊性的 EE 的唤起。对我而言,肯帕的理论似乎是解释情感的第二层序属性,那些出自对预期的违背或确认的情感。两种类型的机制可以在相同的情境中运行:例如,不被地位群体接受可能会导致压抑(我的第一层序效应假设),某人将这种不被接受认定为不公正时则会产生愤怒(肯帕的第二层序效应)。

肯帕增加了更多的复杂性,包括对形成体验的力量的归因(某人自己、其他人、非个人力量)。我将指出,这些认知本身可以用涂尔干的社会密度来解释。只有当存在产生个体动因和责任的分化的群体结构时,才会谴责自己;当存在界限严格而且内部未分化的群体时,才会谴责非个人的力量(例如,魔法)或违犯禁忌。玛丽·道格拉斯(Douglas 1973)将前一种情境称作高度的"网格",将后者称为高度的"群体",并且根据它们与危险和责任的不同归因模式的相互关联做的人类学比较,提供了资料(Douglas 1966)。布莱克(Black 1998)将资料系统化以支持一般的模型,即认为在紧密的未分化的群体中的冲突会迅速熄灭,而且冒犯不会受到报复;个体性的责任与惩罚出现在社会不平等、关系疏远和异质性的结构中。因此,个体在特定类型的网络结构中的先前生活体验会影响到他或她认为什么力量在其直接的情境中发挥作用,并且会沿着肯帕所提出的线索塑造特殊的情感。正如所指出的,肯帕的模型与现代的社会条件过于密切。

14. 通过对愤怒、恐惧、喜悦与悲伤四种基本情感的基础的理论解释,特纳(Turner 2002,72-78)将羞耻看做第二层序的情感,是由几种基本情感混合成的。羞耻中最突出的要素是失望-悲伤,它结合了对自己的较低程度的愤怒,以及对自己结果的恐惧。特纳指出,自豪是对自己的喜悦与对他人的潜在愤怒结合的结果。

15. 这就是在赛跑中,为什么跟在领跑者后面的策略经常会最终取胜的原因。第二位的赛跑者在心理上感觉受到了领跑者的毅力的牵引。然后当终点线即在眼前的关键时刻,她或他打破了领跑者的节奏,跑到前面,将先前的领跑者锁定在他或她以前的节奏中——一种曾必然认为正确的节奏,因为它此时之前一直为追随者所共享。先前的领跑者很难突然从领导节奏转换为追随新的领跑者节奏,并与之相竞争,然后再一次改变去打破竞争者的节奏,这是很难的。同样的情况可以应用于赛马,即非人类的哺乳动物中。

16. 更多的细节参见本章附录。埃里克森与舒尔茨在技术上令人印象深刻的研究,以及其他社会语言学家的该类研究,其缺点在于更加庞大的理论结构。这些作者根据文化差异解释了他们的发现,就像辅导员与学生相互误解一样,因为他们使用的是不同群体风格的不同辅助语言的代码。这意味着这些误解可以通过了解多样化的文化中的沟通符码得到克服。在某些例子中可能就是如此,但是它忽略了微观互动情境中团结性变化的关键根源:互动仪式本身的过程。在IR链中,个体建立了不同程度的情感能量,不同的符号条目库,因此有不同的对各种不同种类的会话的吸引与排斥;而且微观情境本身有其自己的动态原理,它们决定着所达到的节奏协调的程度。不会期望任何二人,即使来自同一人群,会自动地产生团结。简言之,这些研究的作者把自己局限于作为输入一边的宏观变量上;他们的贡献是去描述输出—

17. 冲突情境中存在更多的复杂性，我在此将不再继续讨论。冲突的短期动态变化最初在相互敌对的群体中提高了EE，将其更深入地吸入冲突的情感之中；更多的情感起伏出现在胜利、失败，以及长期的僵局中。这些模式是我即将进行的关于暴力冲突的研究主题。

18. 主导群体的那些个体可能会蓄意激起处于群体边缘的弱势地位的人们的愤怒：一个例子是在青年团伙中所发现的开展侮辱的游戏（该游戏曾经被称作"肮脏的一打"）。这是一种羞辱弱势地位的人的游戏，他们被刺激而表现出愤怒，但是不能通过身体的优势来避免。这是根据潜在的原则而进行的游戏，即强势的人保持着他们的冷漠；当确实上升到愤怒时，他们会以有效的形式，比如激烈地惩罚成为牺牲品的任何人来表达愤怒。当然，在某些情境中，这种激怒会作为友好的戏弄的形式而适度地进行；它正是在提高了集体兴奋的意义上产生了团结，但是没有将戏弄推到引起愤怒的程度。在这一方面，戏弄不同于凌辱，尽管它们存在着相互演变的关联性。

19. 参见布莱克（Black 1998）的证据，即在由松散的社会网络组织的社会中，个体通过回避而对公开侮辱做出反应。

20. 因此，哭泣，像愤怒一样，往往以相对"现实"的方式出现：它最经常在这样的情境中表现出来，即它有实现目标的机会。这一分析局限于与恐惧相关的哭泣类型。在庆祝胜利的时刻哭泣，或对感伤电影中有个人同感的场面做出反应的哭泣，是一种不同的情感动态，它与强烈的团结感有关。参见卡茨（Katz 1999）关于涉及哭泣与哀鸣的情境中身体节奏与声调调整的详细分析。在类似卡茨所描述的情形中，哀鸣不是表达恐惧，而是施加互动控制以及自我操纵的方式。

21. 至少，这是由社会所诱发的消沉的形式，而不纯粹是由基因/化学因素产生的。

22. 依照法律而言，家庭汽车可能属于父亲，但如果十几岁的女儿当需要的时候总是能使用它，它在情境中就是她的物质资源，而不是父亲的。类似的关系在金融界中也很重要，正如EE高的投资者使用其他（低EE的）人的钱的情形一样。经济分层的这一模式在第七章中会继续讨论。当然，合法的财产关系，在从强制借用到抢劫的互动范围内在情境上受到了挑战。布莱克(Black 1998)提供了证据,即许多财产犯罪被犯罪者视作自我救助的一种形式,在持续的争夺财产链中运用他们自己的个人责任和不满情绪。

23. 我有时通过布迪厄的"文化资本"的术语来提到成员身份符号——部分原因在于它使缩写的"CC"与"EE"之间得到了完美的对称。这两个术语的任何一者,都是符号的占有,都可应用于未来的互动,而且受到市场的限制,包括当它变得更加充足时价值的通货膨胀(也参见 Lamont and Lareau 1988)。这两种理论方案的差异在于是对微观情境过程还是对抽象的宏观结构的强调。我所应用的"文化资本"或"成员身份符号"的概念,是指被互动仪式赋予意义的所有文化项目,因此随着时间的变化,它们与情境过程中的局部意义会发生变化。

24. 关于喜悦的调查研究的问题之一,因这一概念可能与 EE 关系很小,故回答者往往不会说出他们不快乐;因此问卷对积极的一端,从"非常喜悦"到"不是很喜悦"做了一系列的改进(Bradburn 1969)。从微观情境分析的观点来看,被访问的情境可能是积极的 IR,它提升了回答者在该时刻的 EE 水平。因此,我们想能够追踪从一个情境到另一个情境的 EE 的自我观察,除了确定关于自己的报告的特征之外,可捕捉变化的情境根源。

第四章 互动市场与物质市场

1. 参见 Waller 1937;Homans 1950,1961;Blau 1960。正是读了布劳这一文章,激励我从一位年轻的心理学毕业生转向了社会学。

2. 图 4-1 关注到了细节,即最初的要素必须增加到上限来引发集体过程,否则 IR 就无法启动。在此强调的另外一种时间动态性是仪式结果只持续有限的一段时期。该事实由图 4-1(也绘制在失效的上限之下)最右端的消散沉降(依照流程图模型的惯例所绘制的)标出了;这些意味着群体团结感、EE 以及符号的成员身份意义,在仪式结束之后慢慢减弱,最终将会消失,除非另一个 IR 开始运作。在该模型的计算机模拟中,我们可以输入在一段时间该层次消散的比率,并且观察团结的程度是如何根据流入的强度而增加或下降的,以及整体过程重复的程度是多少。关于模拟的例子,参见 Haneman and Collins 1998。

3. 参见 Frijda 1986;这一饱和未在图 4-2 中表示出来,但是可以通过更多的行和列表明在一段相当长的持续关注的时期内逐渐减少的回报表示出来。在图4-1中,所显示的反馈回路将导致所有变量的持续加强;更加复杂的流程图将表明情感饱和会在哪一点出现。

4. 人们可以从图4-1中长期的反馈回路中看到这一点,从右端的结果——团结、情感能量和群体成员身份符号——到左端给出的互动的推动条件。如果该循环被打破,由于影响集会与群体关注的外生条件的变化,它一定会出现。

5. 这就是说,IR的机制塑造了所有的互动情境。无论人们何时聚在一起,总会存在某种程度的相互关注与情感连带,范围从零至强烈,因此总会对仪式的结果产生一定的影响。这一过程是不可避免的,即使有对个体身体的其他投入。如果个体由于处于饥饿或疾病状态而情感能量较低,他们与他人的身体互动将仍然由相互关注与情感连带的程度所塑造,尽管在该情形中受到其中一位参与者较低的身体条件的限制——因此这可能会在未受生理影响的他人网络中,通过情感与符号意义链而传播。IR机制从未停止,即使其输入发生了变化。即使存在对行为的遗传影响,它们也必须通过IRs流动,因此社会互动始终塑造着遗传影响如何在社会情境中被体验到。忽视情境的动态变化,而假设基因治疗或某些其他种类的医学干预将自动地改变人们的社会行为,这是站不住脚的。

6. 众所周知,第二次世界大战中戴高乐将军在英国居住期间不能与丘吉尔融洽相处,并不能归因于异乎寻常的自我本位的人格,因为这只是许多例子中的一个。海明威(Hemingway 1964,28)叙述了20世纪20年代在巴黎参加格特鲁德·斯坦(Gertrude Stein)的沙龙时,人们从不提及詹姆斯·乔伊斯(James Joyce),而后者在其他地方被视作名人:"就像在一位将军面前谈到另一位著名的将军一样。"

7. EE最高的个体是否与"EE中上"或"EE中下"的人互动并不清楚。例如,一种模式可能是有热情洋溢的"聚会动物"、"灵魂"等的群体,以能量最高的明星为中心,成群聚集在一起;另一种模式可能是,"EE中上"的人群组成一撮,而能量明星把一群稳定的、盲从跟随与喝彩的"EE中下"的人聚在一起。

8. 与这一点相关的经验证据表明,职业等级较高,而且其职业可以对他人实施自主权力的个体,对工作更加全力以赴,工作时间更长,而且更有可能允许工作侵入他们的私人生活(Kanter 1977;Rubin 1976;Kohn and Schooler 1983;Gans 1962)。对跨职业工作情境的研究并不明显地关注这种情境的 IR 密度,而是关注与提议的模型一致的可用证据。相关的研究线索指出了现代日本商业组织中被密切关注的人际群体与其几乎没有假期、工作时间很长的倾向之间的关系(Nakane 1970);人们可以将此描述为日本组织中高的互动仪式密度。

9. 从更广泛的意义而言,值得强调的是,工作情境产生了它们自己的成员身份符号储备。这些构成了符号经纪人、金融操纵者、企业经理、职业政治家,以及其他所有职业情境的局部文化。成员身份符号是在各种工作领域中局部产生的。因此,布迪厄极为过分地强调了"文化资本"的重要性,它是在诸如学校和博物馆等正式的文化生产机构中被创造和传递的,也是作为阶级"惯习性"在家庭中流通的。如经验证据所指出的(Lamont 1992;Kanter 1977;Dalton 1951,1959),商业主管人员与其他等级高的人没有将与其他类似的人的协商能力极大地归于他们在正式生产的文化符号中的"教化",而是归于他们对其直接环境的符号运用。金融家组成金融联盟不是由于他们的文学与歌剧知识,而首先是因为他们以令人信服的方式讲金融语言。与布迪厄所强调的可能称之为一般的文化资本相反,精英职业的个体的成功,是由于在其直接网络中循环的特殊的文化资本或符号储备。

10. 根据传统的经济学理论,所赚的钱的相对主观价值,在收入水平高的时候应该会下降,因为金钱与投入工作的努力之间的转换在减少。但是,当工作属于可产生能量的高强度的 IRs,就不会增加闲暇的趣好。关于闲暇与工作时间的分配,参见 Jacobs and Gerson 2001。

11. 我已经在上面讨论过 EE 高的个体往往会相互避开。这是否与我在这里列举的证据相矛盾,即 EE 高的知识分子与其他 EE 高的知识分子聚集在一起呢?对短暂模式的更仔细考察没有显示出矛盾之处。很典型的是,那些变得高产(在其工作中展示出高度的 EE)的知识分子既是作为先前高产的知识分子的学生,又经常是作为所有共同开展创造性活动的群体成员而开始他们的事业的。然而,一旦个体以独立的名誉在社会的关注空间中做出了学术突破,他或她一般会与其老师,以及现在已成为成功的竞争对手的早期同事分裂。我在哲学家网络的研究中对这些模式做了详细的评述（Collins 1998）。

12. 从这一观点来看，格拉诺维特（Granovetter 1973）所称的著名的"弱纽带的力量"有两个不同的方面。一个是作为更大网络的这种纽带连接的形态：这里"弱纽带"是与疏远的其他人的关联，因此会传递无法从当地获得的信息。伯特（Burt 1992）重新将这种弱纽带表述为连接网络中结构洞的桥梁，与同一群体成员内部大量相互关联的纽带相对照。关系可以是"弱"或"强"的第二个方面，是根据当这些人相遇时所发生的 IR 的种类区分：弱纽带将会是敷衍了事的仪式，几乎不产生团结与情感能量；而强纽带存在于那些其际遇强有力地产生了这些结果，从而使他们成为朋友、知己和彼此尊重的同事之间。这两种强或弱的纽带可以通过不同的方式组合。似乎格拉诺维特与伯特意义上（桥梁纽带）的有优势的"弱纽带"作为 IRs 至少一定有最小程度的成功，否则没有任何东西能够通过它们来传送；或许具有强的（互动强烈的）横跨结构洞的纽带使那些纽带变得有效。相反，某人所具有的纽带，是以多余的、多重关联的群体组成的，但是群体本身可能在情感上是平淡的，而在它们所传递的符号方面是随意的。

13. 一个引人注目的市场形成的例子是联合成竞争性组织的集团企业，它们的身份与其竞争性是不可分离的，参见 Leifer 1995。

14. 现代与苦行者圣徒最相近的是运动员，他们有时忍受着相当大的身体痛苦，作为回报，会受到来自赞赏的人群高声的情感支持。我们不太倾向于把他们看做利他主义者，因为成功的现代运动员普遍会得到非常高的酬劳（要么是直接的要么是长期的），另外，他们也很以自我为中心，而在其领域之外的行为不值一提。僧侣以与普通生活分离而受到尊敬，因为他们为苦行生活奉献了一生；运动员只是为在短暂情境中承受身体痛苦作了特殊情境的奉献。关于使苦行生活在某些传统社会中，而不是在现代社会中成为令人尊敬的关注焦点的社会结构变迁的一个解释，参见 Collins 1998, 206-208。

15. IR 理论暗示，可以预期利他组织的领导会变得非常自我本位。如果几个领导被其所听到的奉承所激励，利他组织内会存在争夺权力位置的斗争。解决这些的典型方式是雄心勃勃的，特别是比较年轻的追随者，一旦完成其学徒期限，学习到了动员这种运动的技巧，就会与之分裂，形成他们自己的组织。这是宗教异教派形成的典型模式(Stark and Bainbridge 1986)。例如,在古典的利他组织中,权力斗争是通过证明自己的利他主义,并质疑对手表现的利他主义动机这类技巧而开展的,参见《阿维拉圣特里萨的生活》(*The Life of St. Teresa of Avila*,1565/1957)。

16. 参见 Miller 1998。正如瑞泽尔(Ritzer 1999)所论述的,当代的购物商业区与娱乐场所试图通过将消费体验仪式化而有意克服这一点。

17. 个体通过比较分子与分母之比率来处理这种决定是有疑问的,因为这是一个抽象的概念,它更多是认知性的而不是情感性的。相反,我认为,该比较只不过是差额之间的比较:EE 收益减去 EE 损失。决定是根据进入脑海的符号的情感强度,比较脑海中新的即时情境与留在记忆中的和预期的情境后而做出的。这可以实际发生在有意识的口头思维中,或甚至发生在会话谈论中,以及不太清楚的情感吸引与排斥中。在每一种形式的决策中,代表选择的符号都被不同程度令人目眩的光环所包围着。

18. 这里有关选择的反常现象的研究的实验性质,或许使这种行为看上去比实际更不理性。在真实生活情境中,搜寻信息的成本可能会很高;而且与框架简洁的实验选择不同,要取得所有范围内的相关信息,可能会潜在地存在无穷的问题。在这类情形下,马奇与西蒙(March and Simon 1958)意义上的满意,而不是参与广泛的信息搜寻,是合理的。埃瑟(Esser 1993)也得出了相似的观点。

19. IR 理论预测,人们的避免搭便车与他们在该情境中与其他人情感联系的程度是相称的。因此,就纯粹物质利益算计的预测而言,大多数人在实验中是不会搭便车的(Marwell and Ames 1979,1980)。

20. 参见 Blood and Wolfe 1960,241。人们谈论金钱的情境与方式一直未得到有关会话的自然主义研究的关注;它是非常值得研究的题材。泽利泽(Zelizer 1994)描述了许多不同的货币类型在交换的不同社会圈中的运作;从 IR 链的观点来看,这些通货是人们通过将其用作话题的会话仪式而赋予了它们价值;而且这些会话网络构成了作为经济行动者的那些团体的团结与身份。

21. 在不同的理论背景中,这是加芬克尔(Garfinkel 1967)在其破坏正常预期的著名实验中所发现的结果。

22. 关于普通民众对数学的反感以及专门的学术与专业团体对数学认同的根源,可以追溯到两种群体在学校教育期间的仪式化体验。数学训练集中关注解决数学问题的这一重要仪式,即一种占用学习数学与科学的学生的许多日常生活时间,并使之与其他多数学生的社会活动相分离的活动。在情感上认同其职业的精英地位的教师所构想的数学问题,典型地是被设计的,因此学生必须将这套符号与该领域的问题解决程序内化;数学的教学问题是在难度逐步提高的一系列攻关中被设立的,这在试图通过它们的学生中保持了一定程度的情感张力。因此,处理数学问题的活动成为相当强烈的仪式,创造了特殊的群体性情感、局内人与局外人的符号与社会屏障。

23. 无疑在许多真实生活的社会情境中,个体知道结果的定量概率,因此在该术语的严格意义上,我们可以忽略风险。

24. 在这一点上,加芬克尔的常人方法论与西蒙(Simon 1957)的分析是一致的。加芬克尔(Garfinkel 1967)通过指出在界定集体现实时的不可避免的模糊的根源,而增加了人类认知主体所面对的问题的深度。因此加芬克尔的行动者比西蒙的更加保守,更倾向于将大多数事情认为是想当然的,而不是必须考虑它们的正当理由和其另一种选择。

25. 在 IR 模型中,行动者在整体上将 EE 最大化。满足最低要求是同时处理大量不同的行动领域的程序;然而,满足最低要求的目的是将整体的 EE 最大化。由于缺乏共同的标准,因此西蒙的满足最低要求模型无法在跨情境中实现最大化。

第五章 内化的符号和思维的社会过程

1. 关于以笛卡儿的方式提出的"我思故我在(cogito ergo sum)"的唯我论和哲学传统中的观点,为什么都不能同时作为切实的社会学和哲学的基础,参见柯林斯(Collins 1998,858-862)的讨论。

2. 在 20 世纪初,出现了几个心理研究的学派,他们积累了大量的关于内省的数据(参见 Kusch 1999 的总结)。大多数这一研究都与社会学模型不相关,因为它关注的不是想法的自然流动,而是关注词语与形象之间的孤立的关联,经常使用人为设计的词语以达到实验目的,避免由平常进行的谈话产生的不严格性。内省心理学设计了它的排除我们这里所关心的社会互动背景的方法。在认知科学中最近也有大量的研究,它们与这里提出的社会学问题有一定程度的重叠,但我在此不想去加以评论。

3. 这一概括并没有囊括所有的研究思想的方法,即使我们限定在这一包括持续互动的社会背景模型之内。其他方法包括计算机模拟、经典的关于自由联想的精神分析法、梦的解析法。我省去这些,部分原因是避免过多地对大量的有关文献展开讨论;部分原因是把这里的理论焦点放在 IR 观点上,并表明我们如何能推进这个研究纲领,而不是把它与其他那些完全不同方向的理论掺和在一起。

4. 不用说,我们需要尽可能广泛地收集经验事例。鼓励读者去收集和分析他们自己的思想情境,观察半内化的和半外化的谈话,以改进此理论框架。在英国玛格丽特·阿切尔(Margaret Acher)提出了一个类型的研究纲领。

5. 重要的、二流的和不重要的思想家的等级是根据后来的成果引用他们的数量确定的。此研究包括分布在中国、印度、日本、古希腊、伊斯兰世界以及中世纪和现代欧洲的 2670 位哲学家。

6. 关于在网络中每一个人与其他人都相联系的观点,可能会有人提出批评。有一些证据表明,美国的每个人可能经过六次联络会联系上其他任一人(Travers and Milgrain 1969);因而著名知识分子之间彼此有联系,我们不会对此感到惊奇。批评提供了参与这里具体说明的问题的机会。我们在研究知识分子之间的联系,而不是那些并不传递学术观点和声誉的普通人之间的联系;如古代雅典的一位哲学家也许有一位房东,他与侍奉另一哲学家的屋户有些联系,但事实上这哲学家之间并没构成直接联系。网络分析倾向于对什么构成了纽带的内容不太关心,通常把贯穿于这些纽带中的内容具有某种同质性看做是理所当然的。那项表明在现代美国中任意选定的个体可以通过跟他们不认识的人的六次连接,会得到一系列明信片的研究,并不表明存在着一个有效的社会网络;从一定意义上说,这仅仅是人为的研究结果。

我这里强调的另一点是,重要知识分子跟其他重要知识分子的密切关联。这些人在很大程度上是处于链条的一环上,并且通常会贯串成更长的此类链,例如,最重要的古希腊哲学家在 2 条链上聚集了平均 5.9 位重要和较重要的思想家,而在 4 条链上平均是 12.1 位;但二流的哲学家其对应的数字是2.2位和4.5位。谣言传输的研究表明,当消息经过几个环节之后,它会出现严重的曲解变形(Bartlett 1932);那些经过六个环节传递的东西(如在"小世界"研究中),可能最终毫无价值了。学术网络的运作不同于此,因为他们有极为紧密的互动,特别强调成员身份或非成员身份的意义,通过此方式思想符号得到应用。链条的长度在不同类型的知识分子之中是很不同的;认为每个人都处于跟其他所有人关联的网络中的观点,显然在这里是不成立的。

7. 这一直符合我在有关网络的研究中的最后一代。我的分析没有延伸到最近的情况,因为在知识分子的历史声誉稳定地表现为杰出的、无足轻重的或被遗忘了之前,要经过几代人的时间。我们不知道如何评价我们当代的思想家或我们老师的创造性,因为还没有足够时间来看清接下来的几世人将如何对待他们的思想。

8. 这可通过我于20世纪60年代早期在哈佛做本科生时,聆听塔尔科特·帕森斯演讲的体验来说明。一个人从他那里获得的以后有用的东西,不是他自己的理论系统的细节,而是他所强调的,当代理论中最前沿的东西来自于跟经典作家的关联,特别是韦伯和涂尔干,他们属于同一联盟。帕森斯(甚至是其支持者和追随者)强调这充分发展的传统与人们所称的"美国本土兴起的经验主义"之间的不同。不言而喻,它也与符号互动论形成了对比。与之不同的是,帕森斯认为弗洛伊德在微观层次上提供了一种不同的理论要素,可充分与宏观理论相协调,而不属于微观化约论。帕森斯为我自己作为一位社会学理论家的生涯确立了起点;通过我在伯克利的研究生阶段的学习又增加了其他的东西,从而有所发展,在通过接触马克思主义者和历史社会学家而促进发展方面,转变了帕森斯关于韦伯的看法。另外一方面来自跟戈夫曼甚至更多的是跟他的学生网络的接触,在这些学生之中,戈夫曼是他们谈论的首要话题,包括经常讨论遵从和举止仪式以及自我的表现如何能在我们周围人的互动中观察到。戈夫曼的其他追随者中的大多数人在符号互动论方向中采纳了他的观点,因为赫伯特·布卢默在伯克利社会学系是另外一位有影响力的人物。布卢默经常向我们提到,他个人只是传播乔治·赫伯特·米德的观点,并且争辩性地把符号互动主义阵营与社会学的其他学派对立起来。戈夫曼学生中的一个圈子,被认为是相当奇异和反偶像崇拜的,他们形成了对立的一小派,把戈夫曼的日常生活社会学,与当时只是私下传播的哈罗德·加芬克尔的观点做了结合。正是这些追随者的运动创立了常人方法论,公开传播和促使加芬克尔发表了其成果(尽管直到1967年其早已提出的观点才成书),因为此运动推进了公开性。我按帕森斯所说的给予韦伯和涂尔干以高度的理论重视找到了我自己的相应位置,但对他们的解释又结合了戈夫曼和布卢默的阵营。我提供这一说明既是作为一个具体例子,也是想表明,IR链可通过自我反思而加以验证。

9. 赫伯特·布卢默,曾于20世纪30年代在芝加哥做过米德的助教,1964年他在伯克利讲课时,常常以下列方式解释米德的思维模型:"主我"是通过把"客我"放入想象的世界图景中,而进行行动的排练的;当"客我"变得被描述为遇到障碍时,"主我"又通过设想达到目标的另一不同的方式而重新确立它。成人自身具有的把客观世界形象化,以及由此去看待自己的能力,就是"一般化他者"的观点。正是把自我分为这些互动的部分,才使成年人免受直接的情境压力,可对情境反思性地保持距离、规划和重新解释。这是成为人类的关键所在。另见 Blumer(1969)。

10. 参见博克诺在"主格形式讲话的兴起"中做的历史比较(Borkenau 1981)。例如,拉丁语很少区分出"主我",而是在动词变形中包括它。日语通常使用非人称形式:一个人说"关于这个,是想要的"(kore wa hoshii desu),而一位讲英语者会说"我想要这个"。

11. 如我们在第二章所看到的,当内化的自言自语给予儿童以处理内化的自我与自我面对直接的情境压力的努力时,"主我"作为独立的行动者的观点是自我形成的最后成分。

12. 看起来,在卡茨的研究中所有对象都有要讲的体现;没有一位司机,会一直记着对其他司机不良行为的愤怒。这意味着,表现出不良行为的司机肯定是同一样本的一部分;从相反的一边看,这些都是同样的行动。

13. 卡茨提供的另一类型的"巫术"手势是对冒犯自己的司机"伸手指"以示侮辱,通常与诅咒同时进行。这里"阴暗巫术"是特别有传染性的,因为当接收者真正注意到这个手姿后,典型地会以牙还牙,做出同样手姿或进一步有更激烈的回击。这是仪式上的连带,不仅是被带入了共同(厌恶)的心情和共同的节奏及关注焦点,而且还常常带入了表现极为相同的姿势和同样惯用形式的诅咒。

14. 这些忌讳语在20世纪60年代和70年代的"反文化运动"时期,在年青一代广泛流行,作为对传统的顺从和举止模式普遍否定的一部分。推动其流行的部分原因是认为冲破了男人和女人之间的社会障碍,原来在谈话时妇女被隔离在"粗话"之外。口头秽语现在在那些自认为是嬉皮士、年轻的、老练的和新潮的社会人群中广泛流行。然而,污秽语的使用是情境性的:它们很少见于书面,特别是正式文档,在报纸上一般也会受到审查;在闲谈时会用它们的同一个人,在公开讲话就避免使用;学校一般禁止说污言秽语,说者会受到处罚。

15. 卡茨引用了一位亚裔美国司机的观点,他说他苦恼的是认为亚裔妇女开车慢这一刻板印象。当处在一个开车慢的司机后面时,他若发现是一名亚裔妇女就会非常恼火,而且还用类群刻板印象冲她咒骂。

16. 也许在汽车内还有另一位乘客,但诅咒不是跟此人沟通。乘客的存在提供了验证卡茨的模型的机会,即认为诅咒产生于司机感到被干扰了行程和作为有意识的主体没有得到尊重。乘客在处于危险的或受到妨碍的情境下跟司机是一样客观的,但乘客很少参与诅咒其他司机,而是倾向于认为他们自己司机的行为不理性。正是体验到在行驶中与汽车同行,并因此体验到挫折的司机,才需要用巫术性行动去矫正。

17. 例如,1656年当巴鲁赫·斯宾诺莎被逐出阿姆斯特丹犹太教堂时,他受到了会众的正式诅咒,会众按仪式把他踢出了门外。

18. 例如,当观看录影《在那里》(*Ninotcha*)时,不喜欢梅尔文·道格拉斯(Melvyn Douglas)表演,他似乎表现得很不到位,我大声说,"谢天谢地这不是加里·库珀(Garry Cooper)。"缄默的思维感到不足以做出有力的表达;在一个人讲话面对的对象不存在时,他就会对自己大声讲(或写出来——因而出现给报纸编辑写信的冲动)。

19. 有一些专业这里例外,譬如音乐家进行创作的过程。尽管这个过程对外人来说似乎是神奇的,他们可能用"天才"或"灵感"等民间概念去理解,但从专业网络内部来看它相似于某种技术的内化,重新组合各要素,再外化给观众,这等同于学术创造的情况。参见Denora(1995)。

20. 至少这似乎与此接近。形象比内部会话的转换显然持续的时间没有那么长；它亦不是闪动得如此迅速，以至于视觉形象的变换比口头话题的变换更快。

21. 这里的一个边缘性的例子是梦。梦是最生动的，并且包含了此术语的主要内涵，梦大多以形象方式发生，只有断断续续的谈话；这些声音可能会或者不会被自己知道。然而，有另外一种非常广泛形式的梦，或精神活动，这类梦发生在睡眠期间，完全由口头思维组成；这通过观察眼睛快速运动时识别的对象做了研究(Kryger, Roth and Dement 2000)。因此甚至睡梦思维也包括恰当大比重的自言自语，经常有理不清的反复和不相关。这种梦中的自言自语一般似乎是对前一天相关谈话的细化；或者是对近期未来将出现的话题的预期性谈话，因而这给予睡眠者的不是一个充分休息之夜，因为它跟白天思考的内容关系太近了。以形象化图像为主的梦更为离奇。这里，似乎同样有一种社会学的组分。形象化的梦是以具体图像进行思维的形式；因为口头思维降到了最低，每一种想法都以图片来表现，不是呈现为孤立的图像，好像是书中的图片，或字母符号，而是呈现出整个的视觉领域，好像它就是一个人身临其境的世界。睡梦思维是从图像到图像的过程，但经历的是虚幻的一个人身处其中的世界，因而用现实存在的标准来看，梦都是些稀奇古怪的东西。这表明，弗洛伊德想把梦理解为一种语言的做法是误入歧途的：梦是粗糙的和相当不成功的思维形式；它们只是表现了构成思维的一些成分，但是它们通常不会转变成连贯的口头想法，或者表现欲望的想法。

因此跟口头想法的速度相比，睡梦思维是非常慢的。它相对于特纳的形象思维是最快速地判断情境并迅速行动的一种方式这一模型来说，处于另一极端。在睡眠时，当身体处于不活跃状态（图像类的梦通常发生在深度睡眠期间，而不是在活跃状态的准备时期），通过视觉图像连接的思想链或许是所有思维的最慢的形式。可作为间接证据的是，口头想法脱离具体的形象束缚，会成为广泛的思想链中最有效的媒介。

22. 此过程明显地不同于创造诗歌或擅长独特的散文体的知识分子。

23. 你可以用最迅速地表达一个理论立场世界观的这类词汇："合法性"、"世界体系"、"认同政治"、"文本性"或者"互动仪式"，来说明这一点。

第六章　性互动理论

1. 手交就是把手插入肛门。一个同性恋运动作家骄傲地宣布，手交是

"这个世纪发明的唯一性交形式"(Rubin 1994,95)。

2. 这个解释与一项证据相一致。处在一夫一妻制关系中的人,比那些有若干伴侣的人倾向于得到更多情感满足,也倾向于得到更多身体满足(Laumann et al. 1994,375)。

3. 把异性恋倾向解释为男性统治的理论在许多历史背景下是足够准确的。性确实已经是一种财产形式;但是对它的分析需要联系在亲属联盟、婚姻市场和个人声望关系的协商方面的历史变化,而不是把它看做一个常量。用意识形态阐述的男性统治理论缺乏一个似乎可能的微观互动理论,这个微观互动理论代替了意想性的弗洛伊德式的推测,而且男性统治理论遗漏了情欲互动的关键特征。

4. 泽利泽(Zelizer 2000)指出,卖淫的边界线并不清晰,而且存在着多种多样的性关系,这些关系在物质报酬的直接性和具体方面存在差异,在更长期的关系中存在着更大的社会尊重和更分散的信用交换。

5. 关于卖淫的相关资料来源包括,Sanchez 1997;Hoigard and Finstad 1992;Chapkis 1997;Stinchcombe 1994;Monto 2001。在有的网站上,嫖客们公布他们与妓女的经历,他们经常抱怨被性高潮所欺骗。获取关于女性与舞男经历的材料将会有说明作用。这是一个比孤立的商业交易稍微更长期的关系,但是从性服务的男性提供者方面来讲,它具有残酷无情和剥削的名声。关于同性恋妓女的数据(Kulick 1998)说明,嫖客们残酷无情的议价和剥削不是性别的作用,而是买卖双方关系的作用。

6. 换句话说,嫖客付了一定的金额,而妓女贡献了满足,满足难以被测量,而且更受解释的影响。因此,妓女不对满意做出保证。一些女性主义理论家(例如,Barry 1995)强调,男性剥削妓女,但是这是一个宏观结构论点,也就是声称卖淫的存在恰恰是男性至上主义社会的结果。但在微观层面上,倘若是用钱交换性满足,那么妓女们一般是更多地剥削她们的嫖客,而不是相反。情形就是这样,不管卖淫如何被合法化和如何被公开管制,比如在当代的荷兰和德国合法化和半合法化的卖淫情形。

7. 妓女的男性嫖客在一些网站上提供的报道中,这是个主题。

8. 从历史上看,男/女双人舞正好是在19世纪流行起来,那时个体化婚姻市场出现了,而对非婚姻的性有强有力的约束,在配偶选择上,公共评价起着相当大的作用,这个作用通过被广泛共享的社会声望感得到传达。在舞场中跳舞活跃起来,它是适合结构约束的微观互动,这些约束允许公开的可被审查的与性相关的大众活动。早期的群舞形式不是性协商的一部分,经常在全为男性或全为女性的群体中进行。紧跟着这条思路发展,20世纪50年代之后,从有触摸的双人舞变化到了没有触摸的跳舞,这一定显示了在性关系协商方式上的一些变化;在舞池中求爱显然变得不再那样重要了。

9. 生物学研究者已经说明,男性释放精子的数量随着他远离成双结合在一起的伴侣的时间量而变化。给出的解释是,这是一种进化机制,它使他的精子在与其他潜在男性的竞争中取胜(Baker and Bellis 1995;有关讨论参考 Thornhill and Palmer 2000,44-45,74)。IR的强度是另外一种解释:对符号的关注越多,性互动仪式的形成就越强烈,生理高潮就越强烈。当凝视不在场的情人的照片或者幻想不在场的情人时,这有可能会发生;类似地,我们可以预期,当兴奋最终或者在性交或者在手淫中达到高潮时,对色情物关注得越多,就会释放更多精子。有可能的是,一个解释不断增加的精子释放的内在生物机制可能以这种方式被激活了,但是这个过程不与繁殖相关联,而取决于IR机制的强度。

10. 虽然不一定是紧接着的,因为性交生理学在高潮后面紧接着是性兴奋的下降和一个难以控制的时期。充分满足之后,类似于难以控制时期的东西会在所有种类的IRs发生:共享笑声中社交连带的高潮,或者最后不再想谈论下去。没有这个东西,任何IR都不会结束,个体们就不能够使他们自己脱离,以继续做他们生活中功利主义的部分。在涂尔干的理论中,仪式是反复性的,不是永恒持久的。这满足点不得不用图表示为第四章的流程图(图4-1),以使模拟的模型不上升到无限点。

11. 犹太人的宗教传统设计了安息日或7日仪式周期,它也有每周的性交。

12. 在那些刚刚确立伴侣关系的人中,高次数的房事进一步支持了注释9中为二人结合性交中大量射精所给出的解释。是兴奋水平决定了性唤起强度的一切方面,性协商早期表现得激动人心的情感把兴奋水平发展到最高点,随着关系的常规化,激动人心的情感随后便减弱了。

13. 在历史上,这样的群体的存在曾盛行过,衰败过。全为男性组成的群体的情欲声望的影响很有可能在20世纪早期的西方社会达到顶点,伴随的趋势是世袭家族的衰败和同龄群体在自主的社会环境中的流动。它们的影响很可能在20世纪晚期衰落了,虽然可能仅仅是在中上阶级,在这个阶级中,男性已经适应了女性主义文化。类似于性社会学的许多其他的特征,这还有待于系统的历史人种志来研究。

14. 《爱神箴言》讲,"一个女人当看到她身体私处的指甲痕迹时,即使这些痕迹旧了,几乎消失了,她的爱都会重新变得年轻新鲜。倘若没有指甲痕迹来提醒一个人爱的发生,那么爱就会减少,减少的方式同长时间没有性爱发生时一样。即使当一个陌生人从远处看到一个年轻女人,她乳房上有指甲印,他都会为她而充满爱并尊敬她。一个身体一些部分上带着指甲印和牙印的男人,也会影响一个女人的心理。简而言之,任何能增加爱的东西,其效果都没有指甲印的效果和咬的效果那样大。"(Vatsyayana 1964,106-107)在20世纪中期的美国,较不明显的咬痕在十几岁青少年中被用作类似目的。马林诺夫斯基(1929/1987,281)描述了这样的痕迹的声望性,反驳了认为它们是控制标志这种看法:"总体而言,我认为,在热情的粗犷表现上,女性更为活跃。我已经看到在男性身上有比在女性身上多得多的抓痕和痕迹……在特罗布里安岛那里,看一个男性或女孩的背部,寻找恋爱生活的成功印记,是一个很有趣的事……最受喜爱的玩笑主题是基马里(kimali)印记;有这些印记还会让人感到许多秘密的自豪。"

15. 进化论生物学认为,乳房象征了女性哺乳和抚养孩子的能力,我反对这个论点。在大多数文化中,从历史上看,乳房确实主要被用来象征那个能力;但是这些是同样的文化,在这些文化中,乳房并不是情欲性的。而且,虽然在20世纪大乳房倾向于被看做比小乳房更具有情欲魅力,但非常大的乳房(非常大的乳房是代表母性的最明显方面)就变得较不吸引人了;哺乳的乳房是一切的最好说明,却一点儿都不是情欲上的(Patzer 1985,144-145,提供了民意调查证据)。一个相关联的解释把乳房的情欲性归因于由婴儿吸奶替代了。但是在这个情形下,乳房对女性的吸引力应该同对男性的吸引力一样有力;倘若乔多萝(Chodorow 1978)提出的女性独立性不够的理论正确的话,确实更是如此。但是,看起来乳房似乎对大多数女性的情欲魅力没有那么多,即使是对女同性恋者,她们最经常的性行为是舐阴,对她们而言,情欲象征主要是生殖器的。

16. 看起来,男性舔舐女性生殖器的动机,比女性要与男性口交的动机更加强烈:35.5%的男性认为在他们伴侣身上进行口交是非常吸引人的,但是只有16.5%的女性这样认为。女性对男性进行口交也大量存在着,但是这似乎在很大程度上是男性采取主动:45%的男性和29%的女性说,他们把接受口交看做是非常有趣的。实际的发生率是,67.7%的女性在她们一生中曾经进行过口交,18.8%的女性在她们最近一次性事中进行过口交,这两个数字都比她们意愿性的数字要高(Laumann et al. 1994,98 - 99,152)。我在后面会详细阐述这个差异,这个差异可以用主要在男性中存在的情欲会话循环来解释,情欲会话循环产生了经由情欲活动的声望寻求。

17. 手淫因此是一种与符号的自我互动形式,在结构上,类似于在公共宗教仪式和私人祈祷之间的关系。它们都类似于思维的内化社会过程。

18. 关于这个场景的历史由来,请参见 Chauncey 1994;Weeks 1997;D'Emilio 1983。在19世纪,"gay"被用来指在妓女住所的异性恋狂欢场面,特别是指代巴黎高级妓女的奢华娱乐(Griffin 2000)。只是后来,它才有了当今作为同性恋的内涵。

19. 关于这些类型的基本情况,参见 Collins 1986,第10章和第11章;Collins 1999,第6章;以及其中的参考文献。

20. 在20世纪90年代中期,35.2%的男性和34%的女性说每周做爱超过一次;8%的男性和7%的女性说每周做爱四次或更多。在相反的一端,27.4%的男性和29.4%的女性一年内只做爱几次或者根本没有(Laumann et al. 1994,88)。

21. 舍夫(Scheff 1990)更温和地提出:封闭的社会结合产生傲慢。

22. 当然,青年人中阶级和族裔的差别和网络界线还没有消失,性市场倾向于在阶级和族裔的集合内继续存在。然而,性实力者的理想展现形象具有突出的跨越阶级和种族的特征。

23. 在第八章,我们将会研究同这个行为"场景"相关联的一个辅助仪式,对吸烟的崇拜。

第七章 情境分层

1. 当社会学家把这些传统概念加入到他们的阶级等级制模型时,他们被休闲上层地位群体的意识形态蒙骗了,大概是因为这个群体更加健谈,比忙于赚钱的上层阶级更容易访谈到。因此,巴尔茨尔(Baltzell 1958)对上层阶级的文化和休闲活动提供了更丰富的资料,而对其商业活动说明较少。

2. 还有劳动力和商品市场的匿名性方面,它们是古典和新古典经济理论的主题。然而,正如最近经济社会学所强调的,由网络形成的市场的社会结构,能使特殊的个人联系成为企业家生活中最重要的方面(Smelser and Swedberg 1994)。人们只是刚刚开始系统地阐述交换中匿名性与特殊主义方面的关系。

3. 宗教群体中主要的例外好像是福音派基督徒,对他们而言,有证据表明,在他们的教堂会众中存在着大量的私人朋友。社交经常被限定于这个群体,社会际遇的敌对环境可以避免,诸如通过让他们的孩子在家中接受教育。"新基督徒权利"是试图重构一个地位群体道德等级制的社会的一部分。因为这个原因,许多其他美国人对他们持怀疑态度,这些美国人抵制除纯粹的情境分层外的任何事情。

4. 即使进入了21世纪,美国学术生活(及类似的中上阶级的社交仪式)明显的随意性,同牛津、剑桥大学仍存在的英国仪式的繁文缛节之间的对比,在这个连续统上的差异仍然明显。

5. 次要方面(1)是第三章描述的社会密度维度的另一变化形式;在这里,我们不仅仅关心随时间变化的身体共在的密度,而且关心及时的仪式表演的密度。次要方面(2)在第三章中被称为仪式强度。

6. 通过比较这个领域的另一端,可以证实这个原理:牛津和剑桥大学的社交仪式不重视炫耀和个人吹嘘,因为在这些情境中,被正式组织的社交场所(例如,贵宾席上的宴会;在教师公共休息室里聊天)通过准入这个事实就已经无言地表明了地位,且不会出错,守门员显然监督着这种社交场所。

7. 后者在历史上说明了一个转变,从对持有某种类群地位的人鞠躬和充满敬意的称呼,转向更微妙的遵从,其形式就是谁拿到话语权,谁控制关注的转向。关于后者的微观情境资料,请参见 Gibson 1999;关于长期趋势,请参见 Annett and Collins 1975。

8. 新闻报道说,1995年,总统还有美国议会都停下他们的正式议程去听O.J.辛普森案件的结果。

9. 把人当作宗教神圣物来对待的情形是有先例的:举例说明,一位中世纪的圣人,她入定,吸引来观众,这些观众用刀和燃烧物戳她,并惊叹她对伤痛的无动于衷(Kleinberg 1992)。

10. 这是沿着连续统,由相对不被关注到被高度关注的公众互动的变化。在上方顶端,从历史上看是中国官吏,他们走在街上时,被武装随从包围着,而普通百姓则被要求拜倒于地,不能抬头看这些官吏。

11. 在历史上,这发生在成群男人长途航行或游击的情境中,经常会掠捕女人。在所有这些情况下,对于确立虚构亲属关系有许多强调。我们在安德森(Anderson 1999)关于保护与支持的同盟中虚构父母和兄弟的资料中可以看到这一点;而且在部落秩序被分裂成流动的一帮帮劫掠者的地方,它很常见。(Finley 1977; Borkenau 1981; *Njal's Saga*, 1280/1960; Searle 1988)。

12. 迈克尔·曼(Mann 1986)称之为"对他们领导人不礼貌"权力,并指出,在传统君主专制统治中,这样的权力实际所能达到的可能非常有限;他将之称为"密集"权力和"广泛"权力的差异。

13. 举例来看,弗兰西斯·培根是都铎君主国高级官员的儿子和侄子,他本人居于高官位置,是贵族中的一员,他向自己的庇护人说话时,带有非常多的仪式遵从。世袭家族中的遵从模式,在所有莎士比亚的戏剧中,在中国清朝和更早的小说中,事实上几乎是在20世纪之前关于这个世界的一切文献记载中,都有说明。

14. 这个主题突出地贯穿于莎士比亚的《李尔王》,其情节关系到一位君主在自己周围可以拥有多少武装的私人奴仆。斯通(Stone 1967)论证说,这是莎士比亚写作时期进行的一场斗争,大约在1600年前后,因为国家企图把私人武装限制为少数几个家庭护卫,从而垄断对日益中央集权的国家的控制,这成为了"军事革命"开始阶段的一部分。

15. 娱乐明星身在经济阶级和组织权力圈之外,甚至于在类群地位群体的网络之外。他们有大笔的钱但却不参与构成上层阶级金融圈的活动。他们既没有E-权力,从严格意义上讲也没有多少D-权力。

16. 以噪音为手段的情境优势,可能会凭借高声和沙哑的语言而形成;或者通过音箱、手机和汽车警铃这样的设备。后两者尽管在功利主义基础上

注　释

被商业促销,但是它们在短暂情境优势的斗争中发挥了最大的作用。

17. 作者已经在50万英里左右的公路行驶中,从两个方面都观察了这一点。有关司机的访谈分析,强调他们作为自主主体的挫败感,无法跟阻碍他们的其他人相互交流,请参见Katz(1999)。

第八章　吸烟仪式与反仪式:作为社会界限史的物质吸食

1. 为了方便起见,在下文中,我有时候会用"吸烟仪式"和"反吸烟运动"这两个术语。在一些情况下,这并不准确,因为还存在着其他烟草使用形式(鼻烟和嚼烟)和其他反对烟草使用的形式,反吸烟运动主要集中在香烟上,而不是雪茄或者烟斗上。在论证中,会有对各种各样活动的比较。根据上下文较宽泛的或者较狭窄的用法应该显而易见。

2. 1975年我发表过一项预测,其背景是讨论以前历史上对酒、毒品和赌博的禁止,与这项预测相比较:

> 戒烟是一个在未来能制造巨大越轨文化的合适的候选者。伴随不断的技术革新(在20世纪,它已经不仅制造出了镇静剂、安非他明和巴比妥类药物,而且制造出了强有力的麻醉剂和致幻剂),毒品政治一般而言似乎会处在中心位置。毒品越轨行为的种类是许多利益群体之间互动的结果:药剂师和医生,他们以垄断为目的,心怀经济动机和地位动机;强制执行机构官员有其职业利益;各种职业和共同体组织,他们在维护特殊行为举止标准上有其地位利益;还有政治家,他们根据这些利益的结合,充当多方无知的中间人,从而可能会压抑广大的消费者利益。(Collins 1975,469)

3. 20世纪80年代,反吸烟运动开始从烟草公司取得政府强加的捐献。在这个时候出现的广告牌,会带有诸如"吸烟者是瘾君子,烟草公司是毒贩子"这样的广告词——暗示了毒品强制运动和它严厉的惩罚(包括第三次吸毒者和第一次贩卖毒品者会被判无期徒刑)也应该在烟草使用者和贩卖者身上体现。其他人把吸烟者描绘成杀人犯:在一个广泛发布的广告中,一位男性说"我吸烟,你介意吗?"对此,一位女性回答说"我死了,你介意吗?"

4. 接下来的历史资料来自:Brooks 1952;Glantz 1996;Goodman 1993;Kiernan 1991;Kleim 1993;Kluger 1996;Sobel 1978;Troyer and Markle 1983;Wagner 1971;Walton 2000。

5. 在烟草广告被削减的那些年里,吸烟确实减少了,然而,这有可能是因为广告缺乏刺激;但是,对这一点的一项谨慎研究也不仅仅需要考虑广告的问题,而且要考虑咄咄逼人的反吸烟运动的发展。即使在这里,有人也会质疑,是否这些广告词本应该产生更多效果——也就是说,是否负面广告会比正面广告更受欢迎。这段时期的反吸烟运动,不仅在新闻中和政治家宣言中处于中心地位,而且在公共和个人空间中直接面对吸烟者的人们的个人层面上也处在中心地位。假设面对面际遇具有最强大的效果,人们会得出结论说,广告减少在消除吸烟方面没有多大效果。广告广为人知,这给了反吸烟运动一个直接的目标,当香烟广告被依法禁止之后,就有了明显胜利的感觉,这恰恰就是一场社会运动为了维持它的士气所需要的。但是这些在很大程度上是象征性胜利,而不是实质性胜利。

6. 在这里,我用了嗜好社会学的一个观点,来自达林·温伯格(Darrin Weinberg)2000年在剑桥大学的报告。

7. 尼古丁、咖啡因等等的吸食被插入第二章(图2-1)IR模型之后,就变成了模型中左边部分的一个组成要素;也就是说,它是给一般情感供给原料的瞬间情感刺激的一部分。但是,这个一般情感有来自社会互动本身特性的其他成分——它们以镇静松弛、狂欢、性等等为取向。通过群体中有节奏连带实现的反馈强化这个过程,对尼古丁等等的身体感觉具有了来自情境的情感特性。而且,发展到高水平相互唤起的成功互动仪式,会产生集体兴奋,因此激发了参与的个体。以那样一种方式,烟草等等就变成了被参与者视为动机能量真正的来源,虽然事实上社会体验从外部添加了能量。

8. 这个代替物强调了普通饮食的仪式主义。在困苦情境中,对食物的许多渴求可能是渴求有秩序膳食的常态,包括它们作为暂时停止工作和其他残酷任务时群体集合的社会特征。被剥夺了食物,也就是被剥夺了在一个正常社会中暗含的社会成员身份。如果一个仪式可以代替另一个仪式,在它能够产生团结并在此基础上能够建构共享意义这方面说,这解释了烟草为何可以代替食物。在毒品"上瘾者"的情形中,我们看到了同一种替代物,而在"工作狂"特别是那些从事高雅文化活动者的情形中,我们也看到了这同一种替代物,它们对参与精英符号活动带来了一种强有力的主观意义。比如说,贝多芬和牛顿都因为全神贯注于创造性工作,忘记了吃饭而闻名。

9. 在日本吸烟也同卖淫有关联,即同德川时期艺妓区的娱乐文化有关联,如同我们在特别艳俗的浮世绘(Ukiyo-e)印刷物中看到的那样。然而,从当代绘画的证据来看,至少19世纪,一些中国女性在有地位的家庭场景里用烟斗吸烟。在18世纪和19世纪,伊斯兰世界中的女性(土耳其、波斯、北非)最经常被描绘为用水烟袋吸烟,或者在男性陪同下吸,或者她们自己吸(Lemaires 2001)。或许中国和伊斯兰社会中类似闺房的女性区封闭性更大,所以使得她们可以在受尊重的私人处吸烟,然而欧洲上层阶级妇女因为接触公共交际活动,她们更关心维持地位标记。

10. "咖啡,使政治家明智,
用半闭半合的眼睛看穿一切。"
———亚历山大·波普,"卷发遇劫记"(The Rape of the Lock)

这首诗于1714年首次发表,它对比了1710年代伦敦上层社会的各种社交仪式活动场景。

11. 在1900年的英国,五分之四的烟草使用是用烟斗,只有八分之一是香烟,其余是雪茄(Walton 2000,75)。

12. 有个别的例外:比如说,20世纪50年代,"普通语言"哲学家圈子在牛津举行讨论会,以约翰·奥斯汀为核心,他们都用烟斗吸烟,这个习惯被诙谐地当作了他们知识分子运动的象征。

13. "一定要注意吸鼻烟者做出了什么样的扭曲表情,他们整个面貌如何痉挛,他们如何用有规则的节奏蘸一下他们的鼻烟盒,翘起鼻子、闭嘴、闭眼和所有表情来形成一种自得的尊严,当他们进行吸鼻烟这个庄严仪式时,他们看起来就像是鄙视这整个世界,或专注于一个事业,在这个事业上,他们会像布夫莱(Bouflet)一样说,'我要让整个世界颤抖!'"

"通过某些实验,我已经发现,当这些男人把鼻烟嗅到鼻子里时,他们的想法就是,他们作为男性被激发起来了,变成了万能的国王和王子,或者至少在心里面成了皇室和显贵。"(原文是德语,1720;引自Walton 2000,51)

14. 温斯顿·丘吉尔因其处处衔着特大且极为昂贵的雪茄而闻名。在多数时间里,他把雪茄衔在嘴里,不把它点燃(Gilbert 1988)。当一个人工作时,他也这样,这个事实表明,雪茄除了产生任何生理效果外,对他而言还有他在社会中地位(男子气概、上层阶级)的主观意义。

15. 报告她吸烟习惯的女性经常谈论说,同亲密朋友社交是最诱惑人的吸烟场合,因此造成了戒烟的最大困难。这类似于前吸毒者的情况,当接触到使他们想起以前吸毒兴奋的社会互动时,他们有恢复原状的倾向。这些体验与其说反映了身体吸食的感觉,不如说反映了以毒品为象征的IR的情感意义(达林·温伯格,个人书信)。

16. 在《亨利四世》第一和第二部分中,莎士比亚描写了福斯塔夫和亨利王子,这部作品在1597年被搬上舞台。有人可能会把莎士比亚对他们的描写解释为对这种冲突的表现。在这里,狂欢贵族参与到跨越地位界线的领域中,进入下层生活,寻求瞬间的娱乐和兴奋。这个剧情的真实生活形式,在17世纪70年代关于放荡的罗切斯特勋爵(Lord Rochester)的诗中有所描写。

17. 这些数字明显反映了第二次世界大战期间全体动员的氛围,那个时候,吸烟是军队团结仪式的中心。此高峰过后,在1973年,英国65%的男性吸烟,42%的女性也吸烟;在1965年的美国,分别有52%的男性和34%的女性吸烟(Walton 2000,94,106;《洛杉矶时报》,2001年3月29日)。

18. 霍罗威茨(Horowitz 2001)研究表明,在导致致命暴乱的敌对族裔运动的发展或衰退中,评估敌方所产生威胁的社会过程是核心的动力机制。关于一般的对癌症的风险归因,请比较Stirling et al. 1993年的研究。关于在处理疾病风险方法方面的跨国差异,请参见Nathanson 1996。

19. 在流行性感冒和肺炎(1900年每10万人口中202个死于这两种病)和肺结核(每10万人口中198个死于此病)方面,有了显著的下降。到1956年为止,这些数字分别降到了8和28。婴儿死亡率仍然很高:在20世纪初,每1000个活着出生的婴儿中,有100个会死亡,或者说10％的死亡率。1900年如同在1990年一样,最普通的非婴儿死因仍是心血管疾病;这些实际上比1900年每10万人口中345人死于此病这个数字上升了,在20世纪50年代达到了510人的顶点,在1990年下降到大约365人。在1900年,每10万人口中因各类癌症而死亡的人数是64人,1950年上升到140人,1980年184人,1990年202人(《美国历史统计:系列B-107,B-114-128》;《统计摘要》,1991年114号)。为了适当地说明这一点,我们可以把这些数字换算成百分数:例如,最后一个数字,1990年每1000人口中有2人死于各类癌症,或者说0.2％(是每年死于癌症人口的1％的五分之一)。对于肺癌而言(这类癌症同吸烟有关联),每年大约0.057％的人口死于肺癌,或者说1％的二十分之一。

20. 关于出生时的预期寿命,1900年男性是46.3岁,女性是48.3岁,在1990年男性是72.0岁,女性是78.8岁(《美国历史统计:系列B-93-94》;《统计摘要》,1991年103号)。

21. 第一列数字是1990年各个年龄段因为癌症(所有种类的癌症)导致的每10万人口中的死亡率。在第二列,这些数字被转换成死于癌症的年龄群体的百分比。为了比较,第三列提供了死于所有原因的年龄群体的百分比。

	癌症死因		所有死因
25-34岁	12.1	0.012％	0.138％
35-44岁	43.1	0.043％	0.221％
45-54岁	157.2	0.157％	0.475％
55-64岁	445.1	0.445％	1.204％
65-74岁	852.6	0.853％	2.647％
75-84岁	1338.1	1.338％	6.139％
85岁以上	1662.3	1.662％	15.035％

资料来源:《统计摘要》,1992年117号。

在大约55岁之后，死于癌症的概率开始变得明显大了，虽然在任何单独一年里，死于癌症的实际百分比概率仍旧相当小（对于那些75岁以上者，比1%的概率略高，对那些85岁以上者，仍比2%要低）。但是，在这些年龄里，因为某个原因而导致的死亡概率变得很重要：对于我们这些人到了75岁年龄，每年其中6%的人会死亡，对于那些到了85岁年龄的人，每年其中15%的人会死亡。换句话说，癌症一般在某种或者另外一种疾病导致其死亡的时候才会致死。

22. 见Walton 2000,107。在2.8亿的人口中，死于被动吸烟的年概率是五千分之一，或者说0.02%。即使在一个成人50多年的生命中，这加起来才是1%。在这个测量上的统计效果，不是非常有力。关于可以见到的20世纪80年代的研究，克卢格（Kluger 1996；引自Walton 2000,107）总结说，当关于被动吸烟的抗议爆发时，"数据既不充分，也不一致——当然也不是结论性的"。更近总结的证据见Taylor et al. 2001；Nelson 2001。

23. 在这些年里，官方特别关注吸烟和癌症之间关联数据的一个国家是德国（Proctor 1999）。政府首脑希特勒是健康生活方式运动的狂热成员，他非常强烈地反对吸烟。然而，因吸烟仪式的普遍流行，即使是拥有独裁权力的希特勒也未能强加禁烟令，即使在政府办公室和海陆空三军里，他也未能做到这点。官员们最多是当他在场时，避免吸烟。这就产生了一些古怪的场景：当1945年4月希特勒在其掩体中自杀时，他死亡的第一个标志是，其余职员都点上了香烟（Walton 2000, 93-94）。

24. 在20世纪50年代，美国和英国的研究提供了证据表明，大量吸烟者具有"不安、急躁、易动的个性，而不吸烟者更加稳重、更沉稳、更安静"。与不吸烟者相比，吸香烟者更经常参加运动，更经常改变工作和住所。"吸香烟者比不吸烟者更外向，然而用烟斗吸烟者是最内向的群体"（Walton 2000, 169-170）。

25. "妇女基督教禁酒联盟"和"反沙龙联盟"拒绝官方对反吸烟运动的支持，目的是为了避免增加政治敌对，但是，在这些运动的参加者中，有相当大程度的重叠（Wagner 1997, 20）。

26. 它表现了相关的社会过程，即当吸香烟已经被广泛禁止的几十年里，烟斗吸烟没有获得任何明显的恢复；在技术上，它可以避免健康统计数字的指责,但是在仪式之战中它处于边缘。吸雪茄获得了一些恢复,可能是因为它们同精英和世故的关联。作为一种社交仪式形式,雪茄至少代替了一些香烟仪式,虽然现在在性别整合的时代,它们作为男性圣坛的含义——正是这一点使它们让位给了香烟——是个不利因素。

27. 帕特南(Putnam 2000)提供了关于正式组织化的社交群体衰落的证据,但是,他是依据一个普遍的共同体衰落,即"独玩保龄球"现象来解释的。同这一点相反,存在着关于社会网络而不是孤立的个体一直存在的证据(Fischer 1982,2001)。我认为,已经发生的是仪式的正式方面的衰落,这些方面把仪式同结构分层有关联,进而也与较大的共同体有关联;保留下来的仪式,是更具有私人性的单纯的情境分层。

28. 邓希尔(Dunhill 1954)写道,"除了小的少数民族之外,世界范围的吸烟习惯正迅速变成消失的技艺和一个有限的乐趣……上乘哈瓦那雪茄、手卷香烟和有光泽的海泡石烟斗,它们使50年前的吸烟室大为增色,它们肯定同给伊丽莎白英国带来如此兴奋的精致吸烟工具一样,看起来很遥远了。"(251)

第九章 作为社会产物的个人主义和内在性

1. 如同我们已经看到的那样,网络分析不是微观情境分析,而是被运用在中观层面上,计算在一个相对较高的强度上个体们之间反复的互动仪式。严格地讲,网络分析并不考虑超过两个人的情境集合;在中观层面上,同等的概念是关系的网络密度或关系的冗余性的测量;这描述了一个紧密地互相联系的由个体组成的群体,在那里,所有的个体或者大多数个体彼此之间都有关联。(即使他们所有的人从来没有出现在同时同地,这也可能发生,虽然那个情境也是一个产生高度冗余纽带的方式。)在形成高度的群体遵从性方面,这样高度冗余的网络类似于涂尔干的机械团结。

2. 用富克斯(Fuchs 2001)的术语,群体符号被看做为本质。

3. 也就是说,除了那些具有高度联系纽带的网络之外的任何其他网络形式;这些可以包括广及稀疏纽带的网络,还可以包括具有桥梁位置的网络,它们在相对密集联系的领域之间的结构洞上架起了桥梁。

4. 钱布利斯(Chambliss 1989)关于明星运动员的研究,清楚明白地显示了这个类型;那些通常赢得(且有信心赢得)他们比赛的人,喜欢单独练习,注意力集中在他们的技巧上。技巧本身使他们感到非常快乐,毫无疑问,这是因为它暗含了他们在其竞争者领域的重要位置。

5. 在这个意义上,被社会排斥的人不同于其他一些类型的内向者,后者不是具有低度的 EE,而是可能会从他们孤独的符号循环中获得大量的 EE。

6. 在英语文学中,这个模式是突出的,但同一类型的模式也在中文作品中表现了:生活在乡村的绅士,他单独在其书房或者花园里花大量时间阅读和绘画,但是,倘若同一个社会阶级的朋友到访,这个绅士会变得活跃,变得爱社交。参见 Wu(ca.1750/1972)。

7. 我这里已经描述了上层阶级男性,因为这一人格类型事实上一直在文学资料中被描述为男性,即使是在女性作家的作品里也是这样。看起来,在这些环境中的上层阶级女性通常被其他女性围绕,因此,同上层等级的男性相比,她们具有较少的情境内向性(参见 Girouard 1978)。

8. 参见 Adams 1907/1931 第十三章中的例子。

9. 当变化的历史条件使后台的私人性变得广泛可能时,爱社交的个体,我们可以另外把他们看做外向者,他们要花部分时间来为他们的前台表演做准备,或者仔细考虑他们的前台表演。因此,他们可能会有相当的时间独自一人,这非常有可能是专心的,而且情感强烈的时刻,恰恰是因为他们高度的爱社交性。但在这种内向的、脱离社会的意义上,我们通常不会称他们为内向者。在这类情境中的人渐渐变成神经过敏的内向者,他们的生活是根据其社会关系预知自己。

10. 在 19 世纪,大声朗读文本很常见;因此,"书虫"与孤独的联系是一个相对新近出现的现象。

11. 这个人格类型不应该同他们脑力工作的公开内容相混淆。在大学文学系中,典型的美国后现代主义者用的是反思性、疏离和多重视角的语言,但是他们是在极为标准的方式上使用这类语言的,这适合于他或者她离巴黎知识分子生活中心的情况,这些概念起源于那里。

12. 20 世纪 80 年代和 90 年代的"匿名炸弹杀手(Unabomber)"是加州大学伯克利分校从前数学系的一个学生,他在极端学生运动中,是一个隐退的技术"迷"内向者。他结合了两种文化风格,形成了他自己孤独的政治狂热。他通过邮件寄送爆炸装置,通常是寄给主流产业的科学家或者政府中的科学家;也就是说,他在自己最熟知的同一个技术网络中传布他自己的狂热表现。应该注意到的是,这类孤独的个体"恐怖主义分子"不是大多数政治活动家或者社会运动成员的极端典型,即使在最激进的运动中也是如此;正如宗教运动研究者已经说明的那样,完全隐退或者精神上有病的个体很少有归附者,因为他们缺乏网络纽带,以帮助运动进一步增长,他们也不是有效的组织者(Stark and Bainbridge 1985)。

13. 我在这里故意用男性代词;事实上,我所知道的这类痛苦知识分子的所有个案都是男性。有一个例外,是格特鲁德·斯坦,但是她没有隐退,相反,她是一个活跃的沙龙的中心。性别的社会条件必须进入因果模型。

14. 在极为戏剧性的情节中,我们在虚构人物的证据上认识不到多少东西,但是,思考一下哈姆雷特的网络的复杂性:作为王子,他是宫廷中公共视野的中心。依据一些亲属关系传统和政治支持者的看法,他是王位继承人,但是,依据其他血族传统和政治联盟的看法,他是他叔叔的未成年的受监护者,他叔叔通过与他母亲的这种娶寡嫂婚姻,操纵着亲属关系。作为一个政治阴谋者,他有秘密想见的朋友,也有敌人,他秘密监视这些敌人,并认为敌人也在监视他。因为从前在德国大学的留学,他属于一个学生网络,同时也是狂饮者和风流才子。他同一个与其政敌有关系的女性存在暧昧关系,对他而言,这个女性在社会等级上太低了,不能同她结婚。他是戏剧表演的资助人,有为舞台写作的经历。如果我们把哈姆雷特当作一个真实的人,而不是(在我看来,更可能是)一个为了情节而被建构的舞台人物,那么,他就不是一个完全的内向者,而是一个情境内向者,当适合情况出现时,他就很善交际并机智过人。然而,存在着前台/后台转换和操纵的大量机会;各种各样的其他网络把他往不同的方向拽。这些网络结构和戈夫曼式的情境际遇,从社会学上说既会激发哈姆雷特的后台自言自语,又会导致他行动上的优柔寡断。

15. 对个体最古老的崇拜,是对政治首领仪式性的关注。然而,这类"伟大的"个体通常嵌入在家庭继任中,他们获得的是类群遵从,而不是个体遵从。在中国历史上,皇帝经常被淹没在一轮轮的仪式当中,这使其根深蒂固,他个人的名字被他统治时代的名字取代了。几个突出的著名的中国皇帝或者是篡位者,他们建立了新朝代,或者是荒淫无度者,他们毁灭了一个朝代,因此产生了进入或退出高层仪式位置的变动形式。黑格尔是一位早期的探索研究世界历史的比较社会学家,他阐明了这个模式,即在早期情形下,只有一个人是自由的(即统治者);在现代社会中,每个人都是自由的。但是,正是在20世纪,在极为个体化意义上的政治人格崇拜才最为突出。然而,这些是由现代大众传媒技术的使用所形成的,因大众传媒使符号再生产和广泛散布:无处不在的列宁像、斯大林像、毛泽东像,还有在推动对其他政治独裁者和领导者的崇拜时使用的类似符号。个体性确实在现代社会中传播开来;同时,传播极为重要的个体非凡形象的手段也增加了。

16. 理查德·伯顿是牛津大学的研究员,是一位教区牧师,他在1610年到1640年间写了《忧郁症解剖学》一书,他把学者生活描述为倾向于苦恼的和怪异的妄想者。但是,这不是疏离知识分子的现代概念,或者甚至不是一个内向人格类型,因为伯顿对忧郁症的讨论主要是关注爱和嫉妒的悲哀与妄想(这主要是从文学中精选出来的),就禁欲的牧师的行为来说,学者生活与之有关联。在抑郁症的原因方面,伯顿分析了种种生活不幸,诸如贫困、入狱和挫折,所列举的是一个百科全书式的名单,覆盖了超自然的和占星术的力量、食物、气候、疾病,还有身体幽默理论。伯顿对抑郁症的观点强调它怪异的幻想,其中包纳了所有形式的"过度",包括宗教异端、巫术、迷信,甚至包括(显示了他的政治偏见)天主教仪式。抑郁症这个范畴嵌入在中世纪晚期的学院主义和人文主义之中,非常不同于内向个体的现代概念。

17. 关于以音乐市场和相伴随的对音乐天才崇拜的建构为方向的转变,见Denora 1995。关于文化生产领域相对而言更商业化的、更自主决定的部门,参见Bourdieu 1993。

18. 对个体的现代崇拜的另外一个原因,是科层制组织的增长,它取代了家庭联系和世袭家族的个人监视。科层制是地位的组织,这些地位被正式的规则和条例所界定。个体只是暂时地占据这些地位,通过积累正式记录的档案和履历,他们得以在这些地位中移动;这些记录是作为个体资料保存的,而不是作为家庭成员或者其他群体成员的资料。因此,个体性作为一个范畴系统,被建构进了现代组织的程序之中。因为延长的文凭通货膨胀过程,现代人都被卷进了教育过程,此过程最适合被视为个体记录的积累,它把现代自我正式地展现为生涯,不论制造那些记录的后台事实如何。现代个体主义的另一个巨大的结构来源即政治权利的法律概念,同样也是如此。为现代民主而斗争的运动,已经推进了对国家更全面的参与。"一人一票"这个口号本身得到宣扬,通过对政治个体性的重新定义,从而不只包括作为家庭首领的"男人"(在19世纪早期的自由主义概念中,独立的财产拥有者是社会的单元),而且包括每一个人,无论性别如何,无论从属性如何;这个重新界定被扩展了,投票年龄降低了,以包括以前被认为是未成年儿童的那部分人口。在"一人一票"这个口号中,有仪式主义的一面;具有最广泛民主风气,且最强调个人性的社会,通常也是相当多人口不愿意费工夫在众多选举中投票。对于民主时代而言,投票这个概念更多的是一个政治符号,而不是政治现实。

19. 见《牛津英语辞典》。"外向性"和"外向者"有着从宗教到心理学的类似历史:我们发现,1656年"外在性……在神秘的神学中……散播或者公布一个人对外在对象的想法";1788年,"上帝的眼睛从他身上[耶稣基督]转到外在的东西上,神秘主义者称此为外向性。"在早期现代科学中,有一个重叠的使用时期,在那段时期,术语具有单纯的物理意义:从1670年到1750年的化学书本中,"外向性"指一个化学反应的外在表现,但是在晚至19世纪80年代的生理学中,"内向的"指一个指向自身的器官,诸如"内向的脚趾。"

20. 这甚至适用于一些形式的冥想,这些冥想旨在集中意识,戒除心中杂念,从而去体验佛教徒和印度教徒称之为顿悟的东西,去体验基督徒和穆罕默德信徒称之为上帝显圣的东西。佛教信条明确意识到,思想的内容,即所谓的"名与形",是人类社会话语的一部分,而冥想修炼被视为超越对普通经验世界依附的方式。但是,作为宗教目标的涅槃或者"Shunyata"("空")也是集体符号,是佛教共同体的神圣物。这就更加说明了,不只是物和形象,而且被集体关注的任何对象,包括行动和经历,都能成为涂尔干的神圣物。关于各种各样的神秘宗教修行及其社会组织的详情,参见 Collins 1998,195－208,290－298,964－965,以及其中的参考书目。

21. 人类学家维克托·特纳(Turner 1967)贴切地说明了这一点。他描述了在他离开部落田野调查点之前的最后几天里,他在一条僻静的小路上行走;当地的巫医跟他一起,但没有公开表达多少东西,这给特纳的感觉是,巫医在向他的相似角色的人说再见,此类人是一个部落社会所拥有的最接近

22. 我说"大概",是因为关于人们在进行祈祷的情境方面,还没有多少系统的历史资料或当代资料。

23. 韦伯极好地解释了新教教义对现代个体主义的影响;他有反天主教的偏见,这使他无法察觉到反改革天主教派的创新对现代心理学取向的贡献(参见 O'Malley 1993)。

24. 我们已经看到,宗教专家在古代文明社会的分化形成了分离的领地,这些领地实际上是另外的机械团结领域,尽管他们更多的时候集中于内在体验。

25. 因此出现了两种对立的厌倦:厌倦了单独一人,也厌倦了同他人在一起。齐克果把厌倦视为一种独特的现代情感。

26. 对于后者,有一个前现代的类比,它就是十字架或圣架的大量生产;对于前者,类比就是参与赋予十字架情感意义的仪式方式的大量扩展,或者是人们极大增加的不断地展示圣架的地方去朝圣的能力。

27. 加芬克尔(Garfinkel 1967)同戈夫曼一样,都强调微观社会学观察资料的分析本质,在他的民族方法学中,他断然拒绝任何嘲弄的意图。

28. 对"戈夫曼革命"的这个勾画是我所说的"微观史"的一个例子。微观互动领域有一段历史;这不仅仅是具体意义上对礼貌风俗变化的描述史,而是对微观情境互动的条件及其结果的分析史。

参 考 文 献

Abolafia, Mitchel. 1996. *Making Markets: Opportunism and Restraint on Wall Street*. Cambridge: Harvard University Press.

Adams, Henry. 1907/1931. *The Education of Henry Adams*. New York: Random House.

Allan, G. A. 1979. *A Sociology of Friendship and Kinship*. London: Allen and Unwin.

Alexander, Jeffrey C. 1982. *Theoretical Logic in Sociology. Volume 2. The Antinomies of Classical Thought: Marx and Durkheim*. Berkeley: University of California Press.

Amory, Cleveland. 1960. *Who Killed Society?* New York: Harper.

Anderson, Benedict. 1991. *Imagined Communities: Reflections on the Origin and Spread of Nationalism*. London: Verso.

Anderson, Elijah. 1999. *The Code of the Street: Decency, Violence and the Moral Life of the Inner City*. New York: Norton.

———. 2002. "The Ideologically Driven Critique." American Journal of Sociology 107: 1533–50.

Annett, Joan, and Randall Collins. 1975. "A Short History of Deference and Demeanor." In *Conflict Sociology: Toward an Explanatory Science*, by Randall Collins. New York: Academic Press.

Atkinson, J. Maxwell. 1984. "Public Speaking and Audience Responses." In *Structures of Social Action: Studies in Conversation Analysis*, edited by Maxwell Atkinson and John Heritage. New York: Cambridge University Press.

Atkinson, J. Maxwell, and John Heritage, eds. 1984. *Structures of Social Action: Studies in Conversation Analysis*. New York: Cambridge University Press.

Bacon, Francis. 1625/1965. *Essays*. New York: Macmillan.

Baker, R., and M. Bellis, 1995. *Human Sperm Competition: Copulation, Masturbation and Infidelity*. New York: Chapman and Hall.

Bales, Robert Freed. 1950. *Interaction Process Analysis*. Cambridge, Mass.: Addison-Wesley.

Bales, Robert Freed, 1999. *Social Interaction Systems: Theory and Measurement*. New Brunswick, N.J.: Transaction.

Baltzell, E. Digby. 1958. *An American Business Aristocracy*. New York: Macmillan.

Barbalet, Jack. 1998. *Emotion, Social Theory and Social Structure. A Macrosociological Approach*. Cambridge: Cambridge University Press.

Barchas, Patricia R., and Sally P. Mendoza. 1984. *Social Cohesion: Essays Toward a Sociophysiological Perspective*. Westport, Conn.: Greenwood.

Barnes, Barry. 1995. *Elements of Social Theory*. Princeton: Princeton University Press.

Barry, Kathleen. 1995. *The Prostitution of Sexuality*. New York: New York University Press.

Bartell, Gilbert. 1971. *Group Sex*. New York: Wyden.
Barthes, Roland. 1967/1990. *The Fashion System*. Berkeley: University of California Press.
Bartlett, Frederic C. 1932. *Remembering: A Study in Experimental and Social Psychology*. Cambridge: Cambridge University Press.
Baudrillard, Jean. 1968/1996. *The System of Objects*. London: Verso.
Becker, Howard S. 1953. "Becoming a Marijuana User." *American Journal of Sociology* 59: 235–52.
Bell, Catherine. 1992. *Ritual Theory, Ritual Practice*. New York: Oxford University Press.
Berger, Bennet. 1981. *The Survival of a Counterculture: Ideological Work and Everyday Life among Rural Communards*. Berkeley: University of California Press.
Bergesen, Albert. 1984. *The Sacred and the Subversive: Political Witch-hunts as National Rituals*. Society for the Scientific Study of Religion Monograph Series, no. 4.
———. 1999. "The Ritual Order." *Humboldt Journal of Social Relations*. 25: 157–97.
Bernstein, Basil. 1971–75. *Class, Codes, and Control*. London: Routledge and Kegan Paul.
Black, Donald. 1998. *The Social Structure of Right and Wrong*. New York: Academic Press.
Blau, Peter M. 1960. "A Theory of Social Integration." *American Journal of Sociology* 65: 545–56.
———. 1977. *Inequality and Heterogeneity: A Primitive Theory of Social Structure*. New York: Free Press.
Blood, Robert O., and Donald M. Wolfe. 1960. *Husbands and Wives*. New York: Free Press.
Blumer, Herbert. 1969. *Symbolic Interaction*. Englewood Cliffs, N.J.: Prentice-Hall.
Blumstein, Philip, and Pepper Schwartz. 1983. *American Couples: Money/Work/Sex*. New York: Morrow.
Boden, Deidre. 1990. "The World as It Happens: Ethnomethodology and Conversation Analysis." In Frontiers of Social Theory, edited by George Ritzer. New York: Columbia University Press.
Borkenau, Franz. 1981. *End and Beginning. On the Generations of Cultures and the Origins of the West*. New York: Columbia University Press.
Bourdieu, Pierre. 1972/1977. *Outline of a Theory of Practice*. Cambridge: Cambridge University Press.
———. 1984. *Distinction. A Social Critique of the Judgement of Taste*. Cambridge: Harvard University Press.
———. 1991. *Language and Symbolic Power*. Cambridge: Harvard University Press.
———. 1993. *The Field of Cultural Production*. Chicago: University of Chicago Press.
———. 2001. *Masculine Domination*. Stanford: Stanford University Press.
Bowlby, John. 1965. *Child Care and the Growth of Love*. London: Penguin.
Bradburn, Norman. 1969. *The Structure of Psychological Well-being*. Chicago: Aldine.

Braithwaite, John. 1989. *Crime, Shame, and Reintegration.* New York: Cambridge University Press.
Bromley, David G. 1988. *Falling from the Faith.* Newbury Park, Calif.: Sage.
Brooks, Jerome E. 1952. *The Mighty Leaf: Tobacco through the Centuries.* Boston: Little, Brown.
Bruner, Jerome S. 1966. *Studies in Cognitive Growth.* New York: Wiley.
———. 1983. *Child's Talk.* New York: Norton.
Buford, Bill. 1992. *Among the Thugs.* New York: Norton.
Burawoy, Michael. 1979. *Manufacturing Consent.* Chicago: University of Chicago Press.
Burke, Peter. 1993. *The Art of Conversation.* Ithaca, N.Y.: Cornell University Press.
Burns, Tom. 1992. *Erving Goffman.* London: Routledge.
Burt, Ronald S. 1982. *Toward a Structural Theory of Action.* New York: Academic.
———. 1992. *Structural Holes.* Cambridge: Harvard University Press.
Bush, L. K., C. L. Barr, G. J. McHugo, and J. T. Lanzetta. 1989. "The Effects of Facial Control and Facial Mimicry on Subjective Reactions to Comedy Routines." *Motivation and Emotion,* 13: 31–52.
Capella, J. N. 1981. "Mutual Influence in Expressive Behavior: Adult-Adult and Infant-Adult Dyadic Interaction." *Psychological Bulletin* 89: 101–32.
Capella, J. N. and S. Planalp. 1981. "Talk and Silence Sequences in Informal Conversations." *Human Communications Research* 7: 117–32.
Caplan, Pat, ed. 1987. *The Cultural Construction of Sexuality.* London: Tavistock.
Carey, James T. 1968. *The College Drug Scene.* Englewoods Cliffs, N.J.: Prentice-Hall.
Carley, Kathleen, and Alan Newell. 1990. "The Nature of the Social Agent." Paper delivered at Annual Meeting of the American Sociological Association, Washington, D.C.
Carrithers, Michael, Steven Collins, and Steven Lukes, eds. 1985. *The Category of the Person.* Cambridge and New York: Cambridge University Press.
Chambliss, Daniel F. 1989. "The Mundanity of Excellence." *Sociological Theory* 7: 70–86.
Chandler, Alfred D. 1962. *Strategy and Structure.* Cambridge: MIT Press.
———. 1977. *The Visible Hand: The Managerial Revolution in American Business.* Cambridge: Harvard University Press.
Chapkis, Wendy. 1997. *Live Sex Acts.* London: Routledge.
Chapple, Eliot D. 1981. "Movement and Sound: The Musical Language of Body Rhythms in Interaction." *Teacher's College Record* 82: 635–48.
Charle, Christophe. 1990. *Naissance des "intellectuels," 1880–1900.* Paris: Minuit.
Chase-Dunn, Christopher, and Thomas D. Hall. 1997. *Rise and Demise: Comparing World-Systems.* Boulder, Colo.: Westview.
Chauncey, George. 1994. *Gay New York: Gender, Urban Culture, and the Making of the Gay Male World 1890–1940.* New York: Basic.
Chesterfield, Lord. 1774/1992. *Letters.* New York: Oxford University Press.
Chodorow, Nancy. 1978. *The Reproduction of Mothering.* Berkeley: University of California Press.
Cicourel, Aaron V. 1973. *Cognitive Sociology.* New York: Free Press.

Clayman, Stephen E. 1993. "Booing: The Anatomy of a Disaffiliative Response." *American Sociological Review* 58: 110–30.

Cohen, Albert K. 1955. *Delinquent Boys: The Culture of the Gang*. New York: Free Press.

Coleman, James S. 1961. *The Adolescent Society*. New York: Free Press.

Collins, Randall. 1974. "Three Faces of Cruelty." *Theory and Society* 1: 415–40.

———. 1975. *Conflict Sociology: Toward an Explanatory Science*. New York: Academic Press.

———. 1979. *The Credential Society: An Historical Sociology of Education and Stratification*. New York: Academic.

———. 1986. *Weberian Sociological Theory*. Cambridge and New York: Cambridge University Press.

———. 1988. *Theoretical Sociology*. San Diego: Harcourt, Brace, Jovanovich.

———. 1992. "Can Sociology Create an Artificial Intelligence?" In *Sociological Insight: An Introduction to Non-obvious Sociology*, by Randall Collins. New York: Oxford University Press.

———. 1998. *The Sociology of Philosophies*. Cambridge: Harvard University Press.

———. 1999. *Macro-History*. Stanford: Stanford University Press.

———. 2002. "Credential Inflation and the Future of Universities." In *The Future of the City of Intellect*, edited by Steve Brint. Stanford: Stanford University Press.

———. 2003. "The Durkheimian Movement in France and in World Sociology." In *The Cambridge Companion to Durkheim*, edited by Jeffrey Alexander and Phil Smith. Cambridge: Cambridge University Press.

———. Forthcoming. *Violent Conflict: A Micro-sociological Theory with Macro-sociological Extensions*.

Condon, William S., and W. D. Ogston. 1971. "Speech and Body Motion Synchrony of the Speaker-Hearer." In *Perception of Language*, edited by D. D. Horton and J. J. Jenkins. Columbus, Ohio: Merrill.

Condon, William S., and Louis W. Sander. 1974a. "Synchrony Demonstrated between Movements of the Neonate and Adult Speech." *Child Development* 45: 456–62.

Condon, William S., and Louis W. Sander. 1974b. "Neonate Movement is Synchronized with Adult Speech: Interactional Participation and Language Acquisition." *Science* 183: 99–101.

Contole, Julie, and Ray Over. 1981. "Change in Selectivity of Infant Social Behavior between 15 and 30 Weeks." *Journal of Experimental Child Psychology* 32: 21–35.

Cook, Philip J. and Jens Ludwig. 2000. *Gun Violence. The Real Costs*. New York: Oxford University Press.

Corsaro, William A., and Thomas A. Rizzo. 1990. "Disputes in the Peer Culture of American and Italian Nursery-school Children." In *Conflict Talk*, edited by Allen D. Grimshaw. New York: Cambridge University Press.

Cowley, Malcolm. 1973. *A Second Flowering: Works and Days of the Lost Generation*. New York: Viking Penguin.

Crane, Diana. 2000. *Fashion and Its Social Agendas: Class, Gender and Identity in Clothing*. Chicago: University of Chicago Press.
Cressey, Paul G. 1932. *The Taxi-dance Hall*. Chicago: University of Chicago Press.
Cuber, John F., and Peggy B. Haroff. 1968. *The Significant Americans: A Study of Sexual Behavior among the Affluent*. Baltimore: Penguin.
Dalton, Melville. 1951. "Informal Factors in Career Achievement." *American Journal of Sociology* 56: 407–15.
———. 1959. *Men Who Manage*. New York: Wiley.
Dahrendorf, Ralf. 1959. *Class and Class Conflict in Industrial Society*. Stanford: Stanford University Press.
D'Andrade, Roy. 1995. *The Development of Cognitive Anthropology*. Cambridge: Cambridge University Press.
Davis, Allison, B. B. Gardner, and M. R. Gardner. 1941 /1965. *Deep South*. Chicago: University of Chicago Press.
D'Emilio, J. 1983. *Sexual Politics, Sexual Communities: The Making of a Homosexual Minority in the United States, 1940–1976*. Chicago: University of Chicago Press.
Denora, Tia. 1995. *Beethoven and the Construction of Genius*. Berkeley: University of California Press.
DiMaggio, Paul. 2002. "Endogenizing 'Animal Spirits': Towards a Sociology of Collective Response to Uncertainty and Risk." In *The New Economic Sociology*, edited by Mauro F. Guillén, Randall Collins, Paula England, and Marshall Meyer. New York: Russell Sage Foundation.
DiMaggio, Paul, and Hugh Louch. 1998. "Socially Embedded Consumer Transactions: For What Kind of Purchases Do People Most Often Use Networks?" *American Sociological Review* 63: 619–37.
Douglas, Mary. 1966. *Purity and Danger: An Analysis of the Concepts of Pollution and Taboo*. London: Routledge.
———. 1973. *Natural Symbols*. Baltimore: Penguin.
Dover, K. J. 1978. *Greek Homosexuality*. New York: Random House.
Drewal, Margaret. 1992. *Yoruba Ritual: Performance, Play, Agency*. Bloomington: Indiana University Press.
Dummett, Michael. 1978. *Truth and Other Enigmas*. Cambridge: Harvard University Press.
Dunhill, Alfred. 1924. *The Pipe Book*. New York: Macmillan.
———. 1954. *The Gentle Art of Smoking*. New York: Macmillan.
Dunier, Mitchell. 2002. "What Kind of Combat Sport Is Sociology?" *American Journal of Sociology* 107: 1551–76.
Durkheim, Emile. 1893/1964. *The Division of Labor in Society*. New York: Free Press.
Durkheim, Emile. 1895/1982. *The Rules of Sociological Method*. New York: Macmillan.
Durkheim, Emile. 1906/1974. *Sociology and Philosophy*. New York: Free Press.
Durkheim, Emile. 1912/1965. *The Elementary Forms of Religious Life*. New York: Free Press.

Durkheim, Emile, and Marcel Mauss. 1903/1963. *Primitive Classification*. Chicago: University of Chicago Press.
Dworkin, Andrea. 1988. *Intercourse*. New York: Free Press.
Eble, Connie. 1996. *Slang and Sociability*. Chapel Hill: University of North Carolina Press.
Ekman, Paul. 1984. "Expression and the Nature of Emotion." In *Approaches to Emotion*, ed. Klaus R. Scherer and Paul Ekman. Hillsdale, N.J.: Erlbaum.
Ekman, Paul, and Wallace V. Friesen. 1975/1984. *Unmasking the Face*. Englewood Cliffs, N.J.: Prentice-Hall.
———. 1978. *The Facial Action Coding System (FACS)*. Palo Alto, Calif.: Consulting Psychologists Press.
Elias, Norbert. 1983. *The Court Society*. New York: Pantheon.
Ellingson, Stephan, and Kirby Schroeder. 2000. "Race and the Construction of Same-Sex Sexual Markets in Four Chicago Neighborhoods." Unpublished research report, Deptartment of Sociology, University of Chicago.
Emirbayer, Mustafa, and Ann Mische. 1998. "What Is Agency?" *American Journal of Sociology* 103: 962–1023.
Empson, William. 1930. *Seven Types of Ambiguity*. London: Chatto and Windus.
Erickson, Frederick, and Jeffrey Shultz. 1982. *The Counselor as Gatekeeper: Social Interaction in Interviews*. New York: Academic Press.
Erikson, Kai. 1966. *Wayward Puritans*. New York: Wiley.
Esser, Hartmut. 1993. "The Rationality of Everyday Behavior." *Rationality and Society* 5: 7–31.
Etzioni, Amitai. 1975. *A Comparative Analysis of Complex Organizations*. New York: Free Press.
Fine, Gary Alan, and Sherryl Kleinman. 1979. "Rethinking Subcultures: An Interactionist Analysis." *American Journal of Sociology* 85: 1–20.
Finley, Moses I. 1977. *The World of Odysseus*. London: Chatto and Windus.
Fischer, Claude S. 1982. *To Dwell among Friends: Personal Networks in Town and City*. Chicago: University of Chicago Press.
———. 2001. "Bowling Alone: What's the Score?" Paper presented at Annual Meeting of American Sociological Association, Anaheim, California.
Fligstein, Neil. 1990. *The Transformation of Corporate Control*. Cambridge: Harvard University Press.
Fournier, Marcel. 1994. *Marcel Mauss*. Paris: Fayard.
Frey, Bruno S., and Reiner Eichenberger. 1989. "Should Social Scientists Care about Choice Anomalies?" *Rationality and Society* 1: 101–22.
Frijda, Nico H. 1986. *The Emotions*. Cambridge: Cambridge University Press.
Fuchs, Stephan. 1995. "The Stratified Order of Gossip." *Soziale Systeme* 1: 47–92.
———. 2001. *Against Essentialism: A Theory of Culture and Society*. Cambridge: Harvard University Press.
Gans, Herbert J. 1962. *The Urban Villagers*. New York: Free Press.
———. 1967. *The Levittowners*. New York: Random House.
Garner, Robert, director. 1962. *Dead Birds*. Film of Peabody Museum of Harvard University expedition to Baliem valley, New Guinea. Carlsbad, Calif.: CRM Films.

Garfinkel, Harold. 1967. *Studies in Ethnomethodology*. Englewood Cliffs, N.J.: Prentice-Hall.
Gebhard, Paul H. 1966. "Factors in Marital Orgasm." *Journal of Social Issues* 22: 88–95.
Gibson, David. 1999. "Taking Turns and Talking Ties: Sequencing in Business Meetings." Ph.D. diss. Department of Sociology, Columbia University.
———. 2001. "Seizing the Moment: The Problem of Conversational Agency." *Sociological Theory*, 19: 250–70.
Gilbert, Martin. 1988. *Churchill*. A Photographic Portrait. London: Heinemann.
Gilmartin, Brian. 1978. *The Gilmartin Report*. Secaucus, N.J.: Citadel Press.
Gimpel, Jean. 1976. *The Medieval Machine*. New York: Penguin.
Girouard, Mark. 1978. *Life in the English Country House*. New Haven: Yale University Press.
———. 1979. *The Victorian Country House*. New Haven: Yale University Press.
Gitlin, Todd. 1980. *The Whole World Is Watching: Mass Media in the Making and Unmaking of the New Left*. Berkeley: University of California Press.
Glantz, Stanton. 1996. *The Cigarette Papers*. University of California Press.
Goffman, Erving. 1955/1967. "On Face Work: An Analysis of Ritual Elements in Social Interaction." *Psychiatry* 18: 213–31. Reprinted in Goffman, *Interaction Ritual*. New York: Doubleday, 1967.
———. 1956/1967. "The Nature of Deference and Demeanor." *American Anthropologist* 58: 473–99. Reprinted in Goffman, *Interaction Ritual*, 1967.
———. 1959. *The Presentation of Self in Everyday Life*. New York: Doubleday.
———. 1961. *Encounters*. Indianapolis: Bobbs-Merrill.
———. 1963. *Behavior in Public Places: Notes on the Social Organization of Gatherings*. New York: Free Press.
———. 1967. *Interaction Ritual*. New York: Doubleday.
———. 1969. *Strategic Interaction*. Philadelphia: University of Pennsylvania Press.
———. 1971. *Relations in Public: Microstudies of the Public Order*. New York: Basic.
———. 1974. *Frame Analysis: An Essay on the Organization of Experience*. New York: Harper and Row.
———. 1981. *Forms of Talk*. Philadelphia: University of Pennsylvania Press.
Goodman, Jordan. 1993. *Tobacco in History: The Culture of Dependence*. London: Routledge.
Goodwin, Jeff, James M. Jasper, and Francesca Polletta, eds. 2001. *Passions and Politics: Emotions and Social Movements*. Chicago: University of Chicago Press.
Goody, Jack. 1995. *The Expansive Moment: The Rise of Social Anthropology in Britain and Africa, 1918–1970*. Cambridge: Cambridge University Press.
Gouldner, Alvin W. 1954. *Wildcat Strike*. Yellow Spring, Ohio: Antioch Press.
Granovetter, Mark. 1973. "The Strength of Weak Ties." *American Journal of Sociology* 78: 1360–80.
Granovetter, Mark. 1985. "Economic Action and Social Structure: The Problem of Embeddneess." *American Journal of Sociology* 91: 481–510.

Granovetter, Mark. 2002. "A Theoretical Agenda for Economic Sociology." In *The New Economic Sociology*, edited by Mauro F. Guillén, Randall Collins, Paula England, and Marshall Meyer. New York: Russell Sage Foundation.

Greeley, Andrew M. 1989. *Religious Change in America*. Cambridge: Harvard University Press.

Green, Lynn. 2001. "Beyond Risk: Sex, Power and the Urban Girl." Ph.D. diss., University of Pennsylvania.

Gregory, Stanford W., Jr. 1983. "A Quantitative Analysis of Temporal Symmetry in Microsocial Relations." *American Sociological Review* 48: 129–35.

Gregory, Stanford, Stephen Webster, and Gang Huang. 1993. "Voice Pitch and Amplitude Convergence as a Metric of Quality in Dyadic Interviews." *Language and Communication* 13: 195–217.

———. 1994. "Sounds of Power and Deference: Acoustic Analysis of Macro Social Constraints on Micro Interaction." *Sociological Perspectives* (37): 497–526.

Griffin, Susan. 2000. *The Book of the Courtesans*. New York: Random House.

Gusfield, Joseph R. 1963. *Symbolic Crusade: Status Politics and the American Temperance Movement*. Urbana: University of Illinois Press.

Habermas, Jurgen. 1984. *Theory of Communicative Action*. Boston: Beacon.

Hadden, Jeffrey K., and Charles E. Swann. 1981. *Prime Time Preachers: The Rising Power of Televangelism*. Reading, Mass.: Addison-Wesley.

Halle, David. 1984. *America's Working Man: Work, Home, and Politics among Blue-Collar Property Owners*. Chicago: University of Chicago Press.

Hanneman, Robert, and Randall Collins. 1998. "Modelling Interaction Ritual Theory of Solidarity." In *The Problem of Solidarity: Theories and Models*, edited by Patrick Doreian and Tom Farraro. New York: Gordon and Breach.

Hardaway, C. Kirk, Penny Marler, and Mark Chaves. 1993. "What the Polls Don't Show: A Closer Look at U.S. Church Attendance." *American Sociological Review* 58: 741–52.

———. 1998. "Overreporting Church Attendance in America." *American Sociological Review* 63: 123–30.

Harlow, Harry F., and Clara Mears. 1979. *The Human Model: Primate Perspectives*. Washington, D.C.: V. H. Winston.

Hatfield, Elaine, and Susan Sprecher. 1986. *Mirror, Mirror: The Importance of Looks in Everyday Life*. Albany: State University of New York Press.

Hatfield, Elaine, John T. Cacioppo, and Richard L. Rapson. 1994. *Emotional Contagion*. Cambridge: Cambridge University Press.

Heilbron, Johan. 1985. "Les métamorphoses du durkheimisme, 1920–1940." *Revue française de sociologie* 26: 203–37.

Heise, David R. 1979. *Understanding Events: Affect and the Construction of Social Action*. Cambridge: Cambridge University Press.

———. 1987. "Affect Control Theory: Concepts and Model." *Journal of Mathematical Sociology* 13: 1–31.

Hemingway, Ernest. 1964. *A Moveable Feast*. New York: Macmillan.

Herdt, Gilbert. H. 1994. *Guardians of the Flutes: Idioms of Masculinity*. Chicago: University of Chicago Press.

Heritage, John. 1984. *Garfinkel and Ethnomethodology*. Cambridge: Polity.

Hochschild, Arlie. 1983. *The Managed Heart*. Berkeley: University of California Press.
Homans, George C. 1950. *The Human Group*. New York: Harcourt, Brace.
———. 1961. *Social Behavior: Its Elementary Forms*. New York: Harcourt.
Hoigard, Cecilie, and Liv Finstad. 1992. *Backstreets: Prostitution, Money, and Love*. Cambridge: Polity.
Horowitz, Donald L. 2001. *The Deadly Ethnic Riot*. Berkeley: University of California Press.
Hubert, Henri, and Marcel Mauss. 1899/1968. *Le Sacrifice*. In *Année Sociologique*, vol. 2. Reprinted in Marcel Mauss, *Oeuvres*. Paris: Minuit.
———. 1902/1972. *A General Theory of Magic*. New York: Norton.
Hymes, Dell. 1974. *Foundations in Sociolinguistics: An Ethnographic Approach*. Philadelphia: University of Pennsylvania Press.
Ikegami, Eiko. 1995. *The Taming of the Samurai: Honorific Individualism and the Making of Modern Japan*. Cambridge: Harvard University Press.
———. 2004. *Civility and Aesthetic Publics in Tokugawa Japan*. New York: Cambridge University Press.
Jacobs, Jerry A., and Kathleen Gerson. 2001. "Overworked Individuals or Overworked Families? Explaining Trends in Work, Leisure, and Family Time." *Work and Occupations* 28(1): 40–63.
Jaffe, Joseph, and Stanley Feldstein. 1970. *Rhythms of Dialogue*. New York: Academic.
James, William. 1890. *Principles of Psychology*. New York: Holt.
Jameson, Frederic. 1972. *The Prison House of Language*. Princeton: Princeton University Press.
Jasper, James M. 1997. *The Art of Moral Protest*. Chicago: University of Chicago Press.
Jefferson, Gail. 1985. "An exercise in the transcription and analysis of laughter." In *Handbook of Discourse Analysis*, edited by T. A. van Dijk. Vol. 3, *Discourse and Dialogue*. London: Academic.
Johnson, Weldon T. 1971. "The Religious Crusade: Revival or Ritual?" *American Journal of Sociology* 76: 873–80.
Kahneman, Daniel, Paul Slovic, and Amos Tversky, 1982. *Judgment under Uncertainty: Heuristics and Biases*. London: Cambridge University Press.
Kanter, Rosabeth M. 1977. *Men and Women of the Corporation*. New York: Basic.
Katz, Jack. 1999. *How Emotions Work*. Chicago: University of Chicago Press.
Keegan, John. 1977. *The Face of Battle*. New York: Random House.
———. 1987. *The Mask of Command*. New York: Viking.
Kemper, Theodore D. 1978. *A Social Interactional Theory of Emotions*. New York: Wiley.
———, ed. 1990. *Research Agendas in the Sociology of Emotions*. Albany: SUNY Press.
———. 1991. *Testosterone and Social Structure*. New Brunswick, N.J.: Rutgers University Press.
Kendon, Adam. 1970. "Movement Coordination in Social Interaction." *Acta Psychologica* 32: 1–25.

Kendon, Adam. 1980. "Gesticulation and Speech: Two Aspects of the Process of Utterance." In *The Relationship of Verbal and Nonverbal Communication*, edited by Mary R. Key. New York: Mouton.

Kerckhoff, Alan C., and Kurt W. Back. 1968. *The June Bug: A Study of Hysterical Contagion*. New York: Appleton-Century-Crofts.

Kiernan, V. G. 1991. *Tobacco: A History*. London: Hutchinson.

King, Anthony. 2001. "Violent Pasts: Collective Memory and Football Hooliganism." *Sociological Review* 49: 568–85.

Kinsey, Alfred C., Wardell B. Pomeroy, and Clyde D. Martin. 1948. *Sexual Behavior in the Human Male*. Philadelphia: Saunders.

Kinsey, Alfred C., Wardell B. Pomeroy, Clyde E. Martin, and Paul H. Gebhard. 1953. *Sexual Behavior in the Human Female*. Phildelphia: Saunders.

Klein, Richard. 1993. *Cigarettes are Sublime*. Durham, N.C.: Duke University Press.

Kleinberg, Aviad M. 1992. *Prophets in Their Own Country: Living Saints and the Making of Sainthood in the Later Middle Ages*. Chicago: University of Chicago Press.

Kluger, Richard. 1996. *Ashes to Ashes: America's Hundred-Year Cigarette War, the Public Health, and the Unabashed Triumph of Philip Morris*. New York: Knopf.

Kohn, Melvin L. 1977. *Class and Conformity*. Chicago: University of Chicago Press.

Kohn, Melvin L., and Carmi L. Schooler. 1983. *Work and Personality*. Norwood, N.J.: Ablex.

Kornai, Janos. 1992. *The Socialist System: The Political Economy of Communism*. Princeton: Princeton University Press.

Kryger, Meir H., Thomas Roth, and William C. Dement, eds. 2000. *Principles and Practice of Sleep Medicine*. Philadelphia: Saunders.

Kulick, Don. 1998. *Travesti*. Chicago: University of Chicago Press.

Kusch, Martin. 1999. *Psychological Knowledge: A Social History and Philosophy*. London: Routledge.

Labov, William. 1972. "The Study of Language in Its Social Context." In *Language and Social Context*, edited by Pier Paolo Giglioli. Baltimore: Penguin.

Lamont, Michèle. 1992. *Money, Morals and Manners: The Culture of the French and the American Upper-Middle Classes*. Chicago: University of Chicago Press.

———. 2000. *The Dignity of Working Men: Morality and the Boundaries of Race, Class, and Immigration*. Cambridge: Harvard University Press.

Lamont, Michèle, and Annette Lareau. 1988. "Cultural Capital: Allusions, Gaps and Glissandos in Recent Theoretical Developments." *Sociological Theory* 6: 153–68.

Laumann, Edward O. 1966. *Prestige and Association in an Urban Community*. Indianpolis: Bobbs-Merrill.

———. 1973. *The Bonds of Pluralism*. New York: Wiley.

Laumann, Edward O., John H. Gagnon, Robert T. Michael, and Stuart Michals. 1994. *The Social Organization of Sexuality: Sexual Practices in the United States*. Chicago: University of Chicago Press.

Laumann, Edward O., and Franz U. Pappi. 1976. *Networks of Collective Action. A Perspective on Community Influence Systems.* New York: Academic Press.
Laver, James. 1995. *Costume and Fashion.* New York: Thames and Hudson.
Lawler, Edward J., and Shane R. Thye. 1999. "Bringing Emotions into Social Exchange Theory." *Annual Review of Sociology* 25: 217–44.
Le Bon, Gustave. 1908. *The Crowd. A Study of the Popular Mind.* London: Unwin.
Leidner, Robin. 1993. *Fast Food, Fast Talk: Service Work and the Routinization of Everday Life.* Berkeley: University of California Press.
Leifer, Eric M. 1995. *Making the Majors: The Transformation of Team Sports in America.* Cambridge: Harvard University Press.
Lemaires, Gérard-Georges. 2001. *The Orient in Western Art.* Cologne: Könemann.
Leventhal, H., and W. Mace. 1970. "The Effect of Laughter on Evaluation of a Slapstick Movie." *Journal of Personality* 38: 16–30.
Lévi-Strauss, Claude. 1949/1969. *The Elementary Structures of Kinship.* Boston: Beacon.
——. 1958/1963. *Structural Anthropology.* New York: Doubleday.
——. 1962/1969. *Introduction to a Science of Mythology: 1. The Raw and Cooked.* New York: Harper and Row.
Lewis, W. H. 1957. *The Splendid Century: Life in the France of Louis XIV.* New York: Doubleday.
Lofland, John. 1981. "Collective Behavior: The Elementary Forms." In *Social Psychology*, edited by Morris Rosenberg and Ralph H. Turner. *Sociological Perspectives.* New York: Basic.
Lott, John R., Jr. 1998. *More Guns, Less Crime: Understanding Crime and Gun Control.* Chicago: University of Chicago Press.
Luhmann, Niklas. 1984/1995. *Social Systems.* Stanford, Calif.: Stanford University Press.
Lukes, Steven. 1973. *Emile Durkheim: His life and Work.* London: Allen Lane.
MacKinnon, Neil J. 1994. *Symbolic Interaction as Affect Control.* Albany: SUNY Press.
Malinowski, Bronislaw. 1929/1987. *The Sexual Life of Savages.* Boston: Beacon.
Mann, Michael. 1986. *The Sources of Social Power. Vol. 1. A History of Power from the Beginning to A.D. 1760.* Cambridge: Cambridge University Press.
Mann, Michael. 1993. *The Sources of Social Power. Vol. 2. A History of Power from 1760 to 1914.* Cambridge: Cambridge University Press.
March, James G., and Herbert A. Simon. 1958. *Organizations.* New York: Wiley.
Marlatt, G., S. Curry, and J. Gordon. 1988. "A Longitudinal Analysis of Unaided Smoking Cessation." *Journal of Consulting and Clincal Psychology* 56: 715–20.
Marrett, R. R. 1914. *The Threshold of Religion.* London: Methuen.
Marshall, Douglas A. 2002. "Behavior, Belonging, and Belief: A Theory of Ritual Practice." *Sociological Theory* 20: 360–80.
Martos, Joseph. 1991. *Doors to the Sacred: A Historical Introduction to the Sacraments of the Catholic Church.* Tarrytown, New York: Triumph Books.

Marwell, Gerald, and R. E. Ames. 1979. "Experiments on the Provision of Public Goods. 1. Resources, Interest, Group Size, and the Free-rider Problem." *American Journal of Sociology* 84: 1335–60.

———. 1980. "Experiments on the Provision of Public Goods. 2. Provision Points, Stakes, Experience and the Free-rider Problem." *American Journal of Sociology* 85: 926–37.

Marwell, Gerald, and Pamela Oliver. 1993. *The Critical Mass in Collective Action: A Micro-Social Theory*. New York: Cambridge University Press.

Marx, Marcia Jean. 1993. *Women and power: managers in the gender-segregated hierarchy*. Ph.D. Ph.D. diss. University of California Riverside.

Masters, William H., and Virginia E. Johnson. 1966. *The Human Sexual Response*. Boston: Little, Brown.

Mauss, Marcel. 1909/1968. *La prière et les rites oraux*. In Oeuvres. Paris: Minuit.

———. 1914/1994. "Les origines de la notion de monnaie." Translation in *Four Sociological Traditions: Selected Readings*, edited by Randall Collins. New York: Oxford University Press.

———. 1925/1967. *The Gift: Forms and Functions of Exchange in Archaic Societies*. New York: Norton.

———. 1934/1994. "Débat sur les fonctions sociales de la monnaie." Translation in *Four Sociological Traditions: Selected Readings*, edited by Randall Collins. New York: Oxford University Press.

———. 1938/1985. "A Category of the Human Mind: The Notion of Person; the Notion of Self." In *The Category of the Person*, edited by Michael Carrithers, Steven Collins, and Steven Lukes. Cambridge and New York: Cambridge University Press.

Mazur, Allan. 1986. "Signaling Status through Conversation." Unpublished paper.

Mazur, Alan, and Theodore A. Lamb. 1980. "Testosterone, Status, and Mood in Human Males." *Hormones and Behavior* 14: 236–46.

Mazur, Alan, E. Rosa, M. Faupel, J. Heller, R. Leen, and B. Thurman. 1980. "Physiological Aspects of Communication via Mutual Gaze." *American Journal of Sociology* 86: 50–74.

McClelland, Kent. 1985. "On the Social Significance of Interactional Synchrony." Unpublished paper, Department of Sociology, Grinnell College.

McPhail, Clark. 1991. *The Myth of the Madding Crowd*. New York: Aldine de Gruyter.

McPherson, J. Miller, and Lynn Smith-Lovin. 1987. "Homophily in Voluntary Organizations: Status Distance and the Composition of Face-to-Face Groups." *American Sociological Review* 52: 370–79.

Mead, George Herbert. 1922. "A Behavioristic Account of the Significant Symbol." *Journal of Philosophy* 19: 157–63.

———. 1925. "The Genesis of the Self and Social Control." *International Journal of Ethics* 35: 251–77.

———. 1934. *Mind, Self and Society*. Chicago: University of Chicago Press.

———. 1938. *The Philosophy of the Act*. Chicago: University of Chicago Press.

Meckel, Mary V. 1995. *A Sociological Analysis of the California Taxi-dancer*. Lewiston, N.Y.: Edward Mellon Press.

Michels, Robert. 1911/1949. *Political Parties. A Study of the Oligarchical Tendency in Organizations.* New York: Free Press.

Miller, Daniel. 1998. *A Theory of Shopping.* Ithaca, N.Y.: Cornell University Press.

Milner, Murray, Jr. 2004. *Freaks, Geeks, and Cool Kids: American Teenagers, Schools, and the Culture of Consumption.* New York: Routledge.

Moffatt, Michael. 1989. *Coming of Age in New Jersey.* New Brunswick: Rutgers University Press.

Montagner, Hubert, A. Restoin, D. Ridgriquez, V. Ullman, M. Viala, D. Laurent, and D. Godard. 1988. "Social Interactions among Children with Peers and Their Modifications in Relation to Environmental Factors." In *Social Fabrics of the Mind,* edited by Michael R. A. Chance. London: Lawrence Erlbaum.

Monto, Martin. 2001. "Competing Definitions of Prostitution: Insights from Two Surveys of Male Customers." Paper delivered at Annual Meeting of American Sociological Association, Anaheim, California.

Morris, Martina, and Bruce Western. 1999. "Inequality in Earnings at the Close of the Twentieth Century." *Annual Review of Sociology* 25: 623–57.

Nakane, Chie. 1970. *Japanese Society.* Berkeley: University of California Press.

Nathanson, Connie. 1996. " Disease Prevention as Social Change: Toward a Theory of Public Health." *Population and Development Review* 22(4): #4.

Naudet, Gedeon, and Jules Naudet, directors. 2002. *9/11.* Documentary film.

Nelson, E. 2001. "The Miseries of Passive Smoking." *Human & Experimental Toxicology* 20(2): 61–83.

Newman, Katherine. 2002. "No Shame: The View from the Left Bank." *American Journal of Sociology* 107: 1577–99.

Njal's Saga. ca. 1280/1960. Baltimore: Penguin.

O'Donnell, Ian, and Kimmett Edgar. 1998. "Routine Victimisation in Prisons." *Howard Journal of Criminal Justice* 37: 266–79.

O'Hara, John. 1934. *Appointment in Samara.* New York: Random House.

O'Malley, John W. 1993. *The First Jesuits.* Cambridge: Harvard University Press.

Orwell, George. 1936/1954. *Keep the Aspidistra Flying.* London: Secker and Wargurg.

O'Shaughnessy, Brian. 1980. *The Will: A Dual Aspect Theory.* Cambridge: Cambridge University Press.

O'Sullivan, Maureen, Paul Ekman, Wallace Friesen, and Klaus Scherer. 1985. "What You Say and How You Say It: The Contribution of Speech Content and Voice Quality to Judgments of Others." *Journal of Personality and Social Psychology* 48: 54–62.

Ostrower, Francie. 1995. *Why the Wealthy Give: The Culture of Elite Philanthropy.* Princeton: Princeton University Press.

Page, Benjamin I., and Robert Y. Shapiro. 1992. *The Rational Public: Fifty Years of Trends in Americans' Policy Preferences.* Chicago: University of Chicago Press.

Parsons, Talcott. 1969. *Politics and Social Structure.* New York: Free Press.

Patzer, Gordon. 1985. *The Physical Attractiveness Phenomenon.* New York: Plenum.

Peirce, Charles Sanders. 1955. *Philosophical Writings of Peirce.* New York: Dover.

Perper, Timothy. 1985. *Sex Signals: The Biology of Love.* Philadelphia: ISI Press.

Perrow, Charles. 1984. *Normal Accidents*. New York: Basic.

Phillips, David P., and Kenneth A. Feldman. 1973. "A Dip in Deaths before Ceremonial Occasions: Some New Relationships between Social Integration and Mortality." *American Sociological Review* 38: 678–96.

Powell, Walter. 1989. "Neither Markets nor Hierarchy: Network Forms of Social Organization." *Research in Organizational Behavior* 12: 295–336.

Preston, David L. 1988. *The Social Organization of Zen Practice: Constructing Transcultural Reality*. Cambridge: Cambridge University Press.

Price, Derek J. de Solla. 1986. *Little Science, Big Science, and Beyond*. New York: Columbia University Press.

Proctor, Robert N. 1999. *The Nazi War on Cancer*. Princeton: Princeton University Press.

Provine, R. R. 1992. "Contagious Laughter." *Bulletin of the Psychonomic Society* 30: 1–4.

———. 2000. *Laughter: A Scientific Investigation*. London: Faber and Faber.

Putnam, Robert D. 2000. *Bowling Alone: The Collapse and Revival of American Community*. New York: Simon and Schuster.

Radcliffe-Brown, A. R. 1922. *The Andaman Islanders*. Cambridge: Cambridge University Press.

Rawls, Anne. 1987. "The Interaction Order *Sui Generis*: Goffman's Contribution to Social Theory." *Sociological Theory* 5: 136–49.

———. 2003. *Durkheim's Epistemology*. Cambridge: Cambridge University Press.

Reiss, Ira. 1986. *Journey Into Sexuality*. Englewood Cliffs N.J.: Prentice-Hall.

Richardson, James. T. 1978. *Conversion Careers: In and Out of the New Religions*. Beverly Hills, Calif.: Sage.

Ritzer, George. 1999. *Enchanting a Disenchanted World: Revolutionizing the Means of Consumption*. Thousand Oaks, Calif.: Pine Forge Press.

Rubin, Gayle. 1994. "Sexual Traffic." *Differences: A Journal of Feminist Cultural Studies* 6: 62–99.

Rubin, Lillian. 1976. *World of Pain: Life in the Working-Class Family*. New York: Basic.

Sacks, Harvey. 1987. "On the Preferences for Agreement and Contiguity in Sequences in Conversation." In *Talk and Social Organization*, edited by Graham Button and John R. E. Lee. Philadelphia: Multilingual Matters.

Sacks, Harvey, Emanuel A. Schegloff, and Gail Jefferson. 1974. "A Simplest Systematics for the Organization of Turn-Taking for Conversation." *Language* 50: 696–735.

Sahlins, Marshall. 1972. *Stone Age Economics*. Chicago: Aldine.

Samson, Yvette. 1997. "Shame on You: An Analysis of Shame between Parents and Children." Ph.D. diss. University of California, Riverside.

Sanchez, Lisa E. 1997. "Boundaries of Legitimacy: Sex, Violence, Citizenship, and Community in a Local Sexual Economy." *Law and Social Inquiry* 22: 543–80.

Sanderson, Stephen K. 1999. *Social Transformations: A General Theory of Historical Development*. Oxford: Blackwell.

Saussure, Ferdinand de. 1915/1966. *Course in General Linguistics*. New York: McGraw-Hill.

Shapin, Steven, and Simon Schaffer. 1985. *Leviathan and the Air-Pump: Hobbes, Boyle, and the Experimental Life*. Princeton: Princeton University Press.

Scheff, Thomas J., 1990. *Micro-sociology: Discourse, Emotion and Social Structure*. Chicago: University of Chicago Press.

Scheff, Thomas J., and Suzanne Retzinger. 1991. *Emotions and Violence: Shame and Rage in Destructive Conflicts*. Lexington, Mass: Lexington.

Schegloff, Emanuel. 1992. "Repair after Last Turn: The Last Structurally Provided Defense of Intersubjectivity in Conversation." *American Journal of Sociology* 97: 1985–45.

Scherer, Klaus R. 1982. "Methods of Research on Vocal Communication." In *Handbook of Methods in Nonverbal Behavior Research*, edited by Klaus R. Scherer and Paul Ekman. New York: Cambridge University Press.

Scherer, Klaus R. 1985. "Outline of a Workshop on Vocal Affect Measurement." Paper presented at Annual Meeting, International Society for Research on Emotion.

Scherer, Klaus R., and Paul Ekman, eds. 1984. *Approaches to Emotion*. Hillsdale, N.J.: Erlbaum.

Schneider, Mark A. 1993. *Culture and Enchantment*. Chicago: University of Chicago Press.

Schudson, Michael. 1986. *Advertising, the Uneasy Persuasion: Its Dubious Impact on American Society*. New York: Basic.

Scott, Marvin B., and Stanford Lyman. 1968. "Accounts." *American Sociological Review* 33: 46–62.

Searle, Eleanor. 1988. *Predatory Kinship and the Creation of Norman Power. 840–1066*. Berkeley: University of California Press.

Shils, Edward, and Morris Janowitz. 1948. "Cohesion and Disintegration in the Wehrmacht in World War II." *Public Opinion Quarterly*. 12: 280–315.

Simon, Herbert A. 1957. *Models of Man*. New York: Wiley.

Simonton, Dean Keith. 1984. *Genius, Creativity and Leadership: Historiometric Inquiries*. Cambridge: Harvard University Press.

———. 1988. *Scientific Genius: A Psychology of Science*. Cambridge: Cambridge University Press.

Slovic, Paul, Baruch Fischoff, and Sarah Lichtenstein. 1977. "Behavioral Decision Theory." *Annual Review of Psychology* 28: 1–39.

Smelser, Neil J., and Richard Swedberg, eds. 1994. *Handbook of Economic Sociology*. Princeton: Princeton University Press.

Smith-Lovin, Lynn. 1990. "Emotion as the Confirmation and Disconfirmation of Identity: An Affect Control Model." In *Research Agendas in the Sociology of Emotions*, edited by Theodore D. Kemper. Albany: SUNY Press.

Snow, David A., Louis A. Zurcher, and Sheldon Ekland-Olson. 1980. "Social Networks and Social Movements: A Micro-sociological Approach to Differential Recruitment." *American Sociological Review* 45: 787–801.

Sobel, Robert. 1978. *They Satisfy: The Cigarette in American Life*. New York: Anchor.

Sommer, Matthew. 2000. *Sex, Law and Society in Late Imperial China*. Stanford: Stanford University Press.

Southern, R. W. 1970. *Western Society and the Church in the Middle Ages*. Baltimore: Penguin.

Staal, Frits. 1989. *Rules without Meaning: Rituals, Mantras, and the Human Sciences*. New York: Peter Lang.

Stark, Rodney. 1996. *The Rise of Christianity*. Princeton: Princeton University Press.

———. 2002. "Gods, Rituals and the Moral Order." *Journal for the Scientific Study of Religion* 41: 80–90.

Stark, Rodney, and William Sims Bainbridge. 1985. *The Future of Religion*. Berkeley: University of California Press.

Stinchcombe, Arthur L. 1964. *Rebellion in a High School*. Chicago: Quadrangle Books.

———. 1965. "Social Structure and Organizations." In *Handbook of Organizations*, edited by James G. March. Chicago: Rand McNally.

———. 1994. "Prostitution, Kinship, and Illegitimate Work." *Contemporary Sociology* 23: 856–59.

Stirling, T., W. Rosenbaum, and J. Weinkam. 1993. "Risk Attribution and Tobacco-related Deaths." *American Journal of Epidemiology* 30: 457.

Stone, Lawrence. 1967. *The Crisis of the Aristocracy, 1558–1641*. New York: Oxford University Press.

———. 1979. *The Family, Sex and Marriage in England, 1500–1800*. London: Weidenfeld and Nicolson.

Strang, Heather, and John Braithwaite, eds. 2000. *Restorative Justice: Philosophy to Practice*. Aldershot: Ashgate.

Sudnow, David. 1979. *Talk's Body: A Meditation between Two Keyboards*. Cambridge: Harvard University Press.

Swidler, Ann. 1986. "Culture in Action: Symbols and Strategies." *American Sociological Review* 51: 273–86.

Taylor R., R. Cumming, A. Woodward, M. Black. 2001. "Passive Smoking and Lung Cancer: A Cumulative Meta-analysis." *Australian & New Zealand Journal of Public Health* 25(3): 203–11.

Teresa, St. 1565/1957. *The Life of St. Teresa*. Baltimore: Penguin.

Thornhill, Randy, and Craig T. Palmer. 2000. *A Natural History of Rape: Biological Bases of Sexual Coercion*. Cambridge: MIT. Press.

Tilly, Chris, and Charles Tilly. 1994. "Capitalist Work and Labor Markets." In *Handbook of Economic Sociology*, edited by Neil J. Smelser and Richard Swedberg. Princeton: Princeton University Press.

Tomasello, Michael. 1999. *The Cultural Origins of Human Cognition*. Cambridge: Harvard University Press.

Travers, Jeffrey, and Stanley Milgram. 1969. "An Experimental Study of the Small World Problem." *Sociometry* 32: 425–43.

Treiman, Donald J., 1977. *Occupational Prestige in Comparative Perspective*. New York: Academic.

Troyer, Ronald J., and Gerald E. Markle. 1983. *Cigarettes: The Battle over Smoking*. New Brunswick, N.J.: Rutgers University Press.

Turner, Bryan S. 1996. *The Body and Society.* London: Sage.
Turner, Jonathan H. 1988. *The Structure of Social Interaction.* Stanford: Stanford University Press.
———. 1984. *Societal Stratification: A Theoretical Analysis.* New York: Columbia University Press.
———. 2000. *On the Origins of Human Emotions.* Stanford: Stanford University Press.
———. 2002. *Face to Face: Toward a Sociological Theory of Interpersonal Behavior.* Stanford: Stanford University Press.
Turner, Victor. 1967. *The Forest of Symbols.* Ithaca, N.Y.: Cornell University Press.
Vatsyayana. ca. 200/1964. *The Kama Sutra.* New York: Dutton.
Vygotsky, Lev. 1934/1962. *Thought and Language.* Cambridge: MIT Press.
Wacquant, Löic. 2002. "Scrutinizing the Street: Poverty, Morality and the Pitfalls of Urban Ethnography." *American Journal of Sociology* 107: 1468–1532.
Wagner, David. 1997. *The New Temperance: The American Obsession with Sin and Vice.* Boulder, Colo.: Westview.
Wagner, Susan. 1971. *Cigarette Country: Tobacco in American History and Politics.* New York: Praeger.
Waller, Willard. 1937. "The Rating and Dating Complex." *American Sociological Review* 2: 727–34.
Walton, James. 2000. *The Faber Book of Smoking.* London: Faber and Faber.
Warner, Rebecca M. 1979. "Periodic Rhythms in Conversational Speech." *Language and Speech* 22: 381–96.
Warner, Rebecca M., T. B. Waggener, and R.E. Kronauer. 1983. "Synchronization Cycles in Ventilation and Vocal Activity during Spontaneous Conversatonal Speech." *Journal of Applied Physiology* 54: 1324–34.
Warner, W. Lloyd. 1959. *The Living and the Dead.* New Haven: Yale University Press.
Waters, Mary C. 1990. *Ethnic Options: Choosing Identities in America.* Berkeley: University of California Press.
Weber, Max. 1922/1968. *Economy and Society.* New York: Bedminster.
Weeks, Jeffrey. 1977. *Coming Out: Homosexual Politics in Britain from the Nineteenth century to the Present.* London: Quartet.
White, Harrison C. 1981. "Where Do Markets Come From?" *American Journal of Sociology* 87: 517–47.
———. 1992. *Identity and Control: A Structural Theory of Social Action.* Princeton: Princeton University Press.
———. 2002. *Markets from Networks.* Princeton: Princeton University Press.
White, Harrison C., and Cynthia White. 1965. *Canvases and Careers.* Chicago: University of Chicago Press.
Wiley, Norbert. 1994. *The Semiotic Self.* Chicago: University of Chicago Press.
Willis, Paul. 1977. *Learning to Labor.* New York: Columbia University Press.
Winkin, Yves. 1988. "Erving Goffman: Portrait du sociologue en jeune homme." In *Les moments et leurs hommes*, edited by Yves Winkin. Paris: Seuil.
Wittgenstein, Ludwig. 1953. *Philosophical Investigations.* New York: Macmillan.
———. 1956. *Remarks on the Foundations of Mathematics.* Oxford: Blackwell.

Wohlstein, Ronald T., and Clark McPhail. 1979. "Judging the Presence and Extent of Collective Behavior from Film Records." *Social Psychology Quarterly* 42: 76–81.

Wright, Gavin. 1998. "Can a Nation Learn? American Technology as a Network Phenomenon." In *Learning by Doing*, edited by Naomi Lamoreaux, Daniel Raff, and Peter Temin. Chicago: University of Chicago Press.

Wright, James D., and Peter H. Rossi. 1994. *Armed and Considered Dangerous: A Survey of Felons and their Firearms*. Chicago: Aldine.

Wu Ching-Tzu. ca. 1750/1972. *The Scholars*. New York: Grosset and Dunlap.

Wuthnow, Robert. 1989. *Communites of Discourse: Ideology and Social Structure in the Reformation, the Enlightenment, and European Socialism*. Cambridge: Harvard University Press.

Young, R. D. and M. Frye. 1966. "Some Are Laughing, Some Are Not—Why?" *Psychological Reports* 18: 747–52.

Zablocki, Benjamin. 1980. *Alienation and Charisma: A Study of Contemporary American Communes*. New York: Free Press.

Zelizer, Viviana. 1994. *The Social Meaning of Money*. New York: Basic.

———. 2000. "The Purchase of Intimacy." *Law and Social Inquiry* 25: 817–48.

索 引

（索引页码为原书页码，即本书边码）

addiction 嗜好/上瘾 43，298－303，316－317，406 注 6，407 注 8
Affect Control theory 情感控制论 386 注 2，386 注 4
agency vs. structure 能动 vs. 结构 5－6
altruism 利他主义 109，143，146，166－170，172，394 注 15；and charitable contributions 利他主义与行善 264
Anderson, Elijah 伊莱贾·安德森 270，280－283
anthropology, approach to ritual 人类学，仪式的人类学分析方法 7，9－16；structuralist 结构主义人类学 26－28，32
Aristotle 亚里士多德 362
Austen, Jane 简·奥斯汀 251－252
Austin, John 约翰·奥斯汀 407 注 12

backstage and frontstage personalities 后台人格和前台人格 112－113，348
backstage and frontstage in social life 日常生活中的后台和前台 19－21，112－113，116，291，320，384 注 27，411 注 9
Bacon, Francis 弗朗西斯·培根 288，405 注 13
Bakhtin, Mikhail 米克海尔·巴赫金 28
Baltzell, E. Digby E. 迪格比·巴尔茨尔 403 注 1
Barthes, Roland 罗兰·巴特 29
Baudrillard, Jean 让·鲍德里亚 29
Becker, Howard S. 霍华德·S. 贝克尔 300
Beethoven, Ludwig von 路德维希·冯·贝多芬 364
Bergesen, Albert 阿尔伯特·伯格森 12

Bernstein, Basil 巴兹尔·伯恩斯坦 12, 381 注 10

Black, Donald 唐纳德·布莱克 388 注 13, 390 注 19, 390 注 22

black persons 黑人 295-296; 黑人与街规 270, 280-284

Blau, Peter 彼得·布劳 143, 285, 391 注 1

Blumer, Herbert 赫伯特·布卢默 200, 397 注 8, 397 注 9

bodily process, ritual as 身体过程; 仪式作为身体过程 23, 33-35, 53-64, 147, 154, 230-231, 234-235, 303-305, 317, 336, 376 注 21, 383 注 20, 391 注 5, 401 注 9

Bourdieu, Pierre 皮埃尔·布迪厄 42, 132, 155, 258, 288, 379 注 23, 390 注 23, 392 注 9

Braithywaite, John 约翰·布雷思韦特 111

bureaucracy 科层制 115, 143, 263, 286-287, 290, 292, 296, 413 注 18

Burton, Richard 理查德·伯顿 413 注 16

Byron, Lord 拜伦勋爵 346, 364

capital; cultural or symbolic 资本; 文化资本或符号资本 132, 153- 158, 288, 390 注 23, 392 注 9; financial 金融资本 166-167, 263-266, 392 注 9; human 人力资本 143; social 社会资本 165-167

celebrities 名流 258, 266, 279-280, 291

Chambliss, Daniel 丹尼尔·钱布利斯 91, 122-124, 411 注 4

charisma 超凡魅力 5, 124, 126

Chodorow, Nancy 南希·乔多萝 402 注 15

Chomsky, Noam 诺姆·乔姆斯基 377 注 15

Churchill, Winston 温斯顿·丘吉尔 317, 392 注 6, 408 注 14

Cicourel, Aaron 阿隆·西库雷尔, 103

class, economic 阶级, 经济阶级 133, 263-268

collective effervescence 集体兴奋 35, 36, 48-49, 51, 82-83, 105, 107, 183, 255, 368

conflict 冲突 21, 41, 121-125, 146, 376 注 11, 382 注 15, 386 注 35, 389 注 17

Confucius 孔子 362

conversation 会话 52, 65-73, 78, 84-87, 141-142, 151-154, 176-177, 183-184, 394 注 20; internal or self-talk 内心会话或自

言自语 183,197–204,384 注 26,
398 注 11,399 注 21；turn-taking
in 会话交替 67–73
Cooley,Charles Horton 查尔斯·霍
顿·库利 186
Cornford,F. M. F. M. 康福德 9,376
注 3
counterculture of 1960s 20 世纪 60
年代的反文化 255–256,341–
343,379 注 2,398 注 14
creativity,intellectual 创造性,知识
分子的创造性 190–196,217。另
见 musicians,creativity of
cultural capital 文化资本。另见
capital,cultural or symbolic
cultural theory 文化理论 25–32,
224,381 注 13
culture 文化。见 symbols
cursing 诅咒 188,205–210,398 注
14–16,399 注 17

dancing 跳舞 154,234–235,254,
271,273,401 注 8
Derrida,Jacques 雅克·德里达 29
Descartes,Renée 勒内·笛卡儿 395
注 1
Douglas,Mary 玛丽·道格拉斯 12,
388 注 13
dreams 梦 99,399 注 21
drinking 饮酒 62,276,305,314–
315,318,331,339,342–343,
369,380 注 6–7,386 注 35
driving 驾车 205–206,208,294–
295,383 注 20,405 注 17
Durkheim,Emile 埃米尔·涂尔干
7–8,11–17,19–22,26,28,
32–46,48–50,58,65,67,82–
83,102–106,108–113,116–
117,127–128,134,143,166,
183–184,187,279,345,365,
373,376 注 4,377 注 18,378 注
22,381 注 11,383 注 19,397 注 8

economy 经济。另见 class,economic;markets education
education 教育 260–261,276,
340–341
Ekman,Paul 保罗·埃克曼 139
emotion 情感 12,35,48,102–133。
另见 collective effervescence
—anger 愤怒 48,70,104,106,
111,113,120,126–127,
130,133,205,368 注 13,389
注 14 和 19,398 注 12；righteous 正直 110,127–128
—anxiety 焦虑 104,117
—courage 勇气 90–91,384 注 29
—depression 消沉 104,106–
107,109,113,119–120,
354,390 注 21

—embarrassment 尴尬 69,105,117

—enthusiasm 热情 56,106-107,109,125-126,130,134,151

—fear 恐惧 88,90-92,106,113,120-121,129,134,389注14,390注20

—happiness 喜悦 106,389注14,390注24

—joy 高兴 105,107,125,130,133

—laughter 笑 65-66,108,381注9-10

—pride 自豪 110-111,389注14

—sadness 悲伤 106-107,108,354,389注14

—shame 羞耻 110-111,120-121,130,388注13,389注14

emotional energy(EE) 情感能量 38-39,44-46,47-49,51,53,61-62,64,94,105-110,114,116,118-125,126-127,131-133,145,150-153,155-158,170-174,178-181,183-184,192,195-196,202-203,208,210,219-220,295,361,373,383注13; as common denominator of rational choice 情感能量作为理性选择的共同标准 158-165; drain or loss of 情感能量耗尽或流失 53,121,129,353-354; measurements of 情感能量的测量 133-140; sexual drive as form of 性驱动是情感能量的形式 130,235-236,238,249,257,305

Engels,Friedrich 弗里德里希·恩格斯 102-203

entrainment, emotional 情感连带 124-125; in erotic interaction 情欲互动中的（情感）连带 233-235,240-241,243,249; rhythmic 节奏连带 52,77-78,119,121,389注16; self-entrainment 自我连带 207-208

Erickson,Frederick 弗雷德里克·埃里克森 75,136-138,389注16

Erikson,Kai 卡伊·埃里克森 12

ethnomethodology 常人方法论 3,65,67,103-105,379注23,381注12,382注11,395注24,397注8,115注27

Evans-Pritchard,Edward 爱德华·埃文思-普里查德 13,375注4

extroversion 外向性格 220,308,345,365,367,410注24,414注19

film 电影 323,330-331

focus of attention 关注焦点 23-24,48-50,122,146-148,231-

232,376 注 12,391 注 4

Formalist literary theory 形式主义文体论 28 – 29

Fortes, Meyer 迈耶·福特斯 13, 375 注 4

Frazer, James 詹姆斯·弗雷泽 9, 28,376 注 3

Freud, Sigmund 西格蒙特·弗洛伊德 10 – 11, 44, 130, 192, 225, 244, 346,370,376 注 3,386 注 3

Fuchs, Stephan 斯蒂芬·富克斯 411 注 2

Fustel de Coulanges, Numa Denis 纽玛·丹尼斯·福斯太耳·德·库朗热 9,11 – 12

Garfinkel, Harold 哈罗德·加芬克尔 97, 103 – 104, 106, 144, 181, 184,395 注 21,395 注 24,397 注 8,415 注 27

de Gaulle, Charles 夏尔·戴高乐 392 注 6

Gibson, David 戴维·吉布森 72 – 73,137

Giuliani, Mayor Rudy 鲁迪·朱利亚尼市长 385 注 30

Goffman, Erving 欧文·戈夫曼 4 – 5,7 – 8,16 – 25, 45 – 46,50 – 51, 53, 65, 105, 112, 117, 144, 184, 187,232,239,246,250,272,278, 280 – 281, 294, 323, 331, 345 – 346,370,377 注 13,377 注 14,397 注 8; Goffmanian era of history 戈夫曼的历史时代 312; Goffmanian revolution 戈夫曼革命 371,415 注 28

Granovetter, Mark 马克·格拉诺维特 153,393 注 12

Gregory, Stanford 斯坦福·格雷戈里 77,137

gun cult 枪只崇拜 99 – 101,385 注 32,385 注 33,385 注 34

Gusfield, Joseph 约瑟夫·古斯菲尔德 339,386 注 33

Habermas, Jurgen 尤尔根·哈贝马斯 291

Hamlet 哈姆雷特 360 – 361,412 注 14

Harrison, Jane Ellen 简·埃伦·哈里森 9,376 注 3

Hegel, G. W. F. 黑格尔 194,360, 412 注 15

Helmholtz, Hermann 赫尔曼·赫姆霍尔兹 358

Hemingway, Ernest 欧内斯特·海明威 218,392 注 6

Hitler, Adolf 阿道夫·希特勒 409 注 23

Homans, George 乔治·霍曼斯 143

household, patrimonial 家族,世袭的

家族 251,289-290,292,329, 356,366,368,402 注 13,405 注 11

houses 房屋 59,291,314-315, 327-328,354,362

Hubert,Henri 亨利·休伯特 11

individuality, social production of 个性,个性的社会生产 3-5,345-351

intellectuals 知识分子 10,190-196,357-360,362-364,393 注 11。另见 creativity, intellectual

internet, as deritualizing 互联网,作为去仪式化的互联网 63-64,214

introverts 内向性格 220,308,345, 351-368,410 注 24,411 注 7 和 9,413 注 16

Jacobson,Roman 罗曼·雅各布森 28

James I(king of England)詹姆斯一世（英国国王）299,328

James,William 威廉·詹姆斯 88

Jefferson,Gail 盖尔·杰斐逊 67

Joyce,James 詹姆斯·乔伊斯 293-294,392 注 6

Jung,C.G. 琼格 365

Kama Sutra《爱神箴言》243-244, 402 注 14

Katz,Jack 杰克·卡茨 184,187-188,205-208,381 注 10,383 注 20,390 注 20,398 注 12,398 注 15,398 注 16,405 注 17

Kemper,Theodore D. 西奥多·D.肯帕 120,386 注 3,388 注 13

Kierkegaard,Søren 索伦·齐克果 415 注 25

Kissing 吻 18,52,56,223,230,241-243

Lamont,Michèle 米歇尔·拉蒙特 43,269-271

Lévi-Bruhl,Lucien 卢西恩·列维-布鲁尔 28,376 注 3

Lévi-Strauss,Claude 克劳德·列维-斯特劳斯 26-29,377 注 15, 377 注 16,379 注 23

Louis XIV 路易十四 290

love 爱 109,148,153,235-238

Luhman,Niklas 尼克拉斯·卢曼 292

Malinowski,Bronislaw 布劳尼斯洛·马林诺夫斯基 13,243,375 注 4, 376 注 5,402 注 14

Malory,Thomas 托马斯·马洛里 293

Maris,Roger 罗杰·马里斯 380 注 5

Markets;conversational 市场：会话市场 151-154,183; for entertainment 情感连带市场 367-368;friendship 友谊市场 411;for interaction rituals 互动仪式市场 141-142,149-158,161-163,369;for literature and painting 文学和绘画市场 362-364; marriage 婚姻市场 141-142,151-152,257,311-312,331,369; material 物质市场 142,158-163,165-168,369,403 注 2; musical 音乐市场 363,413 注 17; for sexual partners 性伙伴市场 141-142,251-255

Marrett,R. R. 马里特 10

Marx,Karl 卡尔·马克思 102-103,193-194

Mauss,Marcel 马塞尔·莫斯 11-12,26,162,167,375 注 4,377 注 16

McGwire,Mark 马克·麦格沃尔 380 注 5

Mead,George Herbert 乔治·赫伯特·米德 79-81,103,183-184,186,189,197,203-205,213,345,373,376 注 10,397 注 8,397 注 9

Merton,Robert K. 罗伯特·K.默顿 14,376 注 15

micro and macro levels of analysis 微观分析层次与宏观分析层次 6

money 货币 158,163-164,166-167,172,176-177,263-268,293,393 注 10,394 注 20,405 注 15

morality 道德 12,25,104,109,143,236,270-271;作为仪式效果的道德 39-40,49,378 注 22

Murray,Gilbert 吉尔伯特·默里 9,376 注 3

music 音乐 59-60,78,199,201,413 注 17

musicians,creativity of 音乐家，音乐家的创造性 364,399 注 19,413 注 17

nerd 呆子 341,351-252,368-369

nerd culture 呆子文化 353

network 网络 165-167,172,190-196,250,352,359,376 注 5,384 注 25,385 注 31,393 注 12,388 注 13,396 注 6,397 注 7,403 注 2,410 注 1,411 注 3,412 注 12

Nietzsche,Friedrich 弗里德里希·尼采 9,12

novels;Chinese 小说：中国小说 405 注 13,411 注 6;as evidence of social interaction 小说作为社会互动的证据 354,411 注 7

Orwell, George 乔治·奥韦尔 323

Parsons, Talcott 塔尔科特·帕森斯 14, 102, 376 注 5, 397 注 8
parties, sociable 聚会, 社交聚会 52-53, 61-62, 118, 143, 149-150, 155, 161, 250, 252, 257, 274, 276, 311, 369, 386 注 35, 392 注 7
Peirce, Charles Sanders 查尔斯·桑德斯·皮尔斯 203
Piaget, Jean 琼·皮亚杰 212
political speeches 政治演说 39, 73-74, 271-272, 381 注 11, 383 注 19
power 权力 169-170; deference (D-power) 遵从权力 (D-权力) 284-288, 292, 387 注 7; efficacy (E-power) 灵验权力 (E-权力) 284-288, 292; as order-giving and order-taking 作为发布命令和服从命令的权力 21, 112-115, 348-349
prayer 祈祷(者) 220, 311, 356, 365-366
prostitution 卖淫 228-230, 237, 308-309, 360, 400 注 4-5, 401 注 6-7, 403 注 18, 407 注 9

Radcliffe-Brown, A. R. A. R. 拉德克利夫-布朗 15-16, 375 注 4, 376 注 6
Raleigh, Sir Walter 沃尔特·罗利爵士 329
rational choice theory 理性选择理论 3, 143-149, 176-181; anomalies in 理性选择理论中的反常现象 143-145, 174-176, 181, 394 注 18-19; and bounded rationality 理性选择理论与有限理性 144, 181, 394 注 18, 395 注 24。另见 self-interest
reflexivity 反思性 95, 97, 104
religion: Buddhist 宗教: 佛教 365, 378 注 19, 414 注 20; and capitalism 宗教与资本主义 159, 162; Christian 基督教 4, 12, 92, 104, 365-367, 404 注 3; Durkeimian theory of 涂尔干的宗教理论 32-40; Jewish 犹太教 402 注 11; and Protestant Reformation 宗教与新教改革 51, 162, 356, 366, 414 注 23; and saints 宗教与圣徒 393 注 14, 394 注 14, 404 注 9; services 宗教仪式活动 60-61, 149; tribal 部落宗教 9-12, 33-40, 109, 306-307。另见 ritual, religious
religious studies, and ritual theory 宗教研究, 宗教研究与仪式理论 7, 2-33
Revolotion, French 法国大革命 34,

42,50,314,363

Robertson Smith,William 威廉·罗伯逊·史密斯 9

Roosevelt,Franklin D. 富兰克林·D.罗斯福 321-322

ritual:and anti-ritual movements 仪式:仪式与反仪式运动 299,307,32-29,331,335,337,339-341,343-344,386 注 35;in everyday politeness 日常礼节中的仪式 17-19,239-241;failures of 仪式的失败 15,50-53,230;funeral 殡葬仪式 15-16,376 注 6;histories of theories ritual(cont.)of 仪式理论史 9-32;ingredients for 仪式的组成要素 33-37,47-49,146-148;rebellion against 仪式的反叛 51,355-356,379 注 2;religious 宗教仪式 162,356,387 注 6。另见 sexual interaction,as interaction ritual;tobacco ritual

Sacks,Harvey 哈维·萨克斯 67,72,184

sacred objects 神圣物 25,37-38,58-59,114,124,168,172,240,279,317,368,415 注 26

Sahlins,Marshall 马歇尔·萨林斯 162

Saussure,Ferdinand de 费迪南德·索绪尔 29,377 注 15,377 注 16

scene, as concatenation of social gatherings 场景,作为社会集群联结物的场景 250-253;carousing 欢饮场景 308-309,315,329-331,369,403 注 23;gay 同性恋场景 250,255-256

Scheff,Thomas 托马斯·舍夫 10-11,65,120,130-131,135,184,403 注 21

Schegloff,Emanuel 伊曼努尔·谢格洛夫 67,184

Schopenhauer,Arthur 亚瑟·叔本华 360

Schutz,Alfred 阿尔弗雷德·舒茨 103-104

self-interest 自私自利 40;and interaction with prostitutes 自私自利和妓女的互动 228-230;utilitarian theory of,criticized 自私自利的功利理论,批判自私自利 40-42,104

September 11,2001 2001 年 9·11事件 42,47,88-95

sexual interaction;and construction of erotic symbols 性互动;性互动与情欲符号的建构 236,238-246;critique of evolutionary theory of 对性互动进化论的批判

223-224,227-228;homosexual 同性恋的性互动 247-248,250,256-257;as interaction ritual 作为互动仪式的性互动 230-238,377注14;market for 性互动市场 250-257;and masturbation 性互动与自慰 224-225,233,249-250,370。另见 kissing;love;prostitution

Shakespeare,William 威廉·莎士比亚 358,405注13,405注14,408注16

Shelley, Mary Wollstonecraft 玛丽·沃斯通克拉夫特·雪莱 364

Shelley,Percy Bysshe 珀西·比希·雪莱 364

Shklovsky,Victor 维克托·什克洛夫斯基 28

shopping 购物 63-64,171,394注16

Simon,Herbert 赫伯特·西蒙 395注24-25

Simpson,O. J. O. J. 辛普森 274,404注8

social movements 社会运动 42,342,364,386注1,410注25。另见ritual, and anti-ritual movements; tobacco, and anti-tobacco movements; tobacco, ritual

solidarity 团结 25,479,67,81-95,109,124-125,146-149;failure of 团结的失败 69-70;precontractual 前契约团结 143;sexual 性团结 230-231,235-237

Spenser,Edmund 埃德蒙·斯宾塞 293

Spinoza,Baruch 巴鲁赫·斯宾诺莎 399注17

sports 体育运动 55-59,82-83,134,380注5,383注21,384注27,411注4

status group 地位群体 115-118,268-284,289-290,347-348,403注1

Stein,Gertrude 格特鲁德·斯坦 392注6,412注13

stratification 分层 41,258-262;categorical 类群分层 272-274,276,278,295-296,371;of emotional energy 情感能量分层 131-133,354;situational 情境分层 258-263,278-284,288-296,337-338,369。另见class,economic;power;status group

Stravinsky,Igor 伊戈尔·斯特拉文斯基 375注3

structuralist theory 结构主义理论 25-30;and deconstructionism 结构主义理论与解构主义 29;and postmodernism 结构主义理论与

后现代主义 29-30,43,411 注 11
substance ingestion 物质吸食 62,298,406 注 7;of coffee and tea 喝咖啡和饮茶 304-305,309-312,318,407 注 10;of drugs 吸毒 300,316,342-343;of nicotine compared to caffeine 吸尼古丁比作吸咖啡因 104-105。另见 tobacco

Sudnow,David 戴维·苏德诺 78

Swidler,Ann 安·斯威德勒 31

symbolic interactionism 符号互动论 3,103,345,397 注 8;and theory of "I," "me," and "Generalized Other," 符号互动论与"主我"、"客我"和"一般化他者"理论 79-81,186-187,203-205,214,397 注 9

symbols:childhood development of capacity for 符号:儿童符号能力的发展 79-81;firefighters as 消防队员作为符号 88-95;first order,created by ritual 由仪式形成的第一层序符号 83,97-98;guns as 作为符号的枪支 99-101;market for 符号市场 149-155,367-368;second order,circulated in social gatherings and conversations 在社会集群和会话中第二层序循环的符号 83,95,98,100,368;sexual 性符号 236-246;social creation of 符号的社会创造 32,36-38,47-50,81-87;third-order,used in solitary ritual or thinking 在团结仪式或思维中用的第三层序符号 99,101,248-249,351-357,368,384 注 26

television 电视 55-58,60,357

thinking,sociological explanation of 思维,思维的社会学解释 99,101,145-146,158,178-179,183-184,211-218,219-220,394 注 17,397 注 9。另见 creativity,intellectual;conversation,internal or self-talk

Thoreau,Henry David 亨利·大卫·梭罗 376 注 8

tobacco:and anti-tobacco movements 吸烟/烟草:吸烟与反吸烟运动 299,307,326-329,331,335,337,339-341,343-344;as carousing ritual 作为欢饮仪式的吸烟 308-309,316,329-331;chewing 嚼烟 301,305,313;in cigarettes 吸香烟 301,305,316,321-326,369,410 注 24 和 26;in cigars 吸雪茄 301,303,305,313-316,320-321,407 注 14,410 注 26;as elegance ritual 作为

优雅仪式的吸烟 312 – 314,319,
321,339 – 340;and health 吸烟与
健康 331 – 337,408 注 18 – 19,
409 注 20 – 22;in pipes 烟斗吸烟
301,305,307 – 308,313 – 314,
317 – 319,407 注 12;ritual 吸烟仪
式 305 – 327;as snuff 鼻(吸)烟
305,308,313,319,407 注 13;as
solitary or tranquility ritual 作为
孤独或镇静仪式的吸烟 307 –
308,310 – 311,313,318 – 319;in
tribal societies 部落社会中的吸烟
306 – 307;women and 妇女与吸
烟 311 – 313,316,329 – 331,407
注 9,408 注 15。另见 addiction;
drinking;substance ingestion

Tomasello,Michael 迈克尔·托马
斯洛 79

Turner,Bryan 布赖恩·特纳 378
注 21

Turner,Jonathan H. 乔纳森·H.
特纳 212 – 213,380 注 4,389
注 14

Turner,Victor 维克托·特纳 414
注 21

Van Gennep,Arnold 阿诺德·范·
盖内普 11,376 注 3
violence 暴力 82 – 83,128,236,280 –
283,382 注 15,383 注 22

voting 选举 171
Vygotsky,L. S. 维果斯基 186

Waller,Willard 维拉德·沃勒 143
war 战争 56 – 57,96,169,303,352,
369,408 注 17
Warner,W. Lloyd W. 劳埃德·沃
纳 12
Weber,Max 马克斯·韦伯 45,
102,130,159,162,184,263,269,
319,338,397 注 8,414 注 23
Weinberg,Darrin 达林·温伯格 406
注 6
White,Harrison C. 哈里森·C. 怀
特 167
Wiley,Norbert 诺伯特·威利 189,
201,203 – 204
will(or will power)意志(或意志
力)113,201,210;as autonomy
自主意志 81,398 注 11
William of Ockham 奥克姆的威
廉 362
Wittgenstein,Ludwig 路德维希·维
特根斯坦 353
Woody Allen 伍迪·艾伦 360 – 361

youth,as subject to group discrimi-
nation 青年,受群体歧视的青年
276 – 278

Zahlocki, Benjamin 本杰明·扎洛凯 232

Zelizer, Viviana 维维安娜·泽利泽 260, 400注4

Zelizer circuits 泽利泽循环 166-167, 260, 261, 263-268, 394注2

图书在版编目(CIP)数据

互动仪式链/(美)柯林斯(Collins,R.)著;林聚任,
王鹏,宋丽君译.—北京:商务印书馆,2012(2025.8 重印)
(汉译世界学术名著丛书)
ISBN 978-7-100-08610-3

Ⅰ.①互… Ⅱ.①柯… ②林… ③王… ④宋…
Ⅲ.①社会学—研究—西方国家 Ⅳ.①C91

中国版本图书馆 CIP 数据核字(2011)第 193354 号

权利保留,侵权必究。

汉译世界学术名著丛书

互 动 仪 式 链

〔美〕兰德尔·柯林斯 著

林聚任 王鹏 宋丽君 译

商 务 印 书 馆 出 版
(北京王府井大街36号 邮政编码100710)
商 务 印 书 馆 发 行
北京捷迅佳彩印刷有限公司印刷
ISBN 978-7-100-08610-3

2012年6月第1版　　开本 850×1168　1/32
2025年8月北京第5次印刷　印张 19¾
定价:88.00元